차우셰스쿠

악마의 손에 키스를

차우셰스쿠

악마의 손에 키스를

에드워드 베르 지음
유경찬 옮김

연암서가

• 옮긴이 **유경찬**

고려대학교 정경대학을 졸업하고 한불종합금융에 근무하면서 기획이사, 투자금융본부장을 지냈다. 싱가포르에 있는 프랑스 소시에테제너럴은행의 아시아/대양주지역본부에서 일한 경험과 실무 체험을 토대로 『금융은 신음한다』와 『제로시대』라는 경제평론집을 냈다. IMF 환란 전후 과정을 현장에서 지켜본 뒤 한국 금융의 문제점을 분석한 『금융은 신음한다』는 서울대학교 경영대학원 교재로 채택되기도 했다. 20세기 세계사에 대해 깊은 관심을 갖고 『히로히토: 신화의 뒤편』, 『베트남 10,000일의 전쟁』, 『석유 황제 야마니』, 『티토』, 『기업의 역사』 등의 역서를 펴냈다.

차우셰스쿠: 악마의 손에 키스를

2010년 4월 10일 초판 1쇄 인쇄
2010년 4월 15일 초판 1쇄 발행

지은이 | 에드워드 베르
옮긴이 | 유경찬

펴낸이 | 전명희
펴낸곳 | 연암서가
등록 | 2007년 10월 8일(제396-2007-00107호)
주소 | 경기도 고양시 일산동구 장항동 591-15 2층
전화 | 031-907-3010
팩스 | 031-932-8785
이메일 | yeonamseoga@naver.com

ISBN 978-89-94054-06-3 03990

값 18,000원

1989년 12월 22일, 부쿠레슈티의 공산당 중앙위원회 앞 광장에 전국에서 동원된 수만 명의 군중들이 며칠 전 헝가리 국경 근처의 아름다운 도시 티미쇼아라에서 일어난 소요사태에 관한 차우셰스쿠의 시국 연설을 듣고 있었다. 갑자기 한쪽 귀퉁이에서 "티미쇼아라! 티미쇼아라!"라는 연호가 들리기 시작하더니 삽시간에 전체 군중을 한 덩어리로 만들어 버렸다. 차우셰스쿠의 종말을 고하는 신호탄이 자신의 안방에서 터진 것이다. 이후 3일 동안 은신처를 찾기 위해 처량한 도피행각을 벌인 이들 부부는 시골의 한 초등학교 교실에서 자신들의 충복들이 주관했던 군사재판의 사형언도를 받고 즉결처분되었다.

20년이 넘는 질곡의 계곡에서 벗어나긴 했지만 이어지는 혼란 속에서 혁명의 주체로 부각된 '구국전선'의 수반 역시 차우셰스쿠의 심복 중 한 사람이었던 이온 일리에스쿠라는 사실을 안 루마니아 인민들은 이런 속담을 되뇌었다고 한다.

"권력자가 바뀌면 바보들이 좋아한다."

5, 60년에 걸쳐 벨기에의 식민지였던 콩고에서, 그리고 일본 관동군의 만행으로 수모를 당한 마지막 황제 푸이의 비극이 서려 있던 만주에서, 1968년 베트콩의 기습적인 구정공세가 있었던 베트남의 사이공에서, 인도와 파키스탄 간 종교 다툼이 그치지 않는 카슈미르 고원에서 전란과 비극의 현장을 취재했던 저자 에드워드 베르는 1989년 12월 25일 차우셰스쿠 부부의 즉결처분 후 루마니아에 들어가 루마니아 공산당과 차우셰스쿠의 발자취를 찾는 데 2년여를 쏟았다. 소련 위성국 중에서 가장 기이한 나라, 동구권 권력자 중에서 가장 천박하고 괴팍스럽기까지 한 사람을 상징적으로 그려 봄으로써 공산주의의 실체에 접근해 보고 싶었던 것이라고 추측해 본다.

슬픈 운명을 타고난 루마니아의 비극은 그리스, 로마, 이슬람의 지배로 거슬러 올라간다.

그리스와 로마가 화려한 문화를 자랑했던 것만큼 식민지의 역사는 암울하기 그지없었다. 식민지 총독과 그들의 앞잡이 노릇을 했던 유대인들은 루마니아 농민들에게 '농우세', '굴뚝세'까지 징수하면서 착취했다. 견디다 못한 농민들은 집을 허물어 버리고, 소를 잡아먹어 가면서 세금을 피했다. 이 책의 원제 "악마의 손에 키스를……"은 오토만 제국 식민지 때의 체험에서 우러나온 루마니아 사람들의 생활철학이라고 한다. 저항할 수 없는 폭군에게는 묵종하면서 목숨이라도 부지하라는…….

저자는, 초등학교 졸업과 초등학교 3학년 중퇴의 학력을 가진 이들 부부가 공산당 최고 권력자가 되어 2,000만 인민들의 인권을 장기간 유린하는 과정을 섬세하게 그리고 있다. 40와트 백열등 아래에서 신음하는 사람들에게 다이어트를 강요하는 현대판 드라큘라의 폭정이 어떻게 가능했을까?

그 밑바탕에는 '루마니아의 스탈린'이 되어야겠다는 맹목, 철자법도 제대로 몰랐으나 수감 생활 중 마르크스-레닌주의 강령을 씹어 먹기까지 했던 광기, 황산의 분자식도 모르면서 '국립 화학연구소 소장 이학박사 엘레나 차우셰스쿠'라는 명함을 자랑스럽게 뿌리고 다녔던 엘레나의 그치지 않았던 보상심리가 깔려 있었다. 북한을 두 번 방문했던 차우셰스쿠는 인공 도시 평양의 열광하는 인민들 모습에서 마르크스-레닌주의가 살아 숨쉬는 모습을 보았다고 했고, 문화혁명 때 중국을 찾았던 엘레나는 홍위병을 앞세워 인민들을 선동하던 장칭江靑을 '어둠을 밝히는 불빛'이라고까지 극찬했다. 그러나 저자는 필리핀의 이멜다 마르코스, 아르헨티나의 에바 페론 에비타, 중국의 장칭의 합성어가 엘레나였다고 단언하고 있다.

"가난이 대문을 두드리면 사랑은 창문을 넘는다"는 속담이 말하듯 인민들은 조그마한 물질적 보상에도 눈이 어두워 밀고나 내부자 고발을 서슴지 않았다. 사회 전반적으로 신뢰와 이해의 자리에 공포와 두려움이 팽배해 있었다. 이웃도 없고, 친구도 없고, 친척도 없었다. 오로지 나만이 내일을 지키는 최후의 무기였다.

그렇다면 차우셰스쿠 부부가 이런 무소불위의 권력을 휘둘렀던 배경은 무엇이었을까?

언제나 그렇듯 상대국의 진정한 인권보다는 서방세계의 자기중심적인 표피적 관심 때문이었다. 1968년 '프라하의 봄'을 외쳤던 체코슬로바키아의 두브체크 대통령과 소련의 일방적 지시를 거부한 채 자주노선을 추구했던 유고슬라비아의 티토 대통령 인기가 부러워 두 사람의 그림자만 쫓아다니던 차우셰스쿠의 칭찬에 영국 수상 해럴드 윌슨, 인권 대통령을 자칭했던 미국의 지미 카터 대통령, 영국의 추기경들까지 가세했다.

그러나 시대의 흐름은 어쩔 수 없는 것. 1989년 12월 16일 티미쇼아라에서 소요사태가 발생했다. 열대여섯 명이었던 희생자 수가 불만세력들의 입을 통해 160명으로, 다시 400명으로, 또 다시 4,000명으로, 국경을 넘자 마침내 4만 명으로까지 불어났다.

더욱 충격적인 것은 차우셰스쿠 사후 살 길을 찾아 해외로 도피했던 수십만 명에 달하는 루마니아 사람들의 증언이다.

"우리는 루마니아를 다시 세우기 위해 혁명에 가담한 것이 아니다. 해외로 도피하면 살 길이 있지 않을까 하는 생각에서 차우셰스쿠가 사라진 후 국경을 넘었을 뿐이다."

이를 증명이라도 하듯 티미쇼아라에서 독문학을 전공한 후 차우셰스쿠가 죽기 2년 전 가까스로 루마니아를 탈출해 독일에 정착한 헤르타 뮐러Herta Müller가 차우셰스쿠 시대의 암울했던 시대상을 그린 소설로 2009년도 노벨 문학상 수상자 반열에 이름을 올렸다. 그녀는 "독재정권으로부터 매일 인간으로서의 존엄을 강탈당하는 사람들을 위한 문장을 하나라도 쓰고 싶었다"며 차우셰스쿠의 억압 통치가 그의 글쓰기의 출발이었다고 말했다.

철권 통치자였던 니콜라에 차우셰스쿠를 권좌에서 몰아낸 루마니아 혁명이 2009년 12월 22일로 20주년을 맞이하였다. 북한에 견줄 만큼 폐쇄 국가였던 루마니아는 그 동안 제한적이나마 민주주의를 정착시켰고, 2007년에는 불가리아와 동시에 유럽연합EU에도 가입했다. 2004년에 대통령에 당선되고 지난 12월 6일 재선에 성공한 트라이안 버세스쿠 대통령은 취임식에서 "수많은 혁명가들의 희생이 오늘날 민주적 제도의 주춧돌이 됐다"고 말했다.

　체제나 국가의 흥망성쇠에는 꽤나 긴 시간이 필요하다. 로마가 하루아침에 이루어지지 않았듯 하루아침에 무너지지도 않았다. 견제와 균형의 상태를 잃어버린 자본주의도 곳곳에서 신음 소리를 내고 있다. 지금쯤 어디선가 '수단인 자본資本과 목적인 인본人本'을 균형 있게 수용할 수 있는 새로운 체제에 대한 상상력을 구체화시키는 철학자들이 있기를 기대해 본다. 끝으로 루마니아 관련서가 전무하다시피한 국내 출판계에 생소한 용어의 감수를 맡아 주신 한국외국어대학교 루마니어과 김성기 교수님께 감사드린다.

2010년 3월 20일

유경찬

이렇게 유익한 정보와 재미있는 내용이 듬뿍 담긴 책을 읽을 수 있다는
것은 대단히 흥미로운 일이다. 처음부터 끝까지 독자들의 주의를 환기
시킬 수 있는 능력 있는 저자가 썼다는 사실이 더욱 관심을 끄는 것은
물론, 그 저자까지 돋보이게 한다. 충격적인 내용을 담고 있을 뿐 아니
라 공산주의자의 탈을 쓴 드라큘라의 추문에 대한 적나라한 고발을 줄
거리로 하고 있는 이 책은 4반세기가 넘는 기간 동안 세계의 묵인 아래
아무런 저항 없이 탐욕스럽고 혐오스러운 차우셰스쿠와 엘레나 부부가
한 나라를 어떻게 유린했는가를 철저하게 분석하고 있다.

　저자인 에드워드 베르는 우리를 1989년 12월 루마니아에서 벌어졌던
우울한 장면으로 끌어들이면서 이야기를 전개한다. 영도자이며, 전지전
능한 지도자이기도 한 태양 같은 존재였던 차우셰스쿠는 마지막 순간을
장식하기 위해 부쿠레슈티에 있는 공산당 중앙위원회 건물의 발코니에
그 모습을 나타낸다. 전 같으면 온갖 찬사와 환호를 외쳐댔을 군중들은

적개심으로 가득 찬 야유를 보내면서 불끈 쥔 주먹을 휘두르고 있었다. 그로부터 3일 후 차우셰스쿠는 '천사'라고 부르던 아내 엘레나와 함께 서둘러 진행된 재판에서 즉결처분되었다. 그러나 그의 수하였던 수많은 공산당 비밀 정보원들은 여전히 권력의 상층부에 포진하고 있다. 이런 현상이 에드워드 베르가 루마니아에 대한 이야기를 할 때마다 '혁명'이 라는 단어에 의문을 표시하는 원인이기도 하다. 루마니아 혁명이 미완의 혁명이기 때문에 그럴지도 모른다. 지도자는 가고, 국민들은 남았다. 영도자는 사라졌지만 그 체제나 기구, 또 통치 방식에 대항해서 투쟁했던 사람들이 없애려고 노력했던 수많은 잔재들은 놀랍게도 아무 탈 없이 잘 가동되고 있다.

나는 차우셰스쿠의 죽음이 과연 무엇을 남겼는가를 자문한다. 차우셰스쿠는 물론 동구권의 지도자들이었던 불가리아의 지프코프, 체코슬로바키아의 구스타프 후사크, 알바니아의 엔베르 호자, 북한의 김일성 그리고 쿠바의 카스트로의 죽음은 또 어떠한 잔재들을 남길까? 불행하게도 많은 것들이 그대로일 것이다. 그리고 바뀌지 않은 것 대부분은 사악한 것들일 것이다. 1989년 가을 이후 일어났던 일들을 되돌아봄으로써 우리는 포악한 정치인들이나 그 잔당들이 굉장한 흔적을 남기고 사라졌다는 것을 알게 되었다. 그들은 오랜 기간에 걸쳐서도 치유될 수 없는 참담한 현실을 유산으로 남겨 놓았던 것이다.

동서양을 불문하고 지금까지 유럽의 중심부와 동부는 공산주의가 장악했다는 단순한 견해가 지배적이다. 서방세계에서는 소련제 탱크의 지원을 받은 공산주의 독재가 동부 유럽을 통제했다는 가설을 내세우기도 한다. 그렇다면 탱크를 몰아내고 독재체제를 전복시키면 자유민주주의와 번영이 꽃을 피우기에 충분하다고 생각할 수도 있을 것이다.

그러나 현실은 다른 모습을 보여 주고 있다. 물론 공산주의의 붕괴는 전진을 위한 큰 발걸음임에는 틀림없지만, 서방세계의 문명이나 진일보한 생활양식을 따라가는 고통스러운 먼 길의 시작일 뿐이다. 문제는 공산주의적 사고가 체제의 붕괴 이후에도 각 기관에 뿌리를 단단히 내리고 있을 뿐만 아니라 모든 사람들의 행동이나 습관에도 강력한 영향력을 미치고 있다는 점이다. 또 사고의 지배는 말할 것도 없고, 중요한 가치 척도의 기능까지도 도맡고 있는 실정이다. 소련의 철권은 발견할 수 없지만 그림자는 엄연하게 존재하고 있으며, 우리는 그런 흔적들을 어렵지 않게 발견할 수 있다. 이러한 현상들이 공산주의가 몰락하면 문명세계로 가는 문이 활짝 열릴 것으로 기대했던 사람들에게는 크나큰 혼란으로 다가서고 있는 것이다.

희망이 위협을 받는다고 생각하면 결과에 대한 갈망은 조급해지게 마련이다. 차우셰스쿠가 사라진 이후의 루마니아가 그 좋은 예가 될 것이다. 국민들은 민주주의를 만들어내기 위해 차우셰스쿠를 처형한 것이 아니라 대문을 활짝 연 다음 국외로 도망가기 위해 그를 죽인 것이다. 수십만 명의 루마니아 인들이 유럽의 다른 나라로 물밀 듯이 스며들었다. 자기들의 조국에서는 민주주의나 번영이 불가능하다고 믿었기 때문에 그들은 이민을 간 것이다. 이러한 현상은 공산주의가 아직 자취를 감추지 않았다는 다른 증거가 될 것이다. 공산주의는, 필연적으로 빈곤을 동반하면서 공산주의의 유혹을 맹신하는 추종자들에게 공산주의가 쉽사리 변질되거나 개혁의 대상이 되지 않는다는 신념을 심어 놓는 방법을 잘 알고 있다.

에드워드 베르가 쓴 이 책의 장점은 차우셰스쿠 독재의 사회적·문화적 바탕을 잘 분석하고 있다. 물론 저자는 책의 내용을 차우셰스쿠 정권의 성격을 묘사하는 권력 남용이나, 염문 그리고 병적인 소유욕 등에 국한시킬 수도 있었을 것이다. 사람들에게 충격을 주고 흥미를 유발시키는 그런 내용의 이야기들은 얼마든지 있었다. 그러나 저자는 그러한 한계를 뛰어넘었다. 그는 차우셰스쿠 부부가 집권한 이후에 루마니아에서 자행되었던 저주스러운 행태들의 근본적인 배경에 많은 관심을 가졌었다.

루마니아는 유럽에 위치해 있는 농업 국가로서 수세기 동안 권력을 가진 제후, 지주, 귀족 그리고 파당에 의해 통치되었다. 지배 계층은 모든 것에 대한 생사여탈권을 가지고 있었다. 그들은 자신들이 만들어낸 법 위에 군림했으며, 어떠한 처벌도 받지 않았다. 고대로부터 이 지배 계층은 맹목적인 숭배의 대상이 되어 왔다. 차우셰스쿠도 이러한 범주에 속하며, 또 그러한 제도의 산물이기도 하다. 그의 통치는 일부 특권층을 위한 것이었으며, 파시스트적 봉건주의를 가능하게 했던 무정부주의의 전형이기도 했다. 그는 전례가 없는 엉터리 같은 정치 제도를 인민에 의한 통치라거나, 민주주의의 모델 또는 사회주의 통치 방식의 표본이라고 부르기도 했다.

차우셰스쿠가 어떻게 해서 장기간 그런 통치를 할 수 있었을까를 설명하기가 쉽지는 않지만 가능했던 몇 가지 근본 배경을 들어 볼 수는 있을 것이다. 첫째로, 미개발 상태에 있던 루마니아는 개인의 이익을 보호하기 위한 제도나 권력의 남용을 방지할 수 있는 시민사회의 출현을 경험해 보지 못했다. 따라서 사적 소유권과 개인의 권리나 독립성을 주장할 수 있는 세력인 중산층이 존재하지 않았다.

둘째, 차우셰스쿠의 독재체제와 같은 제도는 문화 수준이 낮은 사회에서만 가능하다. 독재 세력에게 가장 큰 적은 문화다. 문화와 독재 세력은 화해가 불가능하며, 불화만 있을 뿐이다. 저자는 또 차우셰스쿠가 루마니아의 문화와, 문화를 존중하는 사람들과 겪는 불화 과정을 잘 그리고 있다. 그는 차우셰스쿠가 파괴해 버린 루마니아 문화의 참담한 현장을 방대하게 소개하는 한편, 독재체제와 저속한 문명과의 관계도 정확하게 들여다보았다. 차우셰스쿠의 저속한 문명에 대한 애착이나 대통령 궁내의 유치하기 그지없는 장식품 등에 대한 저자의 신랄한 고발은 그의 탁월한 식견을 돋보이게 한다.

모든 독재정권은 비속한 정치적 장식물에 둘러싸일 뿐 아니라 가끔은 피로 얼룩진 경우도 드물지 않다. 의미 없는 정권 탈취이기 때문에 대중 문화의 창달에는 아랑곳하지 않는다. 또 창조적인 자세를 경멸함은 물론, 사회적인 분위기를 음산한 상태로 유도하여 개인에 대한 경멸과 증오만이 판을 치게 만들기도 한다.

차우셰스쿠가 장기 집권할 수 있었던 세 번째 이유로 극단적인 상황에서의 이기심을 들 수 있다. 장기간에 걸쳐 공산당 수뇌부 인사들은 공포, 테러, 비밀경찰 등 비합리적인 요소에 의존할 수밖에 없었던 단순한 공산주의 이론에 정신을 팔고 있었다. 돌이켜보면 터무니없는 일이지만 당시 그런 세태가 지배했던 것만은 분명한 사실이다. 공산주의자들의 힘은, 사회의 일부는 반드시 공산주의로부터 혜택을 얻게 된다는 그럴듯한 논리에 바탕을 두고 있다. 솔제니친도 그의 소설 『수용소 군도』에서 비슷한 상황을 그렸었다. 알렉산드르 솔제니친Aleksandr Solzhenitsyn은, 스탈린Iosif Stalin이 통치하던 시절 "국민의 반은 수용소의 죄수나 다름없었으며, 나머지 반은 거리를 활보하면서 스탈린 찬양에 열을 올렸다"고 말했다. 분명히 그랬었다. 공산주의 지도자들의 간교함은, 독재자의 자비로움과 관대함이 없이는 국민들은 아무리 사소한 것일지라도 얻을 수 없다는 분위기를 조성했었다. 국민들 또한 언제 어디서든 자기들에게 시혜가 베풀어만 진다면 즐거운 일이 아닐 수 없었다. 그런 과정을 통해 국민들은 독재자에 대해서 감사하는 마음을 갖게 되었고, 때에 따라서는 칭송도 마다하지 않게 되었다.

가난이란 사람들을 철저하게 파괴하는 망나니이다. 루마니아는 빈곤한 나라이기 때문에 양말 한 켤레나 셔츠 한 벌로도 국민들의 충성심을 유도해내는 것이 가능했다. 루마니아의 반체제 지도자인 마리엘라 첼락은 저자에게 이런 말을 들려주었다.

"당신들은 서방에서 루마니아 정치 체제에 대하여 약간은 낭만적인 생각을 가졌으리라고 생각한다. 그러나 현실은 전혀 그렇지가 않았다. 루마니아 정치 체제를 비난하고 나섰을 때, 나를 면직시키는 데 당 최고 책임자나 정보기관 간부의 전화 지시가 필요치 않았다. 내 직장의 책임자가, 나에 대한 주변의 이상한 눈초리에 조건 반사적으로 나를 해고해 버렸다."

루마니아에 독재체제가 자리 잡게 된 것은 차우셰스쿠, 그의 추종자 또는 비밀경찰의 힘만으로 이루어진 것이 아니다. 거의 모든 사람들이 협조했고, 때에 따라서는 주도권을 잡기 위해 적극적인 가담도 서슴지 않았다. 이러한 진행 과정은 결국 인민들 간에 불신과 적대감만 양산해 놓았다. 누가 누구를 비난해야 할지, 함정을 만든 사람들이 누구인지, 도무지 알 수 없는 일이 되어 버린 것이다.

에드워드 베르의 이 책은 독재의 방편으로 사용된 민족주의에 대한 비난도 피하지 않고 있다. 그는 '위대한 영도자'가 자기의 불건전한 야욕을 채우기 위해 민족주의를 어떻게 기술적으로 이용해 갔는지를 잘 그리고 있다. 차우셰스쿠는 가끔 소련을 비난함으로써 서방의 동정을 사기도 했으며, 자국민의 지원을 이끌어 냈다. 그의 모든 행동은 적절한 것으로 이해되었다. 이 책에서 제시하는 왜곡된 민족주의에 대한 증거자료가 너무 뚜렷하기 때문에 이 책을 읽은 사람들은 이렇게 외치고 싶을 것이다.

"인민들이여! 다시 한 번 생각해 보라. 무자비한 사람이 당신들의 애국심과 환상을 이용해서 자기의 냉혈한 같은 범죄 행위를 계속했는데도 당신들은 몰랐단 말인가?"

그러나 깊이 파고든 민족주의는 비판 기능을 마비시켜 버리기에 충분했다. 이제 차우셰스쿠는 철저한 무정부주의자에 지나지 않았다는 것이 밝혀졌다. 또 반 소련이나 반미, 어느 것도 독재자를 돕지는 못할 것이다. 차우셰스쿠보다 훨씬 더 큰 목소리로 반 소련을 외쳤던 독재자들의 주머니나 은행 예금은 빈털터리가 된 한편, 반미를 부르짖었던 이라크의 사담 후세인 또한 여러 가지 압력에서 벗어나지 못했다.

그렇다면 차우셰스쿠의 파렴치한 행위도 이제 역사에 지나지 않는다는 말인가? 절대로 그렇지 않다. 이 책이 가지는 정확성이나 포괄성은 색다르다. 저자는 한 가지 생각에서 떠나지 않는다. 또 그렇게 하는 것이 타당할 것이다. 지배, 압박, 타락이라는 것들도 따지고 보면 결국 무지, 비합리성, 무차별의 산물인 것이다. 저자는 이 책에서 우리 시대 독재자들의 행적에 대한 비난의 증거를 확실하게 제시하고 있을 뿐 아니라 사유의 힘과 중요성을 강조하고 있다. 그는 또 개인의 존엄성을 지키기 위한 투쟁 정신, 냉소를 보내고 싶을 때나 거부의 뜻을 드러내고자 할 때 고개를 빳빳하게 쳐들고 당당하게 걷는 자세를 가르치고 있다.

이 책은 영화 장면과 같은 여러 개의 장으로 이루어졌다. 여러 가지 가운데서도 나의 마음을 가장 끈 대목은 차우셰스쿠의 의지에 따라 부쿠레슈티에 세워진 세계에서 가장 거대한 궁전의 건설에 관한 장이다. 독재자들의 마음은 대부분 모순과 역설로 가득 차 있다. 대중 앞에서 항상 젊음을 유지하고 영원불멸할 것 같은 태도를 취하지만, 내면적으로는 자연의 법칙을 어길 수가 없다는 것을 잘 알고 있다. 이러한 연유로 차우셰스쿠는 사후에 대비해서 많은 흔적들을 남기고 싶어 했다. 화려하고 웅장하면 할수록 더욱 의미를 새롭게 할 것이라고 생각했다. 차우셰스쿠는 수년에 걸쳐 지으면서 자신의 정신이 깃들 것이라고 굳게 믿었던 '인민궁전'의 스산한 모습에 만족해했을까? 저자가 브뢰겔의 그림으로 치장한 바벨탑을 연상케 하는 거대하지만 음험하기 짝이 없는 차우셰스쿠 유산의 현장을 그려낸 솜씨는 걸작이 아닐 수 없다. 저자는 의문과 악몽으로 가득 찬 이 건물을 건설하면서 차우셰스쿠가 왜 모든 곳을 자기 마음대로 고쳐 갔는지를 상세하게 고발하고 있다. 차우셰스쿠의 진면목을 알아보기 위해 어두운 회랑과 음침한 지하실로 우리를 안내하는 저자의 이 뛰어난 책을 읽고 나면 많은 사람들은 시성 괴테의 다음과 같은 말을 떠올리게 될 것이다.

"어두운 곳에 양광陽光을……."

1990년 11월
리스자드 카푸친스키*

---

* 리스자드 카푸친스키(Ryszard Kapuściński, 1932~2007): 폴란드의 언론인이자 작가. 1965년부터 폴란드 공산당이 운영하는 통신사(PAP) 해외 특파원으로 아프리카, 아시아, 유럽, 남아메리카를 취재하였다. 특히 제3세계와 아프리카의 정치적 상황이 격변하던 시기, 전쟁과 쿠데타와 혁명의 현장에서 역사적 순간을 놓치지 않고 기록했다. 체 게바라, 살바도르 아옌데, 패트리스 루뭄바와 교유하였으며 스물일곱 차례의 쿠데타와 혁명을 목격한 증인이 되었고, 네 번의 사형선고를 받기도 하였다. 그의 조국 폴란드는 1999년 그를 '금세기의 기자'로 선정해 공적을 기렸다. 저서로는 『태양의 그늘』, 『헤로도투스와의 여행』 등이 있다.

감사의 말

1989년 성탄절 날, BBC-1과 PBS 텔레비전의 다큐멘터리 "히로히토: 신화의 뒤편"을 위해 함께 일했던 앤터니 게펜Anthony Geffen이 나에게 차우세스쿠에 대한 다큐멘터리를 제작해 보자는 제안을 해왔다. 그 다큐멘터리가 이 책의 소재가 되었다. 앤터니 게펜의 격려와 도움이 없었던들, 그리고 처음부터 수 헤이콕Sue Haycock의 폭넓은 지원이 없었던들 이 책은 빛을 보지 못했을 것이다. 여러 방면에서 그들은 헌신적인 협조를 아끼지 않았다. BBC 방송 엘스트리Elstree 본부의 다른 직원들에게도 나는 많은 빚을 졌다. 특히 원고를 꼼꼼히 읽고 챙겨 주었음은 물론, 정열적인 도움까지 아끼지 않았던 데니스 델리탄트Dennis Deletant 박사에게 특별한 감사를 표함과 더불어 장기간 루마니아 전역에서 행해진 인터뷰에 인내심 있게 동참하여 번역과 해설을 맡았던 마이클라 필립Michaela Filip에게는 보상할 방법이 없을 것 같다.

루마니아에서 가졌던 인터뷰에도 많은 사람들이 긴 시간을 할애해 주었다. 이러한 분들 중 특히 지금은 폐쇄되었지만 '루마니아 공산당 역사 박물관장'을 지냈으며 루마니아 공산당사의 권위자이기도 한 이온 아르델레아누Ion Ardeleanu 교수를 비롯해 진실한 태도로 대해 주었던 여러 분의 교수, 학자, 군 관계자와 언론인들에게도 고마움을 전하고 싶다.

차우셰스쿠가 마지막을 보냈던 트르고비슈테 지역에서 그날의 기억을 생생하게 떠올릴 수 있도록 모든 병영을 둘러보게 허용한 방공포 연대장도 고마운 분 중의 한 사람이다. 도프타나Doftana 박물관장, 루마니아 전역에 퍼져 있는 차우셰스쿠의 사저 및 별장의 관리인들, 사냥터 관리인, 그리고 차우셰스쿠 정권과 관련이 있었으나 실명은 밝히지 않은 채 지원을 아끼지 않았던 많은 분들의 따뜻한 마음도 잊을 수 없다.

파리에 있는 파울 고마와 비르질 터나세, 제네바에 있는 루마니아의 전 왕 미하이 1세와 루마니아에 있는 마가리타 공주, 미국에 있는 「뉴스위크 인터내셔널」의 편집장인 켄 오친클로스와 데이비드 푼더버크 대사도 협조를 아끼지 않았던 인사들이다.

나는 역사학을 공부한 학자가 아니다. 그러나 통찰력과 전문가로서 식견을 갖춘 역사학자들로부터 루마니아의 과거에 대한 흥미진진한 많은 이야기를 들을 수 있었다. 프랑스 대통령을 지냈던 발레리 지스카르 데스탱, 영국 BBC 방송의 존 심슨과 크리스 타우 씨는 이 책의 출판에 지대한 공헌을 하신 분들이다.

마지막으로, 내가 이 책과 씨름을 하고 있을 때 언제나 나의 질문과 전화 공세에도 싫은 기색 없이 응해 준 에드 빅터 씨와 기나긴 시간 동안 필요할 때마다 옆을 지켜 준 크리스티안 씨에게 감사를 드린다.

부쿠레슈티-파리-라마튀엘에서

에드워드 베르

차례

"루마니아는 대단한 재산을 상속받은 어리석은 바보와 같다는 말이 있다. 루마니아 사람들 사이에 폭넓게 퍼져 있는 통속적인 비유이다. 또 루마니아 사람들은 스스로에게 이런 말을 자문자답한다.

'루마니아 사람들에게 푸른 숲, 맑은 하천, 풍부한 삼림 자원, 다양한 광물 자원, 기름 그리고 비옥한 농토를 준 신이 어느 날 너무 많은 축복을 준 사실을 깨우치고 균형을 잡기 위해 자기가 찾아낼 수 있는 사람 중에서 가장 악한 사람을 데려왔다.'

루마니아 사람들의 서글픈 농담임에 틀림없다."

— 올리비아 매닝,* 『발칸 3부작』, 제1권 「운명 같은 전쟁」

---

* 올리비아 매닝(Olivia Manning, 1908~1980): 영국의 소설가, 시인, 평론가. 잉글랜드 포츠머스에서 해군 장교의 딸로 태어나, 어린 시절을 북아일랜드에서 보내고 포츠머스 미술대학에서 그림을 공부하였으며, 런던으로 옮겨 글을 쓰기 시작하였다. 1938년 첫 소설을 펴내고 루마니아 영국 문화원에서 강사로 일하던 레지 스미스와 결혼하였다. 그들 부부는 제2차 세계대전 동안 나치 치하를 벗어나 전쟁이 끝날 때까지 그리스와 이집트, 예루살렘 등지에서 보냈다. 이때의 경험을 바탕으로 『발칸 3부작』, 『레반트 3부작』 등의 소설을 발표하여 큰 반향을 불러일으켰다.

니콜라에 차우셰스쿠가 마지막으로 대중 앞에 모습을 나타내는 순간까지 전통적인 격식은 사라지지 않았다. 수만 명의 '충성스런 근로자'들이 버스를 타고 부쿠레슈티 시내로 들어와 전날 밤을 공산당의 감시 아래 여러 곳의 병영과 접대소에서 보냈다.

12월 21일 아침, 군중들이 모여들자 집회의 열기를 고조시키는 책임을 맡고 있던 두 명의 공산당 선동대원들은 여느 때와 마찬가지로 루마니아가 직면한 문제들에 대해 '반혁명 분자'들에게 전적으로 책임이 있다는 구호를 소리 높이 외치면서 '영명한 지도자'에 대한 변함없는 충성심을 유도해 냈다. 곧이어 부쿠레슈티의 중심부에 있는 공산당 중앙위원회 건물의 발코니에 차우셰스쿠가 모습을 나타내더니 마이크의 스위치를 켜고 연설을 시작했다. 진부하기 짝이 없는 연설의 중간중간에 선동대원들의 유도에 따라 최근 몇 년 동안 귀가 따갑도록 들었던 박수 소리와 아첨성 발언이 동시 다발적으로 터져 나왔다. 그는 '과학적 사회주의'와 루마니아가 이룩한 여러 방면에서의 업적에 대한 이야기를 장황하게 늘어놓았다.

8분 정도가 지났을 즈음 족히 십만 명은 됨직한 군중들의 후미에서 이상한 소요가 일기 시작했다. 휘파람 소리를 곁들인 야유와 더불어 며칠 전 반 차우셰스쿠 폭동이 일어났으나 무자비한 진압으로 인해 죽음의 도시로 변해 버린 티미쇼아라를 연호하는 소리가 들려오고 있었다. 광장 여러 곳에 설치한 '루마니아 텔레비전'의 카메라들은 그 장면을 놓치지 않았다. 최루탄이 터지자 군중들의 물결은 점차 거세어졌고, "차우셰스쿠여! 우리도 사람이다", "학살자를 타도하자!", "루마니아는 잠에서 깨어났다!"라는 구호와 함께 제2차 세계대전 이전부터 군중 심리를 고취한다는 이유로 금지되었던 노래를 소리 높여 부르기 시작했다. TV 카메라는 군중들의 분노뿐 아니라 발코니의 혼란도 샅샅이 영상에 담고 있었다. 차우셰스쿠는 처음 당하는 일이라 어찌할 바를 몰라 당황해했고, 옆에 있던 그의 부인 엘레나는 "무엇인가를 약속해 주세요! 직접 말하세요!"라고 소리쳤다.

혼란스러웠던 나머지 차우셰스쿠는 군중들에게 거친 비난을 쏟아내다가 급기야 임금, 연금, 가족 수당을 들먹이면서 회유에 나섰다. 월 최저 임금을 2달러씩 인상하겠다는 내용이었다. 휘파람 소리와 야유가 범위를 넓혀가자 그런 상황에 대해 전혀 경험이 없던 차우셰스쿠는 연설을 중단해 버렸다. 텔레비전 카메라는 차우셰스쿠의 얼빠진 표정과 행동을 자세하게 비추었다. 시청자들은 군복을 입은 건장한 사내들이 그의 겨드랑이를 부축하고 발코니에서 사라지는 것을 생생하게 보았다. 그러더니 갑자기 텔레비전의 화면에서 모든 것이 사라졌다. 약 3분 후 화면이 다시 현장을 비추기 시작했을 때 공산당 중앙위원회 건물 앞 광장은 그야말로 아수라장으로 변해 있었다.

1989년 12월 21일에 거행된 차우셰스쿠 지지 궐기 대회가 반 차우셰스쿠 집회로 갑자기 변해 버린 뒤 12월 22일 차우셰스쿠는 몰락의 길을 갔다.

이 뉴스가 부쿠레슈티 전역에 순식간에 퍼지자 수만 명의 군중들이 시내로 쏟아져 나오기 시작했다. 차우셰스쿠의 마지막 연설 장면을 TV로 지켜보았던 마이클라 필립은 후에 나에게 "우리는 그 장면이 그의 마지막이라는 것을 알았죠"라고 말해 주었다. 전 시가지가 광분에 휩싸였으며 폭동은 밤새 그칠 줄을 몰랐다. 비밀경찰들의 시민들에 대한 총격은 닥치는 대로였다. 그날 밤 85명이 총격으로 인한 부상 때문에 부쿠레슈티 병원에 입원했던 한편, 12~13명은 현장에서 즉사했다. 티미쇼아라에서 있었던 사태와 마찬가지로 사망자의 숫자에 대한 루머는 삽시간에 10배, 20배, 100배로 부풀려졌다.

총격에도 불구하고 군중들은 공산당사 앞, 인터콘티넨탈 호텔과 구 대학 건물 사이의 광장, 그리고 교외에 있는 루마니아 텔레비전 방송국 앞으로 모여들었다. 민간인들에 대한 총격이 밤새 계속되었으나 그 임무를 비밀경찰들에게만 국한시킬 것인지, 아니면 군대까지 동원할 것인지는 결정하지 못하고 있었다. 소요는 점차 걷잡을 수 없는 양상을 띠어 갔고, 비밀경찰들이 군복을 착용한 뒤로는 더욱 그렇게 되었다. 끝없이 퍼지고 있던 루머 중의 하나는, 비밀경찰 휘하에서 테러리스트의 훈련을 담당하고 있던 아랍 인들로 구성된 '살인 특공대'들에게 차우셰스쿠가 행동을 지시했다는 소문이었다. 확실한 증거는 없지만 그 소문은 천리를 달렸고, 대로에서 민간인들을 닥치는 대로 사살했던 비밀경찰들은 확실히 루마니아 사람들은 아니었다.

소수의 사람들만이 그들의 정체를 알고 있었을 뿐 비밀경찰을 제외한 많은 수의 동요하고 있던 루마니아 병사들은 그날 밤 데모 군중들에게 합세했다. 12월 16일 티미쇼아라에서는 몇 주 간에 걸친 불안한 소요사태에 이어 격한 반 차우셰스쿠 데모가 발생했었다. 다음날인 12월 17일 차우셰스쿠는 국방장관인 바실레 밀레아Vasile Milea 장군에게 명령을 따르지 않았다고 맹비난하면서 앞으로도 만약 병사들에게 데모 군중들을 향한 발포 명령을 내리지 않는다면 갈아 치워 버릴 것이라고 협박했다. 장군은 차우셰스쿠 앞에서는 그의 지시를 따르는 체했지만 실제로 부쿠레슈티에서 소요가 일어났던 12월 21일에도 결코 그런 명령을 내리지 않은 결과 다음날인 12월 22일 시체로 발견되었다. 공식 보고는 데모 군중에 의한 암살이라고 했고, 다른 소식통들은 차우셰스쿠의 지시에 따른 처형이라고 전했다. 몇 개월이 지난 뒤까지 그의 죽음은 베일에 가려졌다. 밀레아 장군의 죽음이 몰고 온 후유증은 군부와 비밀경찰의 고급 지휘관들로 하여금 만약 자기들도 차우셰스쿠의 명령을 따르지 않으면 그러한 운명이 될 것이라는 확신이었다. 비밀경찰 총수인 이울리안 블라드Iulian Vlad 장군도 그러한 결론에 도달해 있었다.

12월 22일 아침, 대학 광장에 머무르고 있던 탱크 한 대에서 어떤 병사가 기관총으로부터 탄띠를 제거하여 군중들에게 흔들었다. 그 이후 부쿠레슈티 전역에는 새로운 소식이 전해졌다.

"군대도 우리 편이다!"

22일 아침까지 군중은 여전히 공산당 중앙위원회 건물 앞의 광장에 모여 있었으나 놀랍게도 차우셰스쿠 부부는 여전히 건물 안에 머무르고 있었다. 그들은 밤새 같이 있던 참모들과 의견을 나누었다. 측근들도 함께 있었다. 그때 그곳에 있었던 한 사람이 후에 전하는 바에 의하면, 모두가 서로의 감시인 노릇을 했다고 한다. 그곳을 떠나면 아마 배신자 대우를 받았을 것이다. 블라드 장군과 마지막 순간에 변절했던 다른 사람들은 자신들이 차우셰스쿠를 포기했다는 의심을 받지 않도록 노력했다. 아첨이 예술의 경지에까지 이른 블라드 장군은 어렵지 않게 속마음을 감출 수 있었다. 측근들이 상황의 심각성을 전혀 모르고 있었기 때문에 차우셰스쿠에게 더 이상의 희망이 없다는 것을 알릴 생각조차 하지 않았다.

한편, 탁월한 사격 능력을 가진 저격병들과 우수한 하사관들로 구성된 차우셰스쿠의 신변 보호 팀이 은밀하게 구성되었으며, 후에 세상에 그 모습을 드러낸 대로 지하에 거미줄처럼 연결된 사통팔달된 통로는 차우셰스쿠가 거주했던 대통령 궁의 사무실, 통신실, 침실과 벙커에까지 뻗어 있었다. 차우셰스쿠 부부가 탈출하기 위해서는 분명 부쿠레슈티 지하의 토끼 사육장 같은 미로를 활용할 수도 있었을 것이다. 그러나 좀 더 일찍 탈출하지 않고 중앙위원회 건물 안에서 왜 그렇게 오랫동안 기다렸는지, 왜 헬리콥터를 이용하기로 결정했는지, 80여 명의 경호원들이 대기하고 있었음에도 불구하고 왜 부부만 탈출했는지, 차우셰스쿠만이 풀 수 있는 수수께끼이다.

12월 22일 오전 11시 23분 여러 대의 헬리콥터가 부쿠레슈티 상공에 자태를 나타냈다. 그 중 한 대가 상공을 선회하다가 중앙위원회 건물의 옥상에 착륙했다. 지상에서 헬리콥터들을 쳐다보고 있던 반 차우셰스쿠 데모 군중들은 이 헬리콥터들이 비밀경찰 소속이며 자기들에게 사격을 가할 것이라고 생각했다. 군중 속에서 일대 혼란이 벌어졌다. 겁을 집어먹은 사람들은 보도를 달려 도망쳤으나, 곁에서 데모 군중들을 구경하고 있던 다른 시민들은 군인들이 소극적이라는 데에 힘을 얻어 오히려 데모 군중들에게 가세하여 중앙위원회 건물 안으로 돌진해 갔다.

건물 옥상에 내려앉았던 헬리콥터는 비밀경찰 소속이 아니었다. 1980년 이후 차우셰스쿠의 개인 조종사였던 바실레 말루찬Vasile Maluțan 중령은 15분 전에 세 명의 조종사를 데리고 차우셰스쿠 부부를 안전한 곳으로 안내하라는 지시를 받았다.

말루찬은 후에 "건물 옥상에서 대기하라는 명령을 받았지요"라고 말하면서 "당초에는 헬리콥터 네 대가 뜰 예정이었으며, 그 중 세 대는 정부 각료들을 태우기 위해 대기하기로 계획되어 있었습니다. 마지막으로 다섯 번째 헬기는 군중들에게 전단을 뿌리면서 차우셰스쿠가 헬기로 이동하는 행동에 대하여 경거망동하지 말라는 경고를 할 계획이었어요. 그런데 대기할 예정이었던 헬기 세 대의 계획이 곧바로 취소되었습니다. 그래서 나는 아무도 태우지 않고 건물 옥상에서 그냥 떠나야겠다는 한가한 생각을 하고 있었습니다. 그러던 참에 주변 건물 지붕에 비밀경찰 저격수들이 배치되어 있는 것을 보고 만약 내가 아무도 태우지 않고 이륙하면 저격수들이 내 헬기를 격추시켜 버릴 것이라는 생각을 하게 되었지요"라고 덧붙였다.

말루찬은 기지에 "내가 여기에서 더 기다려야 합니까?"라고 무전을 쳤다. 대답은 기다리라는 것이었다. 옥상에 파견되어 있던 비밀경찰에게 말루찬 중령이 "왜 사람들이 오지 않느냐?"고 물었다. 그는 이미 데모 군중들이 건물 안에 진입하여 차우셰스쿠 대통령과 면담을 하고 있다고 말했다. 건물 안에 진입했다고 말한 것은 사실이었으나, 대통령과 면담을 하고 있다는 것은 거짓말이었다. 고의적인 거짓말이 아니라 무전기를 통해서 들려오는 소리를 들었던 것으로 봐야 한다. 말루찬은 기지와 연결된 무전기를 통해서 전 국민이 텔레비전을 보고 있다는 사실도 이미 파악한 상태였고, 광장에서 데모 군중들이 아우성치는 모습도 내려다보고 있었다. 이때 루마니아 텔레비전 방송은 대단한 용기를 내 폭동 현장을 낱낱이 소개했다.

지하 터널 대신 헬기를 택한 차우셰스쿠의 도피 방법은 결정적으로 잘못된 판단이었다. 중앙위원회 건물에 이미 데모 군중들이 진입했다는 사실 때문에 그들은 지하로 통하는 엘리베이터를 이용하는 대신 헬기를 활용했을 것이다. 차우셰스쿠가 평소에도 자신의 신변 보호에 대해 과대망상증을 보였기 때문에 도심에서 벗어난 지역에 여러 군데의 출구가 마련된 방대한 지하 터널을 이미 구축해 두었고, 비상사태를 대비해서 특별히 훈련된 비밀경찰들이 그의 신변을 보호하기 위해 24시간 대기 상태에 있었다. 스위스 은행의 비밀 계좌에도 수억 달러의 자금이 예치되어 있었으며 중국, 이란 그리고 알바니아는 차우셰스쿠에게 흔쾌히 망명처를 제공할 것으로 알려진 상태였다. 그러나 12월 22일 아침 혼란이 일어나고, 데모 군중들이 건물 안으로 밀어닥치자 모든 비상 계획은 뒤죽박죽이 되어 버렸다. 조종사 말루찬 중령은 이러한 현장을 목격할 수 있었다.

차우셰스쿠 일행이 옥상에 도착하기도 전에 예상치 않았던 장애물이 나타났다. 꼭대기 층의 엘리베이터 문이 열리지 않았던 것이다. 경호원 중 한 명이 문을 부수고 밖으로 뛰어나왔다. 뒤이어 숨도 제대로 쉬지 못하면서 공포에 떨고 있던 차우셰스쿠 부부가 두 명의 경호원과 최측근 심복인 수상 에밀 보부Emil Bobu와 동서인 부수상 마네아 머네스쿠 Manea Mănescu의 부축을 받으면서 옥상에 나타났다. 말루찬은, 그들 뒤를 맨 처음 건물 안으로 진입했던 데모 군중들이 뒤쫓고 있다는 것을 육감으로 알 수 있었다.

말루찬이 "일행이 너무 많습니다"라고 말했지만 겁에 질린 일행은 전혀 주의를 기울이지 않았다. "기름을 가득 채운 상태에서 여섯 사람을 태운다는 것은 헬기의 하중 초과"라는 말루찬의 경고도 무의미했다. 헬리콥터는 옥상에서 겨우 떠올랐다. 그는 "이런 무모한 일은 처음입니다"라고 말했다. 예상했던 대로 헬기는 육중한 하중을 이기지 못하여 내려앉기도 했으나 필요한 동력을 전부 가동하여 다시 비행 고도로 올라선 뒤 부쿠레슈티 중심부를 빠져나갔다. 후에 헬기의 블랙박스를 조사하면서 말루찬은 "옥상에 있던 시간이 약 24분 정도였습니다만 당시에는 훨씬 더 오래 걸린 느낌이 들었지요"라고 회고했다.

비행 중 말루찬은 탑승한 사람들에게 큰소리로 "어디로 갈까요?"라고 물었다. 그러나 아무도 어디로 가야 할지를 몰랐다. 곧이어 활기를 되찾은 차우셰스쿠 부부는 큰 소리로 부쿠레슈티 동북방 65킬로미터쯤에 있는 스나고브Snagov 별장으로 가자고 말했다. 그는 이어 "올테니아 지역 사령부에 무전으로 연락을 하라"고 지시했다. 말루찬 중령은 무전 연락을 하려고 힘써 봤지만 중간 통제 센터인 비밀경찰 통신 본부로부터 아무런 연락을 받지 못했다. 후에 알게 된 일이지만 당시 그곳에는 이미 아무도 없는 상태였다.

잠시 후 말루찬은 스나고브의 잔디밭에 프랑스제 헬기를 착륙시켰다. 여섯 사람이 내리자 차우셰스쿠가 말루찬에게 같이 가자고 말하면서 "이런 사실을 아무에게도 이야기하지 말라"고 지시했다. 조종사 두 명은 조종석에 그대로 남아 있었다.

별장 안에서 차우셰스쿠는 비밀경찰, 군부 주요 인사, 정부 기관에 특별 지시를 하기 위해 VIP용 전화를 걸었지만 작동되지 않자 일반 전화기를 이용하려던 참이었다. 차우셰스쿠는 말루찬에게 "공군 참모총장과 통화를 해야겠다"라고 말하면서 "그에게 우리가 어디 있는지는 말하지 말라. 다른 곳에서 두 대의 헬기에 무장 경호원들을 대동한 채 그를 만나고 싶다"고 명령했다. 말루찬은 공군 참모총장이 집에 있다는 것을 알고 집으로 전화를 걸었다. 처음에 총장은 군복을 입고 기지로 곧바로 가겠다고 말했다. 그러나 차우셰스쿠가 개인 헬기에 탑승한 사실을 알아내고 마음을 바꿨다. 그는 무장 경호원들을 대동할 만한 시간 여유가 없다고 핑계대면서 말루찬에게 "당신 부대 사령관이 그 문제를 직접 처리하도록 전하시오!"라는 말과 함께 전화를 끊었다. 이때 공군은 이미 차우셰스쿠를 제명시켜 버린 상태였으며, 더 이상 그의 신변 보호에는 관심이 없었다. 저항이 시작된 것이다.

말루찬은 자기 부대 사령관에게 전화를 걸었다. 그러나 "헬기를 띄울 수 없다"라고 대답한 지휘관이 "당신이 와서 직접 지휘해야 할 것이다!"라는 말만 한 채 전화를 끊었다. 말루찬은 자기 위치를 말할 수 없었지만 완벽하게 감출 수도 없었다. 헬기로 이동하고 있을 때 말루찬은 이미 기지에 스나고브로 가고 있다는 사실을 말했었다. 차우셰스쿠를 수행하고 있던 비밀경찰 한 명이 옆에서 "헬기 한 대를 추가로 보내라고 말하시오!"라고 거들기도 했다.

이때쯤 대통령의 긴급 전화가 재가동되어 차우셰스쿠는 연신 전화를 걸어댔다. 말루찬은, 차우셰스쿠가 루마니아 전역의 당 비서들에게 전화하는 소리를 들을 수 있었다. 같은 질문의 반복이었다. "당신 지역의 상태는 어때? 사태가 진정되었는가? 인민들은 조용한가?"라고 묻고 있었다. 말루찬은 차우셰스쿠가 티미쇼아라의 데모를 진압한 당 간부에게 전화하는 소리도 들을 수 있었다. 차우셰스쿠는 하루 전 중앙위원회 건물 발코니에서 다하지 못했던 이야기를 그 간부에게 하고 싶은 듯했다. 그는 "국가의 단결을 해쳐서는 안 된다"라는 말을 계속하면서 "우리에게는 용맹스러운 수많은 전사들이 있으며, 수백 년간 조국에 봉사해 온 헌신적인 노동자들도 있다"라고 강조했다. 그러고 나서 갑자기 말루찬을 돌아보더니 "당신도 그런 대의명분에 동의하는가?"라고 물었다. 말루찬은 몹시 당황하여 어떻게 대답해야 할지를 몰라 아무 말도 하지 않은 채 보다 실질적인 질문으로 대응했다. 그는 어디론가 가야 할 것 같다는 생각이 들어 차우셰스쿠에게 "어디로 가고 싶으십니까?"라고 물었다.

말루찬은 이미 마음속으로 차우셰스쿠와 일행을 버릴 생각을 하고 있었다. 그는 헬기를 바꿔야 한다고 주장하면서 중앙위원회 건물 옥상에서부터 비행하는 동안 무거운 하중 때문에 헬기에 이상이 생겨 더 이상 안전을 보장할 수 없다고 말했다. 왜 말루찬이 기지로 돌아가 새 헬기를 몰고 오게 허락하지 않았을까? 물론 말루찬은 돌아올 마음이 없었다.

말루찬은 "차우셰스쿠는 의심하지 않았으나 엘레나가 완강하게 의문을 제기했어요"라고 당시의 상황을 전했다. 그녀가 "당신들이 떠나고 나면 우리 부부만 남게 되는데 그렇게 되면 아무도 우리를 보호할 사람이 없지 않느냐?"라는 질문을 던졌다. 말루찬은 자기의 계획이 수포로 돌아갔다는 것을 안 뒤 "좋습니다. 그 대신 전원을 다 태울 수는 없습니다. 각하께서는 어디로 가기를 원하십니까?"라고 차우셰스쿠에게 다시 물었다. 그는 부쿠레슈티 서북방 30킬로미터 지점에 있는 보테니 군 비행장으로 가자고 했다. 말루찬은 "가서 조종사들에게 준비를 시키겠다"고 말하고 헬기로 돌아갔다.

말루찬의 이야기가 이어진다.

"우선 일행을 안심시키고 싶었습니다. 그들에게 이 여행이 아무 사고 없이 끝나도록 최선을 다하겠다고 말했지요. 그런 다음 조종사들에게는 엔진 시동을 걸라고 명령하면서 만약 차우셰스쿠 일행이 달려 나오지 않으면 비밀경찰들이 우리 헬기에 사격을 가하더라도 곧바로 이륙하자고 말했어요. 그런데 엔진 소리가 나자마자 별장에 있던 일행이 잔디밭으로 뛰어나오더니 헬기로 달려들었습니다."

그 순간 수상 보부와 부수상 머네스쿠는 헬기를 타지 않고 차우셰스쿠에게 작별 인사를 했다. 머네스쿠가 차우셰스쿠의 손에 키스를 했다.

말루찬은 뒤에 이런 설명도 들려주었다.

"이때 나는 보테니로 갈 마음이 없었습니다. 여전히 하중이 무거웠기 때문에 내가 소속된 기지로 되돌아가려고 했어요. 이때가 오후 1시경이었습니다. 기지에 있던 통신병으로부터 라디오를 잘 들어보라는 연락이 왔습니다. 라디오에서 루마니아 텔레비전 방송국이 데모 군중들에게 점거당하고 차우셰스쿠는 도망갔다는 보도가 흘러 나왔지요. 그리고 군부도 데모 군중들에게 동조한다는 것이었습니다. 차우셰스쿠를 제거해야 한다는 마음이 예전보다 더 확고해졌지요."

그는 차우셰스쿠 부부가 무엇인가 심각하게 이야기하는 것을 보았다. 시끄러운 엔진 소리 속에서도 차우셰스쿠는 말루찬에게 "우리의 대의명분에 동조하는가?"라고 다시 물었으나 말루찬의 대답은 "어디로 가시기를 원하십니까? 정말로 보테니로 가기를 원하십니까?"라는 동문서답이었다.

차우셰스쿠는 마음을 다시 바꿔 먹었다. 여러 지역의 당 간부들에게 전화를 한 결과 최선의 선택은 자기에게 아직 역심을 보이지 않고 있는 지역을 찾아내는 것이라고 생각했다. 그는 말루찬에게 부쿠레슈티 서북방 113킬로미터 지점의 피테슈티로 가자고 했다. 말루찬은 차우셰스쿠가 전화로 피테슈티는 조용하다는 것을 확인하는 이야기를 들었다. 이어 차우셰스쿠는 말루찬에게 엔진의 잡음 속에서 "누구에게도 피테슈티로 간다는 이야기를 해서는 안 된다"고 소리를 질렀다.

이때 말루찬은 상당한 위험이 수반되더라도 차우셰스쿠를 제거해야 한다는 마음을 다시 한 번 굳게 다지고 있었다. 말루찬은 헬기가 레이더에 포착될 수 있도록 높이 치솟은 다음 기지로 돌아갈 속셈으로 급강하시켰다. 이상한 비행 형태를 눈치 챈 비밀경찰 한 명이 말루찬의 뒤에 와서 "바실레, 지금 무슨 짓을 하고 있는 거요?"라고 협박했다.

"내가 '집으로 돌아가는 중이지요'라고 대답하자 그가 '대통령의 명령을 따라야지 무슨 짓이야!' 라고 소리 지르더군요. 하는 수 없이 정상 비행 궤도로 복귀한 다음 다시 헬기를 급강하시키면서 차우셰스쿠에게 '우리 헬기가 레이더에 걸려 언제라도 공격을 받을 수 있습니다'라고 소리를 쳤지요. 차우셰스쿠는 잔뜩 겁에 질린 표정으로 '그렇다면 착륙해야지'라고 말하더군요. 보테니 군 비행장에 거의 다가가고 있었습니다. 내가 '보테니로 가기를 원하십니까?' 라고 다시 묻자 차우셰스쿠는 '아니야, 여기 도로 근처에 착륙하도록 해!' 라고 말했지요. 그때 우리는 고속도로 위를 비행하고 있었지요. 비밀경찰 한 명이 기관단총을 코트 밑에 숨겨 가지고 도로에서 차를 세우기 위해 헬기에서 내렸습니다. 나머지 사람들도 따라 내렸어요. 차우셰스쿠가 나를 불러 조종석에서 내렸지요. 그가 다시 묻더군요. '우리의 대의명분에 동의하는가?' 내가 '누구의 대의명분이며, 무슨 대의명분이냐?' 고 대응하자 그는 손을 내밀었습니다. 내가 그 손에 악수를 했지요. 이별을 고한 것입니다. 엘레나는 아무런 이야기도 하지 않은 채 매우 당황한 얼굴이었지만 분노에 차 있었지요. 나를 증오하고 경멸하는 태도가 역력했습니다. 그녀의 경호원이 나에게 돌아서더니 조용한 목소리로 '결국 당신도 비슷한 운명에 처하게 될 걸'이라고 말하더군요. 그래서 나도 '모든 사람은 다 그렇게 될 것이다'라고 대답했지요. 차우셰스쿠의 명령을 받아 그는 우리를 사살할 수도 있었습니다. 우리는 재빨리 이륙을 했지요. 공중에서 보니 도로 위의 비밀경찰 한 명이 붉은색 차를 세우더군요."

이별의 마지막 순간을 말루찬은 이렇게 진술했다.

말루찬이 기지로 돌아오는 데는 15분 가량이 걸렸다. 말루찬의 이야기가 이어졌다.

"기지에 있던 모든 사람들은 공중에서 무슨 일이 벌어졌는지를 잘 알고 있었지요. 그들은 무전기를 통해서 내 헬기에서 일어났던 일들을 엿듣고 있었던 것입니다. 어떤 사람들은 환호성을 지르기도 하고, 또 다른 사람들은 울음을 터뜨리기도 했지요. 난생 처음으로 나는 아무런 감정을 느낄 수 없도록 지쳐 있었습니다. 얼굴은 창백해지고 두 발로 도저히 서 있을 수가 없었어요. 몇 사람이 나를 군 의무대로 데려 갔습니다. 거기서 군의관이 내 혈압을 재더군요. 비정상적으로 높은 수치가 나왔습니다. 170/105였지요. 그러나 의무대에 오래 있지는 않았습니다."

말루찬이 의무대를 나서자 장교 한 명이 다가서더니 "동무, 이런 일은 우리 모두에게 전혀 이롭지가 않은데!"라고 경고했다. 그러나 그 장교의 말은 잘못된 것이었다. 3개월 후 말루찬은 대령으로 승진했고, 그 장교의 차우셰스쿠에 대한 미련도 세 시간을 견디지 못했다.

이어 벌어진 비극적인 요소가 가미된 소극거리는 우스꽝스러운 이야기를 잘 그려내는 루마니아 태생 극작가 에우제네 이오네스코Eugène

Ionesco가 간추려 보면 어떨까 하는 생각도 해봤다. 귀환 직후 말루찬은 기지 사령관에게 차우셰스쿠와 결별한 장소와 비밀경찰이 고속도로 위에서 맨 처음 세웠던 붉은색 차량의 번호를 알려주었다.

그러나 후에 알려진 바에 의하면 말루찬이 실수를 한 것으로 판명되었다. 첫번째 붉은색 차량이 서지를 않았던 것이다.

비밀 경호원 마리안 콘스탄틴 루수는 프랑스 르노자동차의 지원으로 루마니아에서 유일하게 조립되어 일반인들도 이용이 가능하게 된 다치아 차를 다시 세웠다. 겁에 질린 차주 니콜라에 데카Nicolae Deca 박사는 하는 수 없이 차우셰스쿠 부부를 태웠다. 뒤이어 비밀경찰 플로리안 라츠가 차에 올랐다. 거부하면 죽을 것 같다고 생각한 데카 박사는 "원하시는 곳까지 모시겠습니다"라고 정중하게 말했다. 루수는 다른 차를 세우더니 일행의 뒤를 따랐다. 차우셰스쿠는 루수가 왜 따로 떨어져 오는지를 알 수 없었다. 데카 박사가 후에 술회한 바에 따르면 당시 차우셰스쿠는 차안에서 엘레나에게 "루수도 우리를 버렸소!"라고 했다고 한다. 자동차 여행은 오래가지 않았다. 뒤따라가던 자동차의 주인이 기름이 떨어졌다고 해서 루수도 하는 수 없이 내릴 수밖에 없었다. 루수가 내리자 안도의 한 숨을 몰아쉰 운전사는 쏜살같이 달아나 버렸다.

자동차 여행은 공장 근로자인 니콜라에 페트리쇼르의 집이 있던 버커레슈티 마을 앞에서 끝이 났다. 자동차를 세차하고 있던 그가 그날 오후 집에 있었던 것은 55회 생일을 맞이하여 가족들과 함께 해도 좋다는 공장측의 허가가 있었기 때문이다. 차우셰스쿠는 페트리쇼르의 차가 데카 박사의 차보다 나은 것 같다면서 그 차를 타고 가자고 했다.

그러나 플로리안 라츠가 이미 검은색 자동차로부터 고무 튜브를 이용해서 입으로 휘발유를 빨아들여 데카 박사의 붉은색 다치아 승용차에 넣는 작업을 하고 있었다. 휘발유를 옮기는 동안 데카 박사의 승용차 문이 열리자, 페트리쇼르가 차우셰스쿠 부부를 알아봤다. 페트리쇼르는 자기 부인에게 큰 소리로 "그들이 여기 있소. 바로 그들이오!"라고 외쳤다. 그러자 라츠가 페트리쇼르 부부에게 총을 들이대면서 입을 다물라고 했다.

상황 설명만 듣고는 페트리쇼르가 처했던 어려운 입장을 이해하기란 쉬운 일이 아니다. 뒤에 페트리쇼르가 「리베라시옹Libération」 기자에게 말한 바에 의하면 그는 경황이 없었던 나머지 자동차 도피 과정에서 엘레나가 자기 머리에 총을 계속 겨눈 것으로 착각했었다고 말했다. 그는 차우셰스쿠 부부에게 "나는 제칠일 안식일교도입니다. 당신들을 구해 드릴 수는 있지요"라고 말했다. 비밀경찰 라츠는 페트리쇼르의 차에 차우셰스쿠 부부와 함께 타고 있었지만 루수는 고속도로에서 이미 사라진 뒤였다.

그들이 떠나는 광경을 주변에 살던 몇 사람이 모여들어 놀라움에 가득 찬 눈으로 지켜보았다. 모여 있던 마을 사람들 중 한 명이 "니콜라에! 그런 짓은 그만두어라. 사람들이 당신들을 기필코 죽일 것이다!"라고 소리를 치자 다른 사람들은 아이들을 부르더니 "저 독재자들을 똑똑히 봐 두어라!"라고 외쳤다. 페트리쇼르는 후에 "나는 아내에게 작별 인사를 했지요. 그리고 다시는 못 볼 것이라고 생각했습니다"라고 당시의 심경을 토로했다.

차안에서 차우셰스쿠 부부는 페트리쇼르에게 어느 공장에서 일하는지, 그리고 아내와 아이들에 대해서도 물었다. 페트리쇼르가 제칠일 안식일교도라는 것을 알고 차우셰스쿠 부부는 안심하는 것 같았다. 그들은 거친 목소리로 이야기하기 시작했다. "루수가 없어졌어, 루수가 없어졌어!" 그때서야 루수가 사라진 것을 실감했던 것이다. 차우셰스쿠는 페트리쇼르에게 자동차의 라디오를 켜 보라고 말했다. 그는 루마니아 방송국이 데모 군중들의 수중에 떨어졌다는 것을 알았고, 몇 년 동안 불명예 상태에 놓여 있던 노련한 공산주의자인 일리에스쿠가 이미 그들과 합류하고 있다는 사실을 깨달았다. 그는 또 방송을 통해 유명한 반체제 시인인 미르체아 디네스쿠Mircea Dinescu가 격정적으로 "악행에 저주가 있을지어다!"라고 외치는 소리도 들었다.

페트리쇼르는 차우셰스쿠에게 버커레슈티 근처에 있는 자기 공장의 작업실로 가자고 했으나 차우셰스쿠는 다른 생각을 하고 있었다. 엘레나는 충성스런 이온 딘커가 목화밭을 경작하고 있던 삼림이 우거진 코르비아로 가기를 원했다. 차우셰스쿠는 "거기는 너무 추워. 아마 얼어 죽을 거야!"라고 말하면서 트르고비슈테로 향할 것을 제안했다. 트르고비슈테 근처에는 견본용으로 꾸며놓은 제철소가 있었다. 포템킨 마을에 있던 이 전시용 공장은 외국의 주요 인사들도 여러 번 방문했었다. 종업원들은 특권을 누리고 있었으며, 차우셰스쿠도 수차에 걸쳐 국가 원수로서 찾곤 했었다. 찾아가면 환대받을 것으로 예상했었다.

그러나 정문에서 거부당했다. 그날 루마니아 전역에 있던 다른 공장들과 마찬가지로 그 제철소도 근로자들이 농성 중이었으며, 닫힌 정문 안에 있던 근로자들은 정문 앞의 차를 보자마자 돌팔매질을 하기 시작했다. 페트리쇼르는 놀라 황급히 차를 되몰았다. 차우셰스쿠는 엘레나에게 "저 사람들은 나에게 진 빚이 많은데. 그들이 하고 있는 짓을 보시오!"라고 말했다. 페트리쇼르는 그 지역 당 본부로 차를 몰았고, 차우셰스쿠는 스나고브에서 전화를 걸었을 때 대화했던 내용을 바탕으로 그곳 당 본부는 아직 충성심이 변하지 않았을 것으로 예상했다. 그러나 차우셰스쿠의 예견은 빗나가 있었다. 당 본부 주변의 도로는 이미 노도와 같은 군중들에 휩싸여 있었다. 갈 곳을 찾지 못해 주변을 한참 헤맨 다음 페트리쇼르는 차우셰스쿠도 잘 알고 있던 트르고비슈테에 있던 또 다른 전시용 기관인 '공단 방재防災 본부'에 그들을 내려 주고 도망치듯 떠나 버렸다.

차우셰스쿠 부부는 겨우 본부에 들어갈 수 있었다. 본부의 책임자였던 빅토르 세이네스쿠Victor Seinescu는 잠시나마 그 지역의 중심인물로 떠올랐으며, 뒤에 언론에 차우셰스쿠 부부를 혼내주고 야단쳐서 경찰에 자수하도록 꾀었다는 이야기를 들려주었다.

오후 2시 세이네스쿠는 그 지역 민병대 사령관에게 차우셰스쿠 부부를 트르고비슈테 지역 사령부로 데려가 안전하게 보호하고 있으라는 전화를 했다. 2시 30분 군복을 입은 두 명의 민병대원이 차를 몰고 와 얼굴을 내밀었다. 네 시간 뒤에야 차우셰스쿠 부부는 아직도 충성심이 변하지 않았을 것이라고 믿고 있었던 민병대 사령부로 갈 수가 있었다.

흥분한 군중들이 시가지 곳곳에서 소란을 피우고 있었기 때문에 피해 다닐 수밖에 없어 샛길로 차를 몰고 다니다가 결국 조그마한 공원 근처의 어두운 곳에서 몇 시간을 기다렸다. 다행히 이들 부부가 민병대 차에 타고 있는 것을 본 사람은 아무도 없었다.

불과 500미터밖에 안 떨어진 막사에서 전화를 받은 민병대 사령관은 차우셰스쿠가 민병대원들과 함께 차안에 있다는 사실을 아무에게도 말하지 않았다. 루마니아 보안 기관의 다른 책임자들과 마찬가지로 그 사령관 또한 진행 중인 반정부 데모가 어떻게 결론 날지 모르는 상태에서 차우셰스쿠를 돕는다는 것은 신상에 이로울 것이 없다는 것을 잘 알고 있었다.

시간이 흐르면서 비밀경찰과 민병대 관계자들에게 군부가 데모 군중들과 합세를 하고 있다는 소식이 전해지자 그들 스스로가 혼란에 빠졌다. 민병대원들이 떼를 지어 본부를 떠나기 시작했고, 늦은 오후가 되자 본부에 있던 민병대원 모두가 자취를 감추었다. 비밀경찰의 자동차, 무기, 탄약 등도 그대로 방치돼 있었다.

　민병대 본부로부터 약 500미터쯤 떨어져 있던 방공포 연대로 향하던 트르고비슈테 지역 군사령관은 민병대 본부가 텅 비어 있다는 것을 알고 50여 명의 장교와 병사들을 본부를 장악하기 위해 파견했다. 오후 6시 30분쯤 차우셰스쿠 부부가 민병대 본부에 들어오자 군인들이 그들을 보안군의 차량에 태워 군 병영으로 옮겼다. 길거리의 군중들은 여전히 흥분 상태에 있었기 때문에 세 명의 장교들이 동행해서 이들 부부가 군중들의 눈에 띄지 않게 했다. 길거리에는 불빛이 없었고, 자동차 또한 라이트를 켜지 않은 채였다.

　도착하는 데는 채 5분이 걸리지 않았다. 도착하자마자 차우셰스쿠 부부는 다비자 대위의 사무실 귀퉁이에 책상을 쌓아 칸막이를 한 군용 침대와 담요만이 덩그러니 놓여 있는 곳으로 인도되었다. 한쪽에는 커다란 난로가 활활 타고 있었고, 다른 한편에는 찬물을 받아쓰는 세숫대야만이 놓여 있었다. 병영의 가장자리에 있던 이 사무실에는 소수의 장교와 하사관들을 제외하고는 누구도 접근할 수가 없게 되었다. 경험이 풍부했던 장교, 이온 세쿠Ion Secu 소령이 이후 3일 반 동안 차우셰스쿠 부부와 함께 했다.

　당시를 세쿠 소령은 이렇게 회고했다.

　"차우셰스쿠는 여전히 총사령관같이 행동하더군요. 첫마디는 '상황이 어떤가? 보고를 하라'였어요. 그래서 내가 '귀하를 데모 군중으로부터 보호하기 위해 우리가 여기 있습니다. 우리는 부쿠레슈티 당국으로부터의 지시를 따라야 합니다'라고 말했지요. 이 말이 그를 화나게 만들었던 모양입니다. 일이 이렇게 되도록 음모를 꾸민 사람들에 대한 불평을 길게 늘어놓더군요. 시간이 흐르면서 점차 자신이 감금 상태의 죄수라는 사실에 적응해 가는 모습이었습니다."

이어지는 3일 동안 차우셰스쿠는 깊은 시름에 빠지기도 하고, 다른 한편 자기를 배신한 사람들에 대한 불평을 늘어놓을 때는 극도로 흥분하기도 했다고 세쿠 소령은 전했다. 차우셰스쿠는 몇 주일 전에 있었던 고르바초프와 부시 간의 회담을 들먹이면서 "나의 운명은 몰타Malta에서 이미 결정이 났었다"라고 되뇌었다.

3일 밤을 차우셰스쿠와 함께 한 세쿠 소령을 포함해 경호를 담당했던 몇 사람들을 제외하고는 병영 안에 있던 어느 누구도 감금 상태에 있던 사람의 신원을 파악하지 못한 상태였다. 막연하게 보부 수상과 같은 고위층일 것이라고만 추측했다.

다비자 대위도 쟁반에 병사들이 먹는 음식을 담아 들고 방에 들어가서야 처음으로 그들을 볼 수가 있었다. 차우셰스쿠가 갈색 빵을 집어 들더니 "이런 것은 먹을 수 없다"라고 말하자, 다비자 대위가 "우리 병사들은 이 음식을 오랫동안 먹어 왔습니다"라고 대꾸했다. 소시지와 소금기가 배어 있는 치즈를 보고 차우셰스쿠는 "이 지역은 루마니아에서도 빵이 제일 맛있는 곳인데 나에게 이런 형편없는 음식을 주다니!"라고 큰소리를 질렀다. 엘레나가 덩달아 치즈와 소시지를 집어 들더니 "먹을 수 없는 것이야, 각하께서는 소금기 있는 음식을 먹지 않는다는 것을 몰라요?"라고 가세했다.

이런 분위기는 3일 내내 이어졌다. 다비자 대위의 이야기를 들어보자.

"엘레나는 끝없이 불평불만을 늘어놓았습니다. 망연자실한 모습을 보이다가도 한 번 분노가 치솟으면 미친 사람 같았지요. 목욕탕에 가는 것도 거부해서 하는 수 없이 욕조를 가져다주기도 했습니다."

다비자가 차우셰스쿠와 이야기를 나눌 때마다 엘레나는 "감히 각하에게 그런 태도로 말을 하다니"라면서 큰소리로 호통을 쳤다. 엘레나가 차를 달라고 해서 가져다주면 "차에 설탕을 넣었어요? 각하께서 당뇨병을 앓고 있다는 것을 몰라요? 어떻게 설탕을 넣은 차를 가져옵니까?"라고 나무라기도 했다. 음식, 방, 침대 그리고 깨끗한 옷이 없다고 터뜨리는 그녀의 불만은 끝이 없었다. 심한 욕을 하기도 하고 속이려고도 했다. 인슐린 주사를 요청하여 12월 24일 공급했으나 차우셰스쿠에게 맞지 말라고 강권하는 모습도 보였다. 이들 부부는 귀한 사과를 달라고 해서 먹기도 했다. 엘레나는 "이렇게는 살 수 없어요. 집에서는 충분한 음식이 있었잖아요?"라고 되묻기도 하였다.

세쿠는 이들 부부가 첫날밤 같이 침대에서 껴안고 잤다고 말했다. 그는 "늙은 부부가 서로 팔을 부둥켜안고 자는 방에 같이 있다는 것이 당황스럽기도 했다"는 당시 처했던 상황을 들려주기도 했다.

서로 껴안고 속삭이는 한편, 가벼운 말다툼을 하는 모습도 보였다. 세쿠는 차우셰스쿠가 이렇게 말하는 것을 들었다.

"배후에서 음모가 진행되는 것을 미리 나에게 알려주었더라면 지난여름 일리에스쿠를 제거해 버릴 수도 있었는데. 당신은 그런 내용을 알고 있으면서도 나에게 말하지 않았던 거야!"

엘레나의 대답은 이러했다.

"모두 당신 잘못이지요. 우리가 이곳에 오지 말았어야 했어요. 그것도 당신 잘못이고요."

세쿠는 차우셰스쿠가 또 이렇게 말하는 것도 들었다.

"얼간이 같은 미르체아 디네스쿠가 어떻게 이런 음모를 꾸밀 수 있단 말인가? 그자는 미치광이에 불과한데."

당뇨병 때문에 차우셰스쿠는 복도 끝에 있는 악취가 진동하는 화장실에 자주 들락거렸다. 그때마다 경호원들이 뒤따랐다. 세쿠의 이야기가 이어진다.

"그는 정말 환자처럼 보였습니다. 그래서 내가 '의사를 데려올까요?'

라고 물으면 화난 표정으로 '고맙지만 내가 믿는 의사는 부쿠레슈티에 한 사람밖에 없다'라고 대답하기도 했습니다."

그들은 빵, 사과와 가미하지 않은 차만 마셨다. 식사 시간마다 장교 식당으로부터 급식이 이어졌지만 음식에 마치 독이나 들어 있는 것처럼 그들 부부는 손도 대지 않았다.

차우셰스쿠는 부대 지휘관을 만나고 싶어 했다. 만나서는 "내가 당신 상관인데 왜 나를 체포했느냐?"고 물으면서 시내에서 음식물을 사기 위해 돈이 필요하다고 요구하기도 했다. "갚아 줄 테니 걱정 하지 마라"라고 말했지만 지휘관은 거절했다.

방안에서도 이들 부부는 데모 군중들이 자기들의 피를 요구하는 외침을 들을 수 있었다. 차우셰스쿠는 그때마다 "창문을 열어라. 내가 군중에게 직접 말하겠다"라고 명령했다. 아직까지 자기에게 군중을 제압할 수 있는 권위가 있다고 생각하는 것처럼 보였다.

시가지 중심부에 자리 잡고 있었기 때문에 경비가 쉽지 않아 부대 주변에 비밀경찰 저격수들이 배치되어 있었으나, 방공포 연대 지휘관은 장교들과 차우셰스쿠를 부쿠레슈티로 이송하는 문제를 상의했다. 12월 24일 이후 총기 사용은 점차 수그러들었지만 군부는 비밀경찰들이 데모 군중을 진압하기 위해 병영 근처에서 기관총까지 사용했다는 것을 발견할 수가 있었다. 12월 22일부터 12월 25일까지 결국 비밀경찰 저격수들이 민간인 다섯 명을 사살했다.

12월 23일 아침, 병영 근처에서 격렬한 총기 발사가 있자 연대 지휘관은 데모 군중이 병영까지 뛰어들어 차우셰스쿠 부부를 쉽사리 알아볼 수 있는 사태를 예방하기 위해 그들의 복장을 군복으로 바꾸기로 결정했다. 차우셰스쿠에게는 검은 코트와 깃털이 달린 모자를 벗고 군복으로 갈아입으라는 말이 전해졌다. 그는 지시를 따랐다. 그러나 엘레나는 거부했다. 군 경호원들이 강제로 그녀의 털이 달린 코트를 벗기고 병사들이 입는 긴 코트로 그녀를 감쌌다. 그리고 군모까지 쓰게 했다.

차우셰스쿠 부부는 그 다음날하고 반나절을 조잡하기 그지없는 그 방에 머무를 수밖에 없었다. 12월 24일 밤 11시 그들은 병사들의 긴 코트를 입은 채 고개를 들지 말라는 지시와 함께 무장한 차에 태워졌다. 다섯 시간을 차안에 있었다. 새벽 4시가 되어 사태가 호전되자 그들은 다시 머물렀던 방으로 돌아왔다. 전과 같은 식사가 제공되자 차우셰스쿠는 주먹을 불끈 쥐면서 "감히 이런 음식을 어떻게 먹으란 말이냐?"라고 소리쳤다.

차우셰스쿠는 감금 상태에서 풀려나기 위한 시도도 서슴지 않았다. 세쿠 소령의 이야기를 들어보자.

"한 번은 밤에 자고 있는 나를 깨우더군요. 엘레나는 자는 체하면서도 매우 신중한 태도로 엿듣고 있었지요. 차우셰스쿠가 나에게 이렇게 말했습니다. '지쳤는가? 지칠 때도 됐지.' 그러고 나서 내 가족에 대해 물었습니다. 내가 '결혼은 했고, 아이는 한 명이며, 조그마한 아파트에서 살고 있다'고 대답했더니 '여건이 아주 나쁘군'이라고 중얼거리더니 '당신은 그것보다 더 나은 대우를 받을 자격이 있는데. 자, 내 말을 좀 들어봐!' 라고 속삭였습니다. '하찮은 일에 목숨을 걸 필요가 없잖아. 내가 자네에게 부쿠레슈티의 가장 좋은 주거지인 키셀레프에 있는 빌라를 한 채 줄 수 있지. 방은 7~8개 정도 되고, 차고도 있지. 자네가 원한다면 더 줄 수도 있어. 차고에 있는 차는 흔해빠진 다치아가 아니지."

세쿠 소령이 아무런 대응을 하지 않는데도 차우셰스쿠는 말을 이어갔다.

"자네가 나를 아무도 모르게 텔레비전 방송국에 데려다만 준다면 인민들에게 직접 연설을 할 참이야. 자네에게 100만 달러, 200만 달러도 줄 수 있지. 달러를 주기 전에 이곳으로부터 가까운 보이네슈티에 감추어 둔 수백만 레이(루마니아의 화폐 단위)를 가져올 수도 있어!"

세쿠 소령은 벌어진 입을 다물지 못한 채 스스로에게 물었다.

'이 사람이 정말 차우셰스쿠란 말인가? 태양처럼 받들라고 교육받았던 그 차우셰스쿠란 말인가?'

후에 조사관들이 보이네슈티란 조그마한 마을을 샅샅이 뒤졌지만 아무것도 찾지 못했다.

12월 25일 오전 9시 45분부터 약 한 시간 동안 차우셰스쿠 부부는 다시 무장한 차에 태워졌다. 그들이 차안에 있는 동안 부쿠레슈티로부터 헬기 몇 대가 도착했다. 검찰관, 변호사, 입증 대표, 새로 구성된 '구국전선National Salavation Front'의 젤루 보이칸Gelu Voican, 그리고 빅토르 스턴쿨레스쿠Victor Stănculescu 장군이 타고 있었다. 이 사람들이 재판부를 구성했다. 스턴쿨레스쿠 장군이 차우셰스쿠 부부를 처형하기 위한 비상조치를 취한 것이다. 차우셰스쿠 부부를 처형하기 위해 스스로 선발한 네 명의 병사를 대동하고 있었다. 다비자 대위는 스턴쿨레스쿠 장군이 재판이 시작되기 전 이들 부부를 처형하기에 적당한 곳을 물색했다고 전했다. 병영 광장의 한쪽 끝에 있는 담벼락이었다.

이때쯤 광란적인 총기 발사는 뜸해졌으나 긴장 상태는 여전했다. 전화를 통해 부쿠레슈티에 있는 새로 형성된 구국전선에 최근 3일간에 걸쳐 발생한 일에 대한 보고를 하면서 방공포 연대장은 차우셰스쿠의 정확한 거처는 숨겼으나, 국방장관에게는 차우셰스쿠 부부가 근처 숲속에서 보호를 받고 있다고만 이야기했다. 이렇게 말한 데는 두 가지 이유가 있었다. 부하들이 감금되어 있는 사람들이 차우셰스쿠 부부라는 것을 알게 되면 법을 자기들 마음대로 해석해서 즉결처분할 수도 있는 문제였고, 또 비밀경찰이 혁명이 나기 오래 전부터의 관행인 도청을 하는지도 모를 일이었기 때문이다. 스턴쿨레스쿠 장군은 도착하자마자 "그 숲 속으로 가자"고 말했다. 연대장은 뒤에 있는 무장차를 가리키면서 "그들은 이 차안에 있습니다"라고 대답했다. "그들을 헬기에 태워 부쿠레슈티로 데려 가야 합니까?"라고 묻자, "그럴 필요 없다. 재판은 여기에서 할 테니 모든 준비를 하라"고 지시했다. 근처의 학교 교실이 재판정으로 임시변통되었다. 은밀한 장소였다.

스턴쿨레스쿠 장군과 동행한 대령 한 명이 차우셰스쿠 부부를 살펴본 후 사진을 찍은 다음 차에서 내려오게 하자 병영 안에 있던 병사들은 처음으로 그들 부부가 감금된 장본인이라는 것을 알게 되었다. 차에서 내리자마자 급조한 재판정으로 향했다. 루마니아 변호사협회가 선정한 피고측 변호사 두 명이 차우셰스쿠 부부의 정신 상태가 정상이 아니기 때문에 이 점을 참작해 달라는 간단한 청원을 시도했다. 그러자 차우셰스쿠가 "나는 당신을 알지 못해, 인민회의와 노동자들 대표 앞에서만 재판을 할 수 있을 거야!"라고 소리 질렀다. 재판 과정 내내 차우셰스쿠는 이 발언을 계속했다. 3일 전 말루찬을 진료했던 군의관이 차우셰스쿠의 건강 상태를 확인한 간단한 건강 진단서를 재판부에 제출했다. 말루찬만큼이나 혈압이 높았다. 170/107이었다. 그러나 엘레나는 건강 진단을 받는 것조차 거부했다.

재판은 55분간 진행됐다. 재판 과정을 지켜본 사람들은 교실의 오른편에 앉아 있던 스턴쿨레스쿠 장군과 후에 부수상이 되는 젤루 보이칸, 그리고 그들의 보좌관들이었다. 차우셰스쿠는 재판장을 정면으로 쳐다보고 있었으며, 재판장 옆에 보조원들이 앉았다. 차우셰스쿠의 오른편으로는 검찰관, 서기, 변호사들이 자리를 잡았고, 왼편은 입석 증인들이 차지했다. 군사재판이었기 때문에 변호사 두 명을 제외하고는 전원이 육군이었지만 청바지에 라운드 스웨터를 입은 검찰관은 장문의 기소장

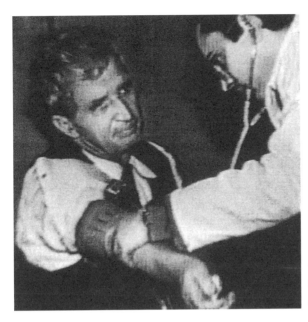

1989년 12월 25일 총살
당하기 두 시간 전 혈압
을 재는 차우셰스쿠

을 읽는 것마저 힘들어 하는 것처럼 보였다. 차우셰스쿠는 도망 올 때
입었던 검은색 코트를 입고 있었고, 깃털 달린 모자도 꼭 쥐고 있었다.
엘레나는 부푼 털이 달린 코트를 입고 있었으며 핸드백과 함께 하얗게
포장한 조그마한 상자를 쥐고 있었다. 그것은 얼마 전 국방부에서 트르
고비슈테로 보내 준 인슐린 주사제였다. 이 재판 과정을 찍은 비디오 필
름을 통해서 군복에 콧수염을 기른 채 재판 과정 내내 기관총을 메고 선
경비병 한 명이 눈물을 흘리는 모습을 볼 수 있다.

악명 높은 1930년대 스탈린 시대의 재판 기준에 비추어 봤을 때도 이
재판 과정은 분명 소극에 지나지 않는다. 이제야 밝혀졌지만 재판의 목
적은, 차우셰스쿠를 정의 앞에 세우는 대신 빠른 시간 안에 처형하기 위
한 요식적인 법률 절차를 갖추는 데 있었다. 새로 구성된 구국전선의 지
도자들은 그렇게 되면 비밀경찰도 그를 포기하는 수밖에 없을 것이라고

생각했다. 남은 것은 그를 신속하게 처형하는 것이었고, 재판 과정에 참여했던 사람들은 보안상 트르고비슈테를 빨리 벗어나고 싶었기 때문에 몹시 서둘렀다. 출발이 늦어지면 늦어질수록 부쿠레슈티 중심부를 통해 국방부로 들어가는 길이 더욱 위험해질 수 있었다. 트르고비슈테에 오는 데 평소 같으면 20분이면 족했지만 실제로는 두 시간이나 걸렸다. 차우셰스쿠에게 충성을 다짐한 저격수들을 두려워한 나머지 헬기 조종사가 우회 항로를 택했기 때문이다. 또 부쿠레슈티로 돌아갈 때는 재급유를 받아야 했다. 그들의 두려움이 근거 없는 것은 아니었다. 피고측 변호사였던 니쿠 테오도레스쿠Nicu Theodorescu는 실제로 무장차를 타고 그날 밤 늦게 국방부로 돌아오다가 등에 유탄을 맞기도 했다.

육군 장교였던 재판장은 검찰관만큼이나 피고에 대해 비판적이어서 공정한 재판을 주재하는 입장이 아니었다. 그 뒤 몇 개월 동안 그 재판장은 우울증에 시달리다가 결국 죽었다. 소문에 의하면 자살이었다고 한다. 테오도레스쿠 변호사도 이상하기는 마찬가지였다. 그는 재판정에서 각광을 받은 유일한 인물로서 재판 진행 과정을 즐기는 듯했다. 검은색 바탕에 흰 줄무늬가 쳐진 두꺼운 셔츠를 입은 테오도레스쿠는 재판정 내에서 시선을 끌기에 충분했다. 그는 마치 침대에 누워 있는 여인에게 다가서는 조심스러운 자세로 차우셰스쿠 부부가 앉아 있던 테이블로 다가가더니 정상적인 상태가 아니라고 주장하라는 주문을 했다. 티미쇼아라에서 차우셰스쿠가 학살을 자행했다거나, 외국제 무기로 무고한 시민을 죽였다는 혐의는 곧이어 벗겨졌다. 이러한 혐의가 처음 제기됐을 때 엘레나는 "조작이고, 음모다!"라고 소리를 질렀다. 차우셰스쿠가 엘레나의 손을 어루만지면서 진정하라고 말했다. 재판이 진행되는 동안 서두르는 자세들이 역력했으며, 지저분한 장식품들은 거추장스럽게만 보였다. 재판장은 당초 트르고비슈테 시가지의 저택이거나, 아니면 병

1989년 12월 25일 군사재판정에서 항의하는 엘레나를 차우셰스쿠가 손으로 막고 있다.

영 내의 회의실 같은 곳에서 재판이 진행되기를 원했다. 그러나 그의 의견은 보안상 문제로 받아들여지지 않았다. 재판 진행 과정은 술 취한 사람들이 말싸움을 하는 것과 다를 바가 없었다. 서로 증오하는 태도에는 차이가 없었으나 너무 지쳐 있었기 때문에 결정적인 공격은 가하지 못했다.

　재판이 시작되는 순간부터 차우셰스쿠는 재판의 권위를 인정하지 않아 자기가 재판의 대상이 되는 것 자체를 거부했다. 그는 이렇게 외쳤다.

　"내가 인정할 수 있는 것은 인민회의와 근로자 대표들뿐이다. 나는 어떤 곳에도 서명하지 않을 것이며, 아무런 말도 하지 않을 것이다. 이번 쿠데타를 주동한 사람들에게도 아무런 대답을 하지 않을 것이다. 나는 피고가 아니라 루마니아 공화국의 대통령이다. 나는 또 당신들의 총사령관이기도 하다. 열네 살이 된 이후 나는 인민들과 늘 함께 일해 왔다. 부쿠레슈티에서 결성한 구국전선은 '전국 범죄 단체'에 불과할 뿐이다."

　그는 이어 "루마니아 역사상 수백 번에 걸쳐 이러한 일들이 있었지만, 권력을 탈취한 사람들이 먼저 인민회의와 근로자들의 대표 앞에서 대답해야 할 것이다. 이 세상 어느 누구도 우리를 재판할 권리가 없다"는 강변을 토해냈다.

재판장이 인민회의는 해산되었다고 대답했다. 그러자 차우셰스쿠는 "감히 누가 인민회의를 해산할 수 있단 말인가?"라고 맞받아쳤다. "그래서 인민들이 투쟁하는 것이다. 외세의 힘을 빌려 쿠데타를 도모한 사기꾼들을 몰아낼 때까지 인민들의 투쟁은 계속될 것이다"라고 힘주어 말하는 차우셰스쿠의 용기는 대단했다. 아마 차안이나 병영에서 밤을 지새면서 들었던 총성을 시민전쟁이 일어난 것으로 착각하는 것 같았다.

자신에 관한 논란에 대해 수차에 걸쳐 '인민의 한 사람으로서 말한다'는 태도를 취하면서 스스로의 범죄 사실은 부인했다. 루마니아를 기근에 빠트린 혐의에 대한 추궁을 받자, 차우셰스쿠는 "말도 안 되는 소리다. 한 사람의 인민으로서 당신들에게 분명히 말하건대 루마니아 근로자들은 그들이 태어나서 처음으로 1년에 200킬로그램의 밀가루와 부식을 배급받을 수 있었다. 당신들의 주장은 모두 거짓이다. 다시 한 번 인민의 한 사람으로서 당신네들에게 말하지만 루마니아 역사에서 이러한 발전은 찾아보기 어렵다"라고 일갈했다.

검찰관이 "그렇다면 당신 딸이, 고기의 무게를 다는 데 사용하기 위해 해외에서 가져온 금으로 만든 저울에 대해서는 어떻게 생각하느냐?"고 물었다.

엘레나가 "거짓말이다!"라고 소리쳤다. 이어 "내 딸은 다른 사람들과 마찬가지로 빌라가 아닌 아파트에서 살고 있다. 해외에서 가져온 것은 아무것도 없다. 모두가 모함이다"라는 말을 덧붙였다.

그러자 검찰관이 엘레나에게 이렇게 물었다.

"당신은 언제나 총명한 것처럼 행동했고, 대단한 과학자인 것처럼 행세했을 뿐만 아니라 차우셰스쿠에 대해서는 가장 영향력 있는 보좌관이었습니다. 또 정부에서는 제2인자이기도 했고요. 티미쇼아라에서 자행된 학살에 대해서 아는 것이 있습니까?"

그녀의 대답은 이랬다.

"학살이라니 무슨 말인가? 나는 당신들의 질문에 더 이상 아무런 답변도 하지 않겠다."

검찰관의 질문이 이어졌다.

"민족의 말살에 대해서는 알고 있죠? 화학자들은 물질을 혼합시키는 문제를 다루죠? 과학자로서 귀하는 민족의 말살에 대해서 들은 바가 없습니까?"

차우셰스쿠가 대신 큰소리를 질렀다.

"내 집사람의 논문은 해외에서까지 출판되었다."

검찰관이 다시 물었다.

"누가 그 논문을 썼습니까?"

엘레나가 힐난하고 나섰다.

"이렇게 무례한 말을 하다니, 나는 국립 화학연구소 소장이야. 그런 태도로 말하면 안 돼!"

진행 과정을 보고 있던 재판장의 말이 이어졌다.

"스스로가 과학자라면 더 이상 할 말이 없군요."

차우셰스쿠는 "당신들은 우리를 모욕하고 있소. 세계 만방의 과학자들을 이런 식으로 함께 모욕하고 있다는 것을 알아야 할 것이오"라고 꾸짖으면서 이런 사람들 때문에 괴로워 할 것 없다는 듯 엘레나의 손을 다시 쓰다듬으면서 위로했다.

검찰관의 질문은 그치지 않았다.

"외국 은행 계좌에 있는 4억 달러는 무슨 돈입니까?"

차우셰스쿠의 대답은 이러했다.

"증거를 대라. 쿠데타를 일으킨 자들을 데려와라. 그런 계좌는 있지도 않고, 단 1달러도 외국계 은행에 예치한 적이 없다. 다 거짓말이다. 검찰관을 무고죄로 고발하겠다. 분명한 증거가 있으면 내놔 보아라. 우리가 수많은 외국 귀빈으로부터 받은 선물들은 모두 박물관에 보관되어 있거나 국가의 재산으로 귀속시켰다. 당신들이 원한다면 언제라도 볼 수 있을 것이다."

검찰관이 또 "밀레아 장군의 죽음에 대해서 진술해 보시오"라고 추궁하자 엘레나는 "검시관에게 물어보면 될 것 아니오?"라고 위기를 모면했다.

차우셰스쿠가 변명으로 거들었다.

"그자는 직무 유기를 한 책임 때문에 자살을 한 거다. 사기꾼이었지."

밀레아 장군이 왜 사기꾼이란 말인가? 이 점에 대해 차우셰스쿠는 "명령 수행을 게을리 했기 때문에 인민들이 자살을 주문한 거다"라는 대답을 내놓았다.

"혹시 정신질환을 앓고 있는 것이 아닙니까?"라고 검찰관이 차우셰스쿠에게 되묻자, "모함이다!"라고 소리를 지른 엘레나가 "어떻게 감히 그런 말을 한단 말인가?"라고 목청껏 외쳤다.

"더 이상 거론하지 맙시다"라고 말한 후 차우셰스쿠는 시계만 들여다보고 있었다.

복도에서 재판의 진행 과정을 지켜보았던 다비자 대위는, 차우셰스쿠가 비밀경찰에게 자기 위치를 알리기 위해 시계를 조작했다는 추측에 대해 그 시계는 평범한 일반 시계일 뿐이었다고 증언하면서 재판장이 재판이 진행되는 동안 초조한 나머지 줄곧 시계를 들여다보니 차우셰스쿠도 무의식적으로 따라 했을 뿐이었다는 설명을 들려주었다. 세쿠 소령도 이 사실을 확인했다.

"한 번은 차우셰스쿠가 세수를 하고 손을 씻은 다음 시계를 차는 것을 잊어버린 적이 있었지요. 자세히 들여다보니 스위스제 일반 시계였습니다."

5분간의 휴식 시간 동안 차우셰스쿠와 가장 가까이 있던 입석 증인 한 명이 왜 군사재판의 적법성을 인정하지 않느냐고 물었다. 그가 "스스로에게 문제를 더욱 어렵게 만들어 가고 있는 꼴입니다"라고 말하자 차우셰스쿠는 "이 법정은 효력이 없다"는 대답만 거듭했다. 스턴쿨레스쿠 장군의 보좌관이었던 입석 증인 무구렐 플로레스쿠Mugurel Florescu 소령은 차우셰스쿠에게 다시 "왜 군중집회가 있던 날 중앙위원회 건물에서 헬기로 곧바로 떠나지 않았느냐?"고 묻자 그는 눈을 부릅뜨면서 같은 줄에 앉아 있던 스턴쿨레스쿠 장군을 뚫어지게 쳐다본 후 이렇게 말했다.

"쿠데타를 꾸민 자들이 그렇게 하지 말라고 충고를 하더군. 그 음모자 중의 한 사람이 이 방에 있다."

휴식 시간이 끝나고 재판 관계자들이 방에 다시 모여드는 데도 차우셰스쿠는 일어나지 않았다. 사형 언도가 낭독되는 동안 재판장이나 검찰관들은 차우셰스쿠 부부를 똑바로 쳐다보지 못했다. 재심청구를 할 것이냐는 질문을 받자 이들 부부는 조그마한 책상 위에 엎드리면서 역시 아무런 대답을 하지 않았다.

루마니아 법에 따르면 사형은 재심청구의 유무에 관계없이 언도가 있던 날로부터 최소한 10일 후에 집행된다. 피고측 변호사들은 침묵을 지키고 있었다. 군사재판 집행부는 최종적인 결정을 하기로 마음을 굳게 먹었다. 한 번의 인권 침해에 지나지 않을 조치에 대해 군이 법률적인 적법성을 따질 처지가 아니었다. 스턴쿨레스쿠 장군이 데려온 네 명의 병사들이 들어오더니 차우셰스쿠 부부의 손목을 등 뒤로 돌린 다음 묶기 시작했다. 이 조치로 인해 차우셰스쿠 부부는 몇 분 내에 죽을 수도 있다는 암시를 받았다. 차우셰스쿠는 공포스러운 이 마지막 순간에도 품위를 잃지 않았다. 그는 이렇게 외쳤다.

"나는 결코 이 재판의 적법성을 인정할 수 없다. 쿠데타를 음모한 사람들은 자기들이 원하는 모든 사람들을 총살시킬 것이다. 음모자들이 반역의 이유를 설명하겠지만, 루마니아는 결코 속지 않을 것이며 당신들의 배신행위를 알게 될 것이다. 영광을 위해서 투쟁하는 것이 노예처럼 사는 것보다 훨씬 나을 것이다."

엘레나의 태도도 끝까지 날카로웠다.

"모든 사람은 자기들이 원하는 방법에 따라 죽을 권리가 있다. 우리를 묶지 마라. 창피스럽고 불명예스러운 일이다. 나는 당신들을 항상 어머니 같은 마음으로 보살폈다. 왜 이런 짓을 하는가? 우리를 총살시키려면 함께 총살하라. 우리는 영원히 함께 할 것이다."

증오와 멸시에 찬 목소리로 이렇게 외친 엘레나의 눈에는 분노만 가득했으나 차우셰스쿠의 얼굴 위로는 눈물이 흘렀다. 이 부부의 손목을 묶기 위해서 데려온 네 명의 병사들이 호위한 채 복도를 지나 운동장에 한 사람씩 세웠다. 다른 병사들이 대기하고 있었다. 그 중 한 명이 엘레나에게 달려들어 "영부인, 당신은 곧 죽게 될지도 모릅니다"라고 걱정스런 목소리로 말하자 엘레나는 "저리 비켜, 이 비열한 놈아!"라고 대답했다.

차우셰스쿠는 재판정을 떠날 때 사회주의 찬양가인 '인터내셔날'의 첫 소절을 흥얼거렸다. 세쿠 소령은, 이때까지만 해도 차우셰스쿠가 사형 언도에도 불구하고 헬기가 자기들을 부쿠레슈티로 데려가리라 생각했던 것 같다고 말했다. 그러나 그들 부부를 빈 공터로 데려가 따로따로 세우자 일순간 곧바로 총살이 집행될지도 모른다는 사실을 깨닫게 되었다. "여보, 그만해. 저들이 우리를 개같이 죽이려 하고 있어"라고 엘레나가 소리 질렀다. 그러고 나서 몇 초가 지나자 엘레나는 "도대체 이런 일은 있을 수 없어. 루마니아에 아직 사형제도라는 것이 있단 말인가?"라고 읊조렸다.

　네 명의 병사가 부부를 담벼락으로 데리고 가서 담 쪽을 쳐다보도록 돌려 세웠다. 그러고 나서 사형 집행 명령이 떨어졌다. 집행관은 차우셰스쿠의 가슴 아래 부분을 쏘라고 지시했다. 죽은 뒤에 얼굴을 사진 찍기 위해서였다. 엘레나에 대해서는 그런 명령이 없었다. 총이 불을 뿜기 시작했다. 각자에게 최소한 30발씩은 쏘았을 것이다. 엘레나에게 죽음이 임박했음을 알려주었던 그 병사는 담벼락으로 달려가 그녀의 시신을 붙들고 오열을 터뜨렸다. 육군 사진사와 카메라를 가지고 왔던 대령이 시신을 카메라에 담고 있었다.

　몇 개월이 지난 뒤 프랑스 전문가들이 이들 부부의 시신 사진에 나타난 핏자국과 시신의 경직 상태를 검토한 후 엘레나는 총을 맞고 죽었지만, 차우셰스쿠는 총살 집행이 있기 전에 이미 심장마비로 죽었으며, 시신에 총을 쏘았을 뿐이라고 지적했다. 그러나 목격자였던 세쿠 소령은 다른 이야기를 들려주었다.

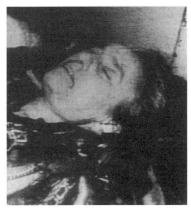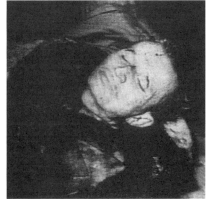

루마니아 텔레비전에 비친 차우셰스쿠 부부의 시신.

"총소리가 나자마자 엘레나는 혼절해서 바닥에 넘어졌어요. 돌이 깔린 바닥에 누워 있는 채로 총살이 집행됐지요. 바닥에 혈흔이 뚜렷했습니다. 그러나 차우셰스쿠는 두꺼운 코트를 입고 있었기 때문에 피가 두꺼운 옷에 다 흡수되어 버렸지요."

세쿠 소령은 두 사람의 사형이 별도로 집행되었다는 주장을 비웃었다. 그는 "수백 명의 병사들이 직접 목격했다"고 말했으며, 인근 지역의 아파트에 사는 주민들도 창문을 통해서 멀리서나마 사건의 현장을 지켜봤다.

그들은 찢어진 텐트로 시신을 둘둘 말아 기다리고 있던 헬기에 실어 국방부가 재판을 주관했던 사람들을 이동시킨 헬기 착륙장으로 사용한 부쿠레슈티 교외의 운동장 한 가운데에 내려놓았다.

시신은 곧바로 사라졌으나, 육군 수색대가 다음날 아침 운동장 안의 차고에서 시신을 찾아냈다. 하지만 누가 무슨 목적에서 시신을 그곳에 방치했는지 아무것도 밝혀진 것이 없다.

제 2 장
격변의 시작

니콜라에 차우셰스쿠는, "루마니아의 역사는 고대 다치아Dacia 지역의 중심부에서 이주해 왔던 사람들이 집단적인 행동 양식으로 물질문명을 발전시키고, 정신문화를 꽃 피웠던 데서부터 출발했다"라는 글을 썼다.

윌리엄 부트William Boot가, 에블린 오그Evelyn Waugh가 쓴 고전 『스쿠프Scoop』라는 작품을 오랫동안 검토한 결과에 따르면 코퍼 경Lord Copper이 그 정점에 있었다. 실제로 차우셰스쿠가 쓴 역사서들은 그의 이름을 빛내기 위해 전문 역사가들이 공동으로 집필한 것에 지나지 않는다. 주요 내용은 루마니아 민족주의를 정당화시키고 오래 전에 이미 루마니아 문화가 뿌리를 깊숙이 내렸다는 점을 확인하는 데 초점을 맞추고 있다. 차우셰스쿠의 이름은 공동 집필자들의 이름을 대신해서 항상 책의 앞표지에 나와 있었다. 차우셰스쿠 시대의 역사서들은 지금의 루마니아 땅에 토착민으로서 정착했던 '다치아족'들이 유럽의 다른 지역 원주민들에 비해 훨씬 문명화되었다는 점을 강조하고 있다. 역사책의 저자들은 다치아족들의 자질이 로마 인에 비해 월등했으며, 로마의 침입이 있었을 때는 영웅적인 정신으로 투쟁했고, 로마 군단이 물러난 뒤로는 아무런 흔적을 남기지 않고 원상 복구를 무사히 완수하는 능력도 보였다고 쓰고 있다. 또 니콜라에 차우셰스쿠를 다치아족의 전설적인 전사이자 왕이었던 부레비스타Burebista와 데체발Decebal의 정신을 이어받은 후계자로 묘사했다. 역사가들은 차우셰스쿠가 부레비스타와 유사하다면서, 그가 슬로바키아 산악 지대에서부터 흑해로 통하는 다뉴브 강에 이르는 지역을 통일시켰다고 자랑했다. 부레비스타는 오랜 전쟁으로 사람들이 지쳐 있을 때는 몇 년에 걸쳐 훈련과 금주, 그리고 철저한 기강을 내세워 강력한 국가를 건설함으로써 로마 인들도 놀라게 만들었다는 이야기도 늘어났다.

다른 '공인(?)' 역사가들은 부레비스타와 데체발의 후계자들이 걸어온 길은 길고도 먼 고난의 여정이었다고 썼다.

"수세기에 걸친 다치아 인과 로마 인들 간의 끈질긴 투쟁이 지속되고 있을 때, 선조들의 공적과 미덕을 발전시킬 수 있는 지도자들이 나타났다. 다치아족은, 로마 인과 그리스 인들에 비하여 조금도 손색이 없는 자신들의 용맹, 지혜 그리고 정의감에 충실한 독립적인 태도를 보였다."

차우셰스쿠 시대 때 씌어진 루마니아 역사책들은 '위대한 지도자' 차우셰스쿠에 버금갈 수 있었던 왕은 세 사람밖에 없었다고 주장했다. 부레비스타, 데체발과 전설적인 용사 미하이Mihai가 그들이다. 1600년 다치안이 오토만 제국의 속국이었을 때 미하이는 오토만에 도전하여 왈라키아, 몰다비아와 트란실바니아를 통일시켰다고 쓰고 있다. 여기서 차우셰스쿠의 역사가들은 미하이를 추종했던 네 명의 용맹한 지도자들이 차우셰스쿠의 고향인 스코르니체슈티Scornicești에 뿌리를 내렸다고 말함으로써 차우셰스쿠가 그 네 명 중 한 사람의 후손이라는 암시를 했다.

그러나 페르가몬 출판사에서 저자 익명으로 출판되어 루마니아 어로 번역된 차우셰스쿠의 일대기에는 1881년 왕좌에 오른 카롤 1세Carol I에서부터 1947년에 실각한 미하이 1세Mihai I에 이르기까지 후세의 왕족에 대한 아무런 언급이 없다. 그 책이 출판될 즈음 살아 있던 왕은 단 한 사람이었을 뿐더러 구세대와는 다르게 1965년 이후 출생한 루마니아 사람들 중에서 루마니아에도 왕족이 있었다는 사실을 알고 있던 사람들은 소수였다. 이런 분위기 때문에 차우셰스쿠 이후 집권 세력이었던 구국전선이 1990년 5월 총선 이전까지 전 왕 미하이 1세가 루마니아를 방문하는 것을 금지할 수 있었다. 아이러니하게도 현재 루마니아 왕족협회 회장은 엘레나 차우셰스쿠의 먼 사촌이다.

AD 271~274년 로마 군이 떠나자 다치아 인과 로마 인 간의 혼혈들이 루마니아를 지배하며 살았다. 루마니아 어가 이탈리아 어와 유사하다는 것이 그 증거일 것이다. 약 천년에 걸친 로마의 지배가 끝나자 로마 인과 다치아 인의 혼혈은 점차 자취를 감추었다가 13~14세기경에 왈라키아와 몰다비아 지역의 지배 세력으로 다시 등장했다. 물론 이때쯤 다치아족은 민족으로서는 더 이상 존재하지 않았다. 왜냐하면 고트족과 훈족이 계속해서 침입했을 뿐 아니라 유대인과 집시들은 말할 것도 없고, 슬라브, 헝가리, 불가리아 인들이 루마니아에 침입하여 터줏대감 행세를 하고 있었기 때문이다. 그러나 차우셰스쿠의 역사가들은 오늘날 루마니아 인들의 신체에 특징으로 남아 있는 이러한 흔적에도 불구하고 혼혈의 역사를 극구 부인하고 있다. 다치아족의 순수성에 대한 이야기는 차우셰스쿠가 처형된 다음에도 여전했다. 민족에 관한 이야기를 공개적으로 거론해도 무방하다는 것을 알게 된 다음부터 루마니아 인들 사이에는 괴물과 같은 차우셰스쿠는 루마니아 인이 아니라 집시나 타타르 인에 틀림없을 것이라는 이야기가 폭넓게 퍼져갔다.

아리아족의 우수성에 미쳐 있던 히틀러의 이야기를 꺼낼 필요도 없이, 차우셰스쿠는 근대 루마니아의 역사를 다치아족의 생존과 결부시켰다. 다치아 인들의 로마 인에 대한 투쟁을 루마니아 근대 역사로 간주했으며, 그런 맥락으로 대 소련 관계를 이끌고 갔다. 차우셰스쿠의 역사가들도 여러 침입자들의 존재를 부인할 수 없었으나 차우셰스쿠의 지시에 따라 하는 수 없이 전형적인 마르크스주의자들과 레닌주의자들이 떠들어대는 식으로 과장해서 다치아족들의 투쟁 정신만 치켜세웠다.

"지난 수백 년 동안 루마니아는 경제적인 기반을 돈독하게 구축했고, 영토의 보존에 소홀함이 없었으며, 문화와 언어를 굳건히 지켰다. 주변 여건도 그런 틀을 형성하기에 나쁘지 않았다. 뒤이어 보다 진일보한 국가의 형태를 취한 세 개의 소국인 왈라키아, 몰다비아 그리고 트란실바니아가 모습을 드러냈다. 그러나 외세의 침입에 대항하기 위해서는 단일 국가 형태가 더욱 절실했기 때문에 독립 국가로서 자존의 길을 걷기 위해 통일을 하기에 이르렀다."

더욱 횡설수설하는 역사가도 있었다.

"로마의 지배가 끝난 다음 다치아 인과 로마 인들의 민족 문화를 다 같이 지속적으로 발전시키기 위해서는 토착 문화의 착근이 필요했다. 이 결과로 루마니아 인들이 태어났다. AD 3세기경 열등 민족들의 유입이 있었지만 루마니아 인들의 언어나 문화 등 일상생활을 변화시키지는 못했다. 정치 형태의 변화와 함께 사회, 경제적인 조직들의 출현도 토착 문화를 발전시키는 데 큰 도움이 되었다."

1960년대 소련의 공산주의자들에게 대한 루마니아의 도전 정신을 고취하기 위해 고대 루마니아의 로마 제국에 대한 투쟁 정신이 강조되었다. 혈통의 순수성만을 주장하지는 않았고, 고대와 근대 역사를 고루 인용하고 있었다.

거의 40년 이상을 루마니아 공산당은 이렇게 날조된 역사의 끈을 놓지 않았기 때문에 특수 도서관이나 자료에 접근할 수 있는 전문가들을 제외하고는 모든 사람들이 루마니아 역사의 실체에 접근하는 것이 불가능했다. 폴란드에서는 공산당 집권 시대 때도 스테레오 타입의 학교 교육 외에 각 가정에서 역사에 대한 별도의 가르침이 있었으나 루마니아에서는 차우셰스쿠의 역사가들이 조작해 놓았던 역사 교과서가 학생들의 유일한 복음서였다.

트란실바니아에 대한 차우셰스쿠의 역사서들이 보인 설명은 애매모호하기 그지없다. 트란실바니아는 수차례에 걸쳐 전쟁터가 된 후 흥정의 대상이 되기도 했고, 다른 나라의 영토가 된 적도 있다. 1526년 헝가리가 분리되었을 때는 독립을 찾기도 했으나, 1691년에는 헝가리와 다시 합병되는 처지였다. 1918년부터 1940년까지는 루마니아의 일부가 되었다가 제2차 세계대전 중에는 트란실바니아의 북부가 잠시 동안 헝가리의 영토에 편입되는 경험을 겪기도 했다. 헝가리 통치 하에서 루마니아 어를 쓰는 사람들의 어려움은 헝가리 인들의 짐작을 훨씬 넘어섰었다. 헝가리 어 배우기를 원치 않았던 트란실바니아 사람들은 학교에서는 루마니아 어를 가르치지 않았기 때문에 문맹이 되어갈 수밖에 없었다.

베사라비아Bessarabia 지역의 주민들도 똑같은 피정복자의 아픔을 겪었다. 루마니아의 다른 지역과 마찬가지로 터키의 지배를 받았던 이 지역은 1812년 소련의 영토로 합병되었다. 1856년에는 그 지역의 3개 주가 루마니아에 반환되었으나 1878년 소련에 다시 합병되는 슬픔을 맛보았다. 제1차 세계대전 이후 '베르사유 평화협상'에 따라 베사라비아 지역의 다른 주들은 루마니아 영토로 복원되었으나, 베사라비아 자체만은 소련 영토로 남아 있다가 1940년 스탈린 시대 이후 영원히 소련의 일부가 되어 몰다비아 인민공화국이 되어 버린 것이다.

이런 역사를 감안할 때, 차우셰스쿠가 강력하게 주장하여 루마니아의 여러 학교에서 가르쳤던 원색적인 민족주의는 충분히 이해가 가는 대목이기도 하다. 외세의 침략으로 얼룩진 역사와 선조들이 순수 혈통이 아닌 점을 확인한 차우셰스쿠의 눈에는 민족의 정체성을 세우는 것이 무엇보다도 시급한 문제였을 것이다. 그러나 그의 편향성과 지나친 열정이 반대급부를 가져왔다. 결국 우스꽝스럽게도 '뿔 자르려다 소 죽이는 잘못'을 저지르게 된 것이다.

루마니아의 현실은 차우셰스쿠의 역사가들이 꾸며낸 이미지처럼 간단한 것만은 아니었다. 차우셰스쿠의 동생으로서 군사역사연구소의 책임자였던 일리 차우셰스쿠 장군과 함께 일했던 역사가들도 여러 가지 책을 썼으나, 친척을 포함해서 주변의 눈길을 끌지 못한 사람들에게까지 시기심이 지대했던 차우셰스쿠는 역시 불만족스러워 했다. 루마니아의 왈라키아와 몰다비아 사람들은 13세기에는 블라크Vlachs족으로 알려져 있었으며, 터키의 지배 아래에서도 기독교를 믿었다. 타종족들과의 다툼은 일상사였으며 심지어 같은 민족 간의 불화도 심심치 않게 발생했다. 종족 지도자들은 영토 인정과 자주 통치의 대가로 터키에 공물供物을 제공하기도 했다. 가장 유명한 지도자는 블라드로서 터키에 대해 모반을 꾀하는 한편, 부정을 근절시킴으로써 루마니아의 영웅으로 명성을 날렸다.

통치자 터키족과 뒤에 터키족에게 공물을 주는 대신 분할 통치를 위임받았던 약탈자 그리스 인들은 루마니아 곳곳에 뚜렷한 족적을 남겼다. 부패할 대로 부패한 콘스탄티노플(지금의 이스탄불)에서 위임을 받고 온 그리스의 총독들은 루마니아 인들의 일상생활에 부패라는 문화적 유산을 뿌리 깊게 남겼다.

18~19세기까지도 이러한 분위기는 변하지 않았다. 토착 루마니아 귀족들도 자기들의 영토를 지키기 위해 그리스 총독들로부터 권리를 사고팔았다. 토착 귀족들로부터 시달림을 당했던 지방 관리들 또한 농민들로부터 그 대가를 찾고 있었다. 루마니아의 여왕 마리의 전기를 썼던 한나 파쿨라Hannah Pakula는 당시 농민들의 처참한 환경을 이렇게 적고 있다.

"농민들의 어려움은 말로 형언할 수 없을 지경이었다. 농우세農牛稅와 굴뚝세를 피하기 위해 소를 죽이거나 집을 부숴 버리는 경우도 허다했다."

터키 인들은 루마니아 농민들의 소득을 모조리 갈취함으로써 근로 의욕을 상실케 만들었음은 물론 이 나라 국부의 원천까지 고갈시키는 데 앞장섰다. 러시아 장성들까지 왈라키아 인들과 몰다비아 인들은 천성적으로 유순해 운명적으로 어려움을 타고났다는 말을 서슴지 않았으며, 차우셰스쿠 시대의 역사가들도 이런 역사적 진실에 공감을 표시했다.

탐욕스러웠던 그리스 총독들은 방탕한 문화와 생활 형태를 루마니아 땅에 선보였으며, 프랑스 어와 문학을 선호했던 한편, 민족주의의 씨앗까지 뿌리게 만들었다. 이때쯤 위세가 시들해졌던 오토만 제국이 더 이상 루마니아에 대한 종주권을 유지할 수 없게 되자 다른 약탈자들이 모여들었다. 트란실바니아에 만족하지 못했던 '오스트리아-헝가리' 제국은 왈라키아와 몰다비아를 엿보기 시작했으나 러시아 제국의 적수가 되지는 못했다. 러시아 제국의 니콜라스 황제도 수차에 걸쳐 침략을 시도했으나 성과를 거두지 못하게 되자 '크리미아 전쟁'의 후유증 속에 새 질서가 탄생했다. 파리 협정을 통해 오스트리아, 영국, 프랑스, 러시아가 왈라키아와 몰다비아의 자치권을 인정함에 따라 자신들의 미래를 결정할 선거가 치러졌다. 주변의 강대국들은 이 두 민족이 분리되기를 원했으나 당사자들은 인기가 높았던 토착 귀족의 아들 이온 쿠자Ion Cuza를 단일 지도자로 선택함으로써 강대국들의 바람에 순순히 따르지를 않았다. 1861년 12월 23일 쿠자는 '루마니아'의 설립을 공포했으나 선견지명이 있었던지 "나는 여러분이 나의 지도력에 장시간 만족할지 자신이 없다"라는 말을 남기기도 했다.

쿠자의 정치인으로서의 초기 약속은 차후에 발생했던 여러 가지 사건으로 거짓임이 드러났다. 쿠자 부부는 빠른 시간 안에 권력의 노예로 전락하여 부패해 버렸다. 그들의 호사스러운 생활은 루마니아 국민들의 기대를 저버려 결국 분노까지 자아내게 만들었다. 쿠자 가문과 차우셰스쿠 가문 간에 역사적으로 유사점이 많다는 것은 부인할 수 없는 진실이다. 그러나 차이점은, 국민들이 쿠자를 외면하고 불신하는 가운데서도 쿠자 정부는 최소한 국민들에게 공포감을 주지는 않았고, 굶주리게 만들지도 않았으며, 민주적인 절차에 따라 축출되었다는 점이다. 쿠자가 집권한 지 5년이 지난 다음 루마니아는 쿠자의 실정으로 황폐화가 되어가자 결국 그를 권좌에서 물러나게 했다.

1860년대 유럽의 대부분 군주들은 오래 전에 잃어버렸던 권위를 회복했다. 그러나 왕족의 후손들은 통치에 절대적으로 필요한 권위를 인정받으려는 정부와 심각하게 대립하는 경우가 적지 않았다. 당시 루마니아의 지도급 정치인으로서 개방적인 태도를 취하고 있던 이온 브러티아누Ion Brătianu는 새로 설립한 회사의 대표이사를 물색하는 것처럼 루

마니아를 명목상으로 통치할
수 있는 유럽 국가의 왕자를 찾
아 나섰다. 벨기에 왕의 동생은
그런 제안을 거절했으나, 독일
을 통치하던 호엔촐레른-지그
마링겐Hohenzollern-Sigmaringen
가문의 둘째 아들이며 빌헬름 1
세Wilhelrm I 왕과는 사촌간이던
육군 장교 카를 왕자Prince Karl
는 긍정적인 자세를 보였다. 그
는 비스마르크 수상과 상의를
했고, 비스마르크 수상은 루마
니아의 제안을 수락하라고 권
유했다.

카롤 1세

차우셰스쿠의 역사가들이 조
작했던 내용과는 다르게 카를은 1866년 이후 왕 역할을 하면서 루마니
아를 획기적으로 바꾸어 놓았다. 후진 사회로서 부정에 병들고 재정은
파탄 지경에 있던 국가에 도약의 틀을 마련했던 것이다. 27세를 막 넘긴
이 유머 없고 강직한 왕은 외교, 헌정 그리고 경제적인 면에서 대왕다운
면모를 과시했다. 후에 카롤 1세 왕이 되었던 그는 도로와 철도를 건설
하고, 공장을 지었으며, 산업 기지를 조성하기도 하는 한편, 유럽 강대
국들과 복잡한 통상 관계를 맺기도 했다. 군대의 근대화와 행정의 효율
성도 게을리 하지 않았다. 요약해서 말하면 그가 루마니아를 지도상의
국가로 올려놓은 장본인인 셈이다.

러시아도 카롤 1세가 터키의 잔재를 털어 버리는 데에 상당한 기여를

했다. 1877년 러시아 제국은 동방정책을 결정하고 터키와 전쟁도 불사하겠다는 생각을 가졌다. 러시아의 니콜라스 1세Nicholas I 황제 휘하의 군대는 루마니아를 통과할 수 있게 되었고, 카롤 1세도 러시아 군대에 루마니아 군대를 동참케 하여 터키의 관문인 콘스탄티노플에 다다랐다. 1878년 베를린 조약을 통해 루마니아는 독립을 얻었다. 그러나 소련은 대가를 요구했다. 루마니아의 베사라비아 주를 달라는 조건이었다. 이런 요구가 처음이 아니었기 때문에 루마니아 사람들은 "러시아와 같은 동맹국을 얻기 위해 다른 나라를 적국으로 만든다는 것은 소탐대실小貪大失이다"라는 농담을 했다.

러시아를 비난하는 것은 잘못이라고 말한 차우셰스쿠의 역사가들은 배후의 문제점들을 더욱 크게 부각시켰다. 농민과 근로자들의 희생을 무시한 귀족과 지주들의 독선, 반 유대 감정 그리고 카롤이 독일의 엘리자베스 공주와 결혼함으로써 독일이 누리게 된 혜택 등을 러시아가 베사라비아를 요구하게 된 원인으로 꼽았다. 하지만 그들은 봉건적인 루마니아에 민주적인 제도를 도입하려 했던 독일 출신인 카롤 1세의 노력에 대해서는 전혀 언급하지 않았다. 한나 파쿨라는 카롤 1세가 루마니아에 처음 왔을 때의 정경을 이렇게 쓰고 있다.

"카롤 1세가 처음 부쿠레슈티에 왔을 때 그는 그곳이 부쿠레슈티라고 믿지 않았다. 그는 왕궁을 돌아보고 나서 자기가 들은 이야기가 잘못된 것이라고 생각했다. 정말 왕궁이 어디 있느냐고 묻기도 했다. 정보원들은 당황했지만 하는 수 없이 초라한 경비 초소와 한 무리의 집시들이 진흙구덩이에서 뒹구는 돼지들을 돌보고 있는 곳에서 멀지 않은 곳의 낮은 건물을 가리켰다."

1881년 5월 22일 카롤 1세의 화려한 대관식과 뒤이어 벌어진 여러 가지 행사를 관람하면서 루마니아 국민들은 비로소 자기들의 나라가 얼마

루마니아의 카롤 1세(왼쪽에서 첫 번째)와 왕비 카르멘 실바, 그리고 왕실 가족들이 시나이아에 모여 있을 때.

나 번성하고 있는지를 깨닫게 되었다. 1883년 카롤 1세는 현시적인 성과를 거둘 수 있는 비밀 조약을 독일 그리고 오스트리아−헝가리 제국과 체결했다. 내용인즉 루마니아의 외침을 양 국가가 방어해 주는 대신 양 국가가 러시아나 세르비아의 침략을 받을 경우 루마니아도 양 국가를 지원해야 한다는 내용이었다.

　루마니아는 신생국이었기 때문에 다른 왕국들에 비해 파생되는 문제점들이 훨씬 많았다. 엘리자베스 왕비는 딸 아이 한 명만을 낳았으나 그마저도 1874년에 죽었기 때문에 카롤 1세는 후계자가 없는 형편이었다.

과거에 발생했던 수많은 문제점들과 후계자 자리를 차지하기 위한 심각한 음모와 암투 때문에 루마니아 왕궁의 규정은 후계자는 루마니아 인과의 결혼을 분명하게 금했다. 이 규정을 어길 경우 후계자의 지위가 박탈되었다. 이런 배경으로 인해 독일의 호엔촐레른-지그마링겐 가문은 계속해서 루마니아 왕위에 자신들의 피를 이어받은 사람을 채워 넣을 수 있는 길이 열려 있었다. 그런데다 루마니아 국민들의 태도 또한 극히 수동적이었다. 후계자 물색에 나선 독일의 왕가는 카롤 1세 왕의 조카인 페르디난트Ferdinand를 적임자로 생각했다. 그는 큰 귀에 수줍음을 많이 탔지만 점잖은 젊은이로 알려졌다. 종교, 독서, 식물학에 대단한 관심을 가지고 있었던 한편, 여자 관계도 흠잡을 데가 없었다.

그러나 한나 파쿨라의 지적에 의하면, 그는 복잡다기한 라틴 국가를 통치하기에는 적임자가 아니었을 뿐더러 자기 입장에 적절하게 대처도 하지 못하고 있었다. 너무 수줍고 수동적이었던 나머지 독일에서의 왕위 승계를 거부한 채 생활 여건이 형편없는 부쿠레슈티로 옮겨와 삼촌에게 신세를 지면서 은둔하고 있던 처지였다.

페르디난트의 신부감 간택에 나선 왕궁의 중매쟁이들은 영국의 마리 Marie 공주를 선택했다. 그녀는 빅토리아 여왕의 손녀딸로서 반은 영국의 피가, 그리고 반은 러시아의 피가 몸에 흐르고 있었다. 당시 그녀는 후에 조지 5세George V 왕이 된 조지 아저씨를 좋아했다. 페르디난트도 처음에는 그녀와 결혼하는 것을 크게 원하지 않았다. 왜냐하면 당시 페르디난트는 루마니아 왕궁의 한 시녀와 낭만적인 연애를 하고 있었기 때문이다. 그러나 만약 시녀와 결혼하게 되면 삼촌인 카롤 1세의 후계자가 될 수 없다는 이야기를 들었다. 하여튼 후견인들의 입회하에 마리 공주를 몇 번 만난 페르디난트는 그녀의 매력에 끌려 빨리 결혼하자고 조르게 되었다. 이유인즉, '동년배들하고 노는 데서는 즐거움을 찾을 수 없다'는 것이었다.

빅토리아 여왕은 이런 소식이 전혀 반갑지 않았다. 여왕의 당시 심정이 이렇게 전해진다.

"나는 마리가 루마니아의 페르디난트와 약혼했다는 소식을 늦게 듣고 경악했습니다. 그 젊은이도 좋은 사람이고 부모 또한 훌륭한 분들이라는 것은 잘 알고 있었지만 루마니아 자체가 불안정하고 부쿠레슈티 사회의 비도덕성이 걱정이 되었습니다."

결혼 전 마리도 그들의 결혼이 현명한 행동인가에 대해 의구심을 가졌다. 약혼 기간 중 마리는 이렇게 쓰고 있다.

"가끔 이상한 경우가 발생했다. 우리 두 사람의 성향에 공통점이 있는가도 의심스러웠다."

그녀는 현학적인 체하지 않았지만 아름다웠고, 영감에 젖어 있는 듯했으며, 개방적이었다. 결혼 후에는 놀라운 승마술로, 자연스러운 애정 표현 방법으로, 그리고 여러 가지 예상을 뛰어넘는 행동으로 명성을 얻어 갔다. 그녀가 사랑받는 루마니아의 왕세자비가 되어 가자 정책에 미치는 개인적인 영향력은 점차 커졌다. 루마니아 역사에서의 이 기간을 차우셰스쿠 역사가들은 고의적으로 무시했다. 맥스웰 페르가몬 출판사에서 펴낸 차우셰스쿠의 전기를 쓴 익명의 작가들은 루마니아 역사에서 가장 중요했던 이 기간을 탁월한 공을 세운 카롤 1세의 이름 한 번 거명하지 않은 채 뛰어넘었다. 마르크스주의자들은 루마니아의 독립으로 연결된 러시아와 터키의 전쟁을 반 오토만 투쟁의 시작으로 다뉴브 강 남쪽 인민들의 크나큰 업적이라고만 주장했다.

페르디난트와 마리의 성격은 전혀 맞지 않았다. 독일 문화의 우월성에 사로잡혀 있던 페르디난트는 말을 다루는 솜씨도 서툴렀으며, 지성적인 면은 있었으나 유머라고는 찾아볼 수가 없었고, 파티나 무도회는 물론 어떤 종류의 농담에도 관심이 없었다. 부부 관계에서도 이 두 사람은 융화점을 찾지 못했다. 여성들을 동등하게 대해야 한다는 부담감과 부끄러움 때문에 페르디난트는 자기에게 굴종적인 자세를 보인 궁녀들이나 미천한 창부들에게서 오히려 편안함을 느꼈다. 어떤 영국 외교관은 페르디난트의 무분별한 간통 행적을 거론한 바도 있다. 반면 마리는 그녀의 회고록에서 페르디난트의 육체적인 매력에 대해서 숨김없이 털어놓고 있다. 성적 관계 외에는 페르디난트와 실질적인 접촉이 불가능하다는 것이 유럽 사회에 널리 알려진 다음에도 마리 공주는 페르디난트의 신체의 강건함에 매료되고 있었기 때문이다. 하지만 마리는 곧이어 친구에게 보낸 편지에서 성적 관계도 페르디난트의 일방적인 쾌락 이외에는 아무 의미가 없다는 뜻을 암시했다.

몇 년에 걸친 향수병에도 불구하고 마리는 새로운 애국심으로 지켜야 할 루마니아가 카롤 왕이 처음 봤을 때와 사뭇 다르다는 것을 알게 되었다. 카롤 왕은 왕족이라는 고정관념에 사로잡혀 차우셰스쿠와 마찬가지로 왕궁에 대한 사치가 지나쳤었다. 페르디난트와 마리가 살았던 펠레슈 성은 독일 르네상스 시대 때 뉴고딕, 비잔틴 그리고 트란실바니아 식을 가미해서 지은 방이 150개나 되는 건물이었다. 카롤 왕이 이 화려한 왕궁을 빈틈없이 짓는 데는 10여 년이 걸렸으며, 차우셰스쿠가 별로 유명할 것도 없는 '인민궁전'을 세우는 데 모든 정력을 소모했던 것처럼 그도 온갖 정성을 기울였다. 마리 또한 항상 흥미가 있었던 것은 아니지만 새로 짓고, 치장하는 데 일가견을 보였다. 그녀는 경비에 대한 셈을 해보지도 않고 부쿠레슈티 근처에 있는 코트로체니 성의 보수 공사에 나섰다. 결과는 황당한 것으로 나타났다. 심지어 그녀의 친구들까지도 그녀의 침실을 "교회와 터키 식 목욕탕이 함께 하고 있는 것처럼" 어울리지 않았다고 묘사했다.

1893년 10월 15일, 마리 공주는 마취제를 사용하지 않은 채 카롤 왕자를 생산했다. 루마니아는 환호에 들떴다. 당시만 해도 이 왕자가 어떻게 황폐화되어 갈 것인지를 예견했던 사람은 아무도 없었다. 곧이어 엘리사베타Elisabeta, 마리Marie 그리고 니콜라스Nicholas가 태어났다. 또 1909년에는 일레아나Ileana 그리고 1913년에는 미르체아Mircea가 탄생했다. 그러나 이 아이들의 아버지에 대한 소문이 그치지 않았다.

여러 해에 걸쳐 마리의 애인이 아이들의 수만큼 많다는 이야기가 떠돌았다. 페르디난트는 이미 수많은 다른 여인들에게서 위안을 찾고 있었지만, 카롤 왕은 마리 공주의 노골적인 행동에 눈을 감을 수가 없었다. 마리는 솔직한 성격에 영국인다운 공격적인 자세까지 갖추고 있었다. 나이까지도 뛰어넘는 과감성을 보였다. 이런 그녀의 태도가 여자들을 부추겨 남자들이 특권 의식을 가지는 것을 용납지 못하도록 만들었다. 이어 그녀는 숨 막힐 것 같은 경호원들을 없애는 한편, 속물근성의 프랑스 어를 사용하는 루마니아 인, 근엄하기 짝이 없는 독일인, 그리고 스위스 인 가정교사들을 차례로 축출했다. 그녀의 태도를 잘못 판단한 카롤 왕은 그녀가 자식들의 교육에 태만한 것이 아닌가 하는 의구심을 가지게 되었으나 그녀는 구습에 얽매이지 않은 상태였다. 친구를 사귀는 데 있어서도 승마를 잘한다거나, 외모가 뛰어나다거나, 같이 지내기 편한 사람들을 선택의 기준으로 삼았다. 바르부 슈티르베이Barbu Ştirbey 왕자의 경우는 그녀의 선택 기준의 하나였던 정치인의 기질이 원인이 되었다. 마리의 막내아들인 미르체아는 어려서 장티푸스로 죽었으며 아버지는 바르부 슈티르베이 왕자로 판명되었다.

마리와 바르부는 색다른 환경에서 만났다. 1906년은 카롤 왕에게는 뜻깊은 해였다. 집권 40년을 기념하기 위해 루마니아에서 처음으로 국제박람회가 성공리에 개최되었다. 외부세계도 루마니아가 더 이상 루리타니아Ruritania 배후지에 처져 있는 낙후된 나라가 아니라 다뉴브 강을 활용할 수 있는 철강 공장과 다리와 철도와 기름이 나기 시작한 왕국으로 인식하기에 이르렀다. 주산업은 농업이었고. 농민들은 여전히 어려운 여건에 놓여 있었으나 외부의 은행가들로부터 높은 신용을 유지하고 있었다. 하지만 이러한 명성은 곧바로 이어진 농민폭동으로 심하게 흔들리게 되었다. 후에 차우셰스쿠의 역사가들이 기술한 바에 의하면 일부 루마니아 인들은 농민폭동을 공산주의의 씨앗으로 이해했다고 한다. 그들 중 한 사람은 그때의 사건을 이렇게 묘사했다.

"부유층은 1907년의 대규모 농민반란을 피로 보복했다. 당시 어렸던 차우셰스쿠의 성격 형성에 지대한 영향을 미쳤다."

그러나 진실은 다른 이야기를 하고 있다. 전문 직종에 접근이 금지되었던 유대인들은 시골에서 대금업에 손을 대고 있었다. 유대인들이 전담을 하고 있던 형편이었다. 루마니아 은행들은 담보도 없는 농민들의 영세 자금 지원에 관심이 없었기 때문이다. 오늘날 인도의 농촌에서처럼 당시의 루마니아 시골에서도 농민들이 찾아갈 곳은 대금업자밖에 없었다. 여기에서 반유대주의가 싹을 틔우고 있었다. 한편, 게토ghetto의 빈곤에서 벗어나 사회적으로 존경받는 일자리를 찾아 헤매던 유대인들의 발길이 머문 곳은 루마니아 인 소유의 시골 농장 관리인 자리였다. 루마니아 농촌 지역 전역에 걸쳐 유대인들은 농장 관리인으로 채용되었다. 몰다비아 같은 지역은, 그 지역의 대규모 농장 관리인인 지독한 유대인의 이름을 따서 '피셔랜드Fischerland'라고까지 부르기도 했다.

1907년의 농민반란은 당시 어려웠던 농민들의 비인간적인 생활 여건에 대한 불만 표출의 시발점이 되었다. 지주들에 대한 대규모 공격에 앞서 농민들은 도시 지역에서 호화 생활을 하는 지주들의 저택에 방화를 하거나 건물들을 파괴하기에 이르렀다. 폭동이 확산되자 부쿠레슈티가 혼란에 빠졌고, 군대가 동원되어 무자비한 진압이 이루어졌다. 불안정한 시국이 몇 개월간 지속되자 생명에 두려움을 느낀 부자들은 가족들을 산악 휴양지대로 피신시키기까지 했다. 프랑스의 프랑수아 사강만큼이나 당시 필명을 날리던 열아홉 살인 마르테 비베스코Marthe Bibesco의 집에서 마리는 바르부 슈티르베이를 만났다. 그 만남이 마리의 인생을 바꾸어 놓았다.

이때 마리는, 카롤 왕을 옹립하는 데 기여한 공으로 신뢰받아 수상이 된 이온 브러티아누의 아들로서 신뢰받던 수상과 결혼한 슈티르베이의 여동생 엘리제Elise와 자연스럽게 친구가 되었고, 이어 슈티르베이 왕자와는 사랑에 빠지게 된다. 카롤 왕은 페르디난트와 마리의 별거를 처음에는 승인하지 않았지만, 그렇다고 슈티르베이 왕자를 왕궁에서 추방하려는 노력도 하지 않았다. 오히려 슈티르베이가 왕궁 재산의 관리인으로 지명되면서부터 마리와 슈티르베이의 밀애는 도를 더해만 갔다. 나이 든 왕은 처음으로 마리와 함께 국정을 논의하는 기회를 가졌다. 평소에 지식인들에 대한 그녀의 반감을 잘 알고 있었던 슈티르베이는 그녀의 조급한 성미를 조절하기 위해 그녀의 정치 고문으로 자리 잡게 되었으며, 카롤 왕도 마리의 단호했지만 극히 상식적인 태도를 잘 이해하게 되었다. 마리와 슈티르베이의 관계가 아니었더라면 루마니아의 역사는 훨씬 어렵게 꼬여 갔을 것이다.

병들고 늙은 왕에게는 이 기간이 시련기였다. 1912년 불가리아, 세르비아와 그리스의 연합군은 터키와의 전쟁에 들어갔다. 빈사 상태의 터키 제국에게는 최후의 일격이 되었다. 근육이 부풀대로 부풀어진 불가리아는 1913년에는 동맹국이었던 세르비아와 그리스에게 총부리를 겨누었다. 루마니아도 불가리아에 대항했지만 때가 너무 늦었을 뿐 아니라 콜레라 때문에 말로는 형언할 수 없는 참상을 입었다. 이때 마리가 팔을 걷어붙이고 병원을 가동시켜 가면서 떨어졌던 국가의 명예와 국민의 사기를 회복시키자 카롤 왕도 그녀를 다시 보게 되었다.

1년 후 세계를 전화의 소용돌이 속으로 끌고 들어간 오스트리아 황태자 프란츠 페르디난트Franz Ferdinand의 암살 사건이 사라예보에서 발생했다. 오스트리아-헝가리와 동맹 관계를 맺고 있던 독일은 서쪽에서는 프랑스를, 동쪽에서는 러시아를 공격했다. 루마니아가 자기들 편에 서서 러시아에 대항할 것이라고 자신했던 독일-헝가리-오스트리아 등 '중앙 세력국'은 1883년에 체결된 독일과 루마니아 간의 협정이 아직도 유효하다는 점과 카롤 왕이 독일 태생이란 사실을 강력하게 상기시켰다. 카롤 왕보다는 왕비인 엘리자베스가 더 앞장서 독일의 편을 들었다.

루마니아의 왕과 왕비가 중앙 세력국의 편을 들면서 3국 연합은 빠른 시간 안에 승리를 굳힐 것이라고 생각했을지 몰라도 다른 나라들은 그렇게 생각지 않았다. 많은 루마니아 사람들에게 적국은 오히려 오랫동안 트란실바니아에서 루마니아 소수민족을 압박했던 오스트리아-헝가리 제국이었다. 많은 사람들에게 사라예보의 암살사건이 그렇게 큰 문제로 부각되었던 것은 죽은 오스트리아의 프란츠 페르디난트 왕자가 트란실바니아의 점령을 전적으로 찬성했고, 또 루마니아 소수민족에 대한 박해를 지지했다는 사실에 기인한다. 박해했던 나라를 다시 지원한다는 것은 루마니아 사람들이 손쉽게 결정할 과제가 아니었다. 더욱이 루마니아는 프랑스를 오랫동안 문화적인 종주국으로 간주해 왔다. 루마니아의 지식인들은 프랑스 어를 주로 사용했고, 파리를 정신적인 고향으로 생각하고 있었다.

또 마리-슈티르베이가 관련된 사항도 있었다. 감상적으로 분명 '연합국(영국과 프랑스)'의 편에 섰던 마리는 독일이 전쟁에서 패배할 것이란 사실을 꿰뚫어보고 있었을 뿐 아니라 그렇게 되면 루마니아는 다른 나라와 연합하여 독일로부터 많은 것을 쟁취할 수 있을 것으로 확신했다. 펠레슈 성에서 왕과 왕비를 상대로 마리는 열띤 토론을 벌였다. 왕과 왕비는 독일의 편에 설 것을 강하게 주장했지만 마리 세자비는 완강하게 반대했다. 마리는 런던으로부터 막 돌아온 보수주의 정치 지도자 요네스쿠를 불러 현상황에 대한 그의 견해를 이야기하라고 주문했다. 그는 분명한 태도로 "영국은 끝까지 독일의 반대편에 서서 싸울 것이다"라는 말을 전했다. 마리가 엘리자베스 왕비를 바라보면서 "왕비께서도 이 말을 들으셨지요?"라고 말한 후 요네스쿠에게는 "귀하께서 말한 내용이 내가 줄곧 주장한 이야기와 같습니다. 그런데 아무도 그 말뜻을 이해하려고 하지 않습니다. 이 방에 그 말뜻을 이해하는 사람이 아무도 없어요!"라고 주의를 환기시켰다.

카롤 왕은 동요하지 않았다. 다음 날인 1914년 8월 4일 개최된 왕족 협의회에서 그는 러시아가 베사라비아를 통합했는데도 불구하고 루마니아가 연합국인 러시아와 다시 동맹관계를 맺는다면 국민들이 용서하지 않을 것이라는 설명을 했다. 또 중립적인 자세의 견지도 불가능하다고 말했다. 명예와 자국의 이익을 위한 유일한 대안은 '중앙 세력권(독일편)'에 서는 것이라고 주장했다.

참석자들 모두가 깜짝 놀랐다. 어떤 사람들은 1883년에 체결된 독일과 루마니아 간의 조약은 더 이상 효력이 없다는 말

페르디난트 1세

까지 서슴지 않았으며, 다른 사람들은 만약 독일 편에 선다면 국내에서 폭동이 발생할지도 모른다는 논리를 폈다. 왕세자 페르디난트가 소신을 말하라는 주문을 받고는 애매모호한 말만 뒤풀이하자 모든 각료들의 실망은 대단했다. 카롤 왕은 좌절감을 느꼈지만 늘 그래 왔던 것처럼 페르디난트 왕자에게 이렇게 말하면서 자위를 했다.

"너는 상상할 수 없을 것이다. 조국이 아닌 나라에서 고립된다는 것이 얼마나 어려운 일인지를!"

혼란 상태를 체감한 왕은 자신과 루마니아 국민들이 다 같이 받아들일 수 있는 방안을 연구했으나 뚜렷한 대안이 떠오르지 않은 채 두 달이 지난 1914년 10월 9일, 잠자다가 운명을 했다. 뒤이어 페르디난트가 왕위에 올랐다. 그러나 루마니아 국민들에게 더욱 실감나는 일은 마리가 왕비가 되었다는 점이었다. 새로운 왕비가 자기들과 뜻을 같이 한다는 사실을 잘 알고 있던 루마니아 국민들은 목이 쉬도록 만세를 불렀다.

페르디난트가 왕이 된 순간부터 루마니아 국민들 대다수는 태생적으로 유약한 성격의 왕은 권신들과 왕비의 영향을 받아 결국 연합국의 편에 서서 전쟁을 치를 것이라는 것을 알고 있었다. 루마니아의 중립적인 태도는 많은 관측자들이 예상했던 것보다 훨씬 길게 2년여를 끌고 갔으나 이러한 미적지근한 태도에 독일은 물론 연합국들도 불만을 터뜨렸다. 영국과 러시아에 대한 협상의 당사자로 마리 왕비가 나섰다. 러시아의 니콜라스 황제와 영국의 조지 5세 왕의 친사촌으로서 마리 왕비는 양국의 국정을 책임지고 있는 두 가문에 사신私信을 띄우기에 안성맞춤인 입장이었다. 참전의 대가로 승전했을 경우 많은 국토의 재조정을 주장하고 나섰다. 최소한 트란실바니아의 합병, 몰다비아의 서북쪽에 있는 부코비나의 편입, 그리고 역사적인 근거는 희박하지만 서북쪽 바나트 주의 양보를 요구했다. 또 러시아를 지원하는 대가로 베사라비아의 반환도 거론했다. 이렇게 지나친 요구를 하자 그 동안 불분명한 태도를 유지했던 속셈이 많은 대가를 요구하기 위한 것으로 비쳐졌다. 하지만 오랜 기간의 중립성은 루마니아에게 많은 혜택을 가져다주었다. 전쟁물자가 부족했던 양측은 상대방에게 비축의 기회를 주지 않기 위해 루마니아가 부르는 가격에 서로 앞 다투어 모든 물자를 매점매석했던 것이다. 국부가 증가했음은 물론, 신흥 재벌도 속속 등장했고, 심지어 농부들까지도 예상치 않은 호경기의 곁불을 쬘 수 있었다.

결국 1916년 8월 루마니아의 모든 요구 조건이 충족되었다. 루마니아는 곧바로 전쟁을 선포하고 트란실바니아를 침공했다. 자기의 뿌리가 독일이라는 것을 잊지 못하고 있던 페르디난트 왕은 모국 독일에 대해 적대적인 행동을 해야 한다는 점에 불길하고 우울한 예감이 들었다. 당시 루마니아 주재 프랑스 대사였던 드 생 올레르de Saint-Aulaire는 "페르디난트 왕은 내부 갈등으로 심신이 지쳐 있었으며, 목소리는 거의 울음에 가까웠고, 손까지 떨었다"고 회고했다.

연합국과 중앙 세력권 진영의 현실 정치에 밝은 전문가들의 눈에도 루마니아의 참전 결정이 시기적으로 적절한 조치로 보였다. 왜냐하면 연합국의 서부 전선에서의 좀Somme 전선 공세와 러시아가 독일의 동쪽에 대규모 공격을 취하는 시기와 같았기 때문이다. 그러나 루마니아는 실제로 배후에서 너무 늦게, 그것도 준비가 안 된 상태에서 전쟁에 뛰어들었다. 몇 달이 지나기도 전에 상황은 급반전되어 버렸다.

루마니아가 곤경에 처하게 된 데는 여러 가지 이유가 있었다. 전에 독일 육군에 크게 의존했던 루마니아 육군을 서둘러 훈련시키는 바람에 무기와 장비가 형편없는 지경이었고, 프랑스와 영국은 지원하겠다던 약속을 저버렸으며, 이런 상황에서 방대한 전선에 필요로 하는 통신 시설이 없었기 때문에 전투다운 전투를 할 수가 없었을 뿐만 아니라 독일의 맹장들을 막아내기가 힘에 겨웠다. 또 루마니아의 동북쪽으로 이동한 러시아 군은 루마니아 군대가 싸우는 것을 수수방관만 하는 형국이었다. 설상가상으로 불가리아가 터키와 함께 독일의 편에 선 다음 루마니아의 동북쪽 옆구리를 치는 바람에 루마니아는 커다란 장애물을 만난 셈이었다. 1916년 10월 루마니아는 참전 초기 서둘러서 점령했던 트란실바니아 영토 일부를 잃어버렸음은 물론 모든 전선에서 후퇴를 거듭했다. 또 불가리아, 터키, 독일의 군대는 루마니아 유일의 항구 도시인 콘스탄차Constanța를 점령해 버렸다. 11월에 들어서자 마리 왕비는 따라갈 수 있는 왕실 가족들을 데리고 러시아 국경으로부터 남쪽으로 불과 10마일 정도 밖에 떨어지지 않은 몰다비아의 수도 이아시Iași를 향해 부쿠레슈티를 떠났다. 1916년 12월 2일 페르디난트 왕도 부쿠레슈티를 탈출했다. 4일 뒤 독일군이 입성했고 그 이후로 당한 수치는 말로 표현할 수 없었다.

상황은 점입가경이었다. 1916~17년의 겨울은 50년 만의 혹독한 추위였다. 독일군들은 눈에 닥치는 대로 약탈했고, 루마니아 인들은 점령지이거나 비 점령지를 불문하고 기아에서 벗어날 수가 없었으며, 마리 왕비와 왕실 가족들 또한 겨우 콩으로 연명하는 형편이었다.

그러나 마리 왕비는 그런 와중에서도 여러 차례에 걸쳐 군부대와 병원을 방문한 덕분에 개인적인 이미지에 손상을 입지는 않았다. 23살의 왕세자 카롤은 군 장교로 근무하고 있었으나 마리 왕비의 군부대를 자주 방문하라는 성화에도 불구하고 숨겨둔 정부 지지 람브리노Zizi Lambrino를 애완용 개처럼 따라만 다니고 있었다.

전쟁이 이렇게 전개되어 가는 과정에서 러시아는 공산주의 혁명으로 인해 무정부 상태로 빠져들었다. 1917년 3월 15일 러시아의 니콜라스 황제는 축출되었고, 곧이어 발족한 임시 정부는 자국 국민과 군대에 대해 무관심한 태도를 보였다. 루마니아와 러시아 군대 간의 관계는 전에도 좋았던 적이 없었지만 더욱 악화되었다. 루마니아 장교들은, 자기들에 비해 월등한 장비를 갖추고 있는 러시아 장교들이 루마니아 창고를 습격하고 아녀자들을 겁탈한다는 이유로 심하게 비난했다. 혁명의 분위기는 러시아 사병들에게까지 급속하게 전파되어 급기야 볼셰비키 혁명의 당위성을 주장하던 러시아 병사들은 이아시의 시민들에게 루마니아 봉건 군주에 대항해서 궐기하라고 부추겼다. 공포감이 확산되자 카롤 왕과 정부는 전쟁이 끝나면 곧바로 대대적인 개혁 조치를 취하겠다는 약속을 하기에 이르렀다.

이때 모험심이 강했던 두 사람이 사기 진작책을 내놓았다. 한 사람은 프랑스 군 대표로 루마니아에 파견된 앙리 베르텔로Henri Berthelot 장군이었다. 몸무게가 너무 무거운 나머지 말안장에 오르기 위해서는 기중기가 동원돼야 한다는 이야기까지 나돌던 사람이다. 그는 프랑스 군 장교와 하사관들을 동원하여 루마니아 군을 재교육시킴으로써 상당한 충격을 주었다. 베르텔로는 프랑스 군의 무기, 장비와 군수물자를 당시 혁명으로 들끓고 있던 러시아를 통해서 루마니아에 공급함으로써 몸집이 큰 것과는 다르게 기민한 면모를 선보였다. 다른 한 사람은 플로이에슈티에 있던 영국군 정보부대에서 일하던 기술자인 대령 존 노턴 그리피스John Norton-Griffiths였다. 이 사람은 루마니아에 침공해 오던 독일군의 눈앞에서 플로이에슈티 유전을 폭파시키는 과단성을 선보였던 인물이다.

1917년 7월 베르텔로의 노력은 성과를 거두어 루마니아 군대가 공세를 취하게 만들었으며, 마리 왕비 또한 카롤 왕세자가 지지 람브리노를 떨쳐 버리고 군의 사기를 높이기 위해 군부대를 방문할 수 있도록 갖은 노력을 기울이고 있었다. 그러나 러시아는 다시 한 번 루마니아 군에게 실망감을 안겨 주었다. 러시아 군이 용맹스러운 루마니아 보병을 지원하지 못했기 때문에 루마니아 군의 진격은 수포로 돌아가고 후방을 지키는 데 급급할 수밖에 없었다. 루마니아 군대는 러시아 군의 지원이 전혀 없는 가운데 독일군이 이아시로 진격해 오는 것을 막는 것조차도 힘들어 했다. 이런 와중에서도 루마니아 군은 1917년 8월 머러셰슈티에서 혁혁한 공을 세우기도 했다. 머러셰슈티에서 프랑스식 훈련을 받은 루마니아 군은 오스트리아 군과 독일군을 격퇴시킴으로써 독일군이 오데사를 점령하는 것을 방어한 것이다. 당시의 상황을 마리 왕비는 이렇게 적고 있다.

"러시아 군은 불량한 행동만 하고 있었다. 대부분의 병사들이 볼셰비키 혁명군으로 변질되어 하루에도 수천 명씩 위치를 이탈했다. 반면에 보급품도 시원치 않았고, 장비도 허술하기 그지없었던 우리 루마니아 군 병사들은 전혀 흔들리지 않은 채 러시아 군 병사들과 좋은 대조를 이루었다."

마리 왕비의 이런 기록은 철모르는 소리였는지도 모른다. 9월이 되자 루마니아 병사들은 피로감이 극에 달해 소규모 공격은 물론 현 위치를 고수하는 것도 힘겨워 했다. 1917년 11월 6일 러시아 혁명의 최고 지도자로 떠오른 레닌은 케렌스키 정부를 전복시키고 독일과의 협상을 포함한 종전을 요구하고 나섰다. 하룻밤 사이에 소위 연합국의 동맹이라고 불렀던 러시아가 중립적인 태도로 돌변한 것이다. 그것뿐만 아니라 적대감까지 보였다. 페르디난트와 마리는 독일군이 루마니아 전역을 유린할 경우에는 러시아로 도망갈 생각을 했었다. 하지만 이제 그 탈출구도 봉쇄되어 버렸다. 마리 왕비는 러시아 황실이 없어졌다는 뉴스에 절망감을 감추지 못했다. 그녀는 러시아 황실의 공주이자 니콜라스 황제의 동생인 그녀의 어머니를 통해서 러시아 황실과 직접적인 연관을 맺고 있었다.

러시아 군대가 루마니아 국경에 위치하고 있었기 때문에 혼란은 이루 말할 수 없었다. 수천 명의 병사들이 이탈하고, 친 황제적인 태도를 보였던 장교들은 볼셰비키 병사들에게 암살을 당하는 가운데 혁명군 장교들의 부대 장악은 늘어만 갔다. 러시아 혁명군들은 심지어 루마니아에 등을 돌려 정부를 전복한 뒤 볼셰비키 정부를 세우는 꿈까지 꾸고 있었다. 루마니아 병사들은 이제 러시아의 그런 침략에 대비하기 위해 똘똘 뭉치고 있었다. 대부분이 농촌 출신들인 루마니아 병사들의 용기에 직면한 러시아 혁명군들은 결국 그런 야욕을 버리기에 이르렀다. 그러나 상황은 바람직한 방향으로 전개되지 않았다. 1917년 12월 6일 종전이 선포되었고, 독일과의 휴전 협정이 3일 후에 타결되었다. 하지만 미국과 영국은 루마니아가 연합국에 합세해서 전쟁에 참여한 대가를 요구하는 것은 의미가 없다는 결론을 내렸다.

독일의 루마니아에 대한 요구 조건은 가혹했다. 루마니아를 기아와 장기적으로 경제적인 예속 관계에서 벗어나지 못하게 만들었다. 루마니아는 도브루자Dobruja와 트란실바니아 대부분을 잃었다. 루마니아의 유전은 90년 간 독일과 오스트리아가 공동 관리하게 되었으며, 향후 10년 간 모든 농산물은 독일을 위해 비축해 두어야 했다. 또 루마니아는 루마니아에 주둔하고 있는 독일군의 경비를 전액 부담하기까지 했다. 이런 와중에서도 유일하게 긍정적으로 볼 수 있었던 사항은 독일이, 볼셰비키의 노선을 지지하지 않고 있던 중도적인 '국민 민주당'으로 하여금 루마니아와 관련을 맺는 자치 정부의 길을 택했던 베사라비아를 직접 통치하도록 허락했던 일이다. 넋이 빠진 마리 왕비는 페르디난트 왕에게 점령자들에게 협조하느니 차라리 사임하라고 주장했다. 그러나 왕은 거부했다. 오히려 보수주의 색채가 강한 친 독일 성향을 보이고 있던 일반

정치인들 중에서 각료를 선임해 버렸다.

　1918년 1월 26일 독일이 점령하고 있던 왈라키아의 작은 마을 스코르니체슈티에서 농부인 안드루차Andruţa 차우셰스쿠의 부인 알렉산드리아 차우셰스쿠는 셋째아들 니콜라에 차우셰스쿠Nicolae Ceauşescu를 얻었다. 5일 후 볼셰비키 러시아는 루마니아에 대한 전쟁을 선포하면서 루마니아 왕이 전란을 피하기 위해 러시아에 맡겼던 금괴와 온갖 보석들을 압수한다고 발표했다.

제 3 장
마르크스주의자들과 왕

마리 왕비의 슬픔은 오래가지 않았다. 9개월 뒤 독일은 패배를 맛보았고, 오스트리아-헝가리 제국은 평화를 호소하고 나섰다. 마리 왕비와 페르디난트 왕은 환호 속에 부쿠레슈티에 개선했지만 전란 속의 어려움은 해결된 것이 하나도 없었다. 미국의 대사는 연합국 모두에게 루마니아의 어려움이 극심하다는 보고를 했다. 차우셰스쿠의 역사가들은 차우셰스쿠가 어렸을 때 곤란한 환경에 처해 있었다고 말하고 있지만, 1918년 11월 11일 전쟁이 공식적으로 끝나고 난 다음 부자이거나 가난한 사람들을 불구하고 모든 루마니아 사람들이 다 같이 빈궁한 생활을 하기는 마찬가지였다는 사실은 고의적으로 빠트리고 있다. 점령국 독일은 잔인한 정복자처럼 약탈을 일삼았을 뿐 아니라 떠날 때를 즈음해서는 전국을 발가벗겨 놓았다. 한때는 농민들이 도시 주민들보다 생활 형편이 조금 낫기도 했다. 도시 전체에 장티푸스, 발진티푸스, 기근이 만연하였기 때문이다. 루마니아의 전시 협력국들은 루마니아의 곤궁에 대해

관심이 전혀 없는 듯했다. 특히 미국의 우드로 윌슨Woodrow Wilson 대통령은 마리 왕비를 포함해서 자기가 만났던 모든 루마니아 정치인들과 개인들에 대해 대단한 혐오감까지 가지고 있었다.

루마니아는 재건에 나설 입장이 못 되었다. 다른 동맹국들이 긴장을 풀고 있던 사이 루마니아 군대는 헝가리에서 싸우기 위해 다시 소집되었다. 이번에는 루마니아도 연합국으로부터 헝가리 어를 사용하고 있던 일부 지역을 루마니아에 반환해 준다는 약속을 받아내고 싶었다. 그리고 이러한 약속이 지켜지기를 바랐다. 전쟁이 끝나자마자 루마니아 군대는 트란실바니아로 진군해 들어갔다. 1918년 12월 1일에 그곳에서 대규모 군중집회가 열렸고, 트란실바니아는 루마니아와 합병을 선언했으며, 차우셰스쿠 사후 12월 1일이 루마니아의 국경일인 '인민의 날'이 된 것은 그런 연유에서이다. 루마니아 군대가 움직이게 된 데는 다른 이유도 있다. 독일이 패망하자 러시아 볼셰비키 혁명은 세계 곳곳에 음침한 그림자를 드리웠고, 헝가리에서는 레닌의 제자인 벨라 쿤Béla Kun이 이끄는 혁명운동이 맹위를 떨치기 시작했다. 그러자 루마니아는 서쪽 옆구리에서 발생한 마르크스주의자들의 봉기를 분쇄하기로 마음먹었다.

여러 가지 당면 과제에 직면했던 연합국들은 벨라 쿤의 혁명이 성공할 것으로 짐작은 했으나 놀랍게도 그는 체코슬로바키아까지 진출했다. 이런 현상을 논의하기 위해 베르사유 궁에 모였던 연합국의 대표들은 루마니아의 헝가리 영토 확보를 승인하지 않았다. 그러나 마리 왕비는 파리와 런던에 사람들을 보내 루마니아가 그렇게 밖에 할 수 없는 이유를 설명한 나머지 여론의 지지를 이끌어냈다. 결국 여러 차례의 복잡한 협상을 통해 루마니아는 1916년 참전하면서 명분으로 내걸었던 조건 이상을 충족할 수 있었다.

루마니아는 국제적인 위임장도 없이 헝가리의 벨라 쿤을 격파했다.

루마니아 병사들은 과거 독일과 헝가리 병사들이 점령지 루마니아에서 행했던 잔학 행위 이상의 횡포를 부렸다. 벨라 쿤을 격파시켰던 승리 자체가 후에 차우셰스쿠의 역사가들을 당황스럽게 만들었다. 벨라 쿤을 붕괴시킨 루마니아 병사들이 반공산주의자들이었기 때문이다. 어찌 되었건 이들의 행동이 차우셰스쿠의 역사가들이 루마니아의 영광으로 그리고 있는 트란실바니아 회복의 원동력이 되었던 것이다. 이런 형태의 앞뒤가 맞지 않은 모순이 루마니아 혁명사에는 많이 노출되어 있다. 순식간에 인구가 급증한 관계로 이러한 문제는 더욱 복잡한 양상을 띠게 된다. 영토 확장이라는 전리품 수거에 힘입어 루마니아의 인구는 850만 명을 넘어섰다. 새롭게 루마니아 국민이 된 사람들의 대부분이 혁명분자 아니면 마르크스주의자들이었기 때문에 기존 질서는 없는 것이나 마찬가지였다.

차우셰스쿠는 집권하자마자 전임자들을 제거하기 위해 역사가들에게 제2차 세계대전 이전까지의 빛바래지 않은 역사를 종종 기술하게 만들었다. 그러나 이러한 음모는 유종의 미를 거둘 수가 없었고, 조작했던 자료들도 어둠을 뚫지는 못했다. 새로운 사실에 접근하면서 얻어낸 많은 진실들이 결국 빛을 보지 못했으나, 마이클 샤피르Michael Shafir나 메리 엘렌 피셔Mary Ellen Fischer 같은 훌륭한 역사가들은 보다 많은 자료에 충실하게 접근함으로써 루마니아 사회주의와 공산주의의 초기 현상을 잘 분석할 수 있었다. 이 작업에 참여해 온 이온 아르델레아누 교수와 같이 뛰어난 역사가들은 루마니아의 초기 사회주의와 공산주의에 대해 많은 글을 썼고, 나에게는 장시간을 할애해 가면서 친절한 설명까지 아끼지 않았다.

놀라운 일이지만 엄격하게 말하면 초기 좌파 지도자들은 루마니아 사람들이 아니었다. 콘스탄틴 도브로제아누–게레아Constantin Dobrogeanu-

Gherea는 우크라이나의 솔로몬 카츠 태생이며, 크리스티안 라코프스키 Christian Rakowsky는 불가리아 사람이었다. 또 혁명을 주도했던 대부분의 사람들은 반유대주의에 젖어 있던 루마니아 인들의 눈으로 보면 그다지 달가울 것이 없는 유대인들이었다.

루마니아 공산당원들에 대한 한 연구 결과는 뒤에 이러한 사실을 뒷받침했다. 1930년대 공산당원들은 헝가리 인이 26퍼센트, 루마니아 인이 22퍼센트, 유대인이 18퍼센트, 러시아와 우크라이나 인이 10퍼센트, 불가리아 인이 8퍼센트, 그리고 나머지 10퍼센트도 타국적이었다. 이런 혼합체 성격의 구성 요인은 라이벌 그룹을 만들어냈으며, 결국 루마니아 공산당 내에 어두운 그림자를 드리웠다. 더욱 암울한 결과를 초래한 것은 또 있었다. 외인부대들의 존재가 '유대인-볼셰비키 신화'라는 등식을 만들어낸 나머지 루마니아 인들로 하여금 외국인 세력, 특히 헝가리와 러시아로부터 온 사람들이 루마니아 인들에 대한 음모를 끊임없이 꾸민다고 믿게 만들었다. 이러한 현상들에 대한 반응이 차우셰스쿠뿐만 아니라 미래의 많은 루마니아 지도자와 정치인들로 하여금 원색적인 민족주의를 선보이게 한 밑거름이 되기도 하였다.

중요한 점은 좌파의 성격을 띤 사람들의 숫자가 많지 않았다는 사실이다. 20세기에 들어서면서 사회주의 사상이 루마니아 전역에 폭넓게 퍼졌지만 당시만 해도 사회주의 사상의 정확한 개념을 이해하고 있던 사람은 분명 소수였다. 이런 배경과 기반이 튼튼한 보수당, 자유당, 농민당과 국민들의 냉담한 시선 때문에 후에 설립된 루마니아 공산당을 포함한 좌파 조직들은 철저하게 헌신적인 남녀가 뭉친 정치적인 결사체를 만들어낼 수가 없었다. 공산당 전문가인 조지 셰플린George Schöpflin이 루마니아 공산당 창립 15주년 기념식 때 영국의 BBC 방송과의 대담에서 이런 말을 했다.

"루마니아 공산주의의 초기 모습은 혼란스러웠습니다. 마르크스의 사고는 소수 엘리트들의 전유물이었습니다. 인민들과의 연결고리가 튼튼하지 않은 상태는 치명적인 약점이었지요. 1944년 루마니아 공산당이 정권을 인수하기 전까지는 피상적인 공산주의 운동이 전국에서 간헐적으로 전개되었을 뿐입니다."

그는 또 "1917년부터 1921년 사이 루마니아의 좌익들은 산만한 상태에 놓여 있었습니다"라고 덧붙였다.

벨라 쿤이 만들어낸 현상이 이러한 혼란상을 잘 설명하고 있다. 왜냐하면 초기에 루마니아 공산주의자들은 벨라 쿤이 내건 대의명분을 신봉했기 때문에 트란실바니아의 루마니아 반환이 어떤 이데올로기보다 중요하다고 생각했던 루마니아의 다른 좌익들 눈에는 협잡꾼으로 비쳐졌고, 몇몇 공산주의자들의 이상주의는 의심까지 받았다. 1918년 12월 부쿠레슈티의 왕궁 밖에서 좌익 폭도들이 왕정의 폐지와 공화정의 실시를 외치는 데모를 벌였다. 체포된 사람들 중에는 소비에트의 음모자들과 독일 공산주의자들의 밀정들이 포함돼 있었다. 이때 체포된 독일의 밀정들은, 1918년 전쟁이 끝나기 전에 루마니아 정정을 혼란시키는 한편, 역정보를 흘리기 위한 수단으로 공산주의 학교의 설립을 지원하기도 했으며 유인물들을 배포하는 일을 담당했던 첩자들이었다.

혼란은 도를 더해 갔다. 마르크스와 레닌주의자들의 소비에트가 자신감을 얻어가자 주변 국가들을 포함해서 모든 공산주의 정당들은 레닌과 스탈린의 비위를 맞추고 소련의 이익을 지원하기 위해 사절단을 파견했다. 루마니아 공산주의자들도 온건파와 소련의 요구에 맹종하는 과격파로 분열되었다. 1920년 과격파들은 총파업을 일으켜 부쿠레슈티의 의사당 빌딩을 폭파시켜 버렸으며, 친 소련 혁명에 필수적인 요소들을 제외하고는 모든 것을 파괴의 대상으로 삼았다.

곧이어 이 과격파들은 루마니아 밖에서도 활동을 해야 한다는 데 의견을 모았다. 후에 오데사 그룹Odessa group으로 알려진 행동파들이다. 라코프스키가 그들의 지도자였고, 마르셀 파우커Marcel Pauker가 이론가였다. 그러나 스탈린의 루마니아에 대한 무관심 때문에 그들은 루마니아 내에서 철저히 소외당했다. 소비에트 우크라이나의 수장이 된 라코프스키는 벨라 쿤의 지원을 명분으로 내세워 루마니아와의 전쟁을 시도하다가 루마니아 공산주의자들의 호응을 받지 못하자 대부분의 루마니아 사람들이 베사라비아와의 관계 복원이 그나마 전쟁 결과의 가장 평가할 만한 대목이라고 생각하고 있을 때 망명한 베사라비아 공산주의자들 단체를 이끌었다. 라코프스키는 루마니아와의 관계를 활용하여 1926~27년에는 파리 주재 소련 대사로 활동했다. 하지만 스탈린의 추종자였고 지원을 아끼지 않았던 그도 다른 사람들과 마찬가지로 1938년 모스크바에서 처형되었다. 마르셀 파우커를 포함해서 오데사 그룹에 속해 있던 많은 사람들도 결국 스탈린 저격수들의 제물이 되거나 아니면 수용소 군도로 추방당했다.

스탈린은 루마니아에 뿌리를 둔 공산당이 필요했고 다른 한편으로는 선호한다는 뜻을 보일 필요가 있었기 때문에 그런 행동을 했다. 초기에 스탈린에게 충성심을 보였을 뿐만 아니라 맹목적인 협조자였던 지노비예프와 부하린은 벨라 쿤을 강력하게 지원하지 않는다고 해서 루마니아 공산주의자들을 신랄하게 비난했다. 그들은 진정한 행동주의자들이 아니라 환상에 사로잡힌 연약한 공산주의자들에 지나지 않았다. 혁명적인 마르크스주의에 무관심했던 한편 보수적인 사고에 젖어 있던 루마니아의 상황을 무시하고, 열악한 처지의 루마니아 공산당원들의 분위기가 무르익지 않았다는 설명도 듣지 않은 채 이들은 몇몇 황당한 공산주의자들에게 농민과 근로자를 위한 국가를 설립하라는 독촉을 하고 있었다. 또 루마니아 공산당에게는 베사라비아를 분리시키라는 명령과 함께 '소비에트 루마니아'를 탄생시키기 위한 요람으로서 '몰다비아 소비에트 자치 공화국'의 설립도 강하게 요구했다. 부하린은, 이런 조치야말로 1917년 케렌스키 정부를 전복시킬 때 효과적으로 작용했던 냉혈적인 파괴 전략이므로 루마니아 공산당이 필연코 달성해야 할 과제라는 설명도 서슴지 않았다. 초기의 루마니아 공산당 지도자들은 루마니아 인들이 아니었다. 루마니아 공산당 초대 총서기였던 알렉산드루 슈테판스키 Alexandru Ștefanski는 폴란드 인으로서 스탈린이 직접 지명했으며, 그의 뒤를 이었던 보리스 슈테파노프Boris Ștefanov는 불가리아 인이었고, 또 헝가리 인인 슈테판 포리슈Ștefan Foriș가 그 뒤를 맡았다.

당시 11살이었던 니콜라에 차우셰스쿠가 부쿠레슈티의 한 구두 수선공의 견습생으로 일하면서 정치에 흥미를 가지기 시작했을 때의 루마니아 공산당을 둘러싸고 있던 분위기는 그러했다. 그러나 그의 일생에 걸친 역사의 조작 작업이 너무 터무니없었을 뿐만 아니라 본인의 과거사를 재편성하는 데는 공산당의 이런 초기 혼란상도 전혀 도움이 되지 못했다. 진실은 어느 곳에나 있게 마련이다. 50여 년이 훨씬 지났지만 당시의 증인들은 자기들의 젊은 시절 이야기와 차우셰스쿠가 자기들의 젊은 시절에 했던 역할에 대해 상세하게 설명을 해주었다. 한때는 조작된 사실을 수용하라는 압력을 받았지만 지금은 진실을 자유스럽게 말할 수 있게 된 역사가들에게 고마움을 표시하지 않을 수 없다.

차우셰스쿠의 몰락과 함께 여러 가지 오래된 제약들도 사라졌다. 아이러니하게도 과거에는 신화 조작에 몰두했던 사람들이 이제는 앞 다투어 차우셰스쿠의 비하에 경쟁을 하고 있다. 나는 가능한 한 불편부당한 자세로 모든 면을 살펴보았다.

스코르니체슈티 마을 사람들과 차우셰스쿠의 동년배들이 밝혀낸 신화의 첫 번째 이면은 차우셰스
쿠 집안의 빈곤에 관한 것이다.
증언에 나섰던 사람들은 잘살았
던 사람들이 아니다. 또 차우셰
스쿠가 마오쩌둥毛澤東처럼 미곡
상이 된 부농의 아들이 아니었
음도 분명하다. 그러나 증인들
은 차우셰스쿠 집안이 그 마을
에서 결코 극빈층에 속하지는
않았다고 말하면서 낮에는 맨발

스코르니체슈티에 있는 차우셰스쿠의 생가

로 들에서 일하고, 밤에는 정치적인 소양을 높이기 위해 빌린 책으로 공
부를 열심히 했다는 기록에 대해 깊은 의구심을 나타냈다. 많은 사람들
은 차우셰스쿠의 아버지인 안드루차 차우셰스쿠가 술만 그렇게 많이 마
시지 않았던들 그 집안의 형편은 훨씬 나았을 것이라고 확인해 주었다.
오랫동안 숨겨진 이야기를 차우셰스쿠가 죽은 다음 그의 사촌 플로레아
차우셰스쿠Florea Ceauşescu가 털어놨다. 남편의 술주정과 폭력에 어머니
가 자식들을 보호하기 위해 끝없이 인내했다는 가슴 아픈 이야기였다.
플로레아는 나에게 이렇게 말했다.

"안드루차는 가끔씩 며칠 동안 사라지곤 했지요. 집안에 있는 돈을 모
두 가지고 나가 부쿠레슈티에서 술에 만취가 되어 사창가를 누비곤 했
습니다."

니콜라에 차우셰스쿠의 다른 두 형제도 왜 똑같이 처음에는 니콜라에
차우셰스쿠라는 이름을 가지고 있었는지를 알면 웃음이 터진다. 안드루
차가 이들의 출생 신고를 하러 등기소에 갔을 때 술에 만취가 되어 니콜
라에 차우셰스쿠 밖에는 생각나는 이름이 없었다는 것이다. 당시 이웃에

살았던 사람들은 "차우셰스쿠 집안의 아이들은 술주정뱅이 아버지보다 농사일 하기를 더 싫어했지요"라고 당시의 상황을 술회하기도 했다.

어린 차우셰스쿠를 가르쳤던 시골 학교 교장 선생님은 차우셰스쿠의 총명함도, 공식 전기에 나타난 어린 나이의 차우셰스쿠에게 혁신 정신을 깊게 심어 줬다는 당시의 개혁적인 사회 현상도 전혀 기억하지 못하고 있었다. 실제로 차우셰스쿠의 공식적인 교육은 초등학교에서 끝이 났다. 후에 공산주의자 세미나에서 보였던 열성은 또 다른 이야기다. 형제와 누이들 대부분이 부쿠레슈티로 빠져나온 것은 차우셰스쿠가 주장했던 대로 가난이었다기보다는 주정뱅이 아버지와 미래에 대한 전망이 전혀 안 보였기 때문이었다. 당시의 루마니아 법에 따르면 아버지의 재산은 남자 형제들에게 균등하게 분배하게끔 되어 있었다. 그런데 만약 안드루차가 사망했을 경우 형제 모두가 시골집에 있으면 적은 농토가 조금씩 분배되어 경제적인 규모가 될 수가 없었다. 메리 엘렌 피셔의 지적에 따르면 이런 이유로 인해 차우셰스쿠가 후에 개인 소유의 소규모 농장 대신 대규모 협동농장을 선호하게 되었다는 것이다. 그는 농촌에 살았었지만 목가적인 분위기에 젖어 본 적이 없었고, 시골 생활을 긍정적으로 기억할 만한 회고거리도 간직하지 못했다.

1929년의 대공황에도 불구하고 농촌 인구의 도시로의 대이동은 가난의 결과만은 아니었다. 농민들이 새로운 기회를 모색하기 위한 구체적인 행동이었다. 차우셰스쿠의 형제자매들 또한 청소년기였을 때 부쿠레슈티로 이주하면 경제적으로 안정감을 가질 수 있는 '틈새시장'을 손쉽게 발견할 수 있다는 소문을 들었다. 부분적으로나마 1930년대의 부쿠레슈티는 최소한의 교육을 마친 땅 없는 청소년들에게 희망을 심어 주고 있었다. 차우셰스쿠의 누이 중 한 명은 교사가 되었고, 다른 한 명은 백화점에서 일자리를 찾았다. 차우셰스쿠의 부인인 엘레나의 자매 한 명은 겐시아 가 214번지에 있는 유명한 카페인 '보데가 루이 이안쿠'의 일용직 자리를 겨우 얻었으나 나중에는 그 카페의 운영권까지 차지하게 되어 부자가 되었으며, 그 장소는 뒤에 엘레나와 차우셰스쿠 동생들의 집결지 역할을 했다.

부쿠레슈티에서 차우셰스쿠는 누나 니쿨리나Niculina와 함께 살았으며, 그녀의 남편은 구두 수선공이었다. 차우셰스쿠와 1946년에 결혼한 엘레나 페트레스쿠Elena Petrescu의 올케인 아델라Adela는 유대인으로서 열렬한 공산주의자였다. 그러나 차우셰스쿠와 동시대를 살았던 많은 사람들은 차우셰스쿠가 공산주의자가 된 것은 아델라의 영향 때문이었다는 이야기에 수긍하지 않았다. 그들은, 또 지금은 없어져 버린 루마니아 공산당 역사박물관 관장을 지낸 유명한 역사학자 아르델레아누 교수가 마지못해 주장한 "차우셰스쿠가 초창기의 '루마니아 청년 공산주의자 동맹Young Communist's League'에서 탁월한 지도력을 발휘했다"는 터무니없는 신화도 역시 믿지 않았다. 아르델레아누는 오랜 기간 차우셰스쿠를 신격화시키라는 압박이 극심했던 가운데서도 차우셰스쿠의 생전에는 도저히 밝힐 수가 없었고 밝혀서도 안 되는 '영명한 지도자 차우셰스쿠'의 말년 기록까지도 개인적으로 잘 관리하고 있었다. 아르델레아누가 책상 서랍에 깊숙이 간직하고 있던 자료들 중에는 1933년 11월 23일 경찰이 차우셰스쿠를 체포했던 기록까지도 포함되어 있다. 모든 조작된 역사와 전기는 이 기록까지도 차우셰스쿠의 열렬한 공산주의자로서의 전과로 칭송하고 있지만 경찰의 기록은 체포 죄목을 공산주의 활동이 아닌 '고성방가'로 적고 있다.

당시에 또 '미하일레스쿠의 파업'이란 사건이 있었으나 아르델레아누 교수의 지적에 의하면, 차우셰스쿠는 이데올로기보다는 폭력적인 활동에 더 관심이 있었다고 한다. 부쿠레슈티에서 초기에 차우셰스쿠와 함경찰이 보관하고 있던 차우셰스쿠의 사건 기록부. 1933년 11월 23일 공공질서 파괴 혐의로 체포. 이름이 잘못 기록되어 있음. 1934년 8월 26일 공공질서 파괴 혐의로 다시 체포.

께 행동했던 동료들은 그의 폭력 지향적이며 무분별한 분노에 대해 잘 기억하고 있었다.

아르델레아누 교수는 차우셰스쿠가 항상 거리에서 방황하고 있었기 때문에 구두를 짓거나 수선하는 기술을 충분히 연마했다는 이야기의 신 빙성에 무게를 두지 않았다. 1966년 차우셰스쿠의 누나는 아르델레아 누 교수에게 이런 말을 전했다.

"니콜라에가 아무 말 없이 며칠 간 집을 나갔다 돌아오자 남편이 15 살 난 니콜라에의 뺨을 때리면서 이렇게 말했지요. '네가 장사하는 것을 배우지 않으면 어떻게 하겠단 말이냐?' 그러자 동생은 '나는 장사하는 것을 배우지 않을 거예요'라고 말하면서 '나는 루마니아의 스탈린이 될 거예요'라고 답하더군요."

아르델레아누 교수는 이 말을 차우셰스쿠가 이데올로기보다는 '집권

욕'에 더 관심이 있었다는 증거로 내세웠다. 또 "그는 거리에서 데모가 일어나면 빠지지를 않았어요. 어떤 종류의 데모인지에는 관심조차 없었습니다"라고 덧붙였다. 교수는 차우셰스쿠의 '청년 공산주의자 동맹' 가입은 사회주의자, 농민당, 심지어는 '철의 동맹' 등 여러 종류의 정치적 단체들과 관련된 활동을 한 다음에 이루어졌다고 전했다.

차우셰스쿠의 초기 활동에 대해서 가장 정확하게 알고 있는 사람은 미하이 포페스쿠Mihai Popescu이다. 차우셰스쿠와 동년배로서 일찍이 공산주의자로 전향하여 불과 열네 살 때 공산주의 선동 유인물을 배포했다는 이유로 체포되어 클루지Cluj에 있는 소수민족 구치소에서 14개월 간 수감된 적이 있던 사람이다. 그의 말을 들어보자.

"1934년 성탄절에 풀려났지요. 나는 학교다운 학교를 다녀보기도 전에 나의 인생에서 학업이 멀어져 버렸다는 사실을 깨닫게 됐지요. 노동자가 되는 수밖에 다른 도리가 없었습니다. 나는 겨우 가죽공장에서 일자리를 얻어 구두 제조 노동자 조합의 노조원이 됐습니다."

지금은 무역회사의 중역에서 은퇴하였지만 1937년부터 1939년까지는 훗날 공산주의자가 되어 차우셰스쿠 정부의 수상이 된 이온 게오르게 마우레르Ion Gheorghe Maurer 변호사의 개인비서로서 일했던 포페스쿠의 이야기가 이어진다.

"모든 사람들이 싫어하는 애를 한 명 만났습니다. 그를 나쁘게 말하고 싶진 않지만 사실입니다. 니콜라에 차우셰스쿠는 말참견을 잘하고 언제나 자기가 아주 중요한 사람인 것처럼 행동했지요. 주변의 관심을 전혀 끌지 못했지만 노동조합원들의 구설수에는 항상 올라 있었습니다. 매우 둔했을 뿐더러 작은 키에 신체적으로도 왜소해서 보잘것이 없었습니다. 또 실실 웃으면서 말을 더듬었기 때문에 사람들이 매우 싫어했지요. 사람들은 차우셰스쿠 앞에서는 웃음까지도 삼갔습니다. 말더듬이 심한 경우에는 경련까지 일어나 발음이 꼬였기 때문에 사람들의 신경을 자극하는 일도 적지 않았지요."

열다섯 살에 이미 공산주의 활동으로 인해 전과 기록까지 있었던 포페스쿠는 전혀 인상적이지 못한 차우셰스쿠의 돌출 행동을 경멸했지만, 그의 종잡을 수 없는 분노는 공포의 대상이었다고 말했다. 포페스쿠는, 이때 차우셰스쿠가 공부를 전혀 하지 않아 심지어 읽을 줄도 몰랐다는 이야기까지 들려주었다. 그는 나에게 "차우셰스쿠가 어린애들이 보는 만화책이라도 볼 수가 있었는지 의심하지 않을 수 없었습니다"라고까지 말했다. 차우셰스쿠의 공식적인 전기는 그가 루마니아 민주 청년단 대표로 참석한 것처럼 되어 있는 '반파시스트 운동가 회의'를 언급했고, 또 다른 공인된 모든 연혁에도 차우셰스쿠가 어린 열다섯 살의 나이로 '루마니아 반파시스트 회의'의 회원으로 선출된 것처럼 되어 있다. 그러나 아르델레아누 교수는 터무니없는 이야기라고 일축했다. 이 회의와 관련된 차우셰스쿠는 니콜라에가 아니라 그의 형으로서 구두 제조공장에서 일하고 있던 마린 차우셰스쿠Marin Ceaușescu였다. 젊은 지도자로서 니콜라에 차우셰스쿠의 조숙한 경력에 오해가 생기는 것을 방지하기 위해 해외에서 니콜라에의 자금을 관리한 것으로 알려졌던 형 마린은 말년에는 시야에서 완전히 사라졌다. 니콜라에가 죽은 후 마린은 비엔나에 있는 루마니아 대사관에서 목맨 시체로 발견되었다. 공식적으로는 자살이었다.

젊은 니콜라에 차우셰스쿠가 '루마나아 청년 공산주의자 동맹'을 선택하기 전, 거리를 배회하면서 싸움질을 하거나, 젊은 자유주의자들이나 농민들 조직의 상대적 장점들을 살피고 있을 때인 1930년대 초반은 제1차 세계대전의 종전으로 루마니아가 영토 확장은 물론 국민들의 사기도 진작될 것으로 기대했던 사람들을 실망시킨 때였다. 베사라비아에

코드레아누

서는 행정 미숙과 부패에 대한 원성이 높았던 한편, 트란실바니아에서는 루마니아 사람들이 복수심을 발휘하여 성공한 헝가리 사람들에게 보복하거나, 헝가리 지주들을 몰아냈으며, 은행과 사업체를 강제로 인수하기도 했다. 겉으로 보기에는 다를 것이 하나도 없이 똑같이 부패하고 무능한 자유당과 농민당도 루마니아 정치와 사회 질서의 농락을 일삼았다. 1929년의 대공황은 루마니아에게도 그 대가를 톡톡히 치르게 했다. 독일과 마찬가지로 루마니아에서도 재정적인 어려움에 대한 비난이 유대인들에게 쏟아졌다.

모든 극우파와 마찬가지로 1920년대 말에서부터 1930년대까지 눈에 띄게 부상한 '철의 동맹'의 출현도 재화의 원활한 공급에 실패한 전통적인 우파 정당들의 정책 실패에 대한 반응이었다. 동맹의 신비스런 지도자 코르넬리우 젤레아 코드레아누Corneliu Zelea Codreanu는 말을 탄 채 성상(聖像)을 흔들고 다니면서 농민들에게 자신이 가브리엘 천사의 부활이라고 외쳐 댔다. 처음에는 무솔리니의 파시스트들이, 뒤에는 히틀러의 나치스가 지원했던 이 운동은 루마니아의 반 유대 분위기에 영합하는 한편, 산업화와 기업가 정신을 요구하기도 했으며, 모든 정당을 비난의 대상으로 삼았다. 결국 많은 수의 기업가들이 이 동맹의 재정적 지원에 나섰다.

주요 정당들이 비난의 대상으로 떠올랐던 1930년대, 카롤 왕세자가 루마니아를 세상의 웃음거리로 만들었다는 소문까지 돌았다. 그가 차라리 뻔뻔스런 난봉꾼이었다면 그런 소문은 훨씬 덜했을 것이다. 왕세자의 사건은 그의 심약한 태도와 관계를 맺었던 수많은 여자들에게 너무 의존했던 나머지 국가의 중대사가 되어 있었다. 제1차 세계대전 초기 어두웠던 시절, 카롤 왕세자는 지지 람브리노를 데리고 '오데사(우크라이나 남쪽 해안에 있는 도시)'로 줄행랑을 쳐 행정상으로는 '도망자'가 되기도 했다. 지지가 '공식적'인 친구가 된 이후에도 카롤 왕세자는 마리 왕비가 후에 사후 관리를 한 방앗간집 딸과의 염문에 빠지기도 했다. 1920년에 지지가 아이를 낳았지만 카롤 왕세자는 모른 체했고, 단 한 번도 찾아보지 않았다. 곧이어 지지와 불행한 아이는 사람들의 시야에서 사라졌을 뿐만 아니라 왕실 가족에게 주어지는 재정적인 지원 대상에서도 빠지게 되었다.

　마음을 고쳐먹은 듯했던 카롤은 그의 누이동생인 엘리사베타 공주가 그리스의 왕세자인 조지와 결혼한 직후 그리스의 공주인 헬렌Helen과 결혼을 했다. 1921년 10월 25일 헬렌은 미하이를 낳았다. 곧이어 그 결혼은 우여곡절을 겪게 된다. 산후 조리로 건강을 회복한 헬렌 세자비는 그리스에 갔고, 그녀가 없는 동안 미하이의 아버지인 카롤 왕세자는 육군 장교와 이혼한 매력적인 엘레나 루페스쿠Elena Lupescu를 만났다. 1917년에 지지와 그랬던 것처럼 카롤은 다시 한 번 열렬한 사랑의 포로가 되어 밀라노로 루페스쿠를 만나러 가서 파리까지 데려간 후 그곳 호텔에 보금자리를 마련했다. 이때까지 두 사람이 결혼했다는 이야기는 없었다. 1928년까지 헬렌 왕비는 카롤 왕의 법적인 부인이었으며 이혼하지 않은 상태였다.

　카롤의 지나친 엽색 행각은 전 세계의 뉴스거리가 되었고, 특히 영국의 주간지들은 그의 너저분한 추문을 빠짐없이 생생하게 보도했다. 유대인으로서 원래 성이 울프Wolff였으나 가톨릭으로 개종한 후 루페스쿠로 바꾼 그녀를 포기하지 않은 카롤은 파리에 그녀와 함께 둥지를 튼 다음 왕위 계승자의 권리를 포기한 상태에 이르렀지만 오래 가지는 않았다.

1920년대 파리로 사랑의 줄행랑을 쳤을 때의 카롤 2세와 애첩 엘레나 루페스쿠

1927년 7월 19일 카롤 왕세자의 아버지 페르디난트 왕이 타계하자 생후 5년 9개월 된 손자 미하이가 섭정위원회의 보호 아래 왕위를 승계했다. 미하이 1세는 중국의 마지막 황제 푸이만큼이나 기구한 운명을 타고났다. 이때쯤 돈도 떨어지고, 파리 생활에 싫증이 났음은 물론 루페스쿠의 감언이설과 끝없는 불평불만에 지친 카롤은 왕권을 다시 회복하기로 마음먹었다.

그는 양심의 가책을 전혀 느끼지 않은 것처럼 행동했다. 평민 자격으로 런던으로 가서 루마니아에 입국하려고 했던 그의 첫 번째 시도는 실패로 끝났다. 로터미어 경Lord Rothermere의 신문 기사로 인해 영국 정부는 카롤이 영국 영토에서 이륙하는 것을 허용하지 않은 채 추방해 버렸다. 영국 외무부는 언론으로부터 카롤이 루마니아 왕좌를 다시 찾으려하는 음모를 도와주었다는 주장을 듣고 싶지 않았던 것이다. 카롤은 음모를 꾸미는 데 있어 한 입으로 두 말을 하는 전형적인 루마니아 인이었다. 농민당 당수이자 정직한 수상이었던 이울리우 마니우Iuliu Maniu에게 그는 루마니아로 돌아가는 것을 허용만 한다면 옥좌를 다시 찾지는 않을 것이며, 다만 공동 섭정자의 직책에 만족할 것이라고 약속했다. 또 루페스쿠를 영원히 버리고 헬렌과 화해를 하겠다고 다짐했다. 마니우 수상은 어리석게도 그를 믿었다. 1930년 6월 세계 언론의 환시 속에 부쿠레슈티에 돌아온 카롤은 자기가 한 약속을 모두 저버렸다. 곧바로 자기가 왕이라고 선언한 카롤은 루페스쿠에게 집 두 채를 준 다음 그곳을 뻔질나게 방문했다. 역겨운 꼴을 보다 못한 마니우 수상도 사임해 버렸다. 영국의 조지 5세는 자식 때문에 가슴이 터질 것 같은 카롤의 어머니인 마리 대비에게 이런 편지를 썼다.

"나는 그가 미쳤다고 생각하지 않을 수 없다. 많은 사람들은 그가 다음에 무슨 짓을 할지 짐작조차 할 수가 없다고 한다."

카롤 2세가 루페스쿠를 계속해서 돌보아 주었더라면 언론과 루마니아 국민들은 지쳐서 그 사건 자체를 망각 속으로 밀어 넣었을 것이다. 그러나 새로운 왕은, 차우셰스쿠가 모든 정당을 통합시키고 높은 직책을 독차지한 것과 다르지 않게 태도를 바꾸어 갔다. 카롤 2세는 주변을 자기의 허장성세에 잘 영합하는 아부꾼들로 채웠다. 이런 아부꾼들 중에는 루페스쿠를 '마님Ma Souveraine'이라고 불렀던 마테 비베스코 왕자비도 포함되어 있었다. 출세 지상주의자였으며 변절자이기도 했던 비베스코는 제2차 세계대전 당시 독일이 점령했던 파리에서 보여 주었던 대로 당시에도 권력을 가진 사람들 앞에서는 순한 양처럼 놀았다. 또 독불장군이었던 영국 보수당의 하원의원인 헥터 볼리토Hector Bolitho는 카롤의 열렬한 팬이었는데 한 번은 루마니아를 여행한 다음 차우셰스쿠의 역사가들이 했던 것처럼 구역질나는 노예 근성을 발휘하여 그에 대한 칭찬을 늘어놓았다. 파렴치한 상거래도 거액의 뇌물을 해외에 있는 카롤 왕의 계좌에 입금만 시키면 성사가 되었다.

더욱 이상한 것은 카롤이 코드레아누와 애매한 관계를 갖기 시작했다는 것이며, 또 '철의 동맹'에 헌금도 했다. 1933년 11월, 솔직한 정치인으로서 농민당 당수였던 제안 두카Jean Duca가 수상이 되자 장기간의 자유당 정권도 끝이 났다. 1933년 12월 9일 두카는 철의 동맹에 강경조치를 내려 수천 명을 체포했다. 3주일 후 두카는 왕을 방문하고 돌아오는 길에 시나이아Sinaia 철도역에서 암살을 당했다. 암살자들은 공개적으로 떠들고 다녔고, 그 중 한 명은 루페스쿠의 친척집에서 숨어 지내기까지 했다. 카롤 왕의 철의 동맹에 대한 지원은 계속되었다.

카롤 왕은 과거 자기를 귀찮게 굴었던 사람들에게 일련의 사법 조치를 단행했다. 대상자의 맨 위쪽에는 마리 대비를 통해서 자기를 너무 잘 알고 있었기 때문에 믿지 않았던 바르부 슈티르베이가 자리잡고 있었다. 그는 망명을 강요당했다. 카롤 왕은 마리 대비가 민간인들에게 지급했던 연금을 중단하고 개인용으로 사용하기도 했다. 또 1928년에 이혼한 왕비 헬렌을 연금 상태에 둔 채 용기 있는 사람들이 왕궁에서 그녀를 만나려 하는 것도 막았다. 견디다 못한 왕비 헬렌은 결국 외국으로 탈출했으며, 마리 대비에게도 부쿠레슈티를 돌아다니는 데 말할 수 없는 제약이 뒤따랐다. 헬렌 왕비는 후에 「데일리 메일Daily Mail」을 통해 카롤의 비행을 폭로함으로써 보복을 했다. 한나 파쿨라는 헬렌이 한 말을 이렇게 썼다.

"만약 당신이 카롤에게 아부하지 않는다면 그의 적이 될 것이다."

차우셰스쿠의 말년도 이런 자세에서 크게 벗어나지 않았다.

하여튼 카롤은 차우셰스쿠보다 한 발 더 나갔었다. 망명 중에 자기에게 동정심을 보였던 사람들에게는 '공로장'이라는 훈장을 남발했다. 가시나무로 둘러싸여 있는 왕궁의 문장 아래 C자 두 개가 맞물려 양각으로 튀어나온 부분을 하얀 에나멜로 칠한 훈장이었다. 이런 어처구니없고, 불건전한 바로크식 정치 풍토가 판을 치던 루마니아에서 1930년대 초기에 소규모의 공산주의 조직들이 우후죽순처럼 싹을 틔웠던 것은 전혀 놀라운 일이 아니었다. 욕구 불만과 출세욕에 가득 차 있던 차우셰스쿠는 1933년 공산주의 활동가로 나서기 시작했다.

공산주의자들의 데모와 파업이 그치지 않는 불안한 때였다. 루마니아 공산주의자 청년동맹과는 아무런 관계가 없던 일이다. 소요를 부추기고 앞장섰던 사람은 건장한 철도 노동자 게오르게 게오르기우 데즈Gheorghe Gheorghiu-Dej였다. 철도노조의 사무총장으로 막 선출된 인물이었다. 1901년생인 그는 서른 살이 될 때까지 루마니아 공산당에 참가하지 않았지만 오래 전부터 목재공장과 방직공장의 근로자로서 여러 가지 노조 활동에 적극적으로 활동하고 있었고, 루마니아 공산당에 참가하기 직전에는 철도의 전기 기술자가 되었다. 철도노조는 루마니아에서 몇 안 되는 막강한 노조 가운데 하나였으며, 주요 불만 세력이기도 했다. 그들은 공무원들이었기 때문에 파업을 할 수가 없었다. 그런데도 게오르기우 데즈는 1934년 2월 2일 파업을 조직하다가 체포되었다. 그 다음 날 철도 근로자들은 부쿠레슈티 근처의 그리비차 철도 작업장에 쳐들어가 11일 후 경찰이 진압할 때까지 농성을 벌였다. 경찰이 발포하고 희생자가 발생하여 '그리비차 신화'가 탄생했다. 근로자 출신의 지도자가 없던 루마니아 공산당에 게오르기우 데즈가 두각을 나타내는 계기가 되었다. 1930년대의 루마니아 공산당은 유대인들이 다수를 차지함으로써 지식인들이 지배하고 있었는데 그들은 반유대주의를 표방하는 루마니아 인들과의 공감대가 없었다.

게오르기우 데즈는 곧바로 차우셰스쿠가 영웅으로 섬기는 두 사람 중한 사람이 되었다. 두 사람 간에는 유사점이 많았다. 두 사람 다 확실한 근로자 출신이었을 뿐만 아니라 유대인이 아니었기 때문이다. 그들은 또 똑같이 구두공장 견습공으로 근로자의 길을 시작한 점도 공통 요소가 되었다. 차우세스쿠의 또 다른 영웅은 스탈린이다. 누구라도 스탈린을 비판하면 차우세스쿠는 분을 참지 못하여 말을 더듬거렸으며, 때에 따라서는 폭력을 휘두르기까지 했다. 차우세스쿠의 동시대 사람들로부터 이야기를 들었던 아르델레아누 교수에 의하면 당시 차우세스쿠의 외모는 매우 왜소했으며, 그의 때와 장소를 가리지 않는 분노는 영향력이 없었던 철의 동맹의 행태와 별로 다를 것이 없었다. 차우세스쿠의 동년배들은 그가 스탈린에 대해 지성적으로 아무런 의심도 하지 않았으며, 스탈린의 야만적인 행동을 비난하는 목소리에 관해서는 혹독한 비판을 서슴지 않았다는 이야기를 들려주었다. 도덕적으로 옳고 그름은 차우세스쿠에게는 아무런 의미가 없었다. 차우세스쿠가 관심을 가졌던 부분은 스탈린이 소련의 얼굴을 바꿨다는 사실이었다. 결과가 정당화된 마당에 사용된 방법이 정당화되었음은 물론 필요한 조치로까지 인식되었다. 때가 무르익으면 루마니아 공산당도 자유분방한 태도를 보이거나 개방적인 자세를 갖춘 루마니아 인들을 똑같은 방법으로 처리하면 될 일이었다.

1934년 게오르기우 데즈의 재판이 벌어졌다. 차우세스쿠는 기소된 근로자들의 사면을 요구하는 전단을 뿌린 혐의로 가벼운 실형을 언도받아 스코르니체슈티로 추방되었으나 곧이어 부쿠레슈티로 돌아왔다.

다시 일단의 공산주의자들과 함께 연금되었다. 그 중에는 미하이 포페스쿠가 포함되어 있었는데 그의 이야기를 들어보자.

"경찰에 공산주의자들을 단속하는 부서가 있었는데 구체적인 혐의는 없으나 의심이 가는 사람이 있으면 짧은 시간 구금하였다가 곧바로 풀어 주곤 했지요. 심문을 하거나 구타하는 일은 없었습니다. 대개는 5월 1일 노동절 바로 전에 이루어졌으며, 목적은 우리들이 데모를 조직하지 못하도록 만드는 데 있었습니다. 우리는 노동절만 지나면 풀려 나갈 수

1939년 5월에 찍은 공산주의자 청년동맹 간부들 사진. 둘째 줄 맨 왼쪽이 차우셰스쿠. 앞줄 왼쪽에서 두 번째가 일리에스쿠 전 대통령의 아버지인 알렉산드루 일리에스쿠. 맨 뒷줄 오른쪽에서 세 번째 안경 쓴 사람이 차우셰스쿠의 가장 절친한 친구였던 그리고레 프레오타사. 둘째 줄 오른쪽에서 세 번째 줄쳐진 넥타이를 맨 사람이 공산당 초대 내무장관(1946~52)을 지냈던 테오하리 제오르제스쿠. 맨 뒷줄 맨 오른쪽이 저자인 나에게 제2차 세계대전 전 차우셰스쿠와 자기의 관계를 자세하게 설명해 준 미하이 포페스쿠.

있다는 것을 알았기 때문에 그냥 기다리곤 했지요. 큰 사건이 아니었습니다. 같이 구금되었던 차우셰스쿠가 소동을 벌였던 7일간을 기억하고 있습니다. 그는 자신과 다른 사람들 사이에 벽을 쌓았다가 가끔은 도발적으로 허물어 버리곤 했지요. 굉장히 급한 성격에 항상 화를 냈습니다. 우리는 곧 풀려난다는 것을 잘 알고 있었기 때문에 그를 진정시켜 석방을 방해하는 일이 일어나지 않도록 노력했습니다. 반면에 간섭하려고도 하지 않았지요. 자칫 잘못하다가는 그의 성격을 건드릴지도 몰랐기 때문입니다."

다비드 콘스탄틴David Constantin을 포함한 몇몇 사람이 체포된 다음 루마니아 청년 공산주의자 동맹이 소집되어 단체로 사진을 찍었다. 이온 일리에스쿠의 아버지인 알렉산드루 일리에스쿠Alexandru Iliescu가 앞줄에 앉았고, 포페스쿠가 맨 뒷줄 맨 오른쪽에 섰다. 차우셰스쿠는 왼쪽에 서 있었다. 사진에서도 차우셰스쿠의 표정은 무엇인가 화를 내고 있는 듯했다.

1936년에 들어서 그는 당내의 정보원이 경찰에 밀고하는 바람에 다시 체포되었다. 차우셰스쿠는 이미 부쿠레슈티에 들어오는 것이 금지되어 있었고, 루마니아 공산당 당원들은 정부가 당을 불법화시키고 있었기 때문에 아무런 혐의 없이도 체포될 수 있었다. 불법화된 이유는 1924년 이후 루마니아 공산당이 베사라비아를 소련으로 반환해야 한다고 주장했던 데 있었다. 차우셰스쿠의 체포 후 공산주의자들에 대한 재판은 부쿠레슈티가 아닌 브라쇼브에서 열렸다.

이 재판이 확대 해석되었음은 물론, 차우셰스쿠를 이 역사적인 재판의 중심인물로 묘사함으로써 차우셰스쿠 신화의 시발점이 된다. 여기에서 차우셰스쿠의 역사가들은 진실과 다른 조작의 편린을 드러냈다. 이 재판의 중심인물은 젊은 공산주의자 타르노프스키Tarnowsky였다. 타르노프스키와 동료 피고인들이 재판에 항의하는 뜻에서 재판정 밖으로 걸어 나가자 차우셰스쿠는 항시 그랬던 것처럼 한 발 앞서 가면서 판사들에게 모욕적인 발언을 했다. 아르델레아누 교수는 후에 차우셰스쿠의 당시 행동이 동료들로부터도 평가를 받지 못했다고 전했다. 교수의 전언에 의하면 타르노프스키는 베사라비아에 돌아가 그곳이 다시 한 번 소련의 통치를 받게 되자 몰다비아 공화국의 정보 장교가 되었다고 한다. 그는 세월이 한참 흐른 후 루마니아 방문을 여러 차례 청원했지만 비자는 결코 발급되지 않았다. 아르델레아누 교수의 이야기가 이어졌다.

"상층부로부터의 명령은 타르노프스키의 입국을 막으라는 것이었습니다. 차우셰스쿠의 신화를 지키기 위한 것이었지요. 그의 출현은 청년 공산주의자 동맹에 진짜 영웅이 있었다는 것을 보여 줄 가능성이 있었기 때문입니다."

브라쇼브의 시인이자 언론인인 에우젠 제벨레아누Eugen Jebeleanu는 차우셰스쿠의 재판 당시 지방지에 매일 논평 기사를 쓰고 있었다. 그의 글을 읽어보자.

"차우셰스쿠는 어린애다. 그러나 놀랄 만한 면모를 갖춘 어린애다. 그는 작은 키에, 조그만 몸매, 후추 열매만큼이나 작지만 초롱초롱한 눈망울을 가졌다. 또 자기가 알고 있으면서 말하고 싶은 것이 있으면 무엇이든지 분명하게 말했다. 나이는 열아홉 살에 불과했지만 눈매는 아흔 살쯤 되어 보였다."

이 논평을 살펴보면, 이때쯤 차우셰스쿠는 말더듬 현상을 교정해 가고 있었다는 사실을 알 수 있어 흥미롭다.

차우셰스쿠는 감옥에서 루마니아 공산당 중견 지도자들인 게오르게 아포스톨Gheorghe Apostol, 에밀 보드너라슈Emil Bodnăraş, 바실레 루카 Vasile Luca, 미론 콘스탄티네스쿠Miron Constaninescu를 만났다고 아르델레아누 교수는 증언했다. 이들 지도자들은 차우셰스쿠를 어린애처럼 보호했음은 물론, 마르크스 이론, 프랑스 어, 지리, 역사 등을 가르치기 위해 교사 역할을 떠맡기도 했다. 차우셰스쿠는 약간의 자발적인 태도를 보이긴 했으나, 어떤 일에도 얽매이지는 않았다. 아무런 흥미를 보이지 않았던 프랑스 어, 지리, 역사 등과는 다르게 마르크스 이론에는 대단한 열정을 가지고 있었던 듯했다.

브라쇼브에 수감되어 있었던 사람 중에는 훗날 중장으로 진급한 슈테판 코스티알Ştefan Kostyal도 포함되어 있었다. 차우셰스쿠보다 두 살이 어렸던 코스티알은 정식 루마니아 공산당원이었기 때문에 2년을 복역했다. 그는 차우셰스쿠를 잘 기억하고 있었다. 코스티알의 이야기가 이어진다.

"그는 항시 관심의 중심에 서 있기를 원했습니다. 감방 운영에 매우 적극적인 자세를 보였지요."

루마니아 교도소는 악명이 높았으나 교도관들은 뇌물을 주는 죄수들에게는 아주 관대한 태도를 보였다. 이때 소련은 루마니아 공산당에 상당한 지원을 하여 교도소에 있던 모든 공산당원들도 식료품과 담배를 부족하지 않게 공급받을 수 있었다고 코스티알은 회고했다.

"차우셰스쿠는 중견 공산당원의 지휘 아래 모든 물자 공급을 떠맡고 있었지요. 한 마디로 그는 교도소 안에서 대단한 신임을 받고 있었습니다. 내가 그를 처음 본 것은 그가 음식을 나누어 주기 위해 교도소 감방을 순회할 때였습니다."

코스티알은, "당시 차우셰스쿠는 자기의 생각을 표현하지도 못할 수준이었다. 해서 그는 사고의 폭을 넓히는 데 필사적인 노력을 하고 있었다"라고 회상했다. 루마니아 공산당 간부들과 함께 있었기 때문에 그는 간부들의 충복이 되어 거기에 운명을 걸었다. 차우셰스쿠는 특히 에밀 보드너라슈와 바실레 루카에 대한 존경심이 대단했다. 전임 육군 장교 후보생이었던 보드너라슈는 공산주의로 전향해서 소련의 스파이 노릇을 하다가 간첩죄로 수감 생활을 하고 있었다. 보드너라슈의 증언이 이어졌다.

"설익은 공산주의 이론에 차우셰스쿠는 맹목적이었지요. 어린 나이에 강박 관념에 사로잡혀 있던 그에게서 유머라고는 찾아볼 수가 없었기 때문에 사람들은 그를 피했습니다."

1938년 차우셰스쿠는 출감 후 부쿠레슈티로 돌아왔고, 곧이어 엘레나 페트레스쿠에 대한 구애가 시작되었다. 두 사람은 어린 나이에 만났다. 초급 공산주의자들과 마르크스주의 동조주의자들이 만나던 부쿠레슈티의 조그마한 방에서 그들은 마주칠 수밖에 없었다.

여러 가지 면에서 두 사람의 성장 배경은 비슷했으며, 엘레나의 고향인 페트레슈티는 차우셰스쿠의 고향인 스코르니체슈티와 유사했다. 엘레나의 부모들은 사회의 변방에 처해 있던 사람들이었다. 아버지는 영세하기 그지없는 소작농이었을 뿐더러 빛바랜 낡은 집의 벽 한켠에서 초와 주머니용 칼을 파는 구멍가게를 하고 있었다. 아버지의 별명은 '주머니칼'이었다.

그 동네에서 살았던 어떤 목사는 그녀가 조용했으나 빈틈없던 아이였다고 기억을 더듬었다. 그녀는 낮에는 교회 탑에서 새들이 지저귀는 것을 보면서 몇 시간씩을 보내기도 했고, 숲속에서 새집들을 물끄러미 쳐다보기도 했다. 연약했지만 그녀는 매우 아름다웠기 때문에 동네 사람들은 그녀를, 루마니아에서는 성관계를 뜻하는 말로 사용하기도 했던 '퍼서리카(Păsărica: 작은 새)'라고 불렀다. 다른 사람들은 그녀가 내의를 전혀 입지 않는 습관 때문에 작은 새에 비유되었다고 말하기도 했다.

그녀는 학교를 증오했다. 그녀가 죽고 난 다음, 은퇴한 어떤 학교 선생은 엘레나의 증오를 사는 것이 무서웠을 뿐만 아니라 마지막 10년의 철권 통치 기간 동안 그녀의 지적 업적에 대해 침이 마르도록 칭찬을 아끼지 않았던 아부꾼들의 보복이 두려워 50년이 넘게 숨겨 두었던 학업 성적표를 그때서야 공개했다. 차우셰스쿠 시대의 언론에서 반복하여 확인했던 내용들은, 그녀의 탁월한 정치적인 활동과 루마니아 과학, 교육, 문화계에 세운 뛰어난 업적들뿐이었다. 그러나 공개된 학업 성적표는 열네 살의 엘레나가 작문, 문법, 수학, 역사, 사회, 지리 등에서 낙제점을 맞았으며 수예, 음악, 체조에서만 최저수준을 면했다고 밝히고 있다. 담당 교사의 종합 평점은 유급이었다. 그러나 엘레나는 유급하는 대신 학교를 그만두고 한두 학기를 들판에서 일한 다음 부쿠레슈티로 떠났다.

부쿠레슈티에서 엘레나와 차우셰스쿠가 함께 지내게 된 데는 또 다른 이유가 있다. 엘레나는 부쿠레슈티에 도착한 후 마르크스주의자이자인 오빠 게오르가Gheorgha 부부와 함께 살았다. 엘레나와 올케 아델라는 농업 전문대학에 다닌 적이 있어 상당한 교육을 받았던 오빠 게오르가를 높이 평가했다. 그러나 1930년대 초반부터 이들 부부를 잘 알고 있던 미하이 포페스쿠는 게오르가를 상상하기 어려울 정도의 바보였다고 평했다. 포페스쿠는 나에게 이런 이야기를 들려주었다.

"나는 다른 사람들이 게오르가에 대해서 높이 평가하는 것을 들은 적이 없다. 그의 별명은 우둔하다는 뜻의 '나무 대가리'였다. 모든 사람들이 그렇게 불렀고, 그 또한 그 별명을 스스럼없이 받아들였다. 누군가가 '나무 대가리'라고 부르면 그는 항시 쏜살같이 달려가곤 했다."

포페스쿠가 게오르가를 처음 만난 것은 청년 공산주의자 동맹 회의에서였다. 포페스쿠의 말이 이어진다.

"얼마 후 엘레나도 그 회의에 참석하기 시작했습니다. 그녀는 공산주의 이데올로기는 잘 모르는 듯해 보였지만 회의에는 빠지지 않고 참석했지요. 당시 엘레나는 공장이라기보다는 허름한 아파트의 방 두 개를 세내어 사용하고 있던 조금 이상한 의약품 공장에서 일용직 근로자로 일하고 있었어요. 그때는 특허 의약품에 대한 규정이 없었기 때문에 사이비 의사와 약사들이 모여 회사를 운영하고 있었습니다. 비타민, 진통제, 수면제를 만들어 국내에서 팔았지요. 엘레나는 이런 공장에서 일하는 것을 아주 불만스러워 했습니다."

몇 년 후 엘레나 차우셰스쿠는 저명한 화학자이자 과학자로 위장한 후 과학계를 꼼짝 못하게 옥죈 다음 루마니아 제일의 화학연구소인 이체킴(ICECHIM)의 운영 책임자가 되었다. 물론 엘레나는 자기가 선호하는 과학 분야를 선택할 수 있는 입장이었지만 굳이 화학박사 학위를 택한 것은 부쿠레슈티 의약품 공장에서의 지겨웠던 시절의 악몽을 떨쳐버리기 위함이었을 것이다. 포페스쿠는 이런 말을 전했다.

"어느 날 나무 대가리가 나를 찾아 와서 자기 여동생에게 일자리 하나를 알아봐 줄 수 없겠느냐고 묻더군요. 나는 청년 공산주의자 동맹에 참여하고 있던 친구 바실레 크리스테스쿠Vasile Cristescu에게 부탁했어요. 그는 자기가 중간관리자로 있던 방직공장에서 높은 급료를 받을 수 있는 자리를 마련해 주더군요. 그는 마음이 착한 사람이었습니다. 누구에게나 선행을 하고 대가를 기대하지도 않았지요."

1985년 포페스쿠는 우연히 크리스테스쿠를 부쿠레슈티의 길거리에서 만났다. 그는 포페스쿠에게 우울한 이야기를 전했다. 시력을 잃어가고 있다는 것이었다. 의사의 이야기로는 곧 수술을 받지 않으면 실명을 하게 된다는 것이었다. 루마니아에는 그런 수술에 필요한 도구가 없기 때문에 해외로 나가야 한다는 이야기도 했다고 말했다. 크리스테스쿠는 힘없이 처진 목소리로 이런 말도 했다.

"다음번에 만나면 당신을 목소리로 알아볼 수밖에 없을 것 같다. 볼수가 없을 테니까."

그러자 포페스쿠가 화를 내면서 "그녀*가 도움을 청했을 때 당신은 그녀를 도왔다. 이번에는 그녀가 당신을 도울 차례다"라고 큰소리로 말했다. 포페스쿠가 "나무 대가리의 반응은 어때?"라고 물었다.

크리스테스쿠가 대답했다.

"한번 만나봤지. 단호하게 거절하더군. 내가 화를 냈더니 그가 이렇게 말하더군. '자네, 나에게 어떤 일이 일어났었는지 아나? 얼마 전에 내 아들의 결혼식에 그녀를 초청했더니 이런 말을 하더군. 그런 예식에는 의전상 영부인이 참석하지 않는다고.'"

---

* 루마니아 사람들은 차우셰스쿠 부부의 실명을 말하지 않고 '그'와 '그녀'라고 불렀다.

차우셰스쿠 시대의 역사가들은 두 사람을 똑같이 신격화시켰지만 엘레나의 경우에는 조작할 만한 자료들이 많지 않았다. 그녀의 초기 활동을 그렸던 전기 중에서 가장 백미를 이루었던 부분은 일요일이었던 1939년 8월 13일 '환희의 공원'에서 개최된 젊은 공산주의자들의 야유회 도중 '무도회의 여왕'으로 그녀가 뽑혔다는 내용이다.

포페스쿠의 이야기를 들어보자.

"그날 나는 청년 공산주의자 동맹 회원들을 위한 연례행사인 야유회를 준비했습니다. 무도회의 여왕을 선발하는 행사도 포함되어 있어서 모든 소녀들이 잔뜩 멋을 부리고 나타났습니다. 그때 나는 니콜라에와 엘레나가 다정하게 앉아 정겹게 이야기를 나누는 장면을 처음 목격했지요."

모든 소녀들에게는 번호가 주어졌고, 자기 번호가 찍힌 티켓을 가장 많이 판 소녀가 여왕에 선출되는 행사였다. 주위에 아름다운 소녀들이 많았음에도 불구하고 엘레나가 선발되었다. 그러나 그녀의 안색은 창백했고, 눈길을 끌 만한 개성도 있어 보이지 않았기 때문에 이상한 일로 여겨졌다. 차우셰스쿠 부부를 그린 공식적인 전기를 보면 이 사건은 대규모 집회에서 '미스 근로자'를 뽑는 행사로 극대화되어 있다. 그러나 포페스쿠의 말에 따르면 엘레나는, 차우셰스쿠가 친구들에게 청년 공산주의자 동맹 회원 중 한 사람의 석방을 탄원하는 캠페인의 일환이라고 속이면서 엘레나의 번호가 적힌 티켓을 사 달라고 조르는 바람에 선출되었다는 것이다. 이렇게 조작하고 포장한 사람은 차우셰스쿠 시대가 막을 내린 다음 루마니아 초대 대통령이 된 이온 일리에스쿠의 삼촌인 에프티미에 일리에스쿠Eftimie Iliescu였다.

포페스쿠는 또 다른 조작된 신화인 1939년 5월 1일 노동절 행사 때의 차우셰스쿠 행동에 대한 전기 내용에 분노를 터뜨렸다. 전기에는 이렇게 적혀 있었다.

"1939년 5월 1일 카롤 2세 왕은 상인조직연합회를 지원하기 위한 관제 노동자 집회가 열리기를 바랐다. 집회에 동의는 했지만 노동자 자신들을 무력화시키는 조치라는 것을 안 공산주의 노동자들은 이 군중 집회를 반파시스트 데모로 전환시키기로 결정했다. 조직적인 준비를 위해서는 차우셰스쿠의 참여가 무엇보다도 중요했기 때문에 집회를 결정했던 사람들은 차우셰스쿠를 포함시키라고 지시했다. 준비를 맡았던 사람들은 차우셰스쿠를 찾아 나섰고, 차우셰스쿠는 며칠마다 주거지를 옮길 수밖에 없는 어려운 처지였지만 집회를 주도했던 사람들과 함께 기꺼이 준비 작업에 힘을 보탰다.

노동절 오후 전통적인 옥외 행사로 전개된 집회에서 차우셰스쿠는 정치적 태도를 분명하게 했다. 1939년 5월 1일은 니콜라에 차우셰스쿠가 공산주의 혁명가로서 대성공을 거둔 날이기도 하다. 그는 준비 작업에 적극적으로 참여했을 뿐 아니라 루마니아 공산당이 작성한 강령 발표를 통해 루마니아 국민들의 자유를 향한 투쟁 역사에 확실한 이정표를 세웠다."

포페스쿠는 이 일을 생생하게 기억하고 있었다.

"나는 루마니아 청년 공산주의자 동맹을 움직였던 사람 중의 한 사람이어서 여러 조직원들에게 포스터를 붙이라고 말했고, 또 조직이 잘 위장되어 있었기 때문에 경찰들이 색출하기 힘들 것이라는 확신을 심어주기도 했지요. 이런 활동을 위해 루마니아 공산당은 부쿠레슈티를 여러 개 지역으로 나눴어요. 나는 제3지역을 책임지고 있었지요. 차우셰스쿠가 얼굴을 내밀지 않아 의심을 자아내게 만들었어요. 5월 1일 노동절 날 나는 결코 차우셰스쿠와 엘레나를 볼 수가 없었습니다. 그들은 아마 군중 속에 있었을 것으로 생각합니다. 그렇지 않았다면 내가 그들을 분명히 보았을 테니까요."

차우셰스쿠가 엘레나와 연애를 하고 있었을 때의 루마니아 정치 상황은 점차 악화일로를 걷고 있었다. 당시 왕의 측근으로서 국제적으로 명망을 얻고 있던 정치인 중의 한 사람이 국제연합의 의장을 두 번 지냈으며 1934년 외무장관이 된 니콜라에 티툴레스쿠Nicolae Titulescu였다. 티툴레스쿠는 영국과 프랑스가 루마니아의 새 왕정이 그들의 신뢰를 얻을 만하다고 믿게 하는 데 최선의 노력을 다했다. 현실적인 조치로서 그는 소련과의 외교관계도 복원시켰고, 카롤 2세 왕에게는 국내 정치에서 철의 동맹과의 관계를 단절하도록 영향력을 행사했으나 결국 뜻을 이루지 못했다. 의정 절차를 무시해서 결코 정당으로 탈바꿈하지 못했으나 미치광이 파시스트 조직으로서 방대한 영향력을 가지고 있던 철의 동맹에 대한 왕과 법의 보호는 여전했다.

2년 후인 1936년 극우파와 철의 동맹으로부터 압력을 받은 카롤 2세는 오히려 티툴레스쿠를 면직시켰다. 그의 해임으로 국민들의 정부에 대한 신뢰감은 수직 하락했다. 때를 같이해서 코드레아누 지휘하의 철의 동맹은 유대인 집단 거주 지역을 유린했고, 평민들에 대한 테러도 서슴지 않았으며, 반대편을 억누르고 비판자들을 협박하기 위한 감시에도 서슬이 퍼랬다. 이런 공포스러운 분위기는, 몇십 년이 지나 지배 구조가 흐트러지고 이데올로기가 변한 1990년 6월 이온 일리에스쿠 대통령의 지시를 받들어 석탄 광부들이 비 공산주의자들을 타도할 때도 재연된 루마니아 정치권의 특징적인 단면이기도 하다.

카롤 2세는 예상치 못한 정치적 기행을 서슴지 않았다. 그의 생활 모든 면에 이러한 현상들이 번져 있었다. 스스로 디자인한 옷과 주위가 너풀너풀한 흰 모자를 쓰고 나타나 사람들을 놀라게 하기도 했다. 또 가족

카롤 2세

문제에 있어서는 어머니인 마리 대비를 철저히 불신하였기 때문에 사람들을 시켜 주변을 삼엄하게 감시하게 만들었다. 편지는 검열을 받았고, 외교관이나 정치인들과의 만남도 단절시켰으며, 그녀의 모든 약속도 사전 검열을 받아야 했다. 대비의 일거수일투족을 보고받았던 카롤 2세는 특별 허가가 없이는 해외여행을 못 가게 만들기 위해 대비의 지갑 끈을 단단히 조이기까지 했다.

카롤 2세에 대한 환상에서 깨어난 철의 동맹은 왕을 공개적으로 비난하기 시작했다. 철의 동맹은 정직하기 그지없던 정치인인 농민당 대표 마니우에게까지도 1937년 11월 선거전에서 입후보자 조정협약을 맺자고 강요하고 나섰다. 선거가 끝난 뒤에도 기행을 계속하던 왕은 반 유대주의자이며 강력한 국수주의자였던 옥타비안 고가Octavian Goga를 수상에 임명했다. 그는 9퍼센트 밖에 득표하지 못했던 조그마한 정당을 이끌고 있었다.

1938년 루마니아의 계관시인이었던 고가는 영국의 국회의원이자 카롤 2세의 열렬한 지지자였던 헥터 볼리토에게 외국인들은 루마니아가 직면한 유대인 문제의 심각성을 이해할 수 없을 것이라고 말했다. 그는 냉정한 태도로 도시 인구의 14퍼센트 이상이 유대인들이라고 주장했다.

의사들 중 50퍼센트 이상, 언론인들 중 25퍼센트 이상이 유대인들이라는 사실도 알려주었다. 또 루마니아 기업 종사자들의 절반 이상, 은행 직원들의 80퍼센트 이상을 그들이 차지하고 있다고 밝힌 데 이어, 루마니아 금융 자산의 65퍼센트 이상과 중견 경영자의 85퍼센트도 유대인들이 장악하고 있다고 말했다. 1921년 이후 유대인들의 숫자는 55만 명에서 100만 명 이상으로 증가했다고 주장하면서 '이익이 있는 곳에 가정을 꾸민다'라는 그들의 생활 태도도 빠트리지 않았다. 그러나 정확한 숫자를 들여다보면 유대인 인구는 75만 7,000명으로서 전 인구의 4퍼센트에 불과했고, 유대인 총 노동인구 중 40퍼센트 이상이 제조업과 상업에 종사했으며, 3퍼센트만이 전문직이나 공무원으로 일하고 있었다.

볼리토의 촌평은 이러했다.

"유대인 문제가 루마니아에 큰 위협이라는 고가의 견해에 동의할 수 없었고, 우리가 모르게 유대인 문제를 과장한다는 느낌이 들었다."

짧은 기간 수상 직에 재임하는 동안 고가는 유대인 신문들을 압박하는 한편, 유대인 언론인들로부터 철도 무임승차권을 회수하는 등 우스꽝스러운 심술부리기도 마다하지 않았다. 루마니아 전역에 퍼진 광범위한 반유대주의를 피하기 위해 1930년대에 많은 유대인 지식인들이 루마니아 공산당에 참여하였고, 소련의 동조자들이 되기도 했다. 루마니아 내 유대교 수석 율법학자였던 모제스 로젠Moses Rosen은 이렇게 쓰고 있다.

"나는 소련이 강대국으로서 파시즘과 나치즘이 벌이는 악의 행진을 저지할 수 있고 히틀러로부터 유대인들을 보호할 수 있는 유일한 대안이라고 생각했다. 우리는 스탈린이 자행했던 비행을 모르는 상태였기 때문에 루마니아 극우단체들의 소련 비난을 믿지 않았다."

그러나 카롤 2세는 불과 몇 주일 만에 고가를 수상에서 해임하는 한편, 헌법을 정지시켰음은 물론 정당들과 국회까지 해산시켜 버렸다. 1938년 2월에는 스스로를 '고매한 최고 권력자'라고 칭하기도 했다. 또 철의 동맹에 강경조치를 취하여 수천 명의 회원들을 체포하였다. 법원은 카리스마를 가지고 있던 지도자인 코드레아누에게 10년 중노동형을 선고했다. 이러한 조치가 근시안적인 영국 수상 네빌 체임벌린Neville Chamberlain으로부터 칭찬은 받았지만, 결국 독일이 오열 조직과 경제적인 압박을 잘 활용하여 루마니아를 간접적으로 지배하는 계기가 되었다. 하여튼 헤아릴 수 없이 많은 개인적인 결점에도 불구하고 카롤 2세는 수백 년간 유럽 대륙에서 완충 지역 역할을 했던 소국 루마니아를 교묘한 방법을 통해 이끌고 있었다. 영국을 방문해서는 현재보다 훨씬 높은 가격에 영국이 기름과 곡물을 사줌으로써 영국과 루마니아가 정치적인 연대감을 가질 수 있다고 설득했으나 성공하지 못하자 경제 발전의 대안으로 독일에 대한 수출 증가에 주력했다.

하지만 이때 히틀러는 루마니아를 지배하기 위한 시나리오를 루마니아 사람들 사이에 전혀 인기가 없던 '고매한 최고 권력자' 카롤 2세의 주장을 눈감고 들어줌으로써 쉽사리 만들어 갔다. 히틀러의 최우선 과제는 루마니아 플로이에슈티Ploești 유전의 장악이었다. 유럽 전역을 점령하기 위해서는 필수적인 조건이었다. 파업이나 태업사태를 두려워했던 히틀러는 유혈사태 없이 루마니아를 장악하고자 했다. 비극적인 현실이었지만 전쟁이 발발했을 경우에 아무런 억제력이 없던 조약과 구두탄에 불과한 성명서를 발표하는 외에 영국이나 프랑스가 루마니아의 방위를 도울 수 있는 구체적인 방법은 아무것도 없었다.

제2차 세계대전이 일어나기 불과 몇 개월 전까지도 카롤 왕은 중립적인 태도를 유지하기 위한 방안을 강구했다. 영국과 독일 방문길에서 히틀러로부터 루마니아가 베사라비아와 트란실바니아를 강점한 데 대해 걱정할 것이 없다는 뻔뻔스러운 거짓말에 솔깃해진 카롤 2세는 귀국하자마자 예상치 않게 당시 감옥에 있던 철의 동맹의 지도자급 회원 열네 명의 처형을 명했다. 코드레아누는 탈출을 시도하다가 사살되었다. 충동적인 조치였음에도 나치 동조자였던 철의 동맹의 열기를 뿌리 뽑기에는 역부족이었다. 반응이 곧바로 나타났다. 코드레아누의 전위부대인 '녹색 셔츠' 대원들이 루마니아 전역을 약탈하기 시작했고, 유대인과 좌파 분자들을 죽이기까지 했다. 히틀러는 코드레아누의 처형에 무관심한 듯했으나 루마니아 내에서 벌어질 일들을 훤히 들여다보고 있었다. 한편, 카롤 왕의 코드레아누 처형 결정에도 불구하고 루마니아 고위 공직자 대부분은 여전히 철의 동맹을 심정적으로 지원하고 있었을 뿐만 아니라 적절한 때가 되면 공개적으로 독일에게 지지를 보낼 준비에 나섰다.

　루마니아 국민들 사이의 여론도 팽팽했다. 일부는 친 영국, 친 프랑스 쪽으로 기울어져 있었지만 루마니아의 지정학적 위치와 이웃 국가인 헝가리와 불가리아가 친 독일적인 자세를 보임에 따라 자국의 이익을 위해서는 히틀러의 독일과 가깝게 지내지 않으면 안 된다는 의견도 만만치 않았다. 그러나 이러한 분위기는 '리벤트로프(독일 외무장관)-몰로토프(소련 외무장관) 협약'에 의해 한편으로 기울어졌다. 히틀러의 폴란드 침공으로 제2차 세계대전이 막을 올리고, 1940년 5~6월에 걸쳐 독일이 파죽지세로 유럽 대륙을 유린하자 루마니아의 운명 또한 결정되어 버린 것이다.

　당시 영국의 「데일리 익스프레스Daily Express」에서 일하고 있던 클레어 홀링워스Clare Hollingworth 특파원은 히틀러의 폴란드 침공을 목격한 직후 부쿠레슈티에 도착했다. 그녀는 폴란드 난민들과 함께 국경을 넘었다. 당시의 경험을 바탕으로 그녀는 훗날 생생한 기사를 전했다. 전쟁이 모든 사람들의 관심거리로 떠오른 와중에도 카롤 2세의 괴팍스러움과 결점들은 전혀 개선될 기미가 안 보였다. 선친과 마찬가지로 그의 웅장한 건물에 대한 호기심도 상상을 초월한 지경에 이르렀다. 그의 건축물에 대한 지나친 관심은 차우셰스쿠의 허장성세로 그대로 이어졌다. 옛 왕궁에 만족하지 못한 카롤 왕은 새로운 왕궁을 지을 작정이었다. 홀링워스의 이야기를 들어보자.

"그는 새 왕궁을 버킹검 궁보다 더 크게 지을 생각이었지요. 만약 왕위에 그대로 머물렀다면 규모는 아마 영국의 윈저 성보다 훨씬 웅장했을 것입니다. 1,000명을 수용하는 극장과 400명이 예배드릴 수 있는 교회까지 갖출 계획이었지요. 부쿠레슈티 사람들은 이런 어처구니없는 착상을 오랫동안 비웃었습니다. 왕궁 문제는 좌파, 우파, 그리고 중도파가 아귀다툼하는 정치 상황보다 훨씬 큰 어려움을 결국 카롤 왕에게 안겼지요. 부쿠레슈티를 구경하고 시골로 돌아간 사람들은 동네 사람들에게 새로 지을 왕궁과 왕이 좋은 전망을 즐길 수 있도록 하기 위해 주변의 집들을 전부 없애 버린 이야기를 들려주었습니다. 그러나 농부들은 기관총을 동원해서 왕궁 주변의 집들을 없애 버린 사실과 왕이 어마어마한 돈을 낭비해서 호화스러운 도로를 만들었다는 비난은 못 들었을 겁니다."

카롤 2세의 돈벌이에 대한 소문들도 만만치 않았다. 홀링워스는 "루마니아는 왕이 사장인 기업과 마찬가지였지요"라고 말했다. 루마니아의 화폐인 레우(Leu: 복수는 Lei로 씀)는 시장에서 가치가 곤두박질쳤다. 그러나 왕은 중앙은행 총재에게 외화를 공정 환율로 환전해 달라고 명령할 수 있는 유일한 인물이었다. 왕은 환전한 돈을 암시장에서 다시 바꿔 번 돈으로 섬유공장에 투자하는 한편, 면직물을 대량으로 수입하여 상인들에게 시장 가격으로 비싸게 팔기도 했다. 일반 기업가들은 상상하기 어려운 짓이었다. 또 투자한 공장에서는 카롤 2세가 의회를 대신해서 만든 조직인 '국가재건전선National Reconstruction Front'의 직원들을 위한 유니폼을 생산했다. 훗날 아프리카의 독재자들이 그랬던 것처럼 당시 카롤 2세도 협잡에 가까운 행태를 보였다. 전 공무원들에게 유니폼을 강제로 착용하게 한 다음 일정 시간이 지난 다음에 유니폼을 바꾸어 버리면 직원들은 울며 겨자 먹기 식으로 새 유니폼을 사는 수밖에 없었다.

루마니아 인들을 여전히 현혹시켰던 카롤 2세의 정부情婦 엘레나 루페스쿠의 생활 행태는 엘레나 차우셰스쿠의 말년과 다를 바가 없었다.

"그녀의 집은 보물로 가득했다. 호화스러운 옷과 보물을 닥치는 대로 사들였다. 공항 부근의 땅에는 스스로 거대하고 사치스러운 집을 지었다. 집의 기둥은 고대 이탈리아에서 사용했던 것들을 수입했고, 전자 장치를 이용한 자동문을 설치했으며, 움푹 들어간 욕조와 화려한 베란다는 그녀의 기호를 잘 나타내고 있었다. 주방도 200여 명의 음식을 준비할 수 있게 잘 꾸며졌다. 카롤 2세의 명령만 있으면 언제든지 떠날 수 있게 준비된 비행기가 대기하고 있던 공항까지는 비밀 통로가 연결되어 있기도 했다."

카롤 2세의 독재와 차우셰스쿠의 전횡 사이에는 신비스럽게도 유사점이 많았다. 두 사람 모두 주변의 적대감을 전혀 감지하지 못하고 있었으며, 철저히 '예스 맨'들로 둘러싸였다.

정치적인 소용돌이와 나치 독일의 주도 아래 오스트리아와 체코슬로바키아가 전쟁에 돌입한 상태에서 루마니아 사람들 대부분은 자기들이 '화산의 언저리'에 놓여 있다는 자각을 하고 있었지만, 1930년대 말 '발칸 반도의 파리'라고 불렸던 부쿠레슈티의 생활은 그런대로 지낼 만했다. 좋은 품질에 싼 가격의 식품은 넘쳐났으며, 그곳의 레스토랑들은 국제적인 명성을 뽐내기도 했다. 당시 부쿠레슈티 영국 문화원에서 영어

강사를 지냈던 이보르 포터Ivor Porter는 매력적인 마차들의 모습, 여기저기 흩어져 있던 아름다운 야외 식당과 카페들, 매혹적인 여인들, 풍성한 식품점들 그리고 길거리에서 꽃을 팔던 집시들이 부쿠레슈티의 거리를 장식했었다고 기록했다. 그러나 도심을 벗어난 변두리에서는 다른 현장이 연출되기도 했다.

"소형차들은 소가 끄는 마차를 피하는 데 애를 먹었으며, 또 밤에 길가에서 떼를 지어 화톳불에 음식을 만들어 먹던 집시들을 심심찮게 만날 수 있었다."

루마니아가 차우셰스쿠 집권 말기 약 10여 년에 걸쳐 기아에 허덕였던 상황을 감안해 보았을 때 이보르 포터의 기사는, 제2차 세계대전이 발발했을 때 부쿠레슈티의 정경을 담은 올리비아 매닝Olivia Manning의 『발칸 3부작』 제1권 「운명 같은 전쟁Fortunes of War」과 함께 흥미 있는 내용을 소개한다. 후에 레지스탕스들과 교신하기 위해 지원병들을 낙하산으로 적지에 투입하는 임무를 담당했던 영국 '특수작전본부Special Operation Executive: SOE'의 회원이 된 포터는, 올리비아 매닝이 출중한 영웅이자 해리엇Harriet의 남편이었던 기 프링글Guy Pringle에 대한 3부작을 쓰는 데 참여했다. 해리엇 프링글과 그녀의 루마니아계 영국인 친구 벨라가 나눈 이야기를 들어보자.

"식품을 잘 비축해야만 될 것 같아"라고 벨라가 말하자, 해리엇이 "왜 그렇게 귀찮은 일을 하지? 여기는 식료품값이 싼 편이지. 그렇게 믿어도 별 문제 없을 거야"라고 대꾸했다. 유명한 레스토랑인 파벨의 진열대 한가운데에는 붉은 빛의 양배추가 가지런히 놓여 있었고, 참외만큼이나 큰 가지와 감자, 당근, 버섯, 산딸기, 살구, 복숭아, 사과, 포도 등도 부쿠레슈티의 중심부에 산더미처럼 쌓여 있었다. 한편에는 프랑스 치즈가 또 다른 한편에는 캐비아와 생선들이 얼음 조각 위에서 사람들의 손을 기다리고 있었으며, 가까운 바닷속에는 가재들이 떼를 지어 돌아다녔다. 닭이나 오리 등은 물론 사냥에서 잡아온 짐승들이 정리도 안 된 채 땅바닥에 널브러져 있을 정도였다. 부쿠레슈티 시가지 전역에 구수한 음식 냄새가 가득했으며, "길거리의 놋쇠 항아리에서는 옥수수 죽이 끓는 냄새에 허기가 지기도 했고, 건설 현장의 노동자들도 '머멀리거'라고 부르는 흰 옥수수 죽에 마늘과 치즈를 썰어 넣어 맛있게 먹고 있었다"라고 이보르 포터는 당시를 회고했다.

내가 만났던 차우셰스쿠와 동년배의 사람들 모두가 당시 부쿠레슈티를 '발칸 반도의 빵 광주리', 싸고 맛있는 음식의 천국으로 기억하고 있었다. 부쿠레슈티에는 배가 고파하는 사람들은 없었으며, 거리의 행상들이 파는 음식들도 세계의 다른 곳에서는 찾아볼 수가 없을 정도였다고 했다. 포터가 빈부의 격차를 무시하고 허풍을 떤 것은 사실이지만 하여튼 제2차 세계대전 직전 부쿠레슈티가 살기 좋은 곳임에는 틀림없었으며, 황당무계한 행동을 하는 왕과 무질서한 정치 상황이었음에도 불구하고 루마니아 사람들 대부분은 당시의 루마니아를 유럽의 정상적인 민주주의 국가로 생각하고 있었다.

1938년 차우셰스쿠는 감옥에 있다가 연말에 풀려 나왔다. 루마니아 공산당은 유럽의 다른 공산당들보다는 독일과 소련의 불가침 조약에 놀라는 정도가 훨씬 덜했다. '오데사 그룹'이나 루마니아 내 공산당 지도자들의 스탈린주의에 대한 신념이 굳건했기 때문에 조그마한 의구심도 없었을 뿐 아니라 스탈린이 하는 일은 무엇이든지 긍정적이라는 생각을 하고 있었다.

1940년 6월 14일 독일군이 파리를 점령하자 루마니아 사람들은 거리로 쏟아져 나와 울부짖었다. 오랫동안 가깝게 지내던 우방국의 몰락 때문이 아니라 스스로의 기약 없는 운명 때문이었다. 독일은 오래 기다리

청년동맹 젊은 일꾼들과 지원자들을 태우고 전국 유세에 나선 차우셰스쿠(트럭 앞에 선 사람)

지 않았다. 자신의 유리한 점을 알고 있었던 히틀러가 트란실바니아의 헝가리로의 반환을 요청하자, 스탈린은 히틀러가 차지하려고 준비하고 있던 베사라비아와 부코비나의 할양을 주장하고 나섰다. 젊은 차우셰스쿠는 물론 루마니아 공산당원 모두가 스탈린의 주장에 환호했다. 몇 년 동안 루마니아 공산당이 옹호했던 대의명분이었기 때문이다.

루마니아에는 터키의 지배에서 유래된 이런 속담이 있다.

"악마의 손에 키스를……."

대부분의 루마니아 사람들은, 프랑스나 영국과 같이 연약하기 그지없는 나라를 오랫동안 신뢰한 것은 크게 잘못된 일이란 것을 깨닫게 되었다. 이제 나치 독일이 루마니아의 생사여탈권을 가지게 된 이상 연합국과의 관계 단절을 요구하게 될 것이란 것도 알 수 있었다. 다시 한 번 득세한 철의 동맹 회원들은 결연한 자세를 취하고 있었으며, 독일의 점령이 속도를 붙여가자 부쿠레슈티는 독일의 정보원, 기업가, 언론인들로 들끓었다.

이온 안토네스쿠

카롤 2세의 실정과 인기 상실은 상승 작용을 하여 배반의 싹을 키웠다. 오랫동안 그를 제거하려고 마음먹었던 야심찬 군인 이온 안토네스쿠Ion Antonescu 원수는 국민들로부터 존경을 받고 있던 농민당 지도자 이온 마니우와 협력하여 왕권에 도전하기로 음모를 꾸몄다. 안토네스쿠는 왕실 가족들에게 왕권을 포기하라고 협박했다. 대안이 없었던 카롤 왕이 수용하자 보수당, 농민당, 자유당, 육군의 전폭적인 지원을 받은 안토네스쿠가 실질적인 영도자가 되었다.

한때는 친 영국적인 태도를 보였던 안토네스쿠도 서부 유럽에서의 연합국의 패배를 인정할 수밖에 없어 히틀러에 대한 태도를 고치기로 마음먹었다. 그때까지도 제 정신이 아니었던 카롤 2세가 여전히 간섭을 일삼자 안토네스쿠는 당시 열아홉 살에 불과했던 그의 아들 미하이를 대신 내세우고 카롤 2세를 추방하기로 결정했다. 정부를 대동한 카롤 2세는 보석과 귀중품으로 가득 찬 화물 열차 아홉 칸을 단 왕실 기차를 타고 해외로 떠났다. 독일에서 망명처를 구했으나 히틀러가 정부 루페스쿠가 유대인이라는 이유를 들어 거절하자 대서양을 건너 처음에는 멕시코에 안주했다가 후에 브라질에 정착했다. 제2차 세계대전을 브라질에서 지낸 카롤 2세와 정부 루페스쿠는 1946년에 결혼했다.

1940년 12월 카롤 2세가 떠나고 3개월이 지난 다음 루마니아 경찰은 공산주의자들에 대한 검색 작업을 다시 펼쳐 당시 궐석 재판에서 단기형을 선고받고 피해 다니던 차우셰스쿠를 체포하여 감옥에 보냈다. 그의 세 번째 교도소 생활이 시작되었다.

왕위에서 추방된 후 망명할 때까지 카롤 2세의 행동이 아무리 비난받을
만한 것이었다 하더라도, 또 거만하기 그지없던 이온 안토네스쿠가 왕
을 대리해서 최고 권력자 행세를 했다 하더라도 이 두 사람이 나치라는
'바위 덩어리'와 소련이라는 '동토' 사이에 끼여 자유롭게 행동할 수 있
는 공간이 없었다는 것을 이해하기는 어렵지 않다. 전통적인 우방으로
부터는 외면을 당했고, 이웃 국가들에 대항할 만한 무력은 없었으며, 그
렇다고 강력한 외교적인 수단도 갖추지 못했던 루마니아의 지도자들이
선택할 만한 정책적인 대안은 없었다. 1944년 8월까지 그들이 보였던
우유부단하고 수치스러운 행동들은 운명적으로 미리 결정되었던 것인
지도 모른다. 그러나 최근에 들어 역사가들은 이들에 대한 태도를 약간
바꾸기 시작했다.

　전쟁 중과 전쟁이 끝난 후까지 심한 비난을 받았던 이온 안토네스쿠
원수는 상상력이 부족하고, 충동적이며, 완강했던 성격이었음에도 불구

하고 최근에 들어서는 방향을 잘못 잡은 애국자 또는 명예를 중하게 여겼던 사람으로 간주되고 있다. 독일 점령하의 다른 국가와는 달리 루마니아에서는 유대인들이 별이 그려진 노란 옷을 입도록 강요받지도 않았고, 조직적인 학살 행위도 없었다. 여러 가지 자료에 의하면 이온 안토네스쿠는 실권이 없던 미하이 1세와 함께 유대인들을 조직적으로 처형하는 조치를 반대했었다. 폴란드와는 비교할 바가 아니었을 뿐더러 프랑스에서 추방된 유대인들의 숫자와 비교해 봤을 때도 루마니아 내에서 수난을 당한 유대인들의 비율은 놀랄 만큼 적었다.

한편, 해방구가 되어 버린 베사라비아와 부코비나에서는 독일군이 약 30만 명에 달하는 유대인들을 추방하고, 철의 동맹 회원들에 의해 유대인 학살이 자행되었지만 몰다비아와 왈라키아는 훨씬 나은 편이었다.

45년에 걸친 공산주의의 지배와 그 이후에도 잔당들의 고의적인 역사 왜곡이 있었으나 여론은 잠시나마 제 길을 찾아가는 듯했다. 1990년 5월 부쿠레슈티 시 당국은 이온 안토네스쿠의 이름을 거리에 붙일까를 고려해 봤고, 차우셰스쿠 시대 이후 구국전선 평의회에서 루마니아의 과거에 대한 새로운 인식이 싹트기도 했지만 미하이 1세에 대한 언급은 여전히 없었다.

차우셰스쿠 사후 혁명의 수혜자였던 구국전선 지도자들은, 과거 45년에 걸쳐 공산당의 교본이나 학교의 교과서에 깊게 배어 있던 편견을 겉으로는 새롭게 분장하는 척했지만 실제로는 자기들의 내면에 공산주의가 아직 살아 숨쉬고 있다는 사실을 드러냈다. 1990년 4~5월의 선거 때 미하이 1세가 루마니아를 짧은 기간이나마 방문코자 했던 것을 막아 버렸고, 그 해 12월 말 사적 방문을 시도했을 때도 추방함으로써 미하이 1세가 어린 나이에도 불구하고 전쟁 중에 해방을 외쳤던 어떤 공산주의자들보다 루마니아의 자유를 위해 힘썼다는 사실을 폭넓게 알릴 수 있

미하이 1세

는 좋은 기회를 고의적으로 막아 버렸다. 공산주의자 선배들이 했던 행동과 다를 바 없었다.

안토네스쿠가 실질적으로 국가를 운영했기 때문에 미하이 1세는 전쟁 초기에 이름뿐인 왕이었으나, 베사라비아가 루마니아의 영토가 된 이상 안토네스쿠가 루마니아 군대를 나치 독일 군대와 함께 소련 국경에 배치함으로써 소련을 자극하는 일이 없도록 세심한 주의를 기울였다. 전쟁 기간 내내 미하이 1세는 루마니아가 독일의 편이라는 인상을 풍기지 않으려고 애썼으며, 전쟁 말기에는 침묵을 깨트리고 종전을 앞당기려는 노력과 함께 루마니아가 독일의 협조자라는 누명을 벗기 위해 안간힘을 다했다.

전쟁 기간 동안 루마니아 내의 비 공산주의 정당들은 은밀하게 친 연합국적인 태도를 유지했다. 왜냐하면 안토네스쿠가 이들 정당들의 활동을 금하지도 않았고, 민주 정당이라고 자처했던 농민당 당수인 이울리우 마니우와는 1943년 이후 각별한 사이였을 뿐만 아니라 겉으로는 적이었던 소련이나 영국과도 연락을 하고 있었기 때문이다.

이 중요한 시기에 니콜라에 차우셰스쿠는 교도소에 있었다. 그는 홀로가 아니었고, 교도소 환경은 이데올로기 교육장과 같았다. 교도소 내에 별도의 교육장을 만들었던 공산주의자들은 스스로를 다른 죄수들과는 격리시킨 후 공산주의 원리에 몰두했다. 차우셰스쿠는, 수감 생활 중이던 1935년 중앙위원회 위원이 된 게오르기우 데즈와 같은 루마니아 공산당 고위 간부들하고 친밀하게 지낼 수 있는 기회를 가졌다. 차우셰스쿠와 함께 교도소 생활을 했던 사람들은 당시의 생활을 마르크스-레닌주의가 성경을 대신해서 모든 사람들의 사고를 지배했던 수도원과 같은 분위기였다고 전했다.

루마니아 경찰 당국이 '공산주의자 대학'이라고 불렀던 도프타나 교도소에서의 차우셰스쿠의 수감 생활은 공산주의자 동료들과 함께 철저한 규율 아래 마르크스주의를 열심히 공부하는 데 초점이 맞추어졌다. 처음에는 교도소 내 질라바 캠프에서, 다음에는 트르구지우 캠프에서 교육을 받은 차우셰스쿠는 원래 책을 가까이 하는 공산당원이 아니었고, 공산주의 이론에 대한 이해도 형편없던 상태였으나 특이하게 공론가의 상상력을 발휘하여 말년에는 소화가 어려운 마르크스-레닌주의의 원리를 줄줄 외울 정도가 되었다. 마르크스-레닌주의는 차우셰스쿠를 지키는 기둥으로 그의 삶에 뿌리를 내렸다. 루마니아 태생의 역사학자인 기처 이오네스쿠는 이런 말을 전했다.

"열악한 성장 배경과 정상적인 교육을 받지 못해 사고의 능력이 부족했던 젊은이 차우셰스쿠는 삶의 근거를 발견한 양 마르크스 이론을 통째로 씹어 삼켰다."

교도소 내에서 차우셰스쿠는 비교적 안전했다. 그러나 슈테판 포리스나 루크레치우 퍼트러슈카누Lucrețiu Patrășcanu와 같은 루마니아 공산당 지도자들은 밖에서 지하 운동을 하고 있었기 때문에 상당히 위험한 상태에 놓여 있었다. 국제 공산당 첩자들을 통해 스탈린으로부터 전해지는 일방적인 지령들은 이들의 행동을 난간으로 내몰았다. 그런 분위기 속에서 지하 활동을 하고 있던 루마니아 공산당원들 대부분은 물론, 최소한 소련에서조차 도피처를 찾지 못하고 있던 지도자들까지도 이념적인 노선을 정확하게 확립하기가 어렵다고 판단해 방관자적 태도를 취하고 있었다. 강대국 소련의 지원을 받고 있다는 사실 이외는 별다른 정치적인 의미를 부여하기가 어려웠던 루마니아 공산주의자들의 지하 활동은 이렇게 철저히 고립되어 있는 상태였기 때문에 독자적으로 파업을 유도하거나 의미 있는 행동을 하기가 불가능했다. 제2차 세계대전이 말기로 접어들면서 루마니아 공산당은 소련의 점령지 내에서 약간의 전투력을 과시하거나, 비 점령지에서 단명의 활동을 하는 데 급급했다. 전쟁 말기에 소련으로부터 지원받았던 자금의 대부분은 수감 생활을 하고 있던 공산당원들의 처우 개선을 위해 지출되었다.

1940년부터 1944년 4월에 이르기까지 루마니아 공산당은, 프랑스 공산당이 1941년 이후 보여 주었던 활발한 레지스탕스 운동은 전혀 흉내 내지 못한 채 여러 가지 음모와 간계 그리고 반목만을 거듭했다.

여전히 염치없는 행동을 일삼던 스탈린은 소련의 영향력 확대를 위하여 루마니아 공산당에게 제도권에 침투하여 카롤 2세가 주도하던 국민재건전선이나 안토네스쿠와의 협력도 불사하라는 주문을 내놓았다. 현실적인 가능성이 전혀 없음에도 불구하고 루마니아 공산당은, 1930년대 초반 이후 철의 동맹과 비밀경찰인 시구란차Siguranţa(Secutitate)가 볼셰비키의 색출에 혈안이 되어 있는 와중에서 그런 위험한 요청을 받았다. 시구란차와 군부가 친 소련 혐의자 색출에 동원한 방법과 잔인성에 대해서는 자신은 공산주의자가 아니었지만 베사라비아 태생이라는 점 때문에 큰 혐의를 받고 있던 유대교 수석 율법학자 로젠이 잘 그리고 있다. 정보기관은 루마니아 공산당의 사소한 활동뿐만 아니라 방계 그룹의 행동까지도 자세하게 파악하고 있었음은 물론 영향력이 전혀 없었던 차우셰스쿠와 엘레나 같은 사람들의 동향까지도 1934년 이후부터는 빠트리지 않았다.

공산당원들은 베사라비아가 소련의 영토로 반환되기를 원하면서도 북부 트란실바니아가 1940년 8월 30일 '비엔나 합의'에 따라 헝가리로 편입된 데 대해서는 거칠게 항의했다. 곧이어 1940년 9월 2일, 히틀러는 루마니아와 헝가리 국경을 확보한 다음 제1차 세계대전 당시 파업으로 기름 조달에 어려움을 겪었던 일을 반복하지 않기 위해 루마니아 플로이에슈티 유전 지역에 탱크와 방공포 부대로 무장한 병력을 파견했다. 영국의 정보원들은 다뉴브 강을 통해서 독일군들이 플로이에슈티 유전으로 들어오는 것을 막지 못하고 시설물을 고스란히 독일군에게 내주었다.

1940년 11월 27~28일에 걸쳐 철의 동맹은, 히틀러의 암시가 없었음에도 5일 전에 안토네스쿠가 베를린에서 퓌러Führer를 만난 것에 힘을 얻어 난동과 약탈을 시작하여 공산주의 혐의자와 좌파분자들을 살육했을 뿐 아니라 철의 동맹의 지도자인 코르넬리우 코드레아누 살해 혐의를 받고 질라바 교도소에 있던 수백 명의 유대인과 루마니아 공무원들의 살육에 나섰다. 질라바 교도소의 교도관들은 철의 동맹 회원들이 유대인과 루마니아 공무원들을 처형하는 것은 방치했으나, 똑같은 혐의를 받고 있던 공산주의자들은 적극적으로 보호해 주었다. 차우셰스쿠도 당시에 질라바 교도소에 수감되어 있었다.

안토네스쿠의 군대가 상당한 유혈사태를 감수하면서도 철의 동맹의 봉기를 진압했으나, 히틀러는 철의 동맹의 전위대인 '녹색 셔츠' 단원들을 위해 아무런 조치도 취하지 않았다. 단지 코드레아누를 승계한 광신적인 전직 교사인 호리아 시마Horia Sima를 포함해서 수뇌부의 몇 사람만 독일로 피신시켰다. 그들은 전쟁 기간 동안 독일 게슈타포의 보호 아래 있으면서 안토네스쿠가 독일 국경을 조금이라도 넘는 경우에는 독일

1941년 6월 안토네스쿠가 독일과 함께 대소련 전쟁에 참여키로 한 다음 독일의 뮌헨에서 히틀러와 함께 찍은 사진.

군을 앞세워 루마니아 침략의 미끼로 이용할 생각이었다.

그러나 어떤 이유에서건 철의 동맹의 이러한 위협은 불필요한 것이었다. 왜냐하면 안토네스쿠가 비록 친 영국적인 태도를 버리지 않고 있었지만, 철저한 반공주의자로서 루마니아 사람들은 물론 연합국 측에서 보았을 때도 지나치리만큼 독일과 긴밀한 협조 관계를 유지하고 있었기 때문이다.

1941년 6월 22일 루마니아는 실지 회복을 위해 독일과 같은 편에서 소련에 전쟁을 선포했다. 미하이 1세는 이러한 소식을 뉴스와 신문을 통해서 알게 되었다. 루마니아가 베사라비아와 북부 부코비나를 회복하기 위해 히틀러 편에 서서 소련에 대한 전쟁을 감행한 것은 충분히 이해할 수 있는 일이었다. 루마니아 공산당은 비록 독일과 루마니아가 아무런 이유 없이 평화를 지향하는 소련을 공격했다고 비난했지만 마니우와 같은 반 독일 정치인들이 보기에도 루마니아의 소련 침공은 정당화될 수 있었던 한편, 루마니아 인들 사이에 대단한 인기가 있었다.

1941년 7~8월경 베사라비아와 북부 부코비나가 루마니아의 수중에 다시 들어오자 많은 루마니아 인들은 독일의 개입이 그 정도에서 끝나기를 바랐다. 미하이 1세는 오랜만의 대국민 연설에서 루마니아 군대의 승전을 축하하는 한편, 일단 목표를 달성했으니 대 소련 작전에서 독일과 더 이상의 협력을 중단하고 국경선 안으로 철수할 것을 주장했다. 영국 정부는 루마니아가 처한 어려움을 이해한다는 뜻에서 1941년 12월까지 루마니아에 대해 전쟁을 선포하지 않았다. 이때 안토네스쿠 원수가 치명적인 실수를 저질렀다. 루마니아 군대가 드니에스테르를 가로질러 소련의 국경을 넘었던 것이다. 독일군과 어깨를 나란히 하고 싸웠던 루마니아 군대는 독일군보다 훨씬 용맹성을 발휘하여 티라스폴Tiraspol과 오데사를 차지했다. 그러나 스탈린그라드까지 진출한 루마니아 군대 1개 사단은 결국 포로가 되었으며, 다른 6개 사단은 전쟁 기간 동안 크리미아 반도에 묶여 있을 수밖에 없었다.

1943년 공산주의자들을 포함한 모든 정치인들은 트르구지우에서의 이합집산을 거듭했다. 전후의 역사책들은 트르구지우를 '연합 캠프'라고 썼으나 이러한 명칭은 잘못된 것이다. 왜냐하면 이곳은 1939년 국경을 탈출한 폴란드의 육군, 공군 장교, 민간인들을 독일의 청에 따라 수용하기 위해 지었던 간이 막사와 벽돌집들로 이루어진 전형적인 전쟁포로 수용소였기 때문이다. 루마니아 정부 또한 당시 수천 개의 천막에 수용되어 있던 폴란드 포로들이 결국 소련이나 독일의 수중에서 포로 생활을 하는 것보다는 영국의 은밀한 지원 아래 탈출하는 것이 낫다는 생각에서 그들이 연합국 점령지역으로 탈출하는 것을 도왔다.

1941년 이후 트르구지우 수용소에 억류되었던 루마니아 사람들 중에는 사회민주주의자, 유대인, 그리고 공개적으로 친 영국적인 태도를 보였던 니콜라에 러데스쿠Nicolae Rădescu 장군 같은 연합국 동조자라는 혐의를 받고 있던 인물들이 대부분이었다. 트르구지우에서 수감 생활을 했던 사람들의 증언은 일치한다. 수용소의 환경과 급식은 형편없었지만 경비 책임을 맡고 있던 루마니아 장교들의 태도는 매우 인간적이었을 뿐더러 루마니아의 공개적인 대 독일 관계를 달갑게 여기지 않았던지 극히 신중했다고 전했다.

1941년 이후 에우제네 루수Eugene Rusu도 친 영국적인 군사적 활동 때문에 트르구지우에 감금되었던 사람 중 한 사람이다. 약 1년에 걸친 철로 보수공사 근로자였던 기간을 제외하고 오랫동안 트르구지우에 수감되어 있었기 때문에 그는 그곳의 생활을 생생하게 기억하고 있었다. 전쟁이 독일 쪽으로 기울어졌을 때는 경비병들의 태도가 매우 위압적이었을 뿐만 아니라 거칠기까지 했다고 그는 기억하고 있었다. 그러나 곧이어 소련 전선에서 전황이 독일과 루마니아에 불리하게 기울자 그들의 태도는 순한 양처럼 바뀌었다. 공산주의자들의 연합 캠프 같은 분위기는 전혀 아니었고, 소규모 작업이 있어 수감자들이 약간의 돈을 벌 수 있는 기회가 있었던 한편, 강제노역은 전혀 없었다. 수감자들과 교도관들 사이의 미묘한 관계를 나타내는 일로서 이런 예를 들 수 있다. 루수의 이야기를 들어보자.

"교도소 소장의 딸이 전쟁이 끝나자마자 루마니아 공산당 당원이 된 뒤 평생당원으로 일하면서 상당히 중요한 직책이라고 말할 수 있는 중앙위원회 서기 직을 맡기도 했지요."

루수의 이야기에 의하면 수감자들은 두 개의 그룹으로 나뉘어졌다고 한다. 한 지류는 후에 차우셰스쿠 권부에서 외상과 수상을 지낸 게오르게 마우레르를 포함한 자제력이 뛰어난 지성인 그룹이었고, 다른 그룹은 노동자들의 모임이었다. 1944년 4월 루수가 철로 보수공사 노동자들의 태업으로 재수감되었을 때는 공산주의자와 사회민주주의자들이 한 교도소에 다시 수용되어 '제7그룹'이라고 불렸다. 수감자들의 대표는 루마니아 공산당의 원로인 게오르기우 데즈로서 그는 12년의 형기를 마쳤으나 전쟁 기간 동안 보호 감호라는 이유 때문에 교도소를 떠나지 못했다. 루수의 회고가 이어진다.

"그의 수감 생활은 다른 사람들하고는 달랐지요. 생활하는 곳이 따로 있었고, 교도관들도 그를 매우 신중하게 대우했습니다. 교도소 내에서 영향력이 대단한 인물이었습니다. 그의 위상을 높이기 위해 일곱 명의 수감자들이 그림자처럼 따라 다녔지요. 그들은 식사를 나르기도 하고, 신발을 닦거나 데즈가 자는 동안 문밖에서 경비를 서기도 했지요. 특히 문 밖에서 경비를 서는 경호원의 자세는 주인을 지키는 개와 다를 바가 없었어요. 바로 그 사람이 차우셰스쿠였습니다."

"그는 말이 없고 초라하기 그지없었지만 충복임에 틀림없었습니다. 열등감에 사로잡혀 있던 그의 말 더듬는 습관은 여전했을 뿐더러 지식의 한계 때문에 대화가 불가능했었지요. 그러나 마르크스-레닌주의의 교본은 기계처럼 암송하고 있었습니다. 1941년 독일이 소련을 침공했을 때 내가 그에게 소련이 선전하는 것만큼 잘 싸우고 있지 못하는 것 같다고 말했더니 그는 일언지하에 '천만의 말씀'이라고 대꾸하더군요. '독일이 그렇게 기습공격을 하는데 소련이 어떻게 효과적으로 방어할 수 있었겠느냐?'는 반문도 잊지 않았습니다. 그가 아는 것은 스탈린주의에 국한되어 있었기 때문에 세계관은 무지에 가까울 수밖에 없었지요. 수형자인 우리들에게 루마니아 신문의 구독이 허용되었지만 친 독일적인 기사로 도배를 한 듯했습니다. 다행히 개전 초기부터 지상에 발표되는 공식적인 성명서 등을 통해서 전황은 상세히 알 수 있었습니다. 맹목적인 스탈린주의자였던 차우셰스쿠는 종파심이 강했을 뿐더러 유치한 생각만 하고 있었지요."

차우셰스쿠는 루마니아 공산당 강령만 맹신했을 뿐 공산당원들 중 지식인들이 제기하는 의문은 일체 수용하려 들지 않았다. 루수는 또 차우셰스쿠가 수감 생활의 대부분을 철의 동맹 회원으로서 사회 활동을 시작했으나 후에 트르구지우에서의 수감 생활을 통해 공산주의자로 전향했던 사람들하고 지냈다고 전했다. 다른 수감자들은, 엘레나 페트레스쿠가 정기적으로 차우셰스쿠를 면회 왔지만 차우셰스쿠의 친척들은 아무도 그를 찾지 않았다는 이야기를 들려주었다.

루수가 트르구지우 교도소에 돌아왔을 때 친 연합국적인 태도를 보였던 수감자들은 자신들의 정치적인 성향대로 '국민애국전선'을 결성한 다음 지하 신문 「자유 루마니아」를 만들었다. 그러나 공산주의자들은 '소련의 덕택에 모든 것은 다 제대로 될 것이다. 또 소련 사람들이 우리를 보살필 것이다'라는 태도를 보이면서 다른 움직임에는 일체의 반응을 보이지 않았다. 루수는, 트르구지우에 있던 공산주의자들은 전후 루마니아를 통치할 아무런 청사진을 가지고 있지도 않았으며, 그러한 것이 필요하다고 느끼지도 않았다고 전했다. 지극히 교조주의적이었던 차우셰스쿠와 마찬가지로 그들도 루마니아의 미래를 일체의 오류가 없는 소련이 책임져 주기를 바랐다. 하지만 수감자들 모두는 1917년 10월 러시아에서 일어났던 혁명같이 지주와 부르주아를 제거하는 사회 변혁을 시도해야 한다는 주장을 숨기지는 않았다. 루수는, 훗날 차우셰스쿠 전기를 썼던 작가들이 초기에 스탈린주의에 대한 맹목적인 복종 여부를 떠나 정책이라는 것 자체가 존재하지 않았다는 사실도 모른 채 차우셰스쿠가 당시 정책적인 역할을 맡고 있었다는 웃지 못할 이야기까지 주장했다고 말해 주었다.

시간이 흐르면서 수감자들이 물질적인 궁핍에서 어느 정도 벗어날 수 있게 되었을 때 차우셰스쿠가 게오르기우 데즈의 시종 역할을 스스로 떠맡고 나서자 수감자들은 그를 경원하기 시작했다. 왜냐하면 당시 루마니아 공산당을 지원하는 소련의 자금이 교도소까지 흘러 들어와 수감자들에게 마음대로 음식을 공급할 수 있었음은 물론, 일부 교도관들을 매수하여 여유롭게 지낼 수 있었기 때문이다. 루수의 전언에 따르면 차우셰스쿠는 게오르기우 데즈의 지령과 교도소 내의 규율을 전하는 유일한 전령으로서 이런 사소한 권위도 무척 즐기는 듯했다는 것이다. 교도소에서 이런 일이 그에게 주어지자 그는 상부의 지시에 따라 수감자들에게 담배를 나누어 주는 일까지 도맡게 되었다.

전쟁 기간 동안 영국은 연합국이 신뢰할 수 있는 민주적인 정치인의 마음을 얻기 위해 여러 가지 방법을 동원했다. 대상자는 전 농민당 당수인 이울리우 마니우로서 친 연합국적인 태도를 굳이 감추지 않고 계속해서 연합국 측과 접촉을 하고 있었다. 1943년 그는 외국에서보다는 국내에서 자기가 더 필요할 것이라는 생각을 고쳐먹고 비행기로 루마니아를 탈출하여 망명정부에 가담하기로 결정했다. 하지만 그는 격정적이었던 한편, 완고해서 다루기가 매우 어려운 인물이었다. 부쿠레슈티 주재 영국 공사를 지냈던 레지날드 호아레 경Sir Reginald Hoare이 영국 외무부에 보낸 보고서에 따르면 그는 "편법이 정상을 지배하는 국가에서 원칙을 고수하는 완고한 인물이었기 때문에 대화하기가 아주 어려운 상대"로 묘사되어 있다.

전쟁 과정에서 마니우나 안토네스쿠가 인지하지 못하고 있던 사실은 영국이나 미국이 똑같이 루마니아에 대한 관심의 비중이 점차 떨어지고 있다는 점이었다. 흑백논리에 따른 세계관이 뚜렷했기 때문에 루마니아의 어려운 환경에 대한 일체의 동정적인 이해를 배제하고 있던 미국의 루스벨트Franklin D. Roosevelt 대통령이 이미 독일의 편에 선 루마니아에 대해 호의적인 반응을 보일 것이라고 기대하는 것은 비현실적인 일이었다. 루스벨트 대통령에게 비추어진 루마니아는 파시스트로서 친 나치 주구였던 유고슬라비아의 우스타샤Ustachis와 다를 바 없었다. 그러나 영국의 처칠은 루스벨트의 견해가 잘못되었다는 것을 잘 알고 있었을 뿐 아니라 루마니아와 긴급하게 처리할 문제가 있었다. 이보르 포터는 자신이 써 큰 반향을 불러일으켰던 『자치권 확립Operation Autonomous』에서 "마니우는 루마니아가 소련과 협력하고 있는 점에 대해 영국의 처칠이 유쾌하게 생각하지 않고 있다는 것을 모르는 상태였다"고 지적했다. 결국 마니우는 민주주의에 대한 확고한 입장을 표명해야만 연합국 측과 특별한 관계를 가질 수 있을 것이라고 생각하게 되었다.

마니우는 1942년 친 연합국적인 태도를 보이면서 대가로 전쟁이 끝난 후 연합국이 루마니아의 정치적인 독립을 보장해 주는 한편, 소련의 침공을 방어해 줄 것을 요구했다. 그러나 1944년 1월 모로코의 카사블랑카에서 있었던 회의 이후 처칠의 손발은 묶여 버렸다. 루스벨트 대통령이 처칠과 상의도 하지 않은 채 '모든 적국에게 무조건 항복'을 요구하고 나선 것이다. 이러한 발표는 소련에게 루마니아를 마음대로 요리할 여유를 주었고, 이보르 포터가 쓴 대로 처칠은 카사블랑카 회의 이후 루마니아에 대해 속수무책이 된 것이다.

뒤돌아보면 영국이 마니우와 접촉했던 일은 앞뒤가 안 맞는 꼴이 되어 버렸다. 처칠은 카사블랑카 회의 이후에도 마니우에게 영국이 실질적으로 루마니아를 포기했다는 이야기를 해준 적도 없고, 또 마니우는 자기가 영국에게 보낸 비밀 메시지가 자연스럽게 소련으로 흘러들어간 것도 모르는 상태였기 때문이다. 그것뿐만이 아니라 영국과 교신했던 비밀 정보에는 연합군 선발대의 발트 해 상륙도 거론되고 있었다. 그러나 처칠은 결국 유럽 대륙 아래 부분의 공산화를 막기 위한 계획을 수정할 수밖에 없었고, 급기야 1943년 11월 테헤란 회의에서 루마니아를 포기하기에 이른다. 마니우나 안토네스쿠는 이런 사실을 전혀 통보받지 못한 상태에서 오히려 히틀러를 거짓 정보로 유인하여 독일을 루마니아 땅에 묶어 놓기 위한 정보전을 펼쳤다. 연합국 선발대 진입의 불가피성이 테헤란 정상회담에서 결정되었다는 거짓 정보를 흘리기도 했다. 하지만 1945년 7월 포츠담 회담에서 처칠과 스탈린 간에 있었던 무언의 동의를 마니우는 모르고 있었다.

윈스턴 처칠Winston Churchill은 『회고록Memoirs』에서 포츠담 정상회담 때 영국이 그리스를 90퍼센트 지배하는 대신 소련이 루마니아를 90퍼센트 지배하는 제안에 대해 스탈린이 어떻게 합의했는지를 잘 묘사하고 있다.

영국이 이런 제안을 하게 된 데에는 여러 가지 이유가 있다. 그리스는 용맹스러운 동맹이었고 영웅적으로 잘 싸웠다. 전략적으로 볼 때나 외교적으로 볼 때, 또 역사적으로도 루마니아보다 훨씬 중요했다. 루마니아를 가운데 놓고 벌인 스탈린과 처칠 간의 거래가 거의 50여 년 동안 동유럽을 철의 장막 뒤에 가두어 버린 데 기여한 몇 가지 양보 사항 중 첫 번째 사안이다. 종국에 가서는 연합국 측에 운명을 걸었던 마니우나 독일 측에 협조했던 안토네스쿠도 똑같이 배반의 쓴맛을 보게 되었다.

소련은, 마니우와 영국이 나눈 비밀 메시지를 통해서 루마니아의 다른 정치인들과 달리 그가 소련에 협조하지 않을 것이라는 것을 잘 알고 있었지만, 이보르 포터가 지적한 대로 그가 루마니아 내에서 유일하게 반 독일 입장을 상당히 효과적으로 취하고 있었기 때문에 그와의 협상을 불가피하게 생각했다. 포터는 1944년 변해 가는 전쟁 상황에 대한 마니우와 안토네스쿠의 반응을 잘 관찰할 수 있는 독특한 위치에 있었다. 부크레슈티에 있는 영국 문화원 강사로 일했던 포터는 1943년 12월 루마니아에 낙하산으로 투하된 즉시 체포된 영국 전략정보부대의 일원이었다. 포터와 동료들은 처형을 두려워했으나 루마니아 비밀경찰 총수이자 대 간첩 작전 책임자였으며 독일의 첩자였던 뚱보 에우젠 크리스테스쿠는 영국 정보원들을 독일군에게 넘기기를 거부하고 오히려 손님 대접을 하면서 카이로와 이스탄불에 있던 영국 대표부와의 대화 미끼로 사용했다. 안토네스쿠 또한 독일군의 열화 같은 재촉에도 불구하고 영국 정보원들은 전쟁포로들이기 때문에 루마니아가 다스려야 한다는 주장을 내세워 인도를 거부했다. 포터는 '자치권 확립'에서 루마니아 경찰, 헌병, 병사들이 포도주와 꽃과 위스키를 제공했을 뿐 아니라 레스토랑에 데려가는 것은 물론, 치과 치료까지 받게 정중함과 따뜻함을 보여주었다고 썼다. 포터와 팀장인 가딘 드 세스트랭Gardyne de Chastelain 대령은 대우받은 옵서버로서 루마니아 드라마의 생생한 목격자가 된다.

포터는 일기에 1944년 3월 10일 소련이 루마니아 국경인 이아시에 접근해 왔을 때 루마니아가 취할 수 있는 선택 안을 그리고 있다. 소련의 점령에 대항해서 싸우든가, 소련에 합병을 당하든가, 그것도 아니면 독일을 배신해서 취할 수 있는 이익을 얻든가였다. 그러나 마니우뿐만 아니라 안토네스쿠도 이러한 방안들은 현명하지 못한 대처 방법이라고 생각했다. 그렇다고 카사블랑카에서 루스벨트가 아무 생각 없이 제안해서 스탈린이 각색한 무조건 항복이라는 요구도 안토네스쿠는 수용할 수가 없었다. 중동에 있던 영국군 총사령관 메이틀랜드 윌슨Maitland Wilson 장군에게 보낸 메시지에서 안토네스쿠는 이렇게 애걸했다.

"노인과 순진한 병사들에게 마지막 순간을 치욕 속에 묻으라고 요구하지 말아 주기 바랍니다. 우리는 친구이지 적이 아닙니다. 온전한 무력을 가지고 있는 어떤 나라도 그 나라의 미래를 보장받지 않고는 투항하지 않을 것입니다."

포터의 지적에 의하면 안토네스쿠의 감상적인 표현이 영국을 자극했고, 후에 일어났던 일들을 살펴봐도 안토네스쿠의 서신이 동정심을 유발하지 못했던 것 같다.

1944년 봄, 소련은 마니우를 회유하여 반 독일 쿠데타를 일으키도록 노력했다. 4월 2일 소련의 몰로토프 외무장관은 방송을 통해서 소련은 전후 루마니아의 정치적, 사회적 질서를 변경시킬 어떠한 계획도 가지고 있지 않다고 천명했다. 소련의 그러한 약속이 얼마나 입에 바른 거짓말이었는지는 당시 소련이 루마니아 내에서 비밀 업무를 수행하기 위해 특수 훈련 중이던 루마니아 전쟁포로들로 구성된 '투도르 블라디미레스쿠 사단'에 적극적인 지원을 했다는 사실에서도 드러난다. 곧이어 소련은 마각을 드러내 마니우에게 반 독일 쿠데타를 일으켰을 때 소련이 루마니아를 점령하는 대신 요구할 사항만 점잖게 통보해 왔다. 여기에는 베사라비아와 북부 부코비나의 소련으로 반환, 루마니아가 치러야 할 전쟁보상금, 일시적으로 루마니아를 점령하는 소련군의 자유스러운 행동에 대한 보장 등이 포함되어 있었다. 루마니아에 도움이 되는 사항은 히틀러가 헝가리에 합병시킨 트란실바니아를 종전이 되면 소련이 루마니아에 되돌려주도록 노력하겠다는 것뿐이었다.

겉으로 보아서는 소련의 이러한 조건들은 나쁠 것이 없었다. 영국도 마니우가 왜 즉시 수용하지 않는지를 이해하지 못했다. 그러나 회고해 보면 마니우가 왜 망설였는지는 이해할 만하다. 스탈린을 오래 관찰해 왔던 마니우는 여러 가지 근거에서 스탈린이 과연 약속을 지킬 것인지가 의심스러웠던 것이다. 마니우의 친 연합국적인 태도는 잘 알려진 상태였으나 이때쯤 마니우를 접촉하고 있던 안토네스쿠도 영국과는 물론 러시아 사람들과도 협상을 하고 있었다. 개최 장소는 노련한 혁명가인 마담 콜론타이Madame Kollontay가 대사로 있던 스톡홀름의 러시아 대사관이었다. 연합국에게, 때에 따라서는 안토네스쿠에게도 전달되었던 마니우의 메시지는 작고한 마리 왕비의 친구였던 바르부 슈티르베이 왕자가 맡았다. 또 슈티르베이 왕자의 조카이자 앙카라 주재 루마니아 공사였던 알렉산드루 크레트지아누Alexandru Cretzianu는 전쟁 기간 중 비 공산주의를 표방한 민주 정당들의 비공식적인 대표자 역할을 했다.

하여튼 마니우와 안토네스쿠는 소련의 제안을 거부했으며 그 근거에는 소련에 대한 불신이 깔려 있었다. 당시 영국을 화나게 만들었던 마니우의 주장은 합리적이지 못한 것처럼 보였다. 왜냐하면 스탈린의 말은 믿을 수 없으므로 소련과 함께 미국과 영국이 공동으로 전후 루마니아의 내정에 간섭하지 않고 자유선거를 실시할 수 있게 보장해 달라는 요청이었기 때문이다. 포터의 지적대로 당시 루마니아의 소련에 대한 불신은 미국과 영국을 안달 나게 만들었다. 하지만 후에 일어났던 일들을 살펴보면 루마니아의 불신은 허무맹랑한 것만은 아니었다.

스탈린의 루마니아에 대한 계획은 동유럽 전역을 지배하기 위해 적용했던 3단계 조치의 전형적인 표본이기도 하다. 첫 단계에서는 철저하게 협조했다. 비 공산주의 대형 정당들 사이에서 공산당은 소수였으나 조직 양성화에는 어려움이 없었고, 언론의 자유도 만끽할 수 있었으며, 정강정책의 표방에도 장애물이 없었다. 다음 단계가 위장된 협조 체제였다. 순진하고 겁이 많아 공산당의 제안을 거부할 수 없는 비 공산주의 정당의 정치인들을 앞세우는 수법이었다. 그러나 이 단계에서도 완전히 숙청당하지 않았던 비 공산주의 정당의 정치인들은 나름대로 자기들의 목소리를 내고 있었다. 마지막 단계에서는 공산주의자들을 민주 정당에 침투시켜 각 정당의 전위조직만 활용하고 나머지 조직은 전부 해산시켜 버렸다.

대부분의 루마니아 공산주의 지도자들이 이런 체계적인 조치를 알고 있었다는 데는 이론의 여지가 없다. 하지만 공산당원들 간에 동질성이 없었기 때문에 종파활동은 여전히 활발했다. 세 개의 분파가 있었고 각 분파마다 당원 수만큼 지도자들도 많았다. 첫째 그룹은 투옥의 전과를 앞세운 강경분자들로 구성되어 있었으며, 게오르기우 데즈가 수장 격이었다. 여기에는 게오르기 아포스톨, 알렉산드루 드러기치Alexandru Drăghich, 키부 스토이카Chivu Stoica, 미론 콘스탄티네스쿠, 테오하리 제오르제스쿠Teohari Georgescu, 이오시프 키시네브스키Iosif Chişinevschi 등이 가담하고 있었으며, 한참 아래 서열에 차우셰스쿠가 들어 있었다. 다음 그룹은 전쟁 기간 중에는 러시아에 망명했던 루마니아 공산주의자들로 전전의 '오데사 그룹'과 흡사했다. 이 그룹의 지도자는 아나 파우커Ana Pauker로서 그녀는 바실레 루카, 콘스탄틴 프르불레스쿠Constantin Pîrvulescu, 실비우 브루칸과 전쟁이 시작된 이후 가담한 에밀 보드너라슈의 도움을 받고 있었다. 마지막으로 전쟁 기간에 망명도 하지 않고 그렇다고 투옥되지도 않은 부류들이 있었다. 이 세 번째 그룹을 이끌었던 사람들은 루크레치우 퍼트러슈카누와 슈테판 포리스였다.

세 개 그룹에 붙여진 명칭은 겉과 속이 약간 달랐다. 트르구지우 교도소의 수감자 중에는 이오시프 키시네브스키와 같이 사악한 러시아 비밀경찰 총수 베리아Beria의 수족 같았던 소련의 첩자가 있었던 반면, 새로운 오데사 그룹의 일원으로 소련에서 망명 생활을 하는 동안 충성을 맹서했으나 그 후에 독립적인 자세를 추구했던 에밀 보드너라슈와 같은 사람도 있었다. 루마니아 공산당 내의 투쟁은 이데올로기에 관한 것이었다기보다는 구원舊怨에 뿌리를 두고 있었던 한편, 권력을 잡기 위한 유치한 수준의 다툼에 불과했다. 아나 파우커가 루마니아 공산당의 진정한 지도자는 자기라고 생각했던 것에 대해 의문을 제기하는 사람은 없다. 게오르기우 데즈 또한 루마니아 공산당 내에서의 자기의 지도력은 아무도 넘볼 수 없다는 생각을 가지고 있었다. 게오르기우 데즈의 편견은 아나 파우커를 가장 위험하고 거북한 경쟁자로 낙인찍었다. 후에 그녀의 아버지가 유태교 율법학자라고 조작했지만 실제로는 이아시에 있던 유대인 푸줏간집 딸이었던 아나 파우커는 파리로 가기 전에는 유대 학교에서 히브리 어를 가르쳤고, 파리에 가서는 프랑스 공산당 지도자였던 모리스 토레즈Maurice Thorez를 비롯하여 다른 프랑스의 지성인들과 가깝게 지냄으로써 무신론적 공산주의자가 되어 그녀의 젊은 시절 경력에 권위를 쌓았다.

1943~44년 동안 트르구지우 교도소에서 맺어진 게오르기우 데즈와 차우셰스쿠 간의 주종 관계를 살펴보았을 때, 차우셰스쿠가 루수와의 대화에서 이런 사연에 대해 아무런 암시를 안했지만 데즈의 견해가 곧 차우셰스쿠의 견해였다고 보는 것은 하등 이상할 것이 없다.

1944년 4월 트르구지우 교도소 내의 진료소에서 이상한 회의가 열렸는데 차우셰스쿠는 데즈의 수석 집사 자격으로 참석했다. 루마니아 공산당 지도자들은 교도관들에게 뇌물을 써 참석한 기관사 차우슈를 그곳에서 만났다. 이때쯤 소련은 모든 전선에서 공격을 가하고 있었으며 트르구지우 교도소의 교도관들은 말할 것도 없고, 모든 루마니아 인들도 독일이 전쟁에 지고 있다는 것을 감지하기 시작했다. 상황이 이렇게 전개되자 루마니아 국민들은 공산당의 요구를 순순히 따랐고, 수감자들을 면회하는 데도 아무런 제한이 없었다. 차우셰스쿠는 기관사 차우슈를 잘 알고 있었다. 그가 바로 에밀 보드너라슈였다. 한때는 차우셰스쿠의 감방 동료였으며 루마니아 공산당 역사상 가장 정력적이며 또한 가장 신비스러운 인사 중 한 명이다.

우크라이나의 부유한 부르주아 가정에서 태어난 보드너라슈는 티미쇼아라에 있는 루마니아의 기병학교를 수석으로 졸업하자마자 마르크스-레닌주의에 빠져들었으며 소련 정보원 모집 책임자의 눈에 띄어 소련의 첩자가 되었다. 기병 장교로 임명되자마자 탈영한 보드너라슈는 소련의 첩보학교에서 몇 개월간 교육을 받은 뒤 가명을 사용하여 1935

년 루마니아에 돌아왔다. 플로이에슈티 역에서 그가 모는 열차를 우연히 발견한 군대 시절 친구가 신고하는 바람에 그는 부쿠레슈티에서 체포되었다. 간첩과 탈영죄로 도프타나 교도소에서 복역하는 동안 보드너라슈는 루마니아 공산당의 정식 당원이 되었다. 젊은 니콜라에 차우셰스쿠는 그를 게오르기우 데즈와 마찬가지로 영웅 취급했다.

어떤 공산주의자의 증언에 의하면 보드너라슈는 교도소에서의 인연에도 불구하고 진료소에서의 회의 때 차우셰스쿠를 거들떠보지도 않았고, 차우셰스쿠가 친밀감을 나타내자 매우 당황해 했다고 한다. 이 사건은 차우셰스쿠가 잊어버리지 않고 있던 당시의 중요한 교훈 중 하나이다.

형기를 마친 보드너라슈는 1943년 형인 마놀레가 사진관을 운영하고 있던 브러일라에서 목재 거래를 위한 가게를 열었다. 공산주의 활동을 위한 위장으로는 안성맞춤이었다. 트르구지우 교도소에 수감되어 있던 동안 그는 교도소 관리를 맡고 있던 한 고급 장교로부터 지극한 보살핌을 받았다. 라두 이오네스쿠Radu Ionescu 대령이었다. 1945년 보드너라슈가 상당한 힘을 갖게 된 이후 처음으로 내린 결단의 하나는 이오네스쿠 대령을 처형한 일이었다.

트르구지우 교도소의 진료소 회의에 소련 공산당 밀사 자격으로 참석했던 보드너라슈는 스탈린의 지령을 가지고 있었다. 메시지는 루마니아 공산당이 반 독일 파업에 참여함으로써 존재 가치를 잘 인식시키고 있다는 뜻을 담고 있었다. 회의중 화가 난 게오르기우 데즈는 루마니아 공산당이 주체적인 자세를 취하지 못하고 수동적인 태도를 보인 것은 수감자인 자기의 과오가 아니라고 주장했고, 보드너라슈는 경청할 수밖에 없었다. 전시 중 루마니아 공산당의 독일군에 대한 자세는 이미 민감한 문제가 되어 있었다.

보드너라슈는 오래 전 출감하자마자 당시 루마니아 공산당의 명목상의 책임자였던 포리슈를 찾아가 독일군에 대항하는 무력 레지스탕스 활동을 전개하라는 요청을 했었으며, 포리슈가 거부하자 그는 앙갚음할 것을 결심했던 적이 있었다.

트르구지우에서 게오르기우 데즈와 보드너라슈가 만나서 이야기할 때 한쪽 옆에서 듣고 있던 차우셰스쿠는 처음으로 권력투쟁과 공산당 내부에서의 치열한 다툼이 어떤 것인가를 알게 되었다. 데즈는 보드너라슈에게 포리슈가 공산당의 책임자로서는 부적절하고 겁이 많다는 불평을 늘어놓았다. 보드너라슈도 이미 포리슈를 두 번이나 만나 독일군에 대한 무력투쟁을 건의했지만 묵살되었던 경험이 있기 때문에 데즈의 불만에 흔쾌히 동의했다.

"현장 부재는 오류다"라는 프랑스 속담을 생각해 낸 데즈는 전쟁 중 소련으로 망명한 오데사 그룹과 포리슈를 불신하여 보드너라슈에게 포리슈는 경찰의 밀정이고, 배신자이기 때문에 루마니아 공산당의 지휘부에서 제거해야 한다는 말을 했다. 그러나 포리슈는 루마니아 비밀경찰들이 이미 공산당 내에 침투한 상태였기 때문에 신변상의 위험이 없었다. 1930년대 말에서부터 1940년대 초에 걸쳐 비밀경찰을 지냈던 사람의 말에 의하면 공산당 내의 행동은 하나도 빠지지 않고 속속들이 보고되었다고 한다. 그 사람은 또 루마니아 공산당이 소련으로부터 자금을 받아 지하 신문이나 전단을 만든 다음 공산당 집권 이전의 비밀경찰 조직인 '시구란차'로부터 더 많은 자금을 받고 이런 정보를 알려주었다는 말도 전했다.

훗날 루마니아 역사가들이 조사한 바에 따르면 포리슈가 경찰의 밀정이었다는 말은 분명 잘못된 이야기다. 오히려 그의 오류는 안토네스쿠와의 협조를 포함해서 실행이 불가능한 스탈린의 지시까지도 실천에 옮기려고 했던 데 있었다. 하여튼 그는 루마니아 공산당의 초기 희생자 중

한 사람이 되었다. 1944년 8월 23일 반 독일, 친 연합국적인 쿠데타가 발생한 이후 포리슈는 게오르기우 데즈의 하수인들에게 붙잡혀 전신이 포박된 채로 우물 안에 처박혀 있다가 후에 폴란드 대사관으로 사용했던 당시 루마니아 공산당 부속 건물의 소름끼치는 지하실에 감금되었다. 1946년 루마니아 공산당의 악당이었던 바실레 포스테우커Vasile Posteucǎ가 포리슈를 쇠몽둥이로 때려죽인 후 그 공으로 내무부 차관이 되었다. 오랜 세월이 흐른 다음 차우셰스쿠는 포스테우커에게 2등 훈장인 투도르 블라디미레스쿠 장을 수여했다.

차우셰스쿠는, 게오르기우 데즈가 스스로를 방어할 능력이 없던 동료들을 숙청하던 방법을 하나도 빠트리지 않고 잘 배웠다. 데즈나 다른 선배들의 악행이 무색할 정도의 잔인한 수법을 차우셰스쿠도 후에 되풀이했다.

게오르기우 데즈도 숙청할 수 없는 권위를 가졌던 루마니아 공산당 지도자 중 한 사람이 루크레치우 퍼트러슈카누였다. 몰다비아의 유복한 지주의 아들이었던 그는 변호사이자 부끄러울 것이 없던 지식인이었으며, 부인 또한 유명한 실내 장식가였다. 이 귀족풍의 공산주의자는 항시 소련의 국익보다는 루마니아의 국익을 우선시했고, 마니우와 같은 정치인들과 어깨를 견줄 만큼의 사회적 신분도 유지했다. 1944년 1월 이후 여러 차례 만난 미하이 1세의 개인 비서 미르체아 이오니치우Mircea Ioniţiu를 통해서 미하이 1세와도 자주 접촉했다. 퍼트러슈카누는 공산주의가 집권하기 위해서는 연합전선 전략이 필요하다고 생각했다. 그는 왕궁 측과도 만남을 가졌던 한편, 고위 장교들하고도 흉금을 털어났다. 미하이 1세도 "퍼트러슈카누는 정말 인텔리였지요"라고 회고하면서 "그와는 솔직한 이야기도 가능했다"고 전했다. 이오니치우는, 그가 1944년 6월 13일 공산당의 실세 중 한 사람인 보드너라슈를 처음 만났을 때 퍼트러슈카누와 같은 귀족풍의 지식인 공산주의자와 현실 간의 괴리가 얼마나 큰 것이었는가를 잘 기록해 놓고 있다. 퍼트러슈카누는, 트르구지우 교도소에서 수감 생활을 했던 공산주의자들 사이에 팽배했던 자기에 대한 적대감을 실감하지 못했을지 몰라도 그들이 오데사 그룹을 분파주의자로 불신하고 있던 사실은 몰랐을 리 없다. 한편, 아나 파우커와 바실레 루카도 퍼트러슈카누와 같은 어릿광대는 필요 없다는 말을 그치지 않았다.

"소련의 무력에 힘입어 노동자들이 곧바로 권력을 잡을 수 있는 데 왜 쓸데없이 부르주아와 협력하는 데 시간을 낭비하는가?"

1944년 6월 게오르기우 데즈는 교도관들의 은밀한 협조 아래 트르구지우 교도소를 탈출했다. 같은 달 차우셰스쿠도 형기를 마치고 출소했다. 루수는, 이러한 만기 출소가 당시 루마니아 공산당 내에서 차우셰스쿠가 별다른 대우를 받지 못하고 있다는 확실한 증거였다고 밝혔다.

그 해 여름 소련의 대독일 공세가 열을 올리자 8월 4일 히틀러는 안토네스쿠를 베를린으로 소환했다. 안토네스쿠는 불길한 예감을 안고 그곳으로 갔다. 한 달 전에 총격을 받아 붕대를 풀지 않고 있던 히틀러는 안토네스쿠로부터 전황이 어떻게 전개되더라도 루마니아는 추축국의 편에 설 것이라는 보장을 받고자 했다. 안토네스쿠는 적당히 얼버무렸다. 줄을 잘못 섰다간 목숨을 부지하기도 어렵다는 것을 잘 알고 있었기 때문에 확실한 답을 줄 수가 없었다. 안토네스쿠는 독일로 떠나기 전 이미 독일과 루마니아 간에 불신이 컸기 때문에 수천 명의 병력을 부쿠레슈티로 오게 하여 만약 있을지도 모를 친 독일 세력들의 쿠데타에 대비시켜 두었다. 8월 6일 그가 귀국하자마자 소련의 새로운 공격이 시작되었다.

신중하게 처신했던 미하이 1세도 행동에 들어가기로 작정하고 나섰다. 후에 드 샤스트렝 대령에게 말한 바에 의하면 그는 1944년 2월 이후 행동할 준비가 되어 있었지만 마니우나 안토네스쿠가 주도권을 잡아 주기를 기다렸을 뿐이었다는 것이다. 마니우와 신뢰하던 정치인들, 군 장교들의 격려를 등에 업고 있던 미하이 1세는 안토네스쿠를 부쿠레슈티의 왕궁으로 불렀다. 과거에도 왕을 탐탁지 않게 여겨 정중한 태도를 보이지 않았던 안토네스쿠는 쓰러져 가는 전선 시찰을 핑계 삼아 나타나지 않았다.

1944년 8월 23일 두 사람은 카롤 2세와 엘레나 루페스쿠가 밀회의 장소로 이용했던 왕궁 내의 조그마한 가옥 카사 노우어에서 만났다. 왕은 안토네스쿠에게 독일과의 협력관계를 청산하고 소련과 항복 조건을 협상하라는 요청을 했다. 안토네스쿠는 거부했다. 그 또한 루마니아가 전쟁을 끝내는 방법에 대해 비밀리에 협상을 하고 있었기 때문에 권위에 대한 도전으로 생각해서 불쾌감을 표시했다. 그러면서 왕에게 "나는 결코 국가를 어린애의 손에 넘기지는 않을 것이다"라고 말했다. 스물세 살이었던 왕은 그를 국가 지도자의 자리에서 즉각 해임한 후 체포해 버렸다. 왕에게 충성을 맹서하고 있던 장교들이 달려들어 왕의 명령을 수행하였다. 격분한 안토네스쿠는 왕과 자문관들에게 "너희들은 이 일을 후회하면서 살게 될 것이다. 내일 당장 왕궁 정원에서 너희 모두는 교수형에 처해질 것이다"라고 외쳤다. 카사 노우어에는 카롤 2세가 귀중한 우표를 모아 보관하는 데 사용했던 방만한 크기의 금고가 있었다. 왕은 이곳에 안토네스쿠와 그를 따르던 수상을 감금시켰다. 8월 23일 이전에 계획했던 비상조치 실천 방안에서 미하이 1세와 마니우는 보드너라슈가 8월에 결성한 소수의 공산주의 극렬 단체에 안토네스쿠 일당을 넘기기로 합의했었다. 퍼트러슈카누도 왕에게 극렬 공산주의자들이 안토네스쿠를 감금하고 있다는 것은 왕의 권위에 손상을 끼치지 않는 다행스런 일이라고 안심시켰다. 안토네스쿠 일당은 결국 보드너라슈가 결성한 급진주의 공산주의자들에 의해 조그마한 마을에 격리되었다가 소련의 손에 넘겨졌다.

미하이 1세 이하 친 연합국적인 태도를 보였던 모든 인사들의 요청에도 불구하고 마니우는 연합국에 동조하기 위해 만들어진 새 정부의 수상에 취임하기를 거부함으로써 그들의 분노를 샀다. 대신 새 정부의 대표자는 후에 법무부 장관이 된 퍼트러슈카누를 포함해 각 정파를 대표하는 사람들 가운데서 선출하기로 했다. 반 독일 쿠데타는 치밀하게 진행되었다. 미하이 1세가 안토네스쿠를 만나는 동안 루마니아 내의 독일 유관 조직들의 전화선이 모두 절단되자 독일 외교관과 군 관계자들은 큰 혼란에 휩싸였다. 포터의 지적에 따르면 루마니아 장교 중 단 한 사람도 왕의 명령을 거역하는 사람이 없었다고 한다. 이 쿠데타 과정에서 유일하게 독일의 편에 섰던 사람은 비밀경찰의 책임자였던 뚱보 크리스테스쿠 대령이었다. 그는 곧이어 독일 대사관에서 망명처를 구했다.

루마니아 국민들은 그날 밤 쿠데타 발생을 소상하게 알게 되었다. 미하이 1세는 방송을 통해서 대국민 메시지를 발표했다.

"우리의 역사에서 아주 중요한 이 시기에 나는, 루마니아 국민들의 이해에 힘입어 우리 조국 루마니아를 패망의 길에서 구해내는 유일한 방법은 추축국과의 협력 관계를 과감하게 단절하는 한편, 연합국과 대치해서 벌였던 전쟁도 빨리 끝을 내야 한다는 결론에 도달했다.

모든 국민을 아우르는 새로운 정부가 탄생했다. UN도 우리의 독립을 보장할 것이며, 내정간섭을 원치 않고 있다. 새로운 정부의 출범은 모든 국민의 권리와 자유가 보장되는 새로운 시대의 개막을 의미하는 것이다."

그날 밤 많은 군중들이 왕궁 앞에 모여들었다. 군중들은 "왕이여 만수

무강하소서!", "영국 만세!", "미국 만세!"를 소리 높여 외쳤다. 그러나 한쪽 귀퉁이에서는 소수의 공산주의자 무리들이 "소련 만세!"도 외치고 있었다. 다음 날 독일은 살육 행위를 시작했다. 부쿠레슈티 왕궁의 폭격을 위시해서 수많은 민간인 살상을 자행했다. 포터와 영국의 정보팀들은 중앙은행의 금고로 본거지를 옮겼다.

부쿠레슈티 인근의 독일군 기지에 대한 미군의 공습이 시작되자 히틀러의 폭도들을 제거하라는 지령이나, 미하이 1세를 체포하라는 지시, 그리고 친 독일계 루마니아 장성을 안토네스쿠의 자리에 임명하라는 훈령 모두가 뒤죽박죽이 된 채 무시되어 버렸다. 이런 와중에 독일 대사 폰 킬링거Von Killinger가 자살을 했다.

보드너라슈는 극렬 공산주의자들의 모임인 '애국 노동자'라는 단체를 앞세워 무장 봉기를 계획했으나 실천하지는 못했다. 유명무실했던 그 단체는 수가 많지 않았으며, 더구나 아나 파우커와 바실레 루카를 필두로 해서 오데사 그룹에 속해 있던 많은 사람들은 소수의 행동대원들을 독일과 싸우는 데 투입하기보다는 루마니아의 반공주의자들과 대처하는 데 활용할 생각이었다.

루마니아의 모든 행정 조직과 군부는 미하이 1세의 친 연합국적인 정책을 받들어 놀라운 정열과 효율성으로 대 독일 전쟁의 고삐를 당겼다.

8월 26일 루마니아 공산당은 성명서를 발표했다. 미하이 1세, 마니우 그리고 루마니아 군부의 이름은 거론도 하지 않은 채 루마니아 공산당 단독으로 '애국적인 반 히틀러 세력'을 한 곳으로 결집시켰다고 떠들어 댔다. 성명서에는 또 이런 내용도 들어 있었다.

"루마니아 공산당은 루마니아 내의 여러 가지 사회적, 경제적, 정치적 성격을 규정하는 문제를 해결하는 데 있어 철저하게 행동의 자유를 누리고 있음은 물론 이념적, 정치적, 조직적인 독립성도 유지하고 있다."

역사 다시 쓰기가 일찍부터 시작된 것이다.

이 격동의 기간 동안 종적을 감춰 의구심을 자아내게 했던 차우셰스쿠
는 1944년 8월 30일 부쿠레슈티에 얼굴을 내밀었다. '8월 23일의 현장'
에서 자취를 볼 수 없었던 그의 행적에 대해서는 역사가들이 작성했던
차우셰스쿠의 기록 어디에도 언급이 없고, 여전히 수수께끼로 남아 있
다. 어떤 공산당 고위 간부는 이런 이야기를 했다.

"겁이 난 그는 몇 주일 동안 안드레이 네아구Andrei Neagu라는 젊은 공
산주의자와 함께 조그마한 마을에서 안전하게 지냈어요. 무능했던 네아
구를 차우셰스쿠는 훗날 장군으로까지 진급을 시켰지요. 그는 언제든지
휴가를 갈 수 있었을 뿐 아니라 군에 복무하는 동안은 상당한 특권을 누
렸지요."

네아구가 누렸던 특권은 1944년 8월 23일 반 독일 쿠데타가 터졌을
때 차우셰스쿠가 어떤 행동을 했으며, 또 어디에 있었는지를 잘 알고 있
었기 때문이었다. 차우셰스쿠가 트르구지우 교도소에서 풀려난 다음 약

27세 때의 니콜라에 차우셰스쿠

2개월에 걸쳐 엘레나 페트레스쿠와 함께 한가롭게 지냈다는 소문도 있기는 하다. 차우셰스쿠의 시대가 끝난 다음 페트레스쿠의 친척 한 명은 그녀가 그 기간 동안에는 차우셰스쿠와 친한 사이가 아니었으며 독일군들을 번갈아 사귀었다고 전했다. 그러나 미하이 포페스쿠는 이 말에 의문을 표시했다.

　"엘레나는 그런 여자가 못됐습니다. 도덕성의 문제가 아니라 그런 개성의 소유자가 아니었다는 뜻입니다. 그녀는 독일군들이 좋아할 여성이 아니었지요."

　1990년 8월 엘레나의 올케였던 아델라는 죽기 직전에 엘레나가 독일군을 상대로 매춘부 노릇을 했다고 주장했으나, 아무튼 엘레나가 매춘부 노릇을 했건 안했건 간에 차우셰스쿠와 동시대를 살았던 사람들은 그녀가 최소한 차우셰스쿠보다는 이성 관계가 복잡했다는 데 동의했다. 아르델레아누 교수는 "차우셰스쿠는 엘레나 밖에 몰랐지요. 다른 여자를 전혀 원하지 않는 것처럼 보였어요"라는 말을 들려주었다. 사실 차우셰스쿠는 여자들에게 별 관심이 없었다. 그는 1974년 젊은 시절 동료였던 키부 스토이카가 슬픈 사랑을 못 이겨 자살을 하자 그런 일로 목숨을 끊은 행동을 경멸하기까지 했다. 또 동료들에게 "스토이카가 소련의 스파이가 파 놓은 함정에 빠졌다"는 무언의 메시지를 유포시키면서 "외부인의 유혹에 끌려 들어간 결과다"라고 말하기도 했다. 이때부터 차우셰스쿠의 행동은 점차 광폭해지기 시작했다.

차우셰스쿠의 역사가들은 미하이 1세가 주도했던 8월 23일의 쿠데타를 전후해서 그가 게오르기우 데즈의 편에 확실하게 섰다고 썼다. 사실은 공산당 내에서의 서열이 중간 위치에 있던 차우셰스쿠뿐만 아니라 데즈 또한 현장에 없기는 마찬가지였다. 미하이 1세의 회고에 의하면 당시 현장에 있던 공산주의자는 단 두 명으로 퍼트러슈카누와 그를 돕고 있던 기관사 차우슈라는 가명의 보드너라슈였다.

젊은 시절의 엘레나

트르구지우 교도소에서 출감한 후 차우셰스쿠가 처음으로 대중 앞에 모습을 나타낸 것은 1944년 8월 30일 '공산주의자 청년동맹'의 책임자로 임명된 다음 시가행진을 준비하면서부터였다. 루수는 그날을 잘 기억하고 있었다. 왜냐하면 다른 정치범들과 함께 트르구지우 교도소를 나온 다음 '사회민주주의 청년동맹'의 책임을 맡아 공산주의자 청년동맹과 같이 공동으로 시가행진을 준비하고 있었기 때문이다. 루수는 당시 차우셰스쿠가 전보다 더 강한 스탈린주의자가 되어 있었다고 회고했다.

후에 학술원 회원이 된 미네아 게오르기우Minea Gheorghiu 교수의 말에 의하면 차우셰스쿠의 대중 앞에서의 용모는 출중했다고 한다. 쿠데타가 일어난 이후 며칠 동안 농민당, 사회민주당, 공산당, 자유당의 산하에 있던 청년동맹들은 부쿠레슈티 시내에서 공동으로 집회를 가졌다. 이때 독일은 한때 동맹국이었던 루마니아에 대해 무차별적인 공습을 감행하고 있었다. 게오르기우 교수에 따르면 차우셰스쿠는 공습의 위험에도 불구하고 이때는 빠짐없이 나타났다고 한다.

8월 23일 쿠데타가 일어났을 때 차우셰스쿠는, 밖에서는 실제로 무슨 일이 일어나든 아랑곳하지 않은 채 권력투쟁에만 몰두하고 있던 공산당 내에서 자그마한 역할만 맡고 있었다. 여전히 영향력이 크지 않았던 루마니아 공산당의 주 관심사는 보잘것없었던 대 독일 레지스탕스 기록은 제쳐둔 채 8월 23일 쿠데타에서의 자기들 역할을 극대화시키는 일이었다. 실제로 이 쿠데타 과정에서 공산당은 잔무를 처리하는 정도였다. 에밀 보드너라슈가 급조한 애국 노동자 단체가 나서서 안토네스쿠를 격리시킨 다음 소련군이 진주하자 인계해 버린 것이다.

곧이어 신화가 현실을 뛰어넘었다. 1946년 루마니아 공산당 기관지 「불꽃」은 1944년 8월 23일의 쿠데타를 회고하면서 미하이 1세의 역할도 인정했지만 왕과 함께 루크레치우 퍼트러슈카누 동지의 역할이 정치 상황을 개선하는 데 더욱 결정적인 역할을 했다고 과장했다. 「불꽃」은 보드너라슈의 역할은 빠트린 채 현장에는 한 명도 없었던 소련군 장교들의 협조를 거들먹거림과 동시에 루마니아 공산당의 애국심이 왕으로 하여금 행동에 나서도록 용기와 결단을 직접 불어넣었다는 내용으로 현실을 묻어 버리는 신화의 수를 놓았다. 당시의 상황을 가장 잘 알고 있었던 퍼트러슈카누는 훗날 정직한 설명을 통해 공산당의 허풍을 잠재웠다는 칭찬을 받았으나, 게오르기우 데즈가 권력에의 발톱을 세운 이후 루마니아 공산당은 쿠데타의 주역은 데즈이고, 퍼트러슈카누와 보드너라슈는 하수인에 불과했다는 주장을 내놓기도 하였다.

게오르기우 데즈는 쿠데타를 이용하여 자신의 우상화와 동시에 바실레 루카와 아나 파우커와 같은 오데사 그룹의 세력 약화를 도모했다. 1944년과 1945년에 걸쳐 루마니아 공산주의자들은 하나같이 입을 모아 '소련의 무과오성'에 대한 칭찬에 앞을 다투었던 한편, 미하이 1세에 대해서는 비판을 자제하고 있었다. 왜냐하면 스탈린이 소련 최고의 무공 훈장인 승리장Order of Victory을 외국인으로서는 미국의 아이젠하워 장군과 루마니아의 미하이 1세에게만 수여했기 때문이었다. 후에 루마니아 공산주의자들과 소련의 지도자들 사이가 소원해졌을 때는 쿠데타는 물론 그 후유증 처리에 소련의 부재 사실도 용납이 되었다. 한때는 차우셰스쿠를 전면에 부각시키기도 했지만 8월 23일의 쿠데타에 대한 해석은 날이 갈수록 공허해져 '파시스트와 제국주의를 추방하여 사회와 국민을 해방시킨 날'로 추상화되었다. 최근에는 이 사건의 진실을 아는 젊은이가 많지 않다. 단지 미하이 1세와 마니우가 루마니아 공산당의 도움을 크게 받지 않고 안토네스쿠를 추방한 사건 정도로 알고 있다.

8월 23일 쿠데타로 인해 게오르기우 데즈가 루마니아 공산당 내 최고 지도자 3인 중의 한 사람이 되자 차우셰스쿠에게도 좋은 기회가 온 셈이었다. 1944년 9월 22일자 「불꽃」에 실린 '청년 연합 동맹'이란 제목의 소련을 칭찬하는 기사 옆에 차우셰스쿠의 옆모습이 비쳤다. 이 기사는 북부 트란실바니아를 파시스트로부터 해방시키기 위한 투쟁에서 소련군과 어깨를 맞대고 싸운 젊은 루마니아 병사들을 칭송하는 내용이었다. 10월 3, 4, 11일자 신문에도 연이어 차우셰스쿠의 얼굴이 나타났다. 차우셰스쿠를 기억하고 있던 원로 공산주의자 중 한 사람은, 당시 차우셰스쿠는 무지한 상태였고, 그 이후에도 보고서를 쓸 때면 철자법은 물론 문법까지도 엉망진창이었다고 진술했다. 원로 공산주의자이며 전후 「불꽃」의 편집을 책임졌다가 후에 반체제 인사란 누명을 써 버린 실비우 브루칸은, 차우셰스쿠가 쓴 글은 정확한 루마니아 어로 교정을 해야만 되었을 뿐 아니라 그의 문맹은 1950년대까지 이어졌다고 회고했다. 초기에 「불꽃」지에 관여했다가 1974년 이후 차우셰스쿠가 쓴 글의 교정 책임을 맡았던 콘스탄틴 미테아는 문법, 맞춤법, 철자법 등을 빠트리지 않고 고쳐야만 되었다.

차우셰스쿠가 쓴 첫 번째 글은 루마니아 군대가 대 독일 전쟁에서 소련군과 힘을 합해 공을 세웠다는 내용이었는데 실제로는 루마니아 공산당이 퍼뜨린 이야기와는 사뭇 다른 것이었다. 루마니아 공산당은, 퇴각하는 독일군을 공격하여 10만 명을 포로로 잡은 루마니아 군대는 전쟁 초기에 소련군에 대항해서 그 독일군과 함께 싸운 부대였다고 주장했었다. 또 1944~45년에는 소련이나 공산주의자들에게 충성을 바친 군대가 아니라 왕에게 충성을 맹서한 군대였다. 이런 연유로 뒤에 군부 내에 숙청이 일어났었다.

루마니아 노동조합에 관한 한 연합전선이 결성되었다는 말도 잘못된 이야기다. 노동조합의 결성 초기부터 겉으로는 단합이 이루어진 듯했으나 실제로는 공산당과 다른 정당들이 노동자들의 마음을 사기 위해 피나는 투쟁을 벌였다. 반면에 루마니아 공산주의자들은 돌격대를 곤봉과 몽둥이로 무장시켜 근로자들 대부분이 사회민주주의자였으며 뒤에 '8월 23일 공장'으로 이름을 바꾼 부쿠레슈티에 있던 말락사Malaxa 공장을 습격하게 했다. 목표는 그들의 충성심을 공산당으로 돌리기 위한 것이었으나, 일이 쉽게 풀리지 않았다. 피가 난무하는 싸움이 벌어졌다. 그 과정에서 이 투쟁을 주도했던 게오르기우 데즈 그룹의 지도자 중 한 사람이었으며 돌격대의 책임을 맡았던 게오르게 아포스톨이 한쪽 눈을 잃었다. 차우셰스쿠는 이때도 현장에 모습을 나타내지 않았다.

아나 파우커와 트란실바니아 사람인 바실레 루카가 소련으로부터 돌아온 후인 1944년 10월, 루마니아 공산당 주도권을 거머쥐기 위한 투쟁

1944년 12월 부쿠레슈티에서 있었던 공산당 집회 때의 사진. 맨 왼쪽이 차우셰스쿠. 그 옆이 바실레 루카, 뒷줄 검은 안경을 쓴 사람이 게오르기우 데즈, 여자가 아나 파우커. 그 옆이 에밀 보드너라슈. 모두 차우셰스쿠에 의해 숙청 대상이 되었다.

이 서서히 그 모습을 드러내기 시작했다. 이때 전시 중 루마니아 공산당의 지도자였으나 당시는 신분이 불분명했던 포리슈가 잠시 동안 종적을 감춘 일이 벌어졌다. 데즈의 지령을 받은 공산당 돌격대가 1944년 8월 이미 그를 공산당 건물 지하에 감금하고 있었다.

곧이어 소련을 등에 업은 지식인 그룹과 데즈 간의 혈투가 시작되었다. 1944년 당시 어떤 루마니아 공산당 지도자보다도 헌신적이었던 퍼트러슈카누는 입을 다물고 있었다. 그의 원칙, 도덕성, 지성을 갖춘 정직한 성격이 결국 치명적인 결함이 되어 버렸다. 퍼트러슈카누를 가장 힘들게 만들었던 것은 공산당 내의 권력투쟁이 아니라 조그마한 루마니아 공산당을 최대의 정치 세력으로 부상시키려고 동원했던 방법론이었다. 소련에서 귀국한 직후 공산당 내부 문제의 책임자로 부상한 아나 파우커의 지령에 의해 공산당원의 숫자는 눈덩이처럼 불어났다. 원로 공산주의자였던 사람이 나에게 들려준 당시 떠돌아 다녔던 농담거리를 들어보자.

"공산당 입당원서를 작성할 때 과거 철의 동맹에 가담했던 전력을 언급했습니까? 물론 그랬지요. 경력상 도움이 되지 않겠습니까?"

"악마의 손에 키스를"이라는 속담이 뜻하는 바와 같이 이런 농담거리도 당시 루마니아 사람들의 심리 상태를 상당히 잘 반영하고 있다고 봐야 한다. 루마니아 내에서 소련의 존재가 입증했듯이 항시 이긴 자의 줄에 서는 것이 안전하다는 뜻이었다. 10만 명이 넘는 농민들이 지주로부터 몰수한 농토를 조금씩 할양받은 점은 그렇다고 치더라도 입당원서를 작성한 모든 사람들에게 당원증을 교부한 것은 크게 잘못된 일이었다. 특히 대부분의 입당 희망자들의 목적이 과거 철의 동맹에 가입했던 전력을 희석시키기 위함이었다는 사실을 감안해도 하여튼 1945년부터 1947년에 걸쳐 공산당원의 숫자가 약 100배 증가했다는 것은 지나쳤다. 그런 기회주의적인 태도에 비위가 거슬린 퍼트러슈카누는 불쾌한 감정을 솔직하게 표현했다. 그러나 아나 파우커와 바실레 루카가 추진했던 당원 증대 방법은 여전했다. 소련의 외무성 차관이자 스탈린의 대 루마니아 문제 해결사 역할을 했던 비신스키는 수시로 루마니아를 방문했고, 그때마다 융숭한 대접을 받았다. 1944년 11월 14일 한 연회장에서 그는 건배를 들면서 이렇게 외쳤다.

"민주국가 대열에 참여한 루마니아 정부의 앞날에 발전이 있기를!"

해방된 동유럽에서와 마찬가지로 루마니아에서도 개인의 전력은 전혀 문제가 되지 않았고, 소련의 이익에 대한 기여와 충성심만이 강조되었다.

소련의 압력이 점차 현실화되고 독일의 패망이 눈앞에 다가서는 한편, 루마니아가 스탈린의 괴뢰 정부로 전락도 하기 전에 연합국이 연약한 태도를 보이자 미하이 1세와 공산주의를 반대하던 정치인들은 비록 제한적인 수단 밖에 없었지만 루마니아 공산당의 물결을 잠재우려는 필

1945년 2월 소련 대표단의 영접식 때 찍은 사진. 당시 공산당 중앙 본부로 쓰고 있던 건물(현재는 관광부) 옥상에서. 영국 국기 바로 밑에 차우셰스쿠의 얼굴이 보인다.

사적인 노력을 했다. 왕은 친 연합국적인 자세 때문에 트르구지우 교도소에서 수감 생활을 했던 러데스쿠 장군을 수상에 임명했다. 왕이 내무부의 일을 현명하게 관장했으나 차관에 공산주의자를 임명하라는 주위의 압력이 거셌다. 곧이어 힘의 실체가 얼굴을 드러냈다. 1945년 1월 루마니아 공산당의 사절단을 이끈 게오르기우 데즈와 아나 파우커가 모스크바로 향했다. 이때 사진의 맨 앞줄 가운데 누가 설 것인가를 놓고 설왕설래가 있었지만 데즈가 맨 앞줄 가운데 서고 파우커는 데즈의 뒷줄에 섰다. 청년 지도자였던 차우셰스쿠는 사절단에 참여할 만큼 위상이 높지 못했다. 당시 마니우의 개인 보좌관이었던 코르넬리우 코포수는 "당시 차우셰스쿠는 가끔 심부름을 하는 정도였지요"라고 회고했다. 곧바로 루마니아 공산당이 실질적으로 지배하던 정당 협의체인 '전국민주전선'이 내무부 앞에서 대규모 시위를 주도했다. 발포가 있었으나 경찰에 의한 것이 아니라 공산당 선동분자들이 조작한 것이었으며, 데즈가 동원한 선동대원들의 파우커와 루카에 대한 비난이 쏟아지는 가운데 러데스쿠 장군은 결국 영국 대표단이 머물고 있던 건물에서 피난처를 구할 수밖에 없었다. 소련의 탱크들이 왕궁을 포위한 상태에서 비신스키는 왕에게 최후통첩을 전달했다. 미하이 1세는, 전에 '농민전선 Ploughmens' Front'이라는 조그마한 지하 사이비 공산당 조직을 결성한 경험이 있으며, 트란실바니아 농민당 당수를 지냈던 무지하기 그지없는 페트루 그로자Petru Groza를 수반으로 하는 '전국민주전선' 정부를 수용하는 길 외에 다른 대안이 없었다.

1945년 3월 6일 루마니아를 공산화시키는 제2단계 작업이 막을 올렸다. 바실레 루카는, 3월 6일이야말로 루마니아가 왕정에서 분리되는 시발점이었기 때문에 8월 23일보다 역사적 의미가 훨씬 더했다고 말했다. 물론 그로자만이 공산당 정권 창출에 일조를 했던 정치인은 아니다. 그로자와 똑같이 괴팍스러웠던 자유당적의 제오르제 터터러스쿠George Tătărăscu가 외무장관에 부임했으며, 각료 중 다른 여섯 자리도 믿을 수 없는 자유당과 농민당 정치인들에게 돌아갔다. 그로자의 중견 보좌관이 된 보드너라슈는 그로자의 옆방에 사무실을 얻었다. 게오르기우 데즈는 체신부 장관이 되었다. 겉으로는 정부 조직 내에 비 공산주의자들이 포진하고 있었기 때문에 영국이나 미국 정부도 그로자 정부를 합법적이라고 인정했다. 총선에서 처칠이 애틀리에게 패배한 다음 영국의 외무장관에 취임한 어니스트 베빈Ernest Bevin은 확신에 찬 목소리로 루마니아 새 정부는 루마니아 국민들의 희망을 전혀 대변하지 못하고 있다고 말했다.

1945년 5월 부쿠레슈티에서 안토네스쿠의 재판이 열렸다. 그가 소련에 억류되어 있는 동안 소련 공산당은 소련이 통제하는 루마니아 괴뢰정부의 수반으로 안토네스쿠를 저울질해 봤지만 아무튼 그의 사형선고는 예상된 결론이었다. 대단한 용기로 맞섰던 안토네스쿠는 재판정에서

1941년 이후 이어졌던 루마니아 정책의 불투명성을 자세하게 설명했다. 진실성과 두려움이 없던 자세는 깊은 감명을 주기도 했다. 증인으로 재판정에 나선 이울리우 마니우는 안토네스쿠에게 유리한 증거를 제시한 다음 그와 힘찬 악수를 나누었다. 이런 태도가 훗날 마니우의 운명을 재촉했다. 미하이 1세도 안토네스쿠의 형량을 줄이기 위해 노력했으나 그로자 정부는 허용하지 않았다. 그로자 정부에 가담했던 사람들은 루마니아 군대가 안토네스쿠의 처형에 협조하지 않을 것이란 것을 잘 알고 있었기 때문에 대신 공산당 타격대원들에게 루마니아 군복을 입혀 데려왔다. 첫 번째 탄환이 안토네스쿠를 죽이지 못했다. 두 번째 탄환이 발사되기 전 안토네스쿠는 무릎을 꿇고 "총을 똑바로 쏘지도 못하는구나!"라고 소리 질렀다. 그러나 두 번째 사격도 치명적이지는 못했다. 최후의 일격이 있기 전 안토네스쿠는 "루마니아여 영원하라!"는 마지막 말을 남겼다.

미하이 1세는 소련의 압박 작전을 피부로 직접 느끼는 가운데서도 사임하지 않겠다는 생각을 다지고 있었다. 그는 후에 "공산당원들을 편안하게 해줄 생각이 전혀 없었다"라는 회고를 남겼다. 처칠과 스탈린 사이에 루마니아와 그리스의 운명에 대한 거래가 이루어졌던 포츠담 회담 직후 미하이 1세는 그로자를 퇴임시키려고 했지만 실패했다. 당시 행정력을 앞세운 숙청이 이미 시작되었고, 체포나 연행은 일상사가 되어 버렸다.

1945년 10월 16일 루마니아 공산당은 1924년부터 지하 활동을 시작한 이래 처음으로 전국대회를 열었다. 루마니아 공산당 내의 권력투쟁이 얼마나 심각했는지는 아무도 제1서기 직에 선출되지 못했다는 점에서 찾을 수 있을 것이다. 대신 중앙위원회의 서기 직에 파우커와 데즈 두 사람이 앉게 되었다. 예상했던 대로 차우셰스쿠는 중앙위원이 되었으나 일시적이었다. 그러나 퍼트러슈카누는 정치국원에 포함되지 못한 채 몰락의 길을 걸었고, 1948년 들어서는 자취까지 감추었다.

루마니아 공산당 내의 실무진에서도 비교적 젊은 층에 속했던 차우셰스쿠는 아나 파우커라는 우뚝 선 거물이 우위를 점하자 심한 거부감을 느꼈을 것이다. 두 사람은 완전히 다른 배경을 가지고 있었던 한편, 차우셰스쿠는 그녀가 자기를 형편없이 평가하고 있다는 것도 잘 알고 있었다. 전쟁 직후 몇 달 동안 정력적이었던 많은 루마니아 공산주의자들과 마찬가지로 차우셰스쿠도 스탈린에 대한 맹목적인 충성심 때문에, 파우커가 당시 공산당을 지배하고 있었지만, 소련이 내면으로는 게오르기우 데즈를 지도자로 선호한다는 사실에 위안을 얻고 있었음에 틀림없다.

그러나 다른 한편에서 보면 남편이 처형되었는데도 불구하고 충성심을 보이지 못했다면 그녀가 과연 스탈린의 신뢰와 믿음을 얻을 수 있었을까?

또 보드너라슈가 후에 언급했듯이 파우커가 실제로 이름뿐인 루마니아 공산당의 대표였을까?

의심 많고, 음흉하며, 보안 유지에 철저한 성격이었던 차우셰스쿠는 이렇게 민감한 문제에 대해서는 일언반구 말이 없었고, 누가 밀고를 할지 몰랐기 때문에 친한 친구들과도 대화를 기피했다.

파우커의 냉담함에도 불구하고 차우셰스쿠는 젊음, 정력 그리고 데즈와의 밀접한 관계를 바탕 삼아 초고속 승진을 했다. 1946년 여름, 그는 당으로부터 콘스탄차로 가서 현지 문제를 잘 처리하라는 명령을 받았다. 이때 엘레나와 해변에서 찍은 사진 한 장이 있다. 나이답지 않게 젊은 표정의 차우셰스쿠와 불만에 가득 찬 얼굴의 엘레나를 담고 있던 이 사진은 엘레나의 표독하고 간교한 자태가 나타나기 전의 모습을 전한

1946년 콘스탄차 해변에서 차우셰스쿠와 엘레나가 함께 찍은 사진인데 공개되지 않고 있었음. 키 큰 사람이 당시 차우셰스쿠의 상관이었던 키부 스토이카. 1974년에 자살했다.

유일한 영상 기록이다. 무지하고 초라하게 보여서 그랬던지 엘레나는 후에 이 사진의 사용을 금지시켰다.

1946년 10월 차우셰스쿠는 올테니아 지방의 당 서기로 승진했다. 고향인 그곳에서 다음 달에 치러질 선거에 대비하기 위함이었다. 스코르니체슈티에 살고 있던 노인들은 차우셰스쿠가 그 고장에 돌아온 때를 기억하고 있었다. 그는 벼락출세한 기분에 거들먹거렸고 마을 사람들은 그런 자세를 못마땅해 했다. 그가 집단농장에 대한 의견을 알아보기 위해 올테니아 지방을 순시했을 때 분노한 농민들이 기사가 운전하던 그의 차를 뒤엎어 버린 일도 있었다.

차우셰스쿠의 시대가 막을 내리자 더 이상 두려워 할 것이 없었던 나머지 그에 대한 비난이 쏟아졌다. 올테니아 지방 사람들은, 그때까지 차우셰스쿠의 자극만 하면 쏟아져 나오는 직선적인 성격과 폭력적인 행태를 잃어버리지 않고 있었다. 슬라티나 마을에서 차우셰스쿠는 한 지방

은행의 간부와 다가오는 선거와 공산당의 역할에 대해 격렬한 토론을 벌였다. 차우셰스쿠는 그 간부에게 선거에 대비하기 위해 돈이 필요하니 공산당에 자금을 지원하라고 명령했다. 욕설이 오고 간 뒤 삿대질로까지 이어졌다. 결국 그 은행 간부는 칼에 찔려 죽었다. 차우셰스쿠가 그랬는지, 아니면 경호원들이 그랬는지는 아직까지 밝혀진 바가 없다. 당시 전체적인 분위기가 뒤숭숭해 피해자의 가족들은 차우셰스쿠를 상대로 고소조차 하지 못했다.

1946년 새 신부 엘레나 차우셰스쿠는 고향에 잠깐 들렀다. 떠오르는 한 공산주의자의 아내가 되었음을 자랑하고 싶었던 것이다. 페트레슈티에 여전히 살고 있던 노인들은 엘레나의 방문에 아무런 감명을 받지 못했었다고 말했다.

1946년 11월에 치러진 선거는 차우셰스쿠를 '전국인민회의'에서 돋보이게 만들었지만 전후 동유럽에서 실시된 선거 중에서 공산당이 선거를 가장 인위적으로 조작했던 사례에 속한다. 공산당은 전형적인 방법을 동원했다. 야당의 집회는 공산당의 하수인들이 방해했고, 자유당과 농민당의 수많은 후보자들은 유세조차 할 수가 없었다. 그러나 서방의 관측통들이 자유당과 농민당의 후보자들이 약 75퍼센트의 득표를 할 것이라고 예측했기 때문에 협박 전략은 효과가 거의 없었다. 이런 여건에서도 공산당과 그로자 정부는 이용 가능한 여러 가지 대안을 가지고 있었다. 선거가 끝난 후 5일에 걸쳐 투표함이 조직적으로 바뀌었다. 공산당 후보자들에게 70퍼센트가 투표된 투표함으로 바꿔치기 한 것이다. 루마니아 사람들은 이런 현상을 빗댄 유행어를 만들어냈다.

"투표함에 들어간 것은 마니우인데, 투표함에서 나온 것은 그로자라네!"

그 선거가 있기 직전 파우커, 데즈 그리고 오스트리아에서 망명 생활

엘레나가 가장 좋아했다는 차우셰스쿠의 20대 후반
사진

을 하고 있던 세 명의 철의 동맹 지도자들 간에 협상이 이루어졌다. 양측은 비공개리에 서로 공격하지 않는다는 조건에 합의했다. 암살 혐의를 받고 있던 피의자들을 제외한 모든 철의 동맹 회원들이 사면되는 한편, 루마니아 국내 거주도 허용되었다. 그러나 대가로 국내 거주가 허용된 철의 동맹 회원들은 공산당 당원들이 비 공산주의 정당의 회합을 방해하는 것을 도와야 하는 한편, 그들이 수동적이 되게 만들거나 복종하는 태도를 보이게 협조해야 된다는 것이었다. 귀국 대열에 참여했던 수많은 철의 동맹 회원들은 그들의 의무를 충실하게 수행했을 뿐 아니라 상당수는 공산당에 가입한 데 이어 경찰, 비밀경찰로 옷을 갈아입었다. 소수의 회원만이 그 협상 조건에 등을 돌리고 마니우의 농민당에 협조했다.

파우커, 데즈 그리고 철의 동맹의 지도자들 간에 추잡한 장막 뒤의 거래가 이루어진 다른 한편에서는 마니우가 몰락의 길을 재촉하고 있었다. 전후 루마니아의 공식적인 역사는 이런 내막에 대한 기록이 일체 없다.

공산당이 미리 조작한 선거 결과로 공산당과 그로자 일당은 348석의 의석을 얻었지만 야당에게는 단 66석만이 돌아갔다. 국민들은 이런 결과가 철저히 조작된 것이란 것을 잘 알고 있었으며, 미국이나 영국의 항의도 거셌다. 시간이 지나면서 자유선거로 선출된 대표성 있는 정부의 탄생이 민주화 과정의 증거라는 소설 같은 이야기가 먹혀 들어가자 연합국의 저항도 곧 수그러들었다. 그로자 정부에 참여했던 자유당과 농민당 대표들이 철수하고 미국, 영국, 소련 그리고 루마니아 간의 평화협상이 마무리된 1947년 2월경에는 루마니아 공산화를 위한 제3단계조치가 출범할 준비를 하고 있었다. 1944년 8월 불과 1,000여 명에 지나지 않던 루마니아 공산당 당원 숫자는 100여만 명으로 늘어났고, 모스크바의 지령을 철저히 수행하던 루마니아 공산당은 명실상부하게 행정부와 전국을 완전히 장악하기에 이르렀다.

당대 최고의 정치인으로 추앙받던 이울리우 마니우는 1947년 5월 간첩 혐의를 포함해서 일련의 날조된 죄목으로 체포되었다. 75세였던 그는, 위험을 감지한 주변의 지원자들이 외국으로 망명하라고 간곡하게 요청했으나 끝까지 거부한 채 루마니아에 남았다.

5개월 후 마니우와 18명의 다른 피고들에 대한 군사재판은, 반공주의자 안토네스쿠 정부 때와 마찬가지로 공산당이 지배하던 페트루 그로자정부의 뜻에 영합하는 갖은 비굴함과 추잡스러운 모양을 노출시켰다. 재판장을 맡았던 페트레스쿠 대령은 1936년 재판에서 아나 파우커를 기소했던 사람이다. 그는 전쟁 중 철저한 반공 검사로 베사라비아에서 활동하면서 공산주의 음모자들에게 극형을 구형하기도 했다. 파우커는, 마니우가 1936년 재판 당시 배후에서 자기의 목숨을 구해 준 은인이란 것을 잘 알고 있었다. 기처 이오네스쿠Ghiţă Ionescu의 말에 따르면 더 우스꽝스러운 일은, 법무부 장관 퍼트러슈카누가 전쟁 전 페트레스쿠 같은 사람에 의해 배임죄로 군사재판에 기소된 공산주의자들을 위해 마니우의 농민당을 설득해 변호사를 선임케 하자 농민당은 여러 가지 지원도 아끼지 않았다는 사실이다. 마니우의 재판에 대한 퍼트러슈카누의 감회는 오로지 추측에 맡길 수밖에 없다. 왜냐하면 퍼트러슈카누는 마니우와 오랫동안 친교를 맺었고, 심지어 독일 점령이 끝나면 첫 번째 수상으로는 그가 적임자라고 주장했기 때문이다.

동료 정치인들을 외국으로 망명시킨 혐의에 대해 마니우는 침착한 태도와 큰 목소리로 모든 사람들이 다 들을 수 있게 "루마니아 내에서 언론 자유가 통제된 이후 그렇게 했노라"고 답했다. '비밀스러운 대화 통로를 외국에 가지고 있는 것은 불법이다'라는 주장에 대해 마니우는 "정상적인 대화 통로가 봉쇄된 상태에서 무엇이 잘못이냐?"고 되받아쳤다. 종신형을 선고받은 그는, 독방에서 고독과 배고픔을 견디지 못한 채 82세를 일기로 세상을 떠났다. 그와 가까웠던 소수의 망명 루마니아 인들, 그리고 전쟁 중 연합국의 편에 섰던 그의 역할을 잘 알고 있던 몇 안 되는 서방의 전문가들을 제외하면 마니우의 체포나 기소에 대한 항의의 목소리는 많지 않았다. '양심수'라는 용어를 흔하게 들을 수 있던 때가 아니었다. 미하이 1세는 당시 서방세계는 루마니아에 대해 무관심했다고 회고하면서 "서방 사람들은 루마니아에서 무슨 일이 일어나고 있는지조차 알고 싶어 하지 않았지요"라고 덧붙였다. 그는 그로자 정권의 포로에 지나지 않은 상태였기 때문에 비극적인 결과로 끝날 마니우의 재판 과정을 지켜보면서 현실적인 대응 방안이 없음을 괴로워했다.

1947년 12월 외국으로 나가는 것을 완강하게 거부했던 미하이 1세에게 미끼가 던져졌다. 런던에서 거행된 필립 공과 엘리자베스 공주의 결혼식에 미하이 1세가 참석하자 루마니아 공산당 지도자들은 왕이 이 기회를 이용해서 영원히 망명하기를 바랐다. 당시를 미하이 1세는 이렇게 회고했다.

"런던을 향해 부쿠레슈티를 떠날 때 전 각료들이 공항에 일렬로 줄을 서서 얼굴에는 함박웃음을 웃고 나를 전송했지요. 그들은 내가 돌아오지 않을 것으로 믿는 듯했습니다."

그가 부쿠레슈티에 돌아왔을 때 똑같은 각료들이 도열해 있었지만 그

1948년 12월 27일, 프랑스의 니스에 있는 정교회에서 크리스마스 예배를 보고 떠나는 루마니아의 전왕 미하이 1세와 왕비 안나 마리, 왼쪽에 보이는 두 사람은 대비 헬렌과 미하이 1세의 보좌관이었던 베르고티 소령.

들의 얼굴에는 찬 기운만이 감돌았다. 그리고 아무도 왕의 얼굴을 쳐다보지도 않았다. 미하이 1세는 단순하게 귀국만 한 게 아니라 런던에 머무르는 동안 덴마크의 왕족인 부르봉—파마Bourbon-Parma 가문의 안나 마리 공주를 만나 구애한 다음 약혼을 발표했었다.

국민들 사이에 인기가 대단했던 젊은 군주로서 미하이 1세는 권위가 있었을 뿐만 아니라 왕위를 승계할 왕자까지 얻게 되면 전도에는 거칠 것이 없게 보였다. 상황이 그렇게 전개되어 가자 그로자가 나서서 왕에게 국가 재정이 약해서 왕의 결혼 비용을 조달할 수 없다고 말했다. 그런 다음 게오르기우 데즈와 괴뢰 정권의 꼭두각시 수상이었던 그로자가 다시 왕을 만나 즉시 왕위를 사임한 후 루마니아를 떠나라고 윽박질렀다. 그렇지 않으면 미하이 1세가 보기에도 질 것이 뻔한 왕의 지지자들과 새로운 정부에 가담하고 있던 공산주의자들 간의 충돌이 불가피해 보였다. 데즈가 퉁명스럽게 왕에게 "당신은 국민들에게 가변적인 영향력을 미칠 수 있기 때문에 당신이 루마니아 내에 있으면 문제의 소지가 많다"라고 위협하면서 "당신의 지지자들에게는 현재 당신이 하고 있는 모든 행동이 저항운동으로 보일 것이다"라고 퉁명스럽게 쏘아붙였다. 그리스의 공주였던 대비도 그 자리에 참석했다. 왕이 자리를 비운 사이 대비가 공산주의자들의 지속되는 왕권 비하 움직임을 비난하자 데즈는 국민의 감정에 너무 의존해서는 안 된다고 냉소적으로 답하면서 이런 말을 했다.

"어제까지는 국민들에게 왕을 섬기라고 해서 국민들이 왕을 섬겼지만, 지금은 그들에게 우리 공산주의자들을 존중하라고 말하고 있으므로 그들은 곧 그렇게 할 것이다."

미하이 1세와 데즈의 대화가 왕궁에서 진행되던 동안 무장한 시구란차와 투도르 블라디미레스쿠 전사들이 왕궁을 포위하고 있었다. 데즈와 그로자는, 자기들은 단지 스탈린의 지시에 따라 행동할 따름이라고 암시하는 한편, 만약 왕이 조용하게 떠나지 않으면 마니우와 같은 운명이 될 것이라고 협박했다. 후에 헬렌 대비는 '촌놈 그로자'가 권총을 꺼내면서 어떻게 말했는지를 전해 주었다.

"안토네스쿠를 처리하는 것을 봤지요. 우리를 만만하게 봐서는 안 될 것이오."

미하이 1세와 헬렌 대비가 스위스를 향해 떠난 후 공산주의에 가담했던 불학무식한 행동대원들은 왕궁의 약탈에 정신을 팔았다. 왕이 상당한 재산을 반출하는 것을 약속했던 그로자는 결코 그 약속을 지키지 않자, 미하이 1세 일행은 하는 수 없이 옷가지와 개인 사물 몇 가지만을 챙겨 떠났다. 정부는 왕실 재산을 점검하기 위해 위원회를 구성했는데 공교롭게도 차우셰스쿠 사후 일리에스쿠가 이끌었던 '구국전선'의 행동과 다를 바가 없었다.

공화정을 표방했던 새 정부의 각료 구성은 소련을 흡족하게 했다. 외무부 장관에는 아나 파우커, 보드너라슈는 국방부 장관, 재무부 장관에는 바실레 루카 그리고 국민경제부 장관은 게오르기우 데즈가 차지했다. 법무부 장관에 임명된 퍼트러슈카누는 1년 후 체포되는 신세로 전락했다.

채 2년도 안 되는 기간 동안에 차우셰스쿠는 공산당 내에서 수많은 새로운 사실을 발견했다. 과거의 결속력이나 함께 했던 어려움이 그렇게 중요한 의미를 가지지 못했으며, 어제의 애국자와 동지가 오늘은 갑자기 변절자로 낙인찍히는 일들이 흔하게 벌어졌다. 또 충성을 받쳤던 윗사람이 잘못이라도 되면 낭패가 아닐 수 없었다. 포리슈와 퍼트러슈카누와 같이 체제와 반목했던 사람들이 그런 예에 속할 것이다. 따라서 경계심을 낮춘다는 것은 극히 위험한 일이었다. 신중한 자세, 비밀 유지, 비인간적인 냉정함이 자기를 지키는 유일한 무기라는 것을 몸소 터득하고 있었다.

또 다른 발견은, 공포 분위기가 넓게 퍼진 상태에서는 모든 사람에게 직접적인 위협을 가하지 않아도 조작의 대상이 쉽게 된다는 사실이었다. 마니우의 재판 과정에 관련된 군 검찰관들이 그런 경우를 대표하는 사례가 될 것이다. 천박하기 그지없는 키시네브스키가 강경 선동에 앞장서고 있던 상태에서는 루마니아의 수많은 지성인들의 행동 또한 흔들리지 않을 수가 없었다. 가장 잘 알려진 우익 언론인 중 한 사람이었으며 카롤 1세 왕 때는 아첨하는 조신이었던 체자르 페트레스쿠Cezar Petrescu는 게오르기우 데즈 정권을 맨 앞에서 옹호하는 대변인으로 변신했다. 차우셰스쿠는 냉혈한 같은 태도로 모든 사람들이 자신들의 가치를 조작해 가는 과정을 잘 지켜보고 있었다.

더욱 큰 교훈은, 마르크스-레닌주의 아래에서는 모든 진실이 상대적이라는 것이었다. 차우셰스쿠는 데즈나 자기가 8월 23일 쿠데타에서 아무런 역할을 못했다는 것을 잘 알고 있었지만, 이런 것들이 차우셰스쿠로 하여금 루마니아 공산당의 결속력을 다지고 개인적인 명분을 살릴 수 있는 '가치 있는 행동(?)'까지 추구하지 못하게 막지는 못했다. 파우커-루카-제오르제스쿠의 역사가 보여 주었듯이 공산당 운영체계는 함정 투성이였다. 하지만 개인적인 발전과 성공을 보장하는 공식이 있었음에 틀림없다. 데즈는 이런 것들을 잘 알고 있어서 언제나 사태를 관망하면서 앞서 나갔다.

1945~46년에 걸쳐 루마니아 공산당 지도자들이 대중 앞에 모습을 드러낸 사진들을 들여다보면 차우셰스쿠의 얼굴이 처음으로 나타난다. 턱수염을 크게 길렀지만 인자한 모습의 게오르기우 데즈나 익살스런 표정에 바보 같은 키시네브스키와는 다르게 차우셰스쿠의 얼굴에서는 웃음을 찾아볼 수 없다. 항상 가장자리에 섰던 그의 눈길은 중심에 섰던 사람들에게 쏠리고 있었다. 그의 집중력은 놀랄 만한 것이었다. 자기 스스로에게 이렇게 말하고 있는 듯했다.

"나는 언제 중앙에 설 수 있지? 어떤 방법을 통해야만 중앙으로 갈 수 있지?"

제 6 장

계급장

1948년 1월 이후 아나 파우커와 게오르기우 데즈의 통치 아래서 루마니아는 소련에 철저하게 복종하는 공산주의 괴뢰국가로 전락했다.

새 정권에 미온적인 태도를 보인 사람들에 대한 비밀경찰이나 공산당의 압박, 체포, 추방이 전 동구권을 휩쓸었고 국유화, 통제경제, 집단농장 현상도 궤를 같이했다. 문화 예술계에는 초현실주의가 나타났다. 전국적으로 횡행했던 테러 분위기는 폴란드, 체코슬로바키아, 헝가리, 불가리아, 루마니아에 따라 약간의 차이가 있었지만, 각국의 스탈린 충성분자들이 수행하는 소련의 청사진은 판에 박은 듯했다. 이 기간 동안 루마니아에서 테러에 희생당한 사람들의 정확한 숫자는 알 길이 없다. 1946~47년에 걸쳐 희생당한 사람들만 약 6만 명이 넘는 것으로 추계되는 실정이다. 또 수만 명의 노동력이 데즈가 호기심에서 추진한 '다뉴브 강-흑해 운하' 공사 현장으로 추방되기도 했다. 예상치 못한 시련은 공포감을 증폭시켰다. 전쟁 기간 중 처음에는 독일에게, 다음에는 소련군에게 철저히 약탈당했던 루마니아는 다시 한 번 소련의 강탈을 경험했다. 모든 물자는 소련으로 보내졌고, 소련과 루마니아가 세웠던 합작공장들은 세금을 한 푼도 내지 않으면서 생산품은 터무니없는 헐값에 소련으로 수출하고 있었다.

상상하기 어려운 혹한이 몰아쳤던 1946~47년 겨울, 그리고 찌는 듯한 무더위가 기승을 부렸던 1947년과 1948년 여름의 시련은 더했다. '철의 장막'이 내려지자 서방은 장막 뒤에서 무슨 일이 일어나는지 관심조차 없어 했다. 특히 발칸 반도에 대해서는 무관심으로 일관했다. 제2차 세계대전의 상처가 아물지 않은 상태에서 분명 전쟁과 사후 처리에 대한 책임을 면키 어려웠던 서방의 관료들과 정치인들은 지옥 같던 루마니아에서 탈출한 망명자들이 전하는 진실에 귀를 막았다. 베를린 공수작전 때는 열성을 보였던 서방의 언론들도 동유럽에 대해서는 관심이 없는 듯했으며, 전쟁 중 우유부단한 자세를 보였던 루마니아에 대해서는 특히 흥미가 없어 했다. 또 1950년에 발발한 '한국전쟁'이 세계 언론의 이목을 한편으로 몰았다.

동유럽 어느 곳에서도 공산주의자들은 인기를 끌지 못했고, 체코슬로바키아를 제외하고는 선거를 통해 공산당이 다수를 차지한 곳도 없었다. 국민들 사이에 폭넓게 퍼진 공산주의자들에 대한 괴기스러웠던 신화가 루마니아를 독특한 방향으로 몰고 나갔다. 전쟁 기간 중 처음에는 소련군과 싸웠고, 다음에는 독일군에 저항해서 싸웠던 루마니아 병사들, 8월 23일 쿠데타를 주도했던 왕의 신하들, 쿠데타를 옆에서 도왔던 정치인과 공무원들, 쿠데타가 발생했던 날 밤 왕궁 주변에서 "영국 만세, 연합국 만세!" 구호를 힘차게 외쳤던 수만 명의 시민들은 권위주의 신문이 도배질하다시피 한 신정부에 대한 칭송 기사가 모두 거짓이라는 것을 잘 알고 있었다. 공산주의자들이 루마니아에서 권력을 잡을 수 있었던 유일한 원천은, 서방세계가 소련의 영향권으로 편입된 루마니아에서 벌어졌던 사태를 수동적으로 묵인하는 동안 비신스키와 대규모 소련 병력이 무력도 불사했다는 데 있다는 것은 널리 알려진 이야기다.

루마니아 농민들은 빈곤에도 불구하고 혁명 전의 소련과는 다르게 비공산주의 정당들과 함께 1945년 8월 해체된 '농민당'을 통해 정치적인 활동을 했었다. 집단농장제도에 대한 농민들의 반대는 예상했던 대로 엄청난 파장을 불러왔지만, 신정부의 지방 감독관 중 한 사람이었던 차우셰스쿠는 물불을 가리지 않고 앞장서서 항의하는 농민들을 즉결처분해 버렸다.

엘레나와 차우셰스쿠는 1946년에 결혼했으나 전기를 썼던 작가들의 신중한 배려 덕분(?)에 결혼식에 대한 이야기는 전혀 알려진 것이 없다. 청년 당원 시절 차우셰스쿠의 동료였던 사람은 결혼 신고용으로 5분에 걸쳐 형식적으로 이루어졌던 결혼식에 양가 부모들이 참석하지 않았음은 물론, 당의 상관들 중에서도 아는 사람이 없었다고 전했다. 1948년 큰아들 발렌틴Valentin이 태어났고, 1950년에 딸 조이아Zoia, 이어 1951년에는 귀여움을 독차지했던 막내아들 니쿠Nicu가 태어났다. 이들은 지금 다른 루마니아 사람들하고는 다르게 신흥 지배 계층들이 모여 사는 부쿠레슈티의 고급 주택가에서 여전히 생활하고 있다.

욱일승천하던 다른 젊은 당원들과 마찬가지로 차우셰스쿠 부부도 즈다노브 거리의 집 한 채를 배정받았다. 지배 계층이 특권을 누릴 수 있게 주위에는 큰 가게, 병원, 식당, 술집, 오락 시설 등이 모여 있었다. 1948년 게오르기우 데즈는 차우셰스쿠에게 중요한 임무를 부여했다. 전통적인 사고를 가진 장교들을 숙청하는 과정에 있던 루마니아 군부에 공산당 이론을 주입시키는 일이었다. 시간이 흐르면서 소련과의 관계가 소원해지자 차우셰스쿠는 이 문제에 대해 일절 언급하지 않았지만, 그

1949년 육군 장교 정치 교육
장에서 연설하는 차우셰스쿠
소장

와 가깝게 지냈던 사람들은 그가 부여받은 새로운 임무를 위해 갑자기
소장으로 진급한 다음 소련의 푸룬체Frunze 육군사관학교에서 8개월 동
안 군사-정치학 속성과정을 거쳤다는 이야기를 들려주었다.

쌓여 가던 자신감 때문이었던지 아니면 소련 교관들의 위성국 장교들
에 대한 거만함 때문이었던지 하여튼 차우셰스쿠는 소련의 이런 후견자
인 척하는 태도를 못마땅해 했다. 대령의 계급장을 달고 차우셰스쿠를
몇 달간 보좌했던 코스티알은 "차우셰스쿠는 소련의 참견을 견디지 못
했다"고 전했다. 1949년이 되자 소련의 군사 고문관들이 계급별로 파견
되었다. 차우셰스쿠는 러시아 어 배우기를 거부해서 군사 고문관들과
이야기할 때는 반드시 통역을 참석하게 했으며, 어려운 일에 직면할 때
면 그들을 피해 버렸다.

당시 럭비 선수 겸 군 신문의 스포츠 기자였다가 차우셰스쿠 시대가
막을 내리자 루마니아 국영 텔레비전의 부 책임자가 되었던 에마누엘
발레리우Emanuel Valeriu는 "차우셰스쿠는 군복을 입은 채 주연을 베풀
었지요. 주렁주렁 메달을 단 그는 자기가 진짜 군인인 것처럼 착각했어

요"라고 당시 상황을 말해 주었다. 변화무쌍한 태도를 보였던 차우셰스쿠는 부대 내에서 직업 군인들하고 거친 목소리로 말다툼을 하기도 했다. 음식을 잘 통제하던 그였지만 동료 장교들과의 술 먹기 경쟁은 주저하지 않았다. 가끔 병영을 시찰할 때면 침구의 정렬 상태를 상사와 같이 꼼꼼하게 따지기도 했다. 발레리우는 또 병사들을 위한 연극 공연이 끝난 다음 차우셰스쿠가 여자 무용수들의 몸매에 대해 음탕한 이야기를 했던 것을 기억하고 있었다. 발레리우의 이야기를 더 들어보자.

"연극이 끝난 다음 한 잔 하자고 우리를 불러 모으더군요. 여자 무용수들의 매력적인 몸매에 대해 조목조목 거칠게 이야기하더니 희롱까지 했지요. 그녀들이 가고 주연급 배우들이 나타나자 그의 태도가 표변했습니다. 권위에 가득 찬 공산주의 전사의 자세로 연극의 줄거리를 이루었던 관념적 내용에 대해 위선적이며 진부한 이야기를 늘어놓더군요. 나는 나 스스로에게 이렇게 말했습니다. '아! 이 사람이야말로 뛰어난 배우구나.'"

코스티알은 차우셰스쿠를 아침 일찍부터 저녁 늦게까지 아주 까다롭게 구는 사람으로 기억하고 있었다.

"그는 일에 관한 한 끈질긴 사람이었죠. 공식적이었고 빈틈이 없었기 때문에 나도 그렇게 공식적으로 대하면서 청소년 시절에 교도소에서 같이 보냈던 인연 같은 것은 거론하지 않기로 마음먹었습니다. 그러나 차우셰스쿠가 먼저 그 말을 꺼내더군요. 같이 일하기 시작한 지 6개월쯤 지난 뒤였지요. 그가 이렇게 말했습니다. '당신 나 알지?' 그 말이 전부였습니다. 동료의식이나 같이 고생했던 연대감 같은 것은 전혀 찾아볼 수 없었지요."

차우셰스쿠는 잊어버리고 싶은 과거 때문에 이런 태도를 보였을 것이다. 말더듬, 불투명했던 전망 그리고 모든 것이 부족했기 때문에 열등감에 사로잡혀 있던 과거를 되살리고 싶지 않았던 것이다. 코스티알은, 차우셰스쿠 소장이 정상적인 교육을 받지 못한 것을 부끄럽게 생각했고 공식적인 보고서 한 장 쓰는 것도 힘들어 했다고 기억했다. 그는 또 차우셰스쿠가 상관에게는 비굴하기 그지없었으나 부하들에게는 못되게 굴었다는 말도 들려주었다. 차우셰스쿠는 많은 시간을 들여 공산당 관련 서적만 읽었으며, 특히 공산당 기관지 「불꽃」은 한 자도 빠트리지 않고 열독했다.

차우셰스쿠는 아버지로서는 철저한 사람이 아니었다. 그가 내무부 차관이 된 지 몇 년 후 코스티알은 긴급한 문제를 상의하기 위해 집으로 차우셰스쿠를 찾아갔다. 코스티알의 기억에 의하면 두 아들 때문에 일을 협의하기가 어려웠다고 한다.

"발렌틴과 니쿠가 집안을 뛰어다니면서 소리를 질러 대더군요. 특히 니쿠는 활과 화살을 휘둘러 대다가 결국 유리창까지 깨고 말았어요. 그러나 차우셰스쿠는 아이들을 전혀 말리려 들지 않고 겨우 한다는 소리가 공처가답게 '엄마가 오면 너희들 혼날 줄 알아라' 정도였습니다."

1950년 차우셰스쿠는 농림부 차관인 민간인 신분으로 돌아왔다. 농민들의 집단농장에 대한 반대가 그치지 않고 있어서 중요한 직책으로 여겨졌다. 그러나 농민들을 너무 거칠게 다루었기 때문에 스스로가 농민 출신이란 배경이 전혀 도움이 되지 않은 듯했다. 고향 사람들의 자기에 대한 적대감이 대단할 것이란 것을 잘 알고 있던 그는 고향 스코르니체슈티에는 가지 않았다. 첫 번째 중책에서 큰 실패를 맛보았으나 차우셰스쿠는 다시 국방부 차관으로 옮겼다. 국방부 장관은 소련의 스파이였던 에밀 보드너라슈였다. 아이러니하게도 1952년에는 모두 복귀했지만 당시 연부역강했던 젊은 공산주의자들 전체가 중앙위원에서 모두 탈락하는 사태가 벌어졌다. 1947년 사회민주주의자들이 대거 공산당에 입당하여 중앙위원의 자리를 차지했기 때문이다.

　권부의 변경에 자리를 차지하고 있던 차우셰스쿠는 루마니아 노동당(루마니아 공산당을 이렇게 불렀음)에 찾아들고 있던 위기를 재빨리 감지했다. 차우셰스쿠가 참석하지 않았던 1948년 6월 10~11일의 중앙위원회에서 게오르기우 데즈는 당의 노선에 모순된 행동을 했다는 이유를 들어 퍼트러슈카누에 대한 공격을 개시했다. 데즈의 주장에 따르면 퍼트러슈카누의 범죄 행위는 1945년, 그가 농민들의 이용 가치를 알고 농민들과의 연합전선 필요성만을 주장하는 한편, 노동자들의 영웅적인 투쟁 역사는 격하시켰던 부르주아와의 협력을 시작했을 때부터 싹이 텄다는 것이었다. 다시 말해 8월 23일 쿠데타에서 공산당의 역할이 미미했다는 점을 인정했다는 비난이었다. 데즈의 강력한 비난에 이어 실제로 퍼트러슈카누 공격의 선봉에 섰던 사람은 중앙위원회에서 가장 무지막지한 스탈린주의자 중의 한 사람이었던 바실레 루카였다. 기처 이오네스쿠나 메리 엘렌 피셔와 같은 역사가들은 퍼트러슈카누에 대한 인간사냥은 게오르기우 데즈와 다른 공산주의자들이 루마니아에서도 일어날지 모르는 '티토 현상'을 사전에 제거하기 위한 조치였다는 데 의견을 모았다. 왜냐하면 소련이 이미 유고의 티토 대통령의 스탈린에 대한 도전을 통제하고 있었기 때문이다. 그러나 퍼트러슈카누는 티토에 버금갈 만한 인물이 아니었고, 그의 몰락은 단지 루마니아 노동당 선동대원들이 데즈와 다른 지도자들이 대단한 역할을 했던 것처럼 조작하는 한편, 서기국을 책임지고 있던 인물들의 우상화 작업에 열을 올리고 있을 때 이러한 협잡에 순순히 눈을 감지 않았던 한 양심적인 인물에 대한 인내심 부족으로 봐야 한다.

　성실과 정직은 루마니아 노동당 지도자들이 가장 두려워했던 자질이었고, 퍼트러슈카누는 당시 진행되고 있는 조작에 대해 언젠가는 틀림없이 진실을 토해낼 수 있는 인물로 간주되었다. 또 하나 부정할 수 없는 사실이 근저에 깔려 있었다. 퍼트러슈카누가 지식인이었다면 루카와 데즈는 노동자 출신이었다. 실비우 브루칸이나 미론 콘스탄티네스쿠와 같이 말과 행동으로 데즈의 편에 섰다는 것을 증명하지 못하면 지식인들은 여전히 의심을 받고 있었다.

설득력이 없었던 점은 퍼트러슈카누의 비판자들이 철저히 무력에 의존하고 있었다는 것이다. 데즈는 또 공동 지도체제와 파우커가 자기보다 국제적인 위상이 훨씬 나았다는 사실을 인정하지 않고 있었다. 그는, 공산주의 정치인과 비 공산주의 정치가들이 다 같이 잠재적인 라이벌을 공격할 때 사용하는 간접적인 방법을 동원했다. 데즈는 연이어 파우커의 전력을 들고 나섰다. 첫 단계에서는 파우커나 루카의 이름을 거론하지는 않았으나 하수인들을 시켜 새로 루마니아 노동당 당원이 된 사람들의 신원조회를 실시했다. 철의 동맹 회원들과 바람직하지 않은 인사들까지 공산당원이 된 사실은 모든 공산당원들이 다 알고 있었으며, 그들은 또 선거 기간 동안 공산당의 새로운 지원 세력으로서의 임무도 충실하게 수행했었다. 그러나 선거가 끝나자 그들은 공산당의 큰 짐이 되었다. 신원조회가 시작된 1948년에서부터 완료된 1950년까지 해외파 약 30만 명이 당에서 축출되었다. 아나 파우커와 바실레 루카에게는 큰 모욕이었을 뿐만 아니라 그들 또한 문제가 있다는 암시이기도 했다.

오래된 동지인 이들에 대한 첫 번째 음모가 시작된 것은 1952년이었으며, 특이한 것은 총구가 파우커가 아니라 루카를 겨누고 있었다는 점이다. 중국 속담에 이런 말이 있다.

"원숭이를 겁주려면 닭을 먼저 죽여라."

루카에게 최근에 혼란을 야기한 화폐개혁에 대한 부정 혐의를 씌워 그의 재무부 장관직을 박탈해 버렸다. 그러고 나서 루카와 함께 전시에 소련으로 망명했다가 후에 러데스쿠 장군을 내무부 차관으로 밀어낸 테오하리 제오르제스쿠를 각료회의 부의장이란 직책에서도 추방했다. 1952년 6월 파우커도 몰락의 길을 갔다. 부정 혐의로 기소된 루카에게는 사형이 언도되었으나 후에 종신형으로 감형되었다. 그러나 곧이어 그는 죽었다. 국제적으로 너무 유명했기 때문에 처형을 면했던 아나 파우커는 은퇴한 후 1960년까지 위엄을 잃지 않은 채 삶의 무상함을 관조하다가 생을 마감했다.

차우셰스쿠는 일찍이 젊은 나이에 차지했던 루마니아 공산당 중앙위원의 자리에 다시 복귀했다. 그에게는 그럴 만한 가치가 있었다. 그는 연설을 할 때마다 공산당의 새로운 진로를 옹호하여 게오르기우 데즈를 만족시켰다. 차우셰스쿠에게는 또 파우커를 공격할 만한 이유가 있었다. 차우셰스쿠는 그녀의 모든 것을 증오했고, 그녀 또한 차우셰스쿠의 무지와 경망스러운 행동을 경멸했다. 반면에 차우셰스쿠는 대부분의 루마니아 중하위층에 폭넓게 퍼져 있던 반 유대인 감정을 공유했기 때문에 유대인인 그녀를 내심으로 배척했다. 파우커도 자기가 유대인이라는 사실에 대해 상반되는 감정을 가지고 있었다. 무신론에 바탕을 둔 맹목적인 스탈린 숭배, 그리고 이스라엘과 루마니아의 유대교 수석 율법학자 모세스 로젠에 대한 동정이 혼재된 상태였다. 이스라엘에 살고 있던 그녀의 남동생 솔로몬은 주기적으로 부쿠레슈티를 방문하기도 했다. 그러나 바실레 루카와 제오르제스쿠는 차우셰스쿠와 마찬가지로 하층 노동자 출신이었다. 차우셰스쿠는 데즈의 환심을 사기 위해서 파우커, 루카, 제오르제스쿠에게 분파주의자 또는 반혁명분자라는 올가미를 씌우는 데 양심의 가책을 조금도 느끼지 않았다. 세 사람은 모험주의를 외쳤던 좌파와 분리주의를 주장했던 우파를 통합시키는 데 주도적인 역할을 했으나 결국 권력투쟁이라는 용광로 속으로 쓸려 들어가 버렸다.

1952년 6월 2일, 게오르기우 데즈는 수상과 공산당 서기장 직책을 겸함으로써 소련의 위성국에서 스탈린 흉내를 내던 헝가리의 라코시 Rákosi, 불가리아의 체르벤코프Chervenkov, 알바니아의 엔베르 호자Enver Hoxha와 경쟁의 대열에 들어섰다. 3개월 후 루마니아의 새 헌법은 그나마 조금 남아 있던 자유의 냄새조차 없애 버렸다. 법에 분명히 범죄로 규정되어 있지 않은 행동도 사회에 해악을 끼칠 위험이 있다고 판단되는 경우에는 처벌할 수 있다는 극히 추상적인 불문법을 적용하기 시작했다.

1953년 차우셰스쿠는 중앙위원과 더불어 당기위원이 됨으로써 상당한 인정을 받아 스탈린의 장례식에 데즈를 단장으로 하는 조문 사절단의 일원이 되기도 했다. 다시 열린 군사재판이 부끄러운 과거를 묻어 버릴 수 있는 기회로 작용하여 8월 23일 쿠데타의 역사를 다시 쓸 수 있게 되었다. 처형으로 결론이 난 루크레치우 퍼트러슈카누에 대한 재판이 1954년 4월에 열렸다. 마니우의 재판 때와 마찬가지로 퍼트러슈카누의 군사재판도 공산당의 위신을 세우는 외에는 아무런 의미가 없었다. 당당히 끝까지 맞선 퍼트러슈카누는, 자기의 전력을 경찰의 밀정 그리고 전쟁 중에는 연합국의 첩자로 조작했던 사람들과 판사에게 독설을 퍼부어댔다. 특히 증인으로 나선 전 외무부 장관이며 자유주의 정치인에서 변절한 제오르제 터터러스쿠가 자기의 연합국과의 음모를 조작한 데 대해서는 혹평을 했다. 아테네에 근거하고 있던 루마니아 망명자들의 신문인 「자유의 목소리Vocea Libertăţi」는 퍼트러슈카누가 법정에서 주장한 이야기를 소개했다.

"내가 공산주의자가 아니란 것을 증명하기 위해 역사를 왜곡하는 것은 나 같은 사람에게 의존했던 현재의 루마니아 공산당이 쓰레기더미 외에 아무것도 아니란 것을 입증하는 것이다. 이 재판정이 터터러스쿠와 같은 하찮은 증인에 의존하고 있는 것을 볼 때 루마니아 공산당의 미래가 암담하다고 말하지 않을 수 없다."

세월이 흐른 뒤 차우셰스쿠는 퍼트러슈카누의 숙청에 앞장섰던 자기의 경쟁자들을 제거하기 위한 전략적인 수단으로 그의 복권을 고의적으로 제기했다. 역사의 우연으로 차우셰스쿠는 퍼트러슈카누의 운명이 결정된 재판에서 멀리 떨어져 있었다. 그가 처형된 며칠 후 차우셰스쿠는 정치국원이 되었기 때문에 그의 죽음과 아무런 관련이 없다는 주장을 했다. 그러나 퍼트러슈카누를 비난하는 기사를 썼던 사실은 숨길 수 없다.

공산당 내의 권력투쟁을 보면서 차우셰스쿠는 정치적인 술수를 연마했고, 경쟁자를 제거하기 위한 마키아벨리적 수법에도 능통하게 되었다. 바실레 루카의 경우 범죄 행위가 뚜렷하지 않았으나 당시 루마니아의 경제 사정이 극도로 어려웠기 때문에 그러한 상황을 희석시키기 위해서는 언제든지 희생양을 손쉽게 찾아낼 수 있었으며, 구실 또한 도처에 널려 있던 실정이었다. 차우셰스쿠는 집단농장제도가 어처구니없는 결과를 낳자 루카를 재판에 몰고 갔던 상황이 자기한테도 연출되지 않을까 걱정했지만 그런 일은 다행스럽게도 일어나지 않았다.

차우셰스쿠는 훗날 데즈가 군사재판을 이용했던 점을 헐뜯었다. 그러나 데즈는 스탈린과는 다르게 원로 혁명가들을 고문하고, 세뇌시키고, 못살게 굴어 스스로가 배신자고, 스파이고, 반 혁명분자라고 자백하는 인민재판만은 피했다. 데즈는 대단한 사람들을 여러 명 숙청했지만 방법만은 각기 달리했다. 파우커는 식물인간으로 만들었고, 루카에게는 사상범이라는 죄목 대신 배임죄가 적용되었으며, 다른 사람들은 조용하게 파렴치범으로 처리하거나 아니면 하위 직급으로 강등시키는 경우까지 있었다. 오직 마니우와 퍼트러슈카누만이 군사법정에 섰다.

기처 이오네스쿠의 지적에 의하면, 그렇게 된 데는 한 가지 이유가 있었다고 한다. 루마니아 공산당원들은, 반공산주의자라고 해서 기소된 사람들이 심경의 변화를 보이거나 신체적인 손상이 드러나게 되면 공산 주의자들이 추진하는 다양한 정책에 대해 적대감에 가까운 냉담한 자세를 보이고 있던 군중들 사이에 분노와 호기심이 들끓을 것이란 것을 정확하게 내다보고 있었다. 다시 말해 루마니아 노동당이 어떤 일을 했다고 떠들어도 오랫동안 고통을 받아 온 루마니아 인들은 긍정적으로 받아들이지 않고 있었다. 이런 현상이 차우셰스쿠에게는 좋은 교훈이 되었다. 그래서 그는 뒤에 조작이나 뇌물로도 동일한 효과만 거둘 수 있다면 굳이 불필요한 폭력을 쓰기를 원하지 않았다. 에마누엘 발레리우는 "차우셰스쿠는 순교자를 만들어내는 것을 결코 원하지 않았다"라고 회고했다. 이런 면에서 보면 초기의 차우셰스쿠는 그의 뒤를 바로 이었던 이온 일리에스쿠보다는 분명 영리했던 것 같다.

1956년 2월 흐루시초프는 스탈린의 범죄 행위를 비난하는 유명한 연설을 해 큰 충격을 주었다. 동유럽 국가의 스탈린 추종자들은 모스크바와의 관계가 예전 같지 않다는 것을 직감했다. 소련과 루마니아의 관계 악화는 게오르기우 데즈가 소련의 비난을 피할 수 있는 조치를 빨리 취함으로써 다른 나라들보다는 덜했다. 공산당 제1서기 직을 포기한 후 가장 신뢰할 수 있는 친구인 게오르게 아포스톨에게 넘겼다. (그 뒤 데즈는 다시 제1서기 직에 복귀한 후 또 다른 추종자였던 키부 스토이카를 수상에 임명했다.) 오랜 기간이 지난 다음에야 과실을 거두어들일 수 있는 일이었지만 차우셰스쿠에게는 기다리던 행운이 찾아왔다. 당 조직과 중앙위원회 간부들을 감독하는 직책을 맡게 된 것이다. 1955년 이후 당 관료들의 진급은 모두 차우셰스쿠의 손을 거쳐야만 되었다. 입신영달의 보장과 함께 전국적으로 개인적인 조직망을 구축할 수 있는 계기였다.

아나 파우커와 그녀 추종자들의 제거는 데즈에게 있어서 하늘이 준 선물과 다를 바 없었다. 다른 동유럽 국가들의 '작은 스탈린'들과는 다르게 반란의 싹을 미리 제거했기 때문이다. 만약 루마니아 노동당 내의 스탈린주의자들을 제거하지 않았다면 어떻게 되었을까? 데즈는 당의 회합이 있을 때마다 이 말을 되풀이했다. 하여튼 데즈는 파우커 제거로 인해 배신자라는 소리는 듣지 않았다. 1956년 헝가리 항거가 일어났을 때 데즈는 흐루시초프에게 루마니아의 무력 제공 의사를 밝혔으나 흐루시초프는 현명하게도 거절했다. 루마니아와 헝가리 간의 반목 역사를 살펴본 흐루시초프는, 제1차 세계대전이 끝난 뒤 루마니아 군대가 헝가리를 점령하여 헝가리의 지도자 벨라 쿤을 숙청함으로써 부다페스트에 지울 수 없는 악명을 남겼다는 사실을 데즈에게 상기시키면서 그러한 반목은 한 번이면 충분하다고 말해 주었다. 그러나 흐루시초프는 데즈의 그런 제안을 완전히 묵살하지 않고 다른 방법으로 이용했다. 소련 탱크들이 헝가리 사태를 일단 진압했지만 소련은 헝가리 봉기를 주도했던 세력들이 항쟁의 선봉에 섰던 공산주의 지도자 임레 나지Imre Nagy의 구제에 나서는 것을 두려워했다. 흐루시초프는 데즈에게 나지를 루마니아에 연금할 수 있는지의 가능성을 물었다. 데즈는 순순히 동의했다. 비밀경찰들이 작전에 나섰다. 헝가리 내의 치안이 정상을 유지하여 나기가 돌아갈 수 있을 때까지 비밀경찰들이 안전가옥에서 그를 보호했다.

헝가리 사태가 루마니아 내에서 헝가리 어를 사용하는 소수민족들에게 곧바로 전해졌다. 데즈는 헝가리 반공주의자들의 열기가 루마니아에 전염되는 것을 막기 위한 임시적인 조치가 불가피하다고 생각했다. 헝가리 어를 사용하는 지역에서 강제로 실시하던 러시아 어 교육이 중지되었고, 루마니아 재교육 훈련장에 수용되어 있던 수많은 죄수들도 방면했다. 데즈는, 흐루시초프가 위성국가들에게 내렸던 여러 가지 경고사항을 미래에 자기의 정적이나 경쟁자가 될 만한 사람들을 제거하는 데 활용했다. 강경파로서 항상 선동의 선봉에 섰던 이오시프 키시네브스키를 해임해 버렸다. 그러나 재판에 회부하지는 않았다. 또 정상급에 남아 있던 몇 안 되는 지식인 출신 중의 한 사람이었던 미론 콘스탄티네스쿠도 밀어냈다. 콘스탄티네스쿠는 스탈린주의자라는 죄목으로 쫓겨났지만 그렇게 분류하기에 적합한 인물은 아니었다. 콘스탄티네스쿠는 다만 당에서 수용할 수 없는 자유스러운 자세를 취했던 한편, 루마니아 경제를 파탄으로 이끈 소련과의 합작회사들인 '소프롬스Sovroms'의 경영도 끝을 내야 한다고 주장했을 뿐이다. 그러나 이때 당 조직은 비밀경찰로부터 콘스탄티네스쿠를 제거하기 위한 빌미를 기대했고, 또 그것을 만들어내기 위해 노력했다. 키시네브스키와 한때 차우셰스쿠의 절친한 친구였던 콘스탄티네스쿠에게 1930년대 이후 파우커-루카-제오르제스쿠와 함께 스탈린주의자의 아류로서 반당적인 분파행동을 일삼았다는 딱지가 붙었다.

차우셰스쿠는 여기에서 또 다른 교훈을 얻었다. 데즈는, 스탈린주의자였던 키시네브스키를 숙청한 다음 분명 스탈린주의와는 거리가 멀었던 콘스탄티네스쿠에게도 똑같이 스탈린주의자라는 칠을 해서 쫓아낸 것이다. 그러나 그들을 순교자로 만들지는 않았다. 키시네브스키는 1968년에 자연사했고, 콘스탄티네스쿠는 복권되기 전까지 몇 년간을 조용하고 호화스러운 루마니아 학술원에서 보냈다. 차우셰스쿠는 데즈의 명령을 받들어 루마니아 노동당 내에서 숙청작업을 주도했다.

흐루시초프는 데즈에게서 확실하게 동류의식을 느꼈다. 두 사람 모두 자신들의 목표 달성을 위해서는 비슷한 수단을 활용했고, 항상 공산주의의 이념에서 한 발짝도 벗어나지 않았다. 흐루시초프는 데즈의 직선적인 성격에도 불구하고 그를 진정한 마르크스-레닌주의자로 간주했다. 데즈는, 1950년대 국가경제부 장관으로 재직했을 때 소련에 전쟁보상금을 지급하기 위해 재정지출을 무자비하게 줄임으로써 소련에 순종하는 국제사회주의자로서의 면모를 확실하게 각인시켰었다. 그는 또 다른 방법을 동원해서 이념적으로도 분명히 공산주의자라는 점을 확인시켰다. 헝가리 봉기 후 그는 당에 명령해서 학생들에 대한 강경조치를 취했던 한편, 문제를 일으킬 소지가 있는 인물들을 뿌리 뽑으라는 지시도 내렸다. 결과는 '백화제방(百花齊放: 여러 가지 꽃에는 각기 다른 모습이 있다는 뜻)' 이론에 종식을 고하게 된 중국 지식인들에 대한 탄압과 유사했다.

루마니아 사람들은 이 시대를 공포 속에서 살았다. 모든 것을 밀정, 투서, 비밀경찰에 의존하는 한편, 학생들의 미래는 출신 성분에 의해 결정된다는 사실을 잘 알고 있던 공산주의 청년동맹의 수뇌부는 학원가 전체를 공포 분위기에 몰아넣었다. 당시 학생이었던 사람들의 회고를 들어보자.

"당시 학교 분위기는 그야말로 공포로 가득했지요. 학생들의 동아리 활동에 대한 정보수집이 뒤따랐고, 반공주의자 집안 배경을 가졌거나 어쩌다 말이라도 한 번 잘못하면 학생정보원들이나 청년동맹 지도자들의 감시 대상이 되어 수난을 당했습니다."

청년동맹에서 숙청을 주도했던 3인 가운데서 가장 확실한 공포의 대상이 되었던 인물은 학생 정보원으로서 빈틈이 없었으며, 자기에게 주어진 권한을 마음껏 휘둘렀던 대학생 이온 일리에스쿠였다. 부르주아 근성을 가진 학생들의 끝임 없는 색출과 무자비한 상호 감시체계의 운영에 힘입어 일리에스쿠는 루마니아 공산당 내에서 타의 추종을 불허하는 승진을 계속하여 마침내 공산당 조직 관리의 책임을 지고 있던 중앙위원인 차우셰스쿠의 보좌관 중 한 사람으로 선발되었다.

당시 학교에서 쫓겨났던 학생들의 이야기를 들어보자.

"일리에스쿠와 그의 동료였던 코르넬 부르티커Cornel Burtică는 학생들을 체포하거나 강제수용소로 보내진 않았습니다. 일리에스쿠는 오직 대학 문제에만 전념했지요. 이 두 사람이 대상자의 명단을 직접 작성했습니다. 추방자 명단이 대학 게시판에 붙으면 그것으로 끝이었습니다. 청원이나 구제 신청 같은 것은 생각지도 못할 분위기였지요. 추방당한 학생들의 충격이 어떤 것인지를 서방에 사는 사람들은 상상하기 어려울 것입니다. 학생에게 있어서 추방은 사형선고나 마찬가지였으니까요."

학원가에 일리에스쿠가 주도했던 숙청 바람이 몰아쳤던 1956~57년경, 작가 파울 고마Paul Goma는 이미 교도소에 들어앉아 있었다. 그는 당시를 이렇게 회고했다.

"나는 행운아였습니다. 충격 때문에 자살하는 숫자가 대단했지요. 남학생, 여학생을 구별할 수 없었으니까요. 대개 숙청당한 학생들은 사고의 폭이 넓고, 영리했지요. 그들은 지적 소양이 상당한 수준이었기 때문에 생각하는 바를 솔직 담백하게 말하는 학생들이었습니다."

그러나 공산주의자로서 일리에스쿠의 경력에는 이런 대목이 한 줄도 없었고, 본인 스스로는 1971년 이후 공산당 내에서 당했던 수모와 갈등 사실까지 숨기고 싶어 했다. 당시 추방당했던 악몽을 생생하게 기억하고 있는 중년의 지식인들 사이에는 학생들을 못살게 굴었던 일리에스쿠에 대한 불신이 여전히 사라지지 않고 있다.

1956~58년에 걸쳐 일리에스쿠가 학원가를 완벽하게 숙청하는 것을 보고 흐루시초프는 게오르기우 데즈의 완력이 비록 예전 같지는 못하지만 그래도 여전히 철저한 공산주의자로서 모든 것을 통제하고 있다고 확신했다. 1958년 흐루시초프는 소련군을 루마니아에서 철수함으로써 데즈에 대한 신뢰를 나타냈고, 일리에스쿠도 중앙위원회의 예비후보가 됨으로써 차우셰스쿠를 받치는 새로운 인물로 각광을 받게 되었다.

그러나 곧이어 흐루시초프는 중대한 시련에 직면하게 된다. 1962년의 쿠바 미사일 위기와 마오쩌둥과의 갈등으로 인해 흐루시초프의 동유럽 위성국들에 대한 장악력은 크게 약화되었다. 소련과 동유럽 위성국들의 관계는 점차 변화를 모색하면서 초기의 일방적인 식민주의 통치 방식에서 벗어나 상호 보완의 길로 들어섰다. 쉬운 일이 아니었지만 흐루시초프는 대안으로 경제적인 상호 협력을 들고 나왔다. 이 대안이 루마니아 정치국원들에게는 장기간에 걸친 소련과 루마니아 간의 밀월여행의 종착역을 의미하고 있었다.

흐루시초프가 의도했던 바는, 겉으로는 위성국들의 국익에 부응하는 것처럼 보이면서 실질적으로는 소련의 지배하에 묶어 두는 것이었다. 흐루시초프가 위성국들에게 내건 캐치프레이즈는 '전문 경제 분야의 특화'였다. '동유럽 상호경제협력위원회'인 코메콘(COMECON: Council for Mutual Economic Council)의 회원국들은 각국의 특성에 맞는 경제 분야에 특화함으로써 당시 위성국가 모두가 대규모로 투자해서 과잉 생산이 큰 골칫거리로 등장했던 철강 산업과 같은 지역 내의 중복 투자를 피할 수 있을 것이란 주장이었다. 흐루시초프의 계획을 입안했던 사람들의 마음속에 루마니아는 중요한 비중을 차지하고 있었다. 농업, 농산물 가공업, 기름, 가스, 석유화학 등 천연 자원과 관련된 산업을 발전시키는 것이 우선 과제였다.

루마니아가 소련의 이런 제안을 수용했더라면 장기적으로 굉장한 수혜를 입었을 것이다. 그러나 게오르기우 데즈나 어떤 루마니아 사람도 그런 식으로 생각지 않았다. 차우셰스쿠를 포함해서 전전 경험이 많았던 원로 공산주의자들은 소련의 그런 지시를 의심스러운 눈으로 보았다. 그들은 스탈린이 루마니아 공산당에게는 자살 행위나 다름없었던 베사라비아의 소련 반환을 선동하라고 어떻게 교사했는지를 회고해 보지 않을 수 없었다. 스탈린이 죽고 난 다음인 1956년, 소련의 탱크들이 헝가리 민중의 항거를 무참히 짓밟는 광경을 목격했던 위성국들은 더이상 소련의 국익만 우선하는 정책들을 수용할 생각이 없었다. 특히 '전문 경제 분야의 특화'에 대해서 반발이 거셌다.

게오르기우 데즈는 재빨리 소련의 이 새로운 경제 정책을 루마니아인들의 심리 상태에 잠재해 있던 민족주의와 충돌하게 만들었다. 루마니아가, 만약 소련이 코메콘 회원 국가들을 위한다고 제안해 놓은 경제 정책에 동의한다면 스스로의 운명을 결정할 힘을 잃어버릴 것이라는 주장이었다. 그는 이러한 설명이 국민들로부터 어떠한 반향을 불러올 것인가를 잘 알고 있었다.

흐루시초프의 제안을 반대하는 또 다른 이유가 있었다. 루마니아의 농업은 집단농장제도를 강제로 실시하는 바람에 형편이 말이 아니었으나 그래도 잠재력은 대단했기 때문에 서방국가로의 농산물 수출이 외화수입의 대종을 이루고 있었다. 소련의 제안이 현실로 다가선다면 루마니아는 '진짜 화폐'인 서방국가의 돈을 받고 수출하는 물량을 줄이는 대신 가치 없는 루블화를 받고 농산물 대부분을 소련으로 수출하는 희생을 감수할 수밖에 없었다. 한편, 루마니아의 기름, 가스, 수력발전으로 인한 전력도 자체 수요를 충당하고도 남아 서방국가들에게 수출할 수 있었기 때문에 외화수입원을 확보한다는 의미에서도 에너지나 기름에 대한 국가 통제력을 가지는 것은 절체절명의 입장에 놓여 있었다. 그래서 루마니아 사람들은 실패한 합작회사인 '소프롬스'의 망령이 떠올라 흐루시초프의 경제 정책이 변형된 형태의 또 다른 불평등 합작이라고 믿게 되었다.

게오르기우 데즈가 소련과의 폐쇄적이며 굴욕적인 협력 관계를 싫어했던 데는 또 다른 밝혀지지 않은 이유가 있었다. 1962년 데즈는 쿠바의 미사일 위기가 정점에 달했을 때 마우레르와 함께 소련을 공식 방문했

1963년 소련 대사를 맞이하는 게오르기우 데즈. 뒤편에 차우셰스쿠의 얼굴이 보인다. 가운데서 박수를 치고 있는 사람이 당시 내무부 장관이었던 알렉산드루 드러기치. 그는 후에 권력투쟁 때 차우셰스쿠로부터 희생당했다.

다. 두 사람은 흐루시초프의 비정상적인 행동을 가까이에서 관찰했다. 마우레르가 데즈의 귀에 이렇게 속삭였다.

"만약 미국과 소련 간에 전쟁이 일어난다면 우리가 소련의 편에서야 한다고 생각하십니까?"

세련된 외교관이 아니었던 데즈는 소련과 이렇게 뗄 수 없는 관계로까지 멀리 간 것을 깨우치고 경악을 금치 못했다. 그는 단연코 소련의 명분에 루마니아의 국익을 더 이상 희생하지 않겠다고 다짐했다.

일단 소련의 경제 협력 방안에 모든 방법을 동원해서라도 대처하겠다고 굳게 마음먹은 데즈는 소련과 루마니아의 관계를 냉철한 눈으로 다시 생각해 볼 기회를 가졌다. 그는 루마니아 공산주의자들이 항상 소홀히 했던 중요한 무엇인가를 얻을 수 있다고 깨우쳤다. 루마니아 보통사람들의 공산당 정책에 대한 지지를 눈여겨 지켜보았다. 새롭게 형성된 루마니아와 소련의 관계를 설명하기 위해 비난이나 과찬의 언사를 동원하지 않고 예전과 같이 그저 공식적인 진부한 용어들만 사용했으나 루마니아 사람들은 곧이어 부쿠레슈티에 있던 소련 서점에 들러 카를 마르크스의 평론집인 『루마니아 인들에 대한 비망록』의 루마니아 번역판을 집어 들었던 한편, '루마니아-소련 우정의 달' 행사에는 차가운 눈길을 보냈다.

마르크스는 그 책에서 과연 무슨 말을 했을까?

러시아 황제가 19세기 루마니아의 혁명적인 분위기에 찬물을 끼얹고 터키와 연합하여 베사라비아를 합병시킨 결정은 대단히 잘못된 일이라고 했다. 또 예전에는 루마니아에서 볼 수조차 없었던 레닌의 평론집인 『국민, 국가, 그리고 식민주의 문제』를 필독서로 추천하는 사례들이 유행처럼 번졌다. 이 책에는 이런 대목이 있다.

"프롤레타리아 정당은, 전제주의 압박에서 신음하는 인민, 무력에 굴복할 수밖에 없는 인민들을 러시아 제국으로부터 해방시키기 위해 인권의 신장을 최우선적으로 선언해야 한다."

독자성을 가지기로 결단한 데즈는 선동만 가지고는 안 된다고 생각했다. 소련으로부터 직수입한 예술과 문학계의 현실주의가 자취를 감추어 갔다. 루마니아는 서서히 새로운 문화를 받아들이기 시작하면서 전에는 접근 불가로 간주되었던 서양 영화, 책, 심지어 강사들까지도 수입하기에 이르렀다. 제2차 세계대전 이전에는 인간 대접을 받지 못했던 루마니아의 작가들이나 지식인들의 작품도 다시 선을 보였고, 서방의 라디오 방송도 청취가 가능했다. 1964년 2월 데즈는 한 강연에서 서방세계의 문화와 접촉하는 기회가 늘어나는 현상에 대한 칭찬을 아끼지 않았다. 곧이어 루마니아는 소련이 저주스러워 했던 '국제 펜클럽'에도 가입했다. 추상화 전람회와 재즈 콘서트까지 선을 보였다. 마지막으로 전원이 출석한 중앙위원회는 대부분의 루마니아 인들이 감지하고 있던 변화의 내용들을 공식적으로 승인했다. 루마니아-소련의 관계에 새 장이 열리고, 루마니아가 다시 태어나는 순간이었다.

처음으로 중앙위원회 전원이 전전 루마니아 공산당과 소련의 관계를 냉철하게 살핀 뒤 이렇게 선언했다.

"소련이 국제 공산당의 중심에 서 있지만 모든 문제를 독자적으로 해결하려는 자세는 더 이상 적절한 방법이 아니다. 내정 간섭 또한 루마니아 공산당과 인민간의 관계에 해악을 끼칠 것이다."

더욱 중요한 것은 중앙위원회가 후에 루마니아 독립선언서로 간주된 아래와 같은 성명을 발표했다는 점이다.

"옳고 그름을 떠나 어느 누구도 다른 나라나 다른 정당에 관한 일을 결정할 수 없다. 사회주의 건설을 위한 방법이나 형태를 결정하고, 변경하고, 추진하는 일은 마르크스–레닌주의를 표방하는 각 정당들이 알아서 스스로 선택할 문제일 뿐 아니라 각 사회주의 국가들의 주권에 관한 문제이기도 하다."

현상 유지에 집착했던 몇몇 스탈린주의자들을 제외한 대다수의 루마니아 인민들은 이 독립선언서에 열광적인 갈채를 보냈다. 모든 생존자들이 '황금시대'라고 기억하고 있던 1964년은 이렇게 저물어 갔다. 공식적으로는 소련으로 기운 선전들이 여전했으나, 반 소련 감정을 숨기고 있던 루마니아 인들에게 독립선언은 듣기만 해도 가슴 벅찬 메시지였다. 공산주의 하에서 소련의 눈치나 보는 속국으로 전락했다고 믿고 있던 루마니아 사람들은 아무런 제재도 받지 않고 소련에의 도전에 성공했다는 것을 알게 되었다. 물론 게오르기우 데즈는, 소련이 중국과의 갈등에 정신이 팔려 있었기 때문에 이런 상황이 무리 없이 진행될 수 있었다는 사실은 감추고 있었다.

하룻밤 사이에 독립선언이 루마니아 공산당의 이미지를 탈바꿈시켰다. 인민의 핍박을 일삼던 소련의 앞잡이에서 인기 높은 대중 정당으로 변해 버린 것이다. 권력의 중심부에서 당 조직과 관료들의 관리 책임을 맡고 있던 차우셰스쿠는 정책의 변화로 인한 분위기 쇄신이 인민들의 마음을 어떻게 사로잡는지를 잘 관찰할 수 있었다. 당에 충성을 다하던 간부들까지도 그런 변화를 오랫동안 목말라 했으며, 최고 지도자가 마음을 결정하는 데 너무 오랜 시간이 걸린 데 대해 안타깝게 생각했다는 것이 차우셰스쿠의 눈에도 분명하게 보였다. 육군에서 절친하게 지냈던 친구인 슈테판 코스티알 소장은 차우셰스쿠가 소련의 모든 것에 대해 계속해서 강한 혐오감을 가지고 있다는 것을 발견했다. 1957년 소련의 군 간부학교에 유학을 갔던 코스티알은 그곳에서 소련 여자와 사랑에 빠져 결혼을 원했다. 귀국하자마자 차우셰스쿠를 만나서 들은 충고의 내용은 이런 것이었다.

"거친 말로 그녀와의 결혼을 반대하면서 이렇게 말하더군요. '루마니아에도 하룻밤을 자면서 아이를 함께 만들 수 있는 여자들은 수없이 많다.'"

차우셰스쿠는 코스티알에게 그녀와 육군 중 하나를 포기하라고 강요했다. 코스티알은 저자인 나에게 이런 말을 들려주었다.

"나는 곧바로 루마니아에서는 가장 어린 나이인 마흔다섯 살에 퇴역 육군 소장이 되었지요."

코스티알이 차우셰스쿠의 충고를 듣지 않은 대가는 혹독했다. 연금 회수, 가택연금에 이어 변방의 조그마한 목재소에서의 강제노역까지 그를 기다렸다. 직후 몇 년에 걸쳐 코스티알의 러시아 인 부인은 시련을 견디지 못하고 간헐적으로 모국 러시아를 방문하곤 했다. 코스티알은, 자기의 시련이 차우셰스쿠의 복수심과 공산당 내에서 높아진 위상을 과시하기 위함이었다고 주장했다.

민족주의는 충분한 역할을 했다. 아마 이것이 차우셰스쿠가 최고의 전략가들 밑에서 훈련을 받던 과정에서 배운 가장 중요한 교훈이었을 것이다. 더 이상 배울 것도 없었다. 소련이 패배를 인정하고 '1964년 신경제 정책'을 포기한 다음 국내외에서 계속되었던 황당한 실정의 책임을 물어 흐루시초프를 실각시켰을 때 게오르기우 데즈는 이미 환자가 되어 있었다. 1965년 초 그는 수술이 불가능한 암이라는 판정과 함께 불과 몇 개월 정도 밖에 살 수 없을 것이라는 통보를 받았다.

제 7 장

중심부에 서서

오래 전부터 데즈의 주변에서 서성이던 장로長老들은 그들의 지도자가 치명적인 병에 걸렸다는 것을 잘 알고 있었다. 그러나 1965년 3월 18일까지 그의 건강에 관한 이야기는 전혀 언급되지 않았다. 데즈는 그날 오전 「불꽃」이 경고를 보내고 난 뒤 몇 시간도 안 되어 오후에 죽었다.

데즈가 주의의 동료들에게 자기의 어려움을 감추는 것도 쉽지는 않았을 것이다. 개인적인 우상화에, 젊어서부터 사치스러운 것을 좋아했기 때문에 어마어마한 대통령 궁에서 은둔 생활을 했던 데즈는 당의 서열에도 불구하고 가까운 사람들이 접근하는 데 아무런 어려움이 없었다. 원로 공산주의자였으며 데즈 아래서 주미 대사의 역할을 훌륭하게 수행했던 실비우 브루칸은 가끔 호출을 받고 가서 사담을 나누기도 하고, 데즈가 좋아하던 레드 와인을 같이 마시기도 했다. 브루칸은 데즈의 사려 깊은 태도와 솔직한 대화 자세를 회고했다. 당에서의 서열은 낮았지만 군부에서 언론을 담당하고 있던 에마누엘 발레리우도 데즈를 가끔 만났다. 데즈는 루마니아의 유명한 럭비 팀에서 스크럼을 짜고 밀어붙이는 발레리우의 플레이를 좋아했던 나머지 그를 사위로 삼으려고도 했었다. 차우셰스쿠, 아포스톨, 키부 스토이카, 드러기치와 마우레르도 가끔 방문했으나 데즈는 이들의 의심을 떨쳐 버릴 정도로 병이 심각하지 않다고 숨기기가 어려웠다.

이들 중에서도 차우셰스쿠가 가장 쉽게 접근할 수 있던 인물이었다고 발레리우는 증언했다. 놀라운 일이 아니다. 두 사람간의 주종 관계는 오래 전으로 거슬러 올라간다. 블라디미르 티스머네아누는, 데즈에게 있어서 차우셰스쿠는 스탈린주의를 숭배하는 나무랄 데 없는 추종자였다고 썼다. 차우셰스쿠는 데즈에게 헌신적이었으며, 충성심 또한 대단했다. 그러나 1964년에 들어서자 차우셰스쿠는 자신감에 차 있었다고 발레리우는 당시의 상황을 전했다. 티스머네아누의 말에 따르면 차우셰스쿠는 데즈의 충복이라는 데서 특별한 즐거움을 찾았다고 하지만 발레리우는, 차우셰스쿠가 염치없이 데즈에게 대드는 경우가 있었으나 데즈는 이런 행동을 가상하게 여겨 자기에게 한 번 떠보는 이야기로 "당신은 차우셰스쿠를 어떻게 생각하나?"라고 묻곤 했다고 전했다. 전직 철로 전기 기술자였던 데즈는 여전히 기지 넘치고 솔직한 대화 기술을 잘 유지하고 있었다. 실비우 브루칸은, 데즈가 기분이 좋을 때면 유대인 사회에서 자라면서 익힌 정확한 이디시 어Yiddish로 보드너라슈와 대화를 나눴다고 회고했다. 그는 또 차우셰스쿠가 없을 때면 가끔 그의 우스꽝스러웠던 말더듬, 보행, 습관 등을 흉내 내서 여러 사람들이 배꼽을 쥐게 만들기도 했다.

공산주의 사회에서 권력 승계는 극비리에 진행되는 것이 상례이다. 1953년 스탈린 사후 제1부수상이었던 베리야를 제거했던 사람들이나, 1976년 마오쩌둥 사후 권력에 바로 도전했던 부인 장칭江靑을 밀어내 버렸던 사람들에게는 마피아와 같은 묵언의 충성 맹서가 강요되었다. 어떤 방법을 동원하더라도 우리는 아마 브레즈네프Leonid Brezhev, 안드로포프Yurii Vladimirovich Andropov, 체르넨코Konstantin Ustinovich Chernenko의 사후 크렘린 내부에서 어떤 권력투쟁이 벌어졌는지를 알아낼 수가 없을 것이다.

게오르기우 데즈의 사후 권력 승계에 관해서는 차우셰스쿠의 시대가 막을 내린 직후 발레리우가 예전의 공산당원들 가운데 생존자 몇 사람을 인터뷰하면서 실체가 드러났다. 마우레르, 아포스톨 그리고 다른 지도자들에게 줄기차게 질문 공세를 폈으나 그들의 대답은 하나같이 자기 변호에 초점을 맞추고 있었던 한편, 때에 따라서는 상호 모순되는 이야기를 하기도 했다. 다행스러웠던 것은 그런 과정에서도 당시 진행되었던 사건에 조금씩 조명이 비추어졌다는 점이다. 아포스톨은, 데즈가 자기의 죽음을 잘 알고 있었을 뿐만 아니라 권력 승계 문제도 자유롭게 말했다고 전했다. 1990년 1월 루마니아 텔레비전에 나온 아포스톨은 이렇게 말했다.

"데즈가 나에게 말하기를, 자기는 이미 키부 스토이카나 차우셰스쿠는 그 자리에 가서는 안 된다는 결정을 내렸다고 말하더군요. 내가 자기를 승계할 수 있는 적임자라고 말했지요."

그의 말이 이어졌다.

"곧이어 마우레르가 나를 만나자고 했습니다. 내가 그의 사무실로 갔더니 보드너라슈와 둘이 이야기하면서 '지금 중요한 문제를 결정해야 돼!' 라고 나에게 말하더군요. 이어 마우레르는 '데즈가 자기 생전에 후계자를 결정하라고 요청했어. 데즈는 당신이 당 제1 서기 직에 앉는 것을 바라던데'라고 전했지요.'"

이 말에 대해 아포스톨은, 후계자는 데즈의 의사를 중앙위원회가 추인함으로써 결정된다고 대답했다. 이어 아포스톨, 마우레르, 보드너라슈 세 사람은 중앙위원회로 갔는데 거기서 스토이카, 차우셰스쿠, 드러기치를 만났다. 아포스톨은 차우셰스쿠가 후계자 자리를 향해 뛰고 있다는 것을 직감했다. 아포스톨의 이야기를 더 들어보자.

"나는 당시 당내에 후계자 자리를 놓고 경쟁하는 두 개의 그룹이 형성되어 있다는 것을 알고 있었습니다. 당의 단합이 상당히 위태롭게 보였지요."

차우셰스쿠의 후계자 선정을 결사적으로 막고 있던 아포스톨은 마우레르에게 흉금을 털어놓고 이야기하면서 중재안으로 드러기치를 후계자로 옹립하면 어떻겠냐고 물었다. 마우레르는 생각해 보겠다고 대답했다. 데즈가 죽자 중앙위원회 정치국원들의 회의가 열렸다. 회의가 시작되기 전에 마우레르는 아포스톨에게 '몇몇 원로들이 차우셰스쿠를 선임하기로 결정했다'고 전했다. 마우레르는 자기도 차우셰스쿠가 젊고 모든 면에 열성이기 때문에 지지한다고 말했다. 중앙위원회가 개최되자 에밀 보드너라슈가 나서 중앙위원 중에서 제일 젊은 사람이 제1 서기 직에 올라야 한다고 공식적으로 제안했다. 아포스톨의 회고를 들어보자.

"그렇게 해서 차우셰스쿠가 후계자가 되었지요. 일이 이렇게 된 데에는 언제나 기회주의자로서 또 분파주의자로서 활약했던 마우레르에게 전적으로 책임이 있습니다. 마우레르가 차우셰스쿠를 발굴하여, 영합한 다음 최고 권좌에 밀어 올렸으니까요."

루마니아 공산당 주변 인물들 대부분은 데즈의 임종을 앞두고 침대 옆에서 벌어졌던 권력투쟁과 차우셰스쿠를 옹립한 주요 인물이 마우레르라는 것을 잘 알고 있었다. 발레리우는 "마우레르가 평소에 차우셰스쿠를 철저하게 무시했었기 때문에 더욱 놀라운 일이었다"라고 회고했다. 지성을 갖춘 철저한 공산주의자로서 마우레르는 프랑스 인 어머니를 가졌을 뿐 아니라 국제적인 감각을 갖춘 인물이었으며 귀족인 체하는 것을 좋아했다. 그는 외무장관이 자기에게 적격이라고 생각해서 그 자리를 지켰고 직책에 맞게 귀족 행세를 했었다. 차우셰스쿠를 옹립한 대가로 그는 수상에까지 올랐다. 1990년 아포스톨은 저자인 나에게 "되돌아보면 차우셰스쿠가 루마니아에 해를 입히게 만든 최종 책임은 나에게 있습니다"라는 후회 섞인 회한을 늘어놓기도 했다.

과거의 비사를 들추어 봤다는 의미와 별도로 아직 생존해 있는 공산주의 원로들과 인터뷰를 하는 동안 흥미 있는 사실을 발견했다. 그들은 차우셰스쿠 옹립 이후 한패가 된 마우레르, 아포스톨, 브루칸에 대해 본능적인 혐오감을 나타냈다. 황혼에 접어든 나이에도 불구하고 인터뷰에 응했던 사람들은 진실을 털어놓기에 앞서 다른 사람들의 이름에 흠집내기를 즐기는 듯했다. 따라서 그들의 증언은, 「불꽃」이 루마니아 공산당의 단합을 자주 자랑했지만 공산당 고위층에 살아남기 위해서는 치열한 상호 의심, 적대감, 이전투구 방식만이 장기간에 걸친 생존 방법이었다는 것을 설명해 주는 듯했다. 1990년 텔레비전 인터뷰가 드물게 보는 루마니아 공산당 내 정상급 인물들의 '죽기 살기 식' 투쟁 방식을 비추었다. 차우셰스쿠의 행동을 격하하면서 인터뷰에 응했던 원로들이야말로 공포스러운 분위기 속에서도 극단적인 의심과 피해망상증을 동원하여 살아남은 산증인이란 설명을 붙였다.

후계자 승계 문제에 대한 아포스톨의 설명은 차우셰스쿠 밑에서 해외정보를 책임졌다가 1978년에 망명한 이온 파체파Ion Pacepa의 자서전인 『붉은 지평선Red Horizons』의 내용과 배치된다. 같은 해 파체파가, 비밀경찰들의 도청 결과를 통해 알게 된 마우레르가 자기 부인에게 한 말은 이렇다.

"월요일인 1965년 3월 19일 내가 게오르기우 데즈를 방문했다. 후두암 때문에 더 이상 말을 할 수 없었던 데즈가, 좋아하던 붉은 색연필로 종이 위에 몇 자 적더니 나에게 건네주었다. 거기에는 이렇게 적혀 있었다. '마우레르 동지가 내 후계자가 되는 것이 나의 마지막 바람이다.' 다 읽고 난 뒤 내 생각을 들려주려고 했는데 데즈는 이미 눈을 감아 버렸다. 그가 죽은 것이다. 다음 날 아침 정치국원 회의가 간단하게 열렸다. 거기에서 나는 데즈의 메모를 전했지만 지도자의 자리는 거부했다. 피비린내 나는 권력투쟁을 피하기 위한 일환으로 다음번 인민회의에서 지도자를 선출할 때까지 가장 젊은 차우셰스쿠를 임시로 선출하자고 제안했다. 에밀 보드너라슈가 제청하여 내 의견이 수용되었다."

발레리우는 아포스톨의 이야기를 믿었다. 그는 "마우레르의 이야기는 자기변명에 지나지 않는다"고 평했다. 하지만 가장 그럴듯한 해석은 이렇다. 마우레르와 보드너라슈 같은 당 고위층들은 차우셰스쿠의 경력이 일천하기 때문에 일단 임시적으로 그를 내 세운 뒤 자기들이 배후에서 조작할 수 있을 것으로 생각했다는 것이다.

엘레나 차우셰스쿠도 자기 남편의 경력에 중요한 고비가 될 이 기간 동안 한가하게 지내지를 않았다. 차우셰스쿠가, 데즈가 죽기 몇 주일 전부터 후계자 대열에 맹렬하게 뛰어들었다는 증거가 있다. 한 원로 공산주의자는, 이 기간 동안 엘레나 차우셰스쿠가 지도자들의 부인들에게 상냥하게 굴었으며, 외모를 극찬하기도 했고, 순종하는 태도까지 보였다고 회고했다. 엘레나는 또 마우레르, 보드너라슈, 드러기치의 부인들에게는 "네 사람이 힘을 합치면 환상적인 팀을 이룰 것이다"라고 말하기도 했다. 엘레나의 그런 행동들은 예외적인 것이었다. 왜냐하면 그녀는 항상 남편의 친구, 남편 친구의 부인 그리고 남편 친구의 여자 친구들에 대한 쓸데없는 루머를 퍼뜨리는 데 정평이 나 있었기 때문이다.

차우셰스쿠가 당내에서 초고속 승진을 하는 동안 엘레나는 외무부에서 일하고 있었다. 그러나 그녀는 능력 부족으로 곧 방출되었다. 그런다음 1955~59년 동안에는 부쿠레슈티의 대학원생들을 위한 화학 강좌에 참석했다. 다른 사람이 대리 출석하는 경우가 많았지만 승승장구하던 공산당 간부의 부인으로서 그녀는 상당한 배려를 받았다. 어떤 젊은 교수 한 사람은 그녀가 시험 중에 커닝을 했다고 쫓아냈다가 그 이후 오랜 시간을 공포 속에서 살아야만 했다. 아무튼 그녀가 화학박사 학위를 취득하기 전에 여러 가지 이수 과정을 거쳤다는 데 대해서는 아무런 기록이 없다.

1960년에 부쿠레슈티에 자리 잡고 있던 '루마니아 국립 화학연구소'의 전임 연구원이 된 그녀는 1965년 연구소의 소장 직에까지 올라갔다. 연구소에서 과학자로 일했던 미르체아 코르치오베이Mircea Corciovei는 "그녀가 소장으로 앉은 다음부터 그녀와 대화하기가 무척 어려웠습니다. 그녀는 명령만 했지 토론은 기피했으니까요"라고 전했다. 코르치오베이는 그녀가 어느 정도의 화학 지식을 가지고 있는지를 가늠할 길이 없었다. 연구소의 연구 분야에는 전혀 관심이 없었고, 정치적이고 행정적인 일에만 힘을 쏟고 있었기 때문이다.

내가 코르치오베이를 만나 엘레나의 과학적인 소양에 대한 이야기를 들었을 때는 그녀가 죽은 지 몇 달 뒤였으나, 그는 연구소의 다른 과학자들과 마찬가지로 엘레나가 불어넣었던 공포감이 여전했던 나머지 그녀에 대한 이야기를 들려주는 것을 꺼려했다. 한참 후 용기를 낸 다음에야 입을 열었다. 도청장치는 이미 사라졌다는 사실을 수차에 걸쳐 확인해 주었으나 그는 여전히 시험실 안에 도청장치가 설치되 있는 것처럼 근심스런 눈으로 주위를 두리번거렸다.

코르치오베이와 연구소에서 함께 일했던 다른 사람들도 엘레나가 천박스럽고 괴물 같았다는 점에 동의했다. 엘레나는, 직원들의 복지에 대한 고려는 조금도 하지 않은 채 갖은 방법을 다 동원해서 경비를 삭감해 나갔다. 봉급도 다른 연구소에 비해 훨씬 낮았고, 전화 교환원의 임금을 줄이기 위해 연구소와 실험실을 연결하는 전화 교환기도 없애 버렸다. 연구소 직원들은 외부에서 걸려오는 전화를 받을 수가 없었다. 모든 연구원들이 연구소에서 물건을 훔쳐낸다고 의심했던지 모든 비품 목록을 손수 꼼꼼히 챙기기도 했으나, 자신의 무지가 드러나는 것을 두려워해서 부하 연구원들과의 토론은 극단적으로 피했다. 한 가지 예를 들어, 코르치오베이는 그녀가 화학과 1학년생들에게 가르치는 색층 분석 장치와 황산H_2SO_4조차 몰랐다고 말했다. 심지어 연구원들의 에틸알코올 사용 신청서도 "당신들 집에서 술 만들어 마시려고 그러지?"라고 말하면서 불허했다. 다만 기술적인 용도로 사용된다는 확인이 있는 경우에만 신청서에 '승인'이라는 도장을 찍어 주었다. 그녀는 또 연구원들의 연구 실적이 특허 사항으로 연결될 때 지급되는 장려비를 없애 버리는 대신 소액의 보너스만 지급했다.

엘레나가 연구소에서 일하고 있을 때 그녀의 화학박사 학위 구술심사위원회가 열렸다. 코르치오베이도 참석하려던 참이었다. 그의 이야기를 들어보자.

"성인들을 위한 야간 수업만 받아 가지고는 박사학위를 받기가 어려웠지요. 그래서 나는 그녀가 심사위원들의 질문에 어떻게 답하는지를 보고 싶었습니다. 대학 전통과 관련법에 따라 시험 날짜와 시간이 대학 게시판에 공고되었습니다. 그런데 시험장에 갔더니 문은 잠겨 있었고, 심사는 이미 오전에 비밀리에 끝난 다음이었습니다."

엘레나 차우셰스쿠가 죽은 지 6개월 후 엘레나의 구술심사를 맡았던

차우셰스쿠가 웃고 있는 유일한 사진임. 1965년 공산당 사무총장으로 선출된 후 축하연 때 헝가리 공산당 사절단을 맞이한 자리에서.

퇴임 교수들을 만났으나 누구 한 사람도 입을 열려 하지 않았다. 교수 아들 한 사람과 간신히 전화 통화를 했으나 그것마저도 갑자기 끊어져 버렸다. "꺼져 버려!"라는 말만 들었다. 아무것도 바뀐 것이 없는 것처럼 보였다. 이 화학연구소는 아직까지도 전화 교환기가 턱없이 부족한 실정이다. 여러 해에 걸쳐 문화처럼 천착된 예산 부족과 외부와의 단절로 인해 내가 1990년 이 연구소를 방문했을 때는 을씨년스럽기 짝이 없었다. 잡부들을 고용할 돈이 없었던지 건물 주변의 운동장에는 잡초만이 키를 넘고 있었다.

게오르기우 데즈가 사망한 지 이틀 후인 1965년 3월 22일 중앙위원회는 니콜라에 차우셰스쿠를 당 제1서기로 선출했다. 차우셰스쿠가 만장일치로 선출되었기 때문에 배후에서의 암투가 전혀 없었다고 25년이 지난 뒤 아포스톨은 당시의 상황을 전했다. 아포스톨은 희망 없는 대결에서는 쉽사리 표적이 될 수 있다는 것을 잘 알고 있었다. 그는 훗날 자기를 지원했던 사람에게 이렇게 말했다.

"차우셰스쿠가 당 조직, 군부. 비밀경찰 그리고 당 선전대원들까지 몽땅 장악하고 있었다. 내가 손댈 곳은 한 군데도 없었다."

늦었지만 당내의 엘리트 계층에 약간의 불편한 기운이 감돌았다. 그러나 차우셰스쿠가 경쟁자들을 다스리는 데는 빈틈이 없었다. 게오르기우 데즈는 제1서기 직과 국가평의회 의장직을 겸했으나 차우셰스쿠는 평의회 의장직을 경쟁자인 키부 스토이카에게 양보했다. 그렇지만 그런 양보가 일시적이라는 것은 쉽게 알 수 있었다. 3월 24일 직후 이루어진 당 서열 조정 작업 때는 키부 스토이카의 이름이 제일 위에 올랐었으나 몇 개월이 지난 7월 19일 개최된 전당대회에서는 정치국원과 중앙위원들의 이름을 알파벳순으로 발표해 버렸다. 스토이카의 이름이 뒤로 밀린 것이다. 차우셰스쿠가 첫 번째 권력투쟁에서 승리했음을 말해 주고 있었다.

3월부터 7월까지 차우셰스쿠가 루마니아 노동당 내의 당료들의 지원을 얻기 위해 한 행동은 교과서적인 본보기로 간주될 만큼 치밀하기 그지없었다. 당내에서 가장 막강한 세력을 가지고 있던 마우레르와 자기의 가장 위험한 경쟁자인 두 사람, 아포스톨, 드러기치가 자기를 면밀히 관찰하고 있다는 것을 감지한 차우셰스쿠는 매우 조심스러운 행보를 했다. 게오르기우 데즈의 장례식에서도 스토이카, 아포스톨, 마우레르, 드러기치에 이어 맨 마지막으로 조사를 읽었다. 실제로 네 사람은 7월 전당대회 때까지 당내의 모든 영향력 있는 사람들을 만나고 다녔다. 차우셰스쿠도 적극적인 활동을 서슴지 않았으나 태도는 신중했다. 네 사람이 만나는 사람들은 주로 과학자, 지식인, 정보 계통의 중견 간부들이었다. 시국의 흐름을 정확하게 알고 있던 그들은, 근본적으로 마르크스-레닌주의에서 크게 벗어나지는 않지만 데즈가 이미 시도했던 변화의 중요성을 강조했다. 반면, 차우셰스쿠는 과학자들에게는 사고의 개방을 환영한다고 말했고, 작가와 예술가들에게는 마오쩌둥이 강조한 '백화제방' 식 표현의 자유를 약속하기도 했다. 사람들은 차우셰스쿠의 말을 액면 그대로 믿었다. 전령사로 나선 당 간부들은 모든 사람들에게 인권과 헌법에 바탕을 둔 사회주의의 준법정신을 약속했다. 체포된 사람은 24시간 내에 기소되어야 하며, 더 이상의 구금은 불허한다는 뜻을 전하기도 했다. 인권이 형편없던 상황에서 나온 이런 조치는 획기적인 것이었으며, 소련이 최고라는 일방적으로 주입된 인식도 점차 사라지기 시작했다. 소련의 지배에서 루마니아가 벗어났음을 상징하는 이런 조치에 대한 높은 인기는 새로운 지도자들에게 좀 더 과감해지라는 격려이기도 했다. 당 고위층들은 스탈린이 없어진 상태에서는 국민들의 복종만 강요해서는 안 되고 국민들의 동의가 필요하다는 것을 깨우쳤다.

부쿠레슈티 대학 광장의 발코니에 모인 공산당 간부들. 이 장소에서 1989년 반 차우셰스쿠 집회가 열렸으며, 1990년에는 반 구국전선 집회가 열리기도 했다. 맨 왼쪽에 얼굴만 보이는 사람이 1965년 권력 투쟁 때 차우셰스쿠의 가장 강력한 정적이 되었던 아포스톨. 그 옆에 흰 블라우스를 입고 있는 여자가 엘레나.

차우셰스쿠와 주변 인물들은, 만났던 사람들이 주장한 내용들을 변화의 청사진으로 삼았다. 차우셰스쿠는 특히 획기적인 변화가 눈앞에 임박했다는 암시와 함께 거북한 문제들을 비껴가는 데 민첩함을 보였다. 비밀경찰 간부들에게는 예전과 같이 기회주의자들과 분파주의자들에 대한 감시를 소홀히 해서는 안 된다는 주문을 했던 한편, 루마니아 국민들에게는 과거보다는 훨씬 자유로운 분위기를 만끽할 수 있을 것이라고 속였다.

외교 정책에 관한 성명에도 이렇게 두루뭉술한 태도는 마찬가지였다. 소련의 프롤레타리아 독재를 칭찬하는 반면, 게오르기우 데즈가 주도했던 루마니아의 소련으로부터의 독립을 지지하는 태도도 그대로 유지했다. 1966년 유고의 티토 대통령과 중국의 저우언라이周恩來 수상은 부쿠레슈티를 방문하여 공산주의 국가의 전통에 따라 열광적인 환영을 받았다. 언론은 대서특필했고 길가에 늘어선 여학생들은 양국의 국기를 흔들어댔다. 대조적으로, 루마니아의 보통사람들은 「불꽃」에 난 간단한 기사를 보고서야 소련의 브레즈네프 서기장의 루마니아 방문 사실을 알았다. 루마니아의 지도자들은 또 신중한 자세로 소수민족들의 중요성에 접근했다.

차우셰스쿠의 전략적인 솜씨와 꼼꼼한 계획이 모습을 나타낸 것은 1965년 7월 제9차 전당대회에서였다. 취재에 나섰던 서방 특파원들은 예전과 다르게 개방적이고 당 지도자들을 쉽게 만날 수 있던 분위기에 충격을 받았다. 개인 우상화 현상은 자취를 찾아볼 수가 없었다. 전당대회장 어디에도 살아 있는 당 지도자들의 사진을 찾아볼 수가 없었던 것이 그 증거였다. 차우셰스쿠의 명령에 따라 당의 명칭도 '루마니아 노동당'에서 예전의 '루마니아 공산당'으로 복원되었다. 나라 이름 또한 '루마니아 인민공화국'에서 '루마니아 사회주의공화국'으로 바뀌었다. 이런 조그마한 변화를 통해서 과거 부르주아 가정을 끝없이 괴롭혔던 분파주의적 조치들이 사라졌다는 인상이 심어졌다.

사람들은 뒤늦게야 깨우쳤지만 그날 전당대회에서 일어난 가장 큰 사건은 당의 규정 변화에 대한 보고였다. 이 중요한 보고를 차우셰스쿠 대신 아포스톨이 했기 때문에 참석자들에게는 아포스톨의 시대가 아직 끝나지 않았다는 것을 의미하는 메시지였다. 아포스톨은 차우셰스쿠의 직책이 제1서기가 아니라 사무총장이라고 밝혔다. 이 말이 함축했던 의미는 차우셰스쿠의 업무 영역은 게오르기우 데즈보다 훨씬 좁을 뿐 아니라 집단지도체제에 더 큰 힘이 실려 있다는 뜻이기도 했다. 차우셰스쿠는 순간적으로 아포스톨과 드러기치에 대한 반격을 개시했다. 그는 자기의 영향력이 가장 컸던 중앙위원회의 규모를 확대시켰던 반면, 정치국은 '집행위원회'로 이름을 바꿈으로써 기능을 축소해 버렸다. 참석자들은 차우셰스쿠의 위상을 강화시키는 다른 조치에 대해서도 반대를 하지 않았다. 당 지도자들 모두는 한 가지 일에만 종사해야 된다는 결의도 있었다. 차우셰스쿠가 내놓은 제3의 개혁안은 집행위원회에 곁들여 '최고간부회의'의 신설이었다. 차우셰스쿠의 경쟁자들은 이 안에 반대하기가 어려웠다. 일곱 명의 루마니아 공산당 고위 간부들로 구성된 이 새로운 기구는 구성원들 간에 동등한 권한이 있음을 표방했다. 차우셰스쿠, 스토이카, 마우레르, 아포스톨, 드러기치, 보드너라슈, 알렉산드루 브를러데아누Alexandru Bîrlǎdeanu가 그들이다.

드러기치는 이미 올가미에 걸려들었다는 것을 때늦게 알아챘다. 차우셰스쿠가 의도했던 대로 새 당규에 따라 그는 자신의 권력 기반인 내무부 장관직을 그만둘 수밖에 없었다. 절박하기는 아포스톨도 마찬가지였다. 그는 1990년 1월 루마니아 텔레비전에 나와 공식적인 제9차 전당대회 이전의 비밀회의에서 자기는 5개년 경제계획에 의한 어마어마한 금액의 산업 투자를 반대했다고 밝혔다. 모든 노조 활동의 감독관으로서 아포스톨은 노동자들의 생활환경이 열악해질 것을 우려했다고 말했다. 그의 말이 이어졌다.

"기회주의 때문이었죠. 위아래를 막론하고 당내의 분위기는 겁에 질려 있었죠, 아무도 차우셰스쿠의 의견에 반대할 엄두를 내지 못하고 있었습니다. 외눈박이를 따르는 맹인 집단 같았습니다."

아포스톨은 차우셰스쿠의 의견에 반대 발언을 한 직후 자기도 차우셰스쿠의 공격 대상이 되었다는 것을 알게 되었다.

실질적인 내용에서는 정치국과 별로 다른 것도 없었던 집행위원회는 차우셰스쿠를 공산당 내에서 경쟁자 없는 지도자로 부각시키는 역할만 했다. 당연직인 15명의 구성원 중 12명은 과거 정치국원들이 차지했지만, 새로 선임하는 10명의 신임 위원 중 9명은 차우셰스쿠에게 대단히 많은 신세를 졌던 중앙위원회의 강경파들이었다.

루마니아에서 발생했던 여러 가지 변화를 서방에서는 호의적인 눈으로 쳐다봤다. 서방 강대국들은 바르샤바 조약에 가입한 동유럽 공산국가들의 행태를 면밀히 주시하고 있었으며, 아무리 사소하더라도 소련과 위성국가들 간의 균열은 놓치지 않았다. 헝가리, 체코, 폴란드, 소련 사이의 정책 차이도 철저히 분석하고 있었다. 외부 세계에서는 차우셰스쿠를 높이 평가했던 한편, 색다른 공산주의 지도자로 인식했다. 루마니아 내에서도 지식인과 중산층들이 변화를 신선한 충격으로 받아들였다. 1990년에 루마니아 텔레비전 방송국 국장이 되었던 러즈반 테오도레스쿠Răzvan Theodorescu 교수는 "1965년부터 1968년까지는 나도 차우셰스쿠를 대단히 칭찬했다"고 고백했다. 심리학자 커털린 마말리Cătălin Mamali도 이 시기를 '개방의 시대'로 생각했었다고 말했다. 그는 또 대부분의 루마니아 사람들이 소련과의 단절을 마무리했던 사람을 게오르기우 데즈가 아닌 차우셰스쿠로 인식했다고 덧붙였다. '소련의 노예에서 해방되었다'는 감정을 만끽했다는 말도 빠트리지 않았다. 루마니아 사람이 아니면 지적 자유가 어떤 것인지를 이해하기 쉽지 않을 것이라는 말을 강조한 마말리는 이런 이야기도 들려주었다.

"셰익스피어가 됐건, 게인즈보로(Gainsborough: 18세기 영국의 유명한 풍경화가)가 됐건, 아니면 헨델이 되었건 간에 모든 전통적인 가치와 문학, 음악, 미술 작품들이 외국 문화나 이데올로기에 대한 맹목적인 추종이라고 비난받는 상태를 연상해 보십시오. 1960년대 초반까지 루마니아는 그런 상태에 있었습니다."

반체제 작가였던 파울 고마는 당시 루마니아가 처해 있던 분위기와 유서 깊은 반 유대인 감정을 이렇게 요약했다.

"대부분의 루마니아 인들은 기분이 한껏 고조되어 있었죠. 비록 공산주의자라고 하더라도 소련인, 헝가리 인, 유대인만 싫어하면 우리 편이란 생각들을 하고 있었습니다."

지식인과 중산층이 서양 문물을 오랫동안 선호했던 나라에서 엄격한 통제와 소련식 선동이 판을 쳤기 때문에 변화의 물결은 대단한 환영을 받았다. 이런 이유 때문에 루마니아에서는 사회주의나 마르크스-레닌주의가 동구권 어느 나라에서보다도 배척을 당했다. 루마니아에서 교육을 받은 사람들은 프랑스 어를 루마니아 어 다음으로 많이 사용했고, 또 그것을 전통으로 삼았다. 프랑스 어뿐 아니라 데카르트, 몰리에르, 볼테르, 베르그송의 작품에 친근감을 느꼈던 루마니아 인들은 소련의 사회현실주의자들의 글을 흉내 내는 '곡哭쟁이' 작가들의 책이나 스탈린의 어휘를 동원하는 「불꽃」의 논조에 쉽사리 동화될 수가 없었다.

수감 생활 중 지식인들에 대한 배타적인 감정이 한층 격화되었던 차우셰스쿠까지도 1950년대 말부터 60년대 초까지는 문화적인 치장을 해야겠다고 느꼈다. 연설가로서, 글을 쓰는 사람으로서, 차우셰스쿠의 자기계발自己啓發은 이때부터 시작된다. 비록 훌륭한 자질로까지는 발전하지 못했으나 벙어리 같은 루마니아 공산당원들 앞에서뿐만 아니라 외국의 유명한 손님들이나 정치인들 앞에서 메모가 없더라도 횡설수설하지 않고 요점을 잘 정리하여 말하는 훈련을 했다. 각고의 노력이 집중되었고, 엘레나도 '말더듬'을 교정하는 데 옆에서 열심히 도왔다. 사석에서 극도로 흥분하거나 분노가 치밀어 오를 때가 아니면 말을 더듬는 경우가 없어졌다. 단조로운 말투에 10대 이후 심취했던 마르크스-레닌주의 강령에 깊은 영향을 받은 사고방식이나 문장 등은 여전했으나 대중 앞에서 더 이상 당황하지는 않았다. 문법을 교정해 주는 사람들이 항상 옆에 따라다녔고, 발음이 틀렸을 때는 오히려 일부 루마니아 인들로부터는 서민적이라는 말을 듣기도 했다. 엘레나는 그를 다른 방법으로 훈련시켰다. 전에 옆에서 도왔던 사람이 전하는 이야기는 이렇다.

"그녀는 차우셰스쿠에게 다이어트를 강요했어요. 차우셰스쿠 집안의 습관적인 음주 문화를 잘 알고 있던 그녀는 금주를 강하게 주장했습니다."

세계무대에 나설 준비를 하고 있던 그는 대중 앞에 꾸준히 나섬으로써 자신감을 얻어갔다. 곧이어 그는 자신의 변화된 모습에 기쁨을 감추지 못하기도 했다.

현실로부터 오는 압박감은 과거에 대한 향수를 불러오게 마련이다. 루마니아 사람들이 1965년부터 1968년까지를 괜찮았던 시절로 기억하는 데는 그럴만한 이유가 있었다. 이혼과 낙태에 대한 제한 조치, 피임약 사용 금지, 임산부들이 불법적으로 낙태수술을 했는지에 대한 산부인과 검사, 자식이 없는 부부들에 대한 중과세, 거의 불가능했던 해외이민제도 등을, 서방국가들은 1980년대 때늦게 알고 분개했지만 루마니아는 1966년 10월부터 도입하기 시작했기 때문이다. 미니스커트, 턱수염, 장발 등 서양의 퇴폐풍조 퇴치 운동과 함께 청교도적인 사회 정화 운동이 모습을 드러내자 지식인들의 자유 또한 엄격하게 제한되었다.

1968년 회의에서 "우리 사회주의 국가를 지탱하는 공통분모는 마르크스–레닌주의가 내세우는 이상이다"라고 갈파한 차우셰스쿠는 소수의 특권 계층에만 신경 쓰는 사람들을 호되게 비난했다. 1968년 콘스탄차에서 있었던 회의에서도 당 일꾼들에게 이렇게 말했다.

"우리는 민주주의를 말만 많고, 기강은 없으며, 무정부주의적인 부르주아 식으로 해석해서는 안 된다. 당의 정책을 만들고 수행하는 데 대한 인민들의 적극적인 참여로 이해해야 한다."

메리 엘렌 피셔의 지적에 의하면, 차우셰스쿠는 모든 사람들에게 모든 것을 다 약속해 놓고 막상 마르크스–레닌주의의 틀을 깰 수 있는 결정은 하나도 하지 않았다고 한다. 심지어 사회주의 준법성에 대한 새로운 주장도 따지고 보면 차우셰스쿠의 오랜 정치적인 경쟁자이자 비밀경찰을 책임지고 있던 내무장관 알렉산드루 드러기치를 파멸시키기 위한 편리한 수단에 불과했다. 그는 비 소련화를 옹호했으나 공산당 통제로부터의 해방은 제한했다. 차우셰스쿠 말년에 나타났던 몇 가지 희화적인 특징들이 이미 그 선을 보이고 있었다. 1966년 3월 조심스럽게 준비했던 농업협동조합 연합회에서 차우셰스쿠와 다른 인사들이 주요 연설을 할 때마다 자발적인 기립 박수가 이어졌다. 이미 우상화 작업이 시작되었던 것이다. 1967년 12월 차우셰스쿠는 실권 없는 국가 원수인 국가평의회 의장 자리도 차지했다.

차우셰스쿠는 프랑스의 드골 시대 때 유행했던 '군중집회'도 재빠르게 활용했다. 메리 엘렌 피셔의 증언에 따르면 1965년 7월부터 1973년 1월까지 차우셰스쿠는 173회에 달하는 지방 여행을 다녔는데 그때마다 평균 48시간에 걸쳐 공개회의, 주택이나 공장 방문, 점심 식사 후의 연설, 그리고 군중집회를 가졌다. 차우셰스쿠는 갑자기 악수하기를 좋아했고, 어린애들에게 키스하는 것도 즐겨했다. 꽃다발을 받은 후 대기하고 있던 군중들에게 간단한 인사말을 하는 것도 빠트리지 않았다. 모든 것을 잘 알고 있다는 자신감을 보이기까지 했다. 공장 운영자들에게는 공장 조직에 관해서, 농부들에게는 정확한 영농기법에 대해서, 그리고 교사들에게는 시청각 교육의 중요성에 대해서 강의를 했다. 차우셰스쿠는 중견 공산주의자들을 위한 교육기관인 '슈테판 게오르기우 사회정치 학술원' 내의 젊은 공산당원들을 위한 '고급 관리 과정'에 열심히 다닌 적이 있다. 「19세기 루마니아 산업 발전에 관한 검토」라는 논문으로 학술원 내의 '경제과학원'을 졸업했다. 논문의 내용이야 물론 남의 글을 베낀 것이었기 때문에 차우셰스쿠가 이 논문의 내용을 바탕으로 연설할 때마다 역사적인 깊이와 경제적인 전문성을 섣부르게 과시하여 청중들을 혼란에 몰아넣곤 했다.

차우셰스쿠가 감지하지도 못한 사이에 그에 대한 새로운 존경심이 그의 위상을 바꾸기 시작했다. 일생을 통해 그는 다른 사람들의 아이디어를 철저히 도용했다. 그가 말하는 것들은 원래 그의 생각이 아니었다. 그러나 그는 남이 말하는 아이디어를 확인하고, 자기의 특수한 목적에 맞게 활용하는 데는 천부적인 자질이 있었다. 부지런함과 복잡한 상황을 정확하게 판단하는 능력도 갖추고 있었다. 차우셰스쿠는 또 아무 생각 없이 마르크스-레닌주의를 받아들였던 것처럼 새롭게 제고된 자기 위상에 대한 인민들의 굽신거림도 자연스러운 현상으로 수용했다. 이 순간부터 차우셰스쿠는 착각에 빠져들어 스스로를 초인이라고 믿게 되었고, 인민들의 추앙 또한 자신의 새롭게 높아진 위치 때문이 아니라 자신의 천재성을 때늦게 깨달았기 때문이라고 생각하게 되었다. 이러한 것들이 엘레나가 개발한 기만술이었다. 차우셰스쿠의 허영심을 부추기는 한편, 주변 사람들의 경쟁력, 지성, 충성심은 철저히 의심하여 매도하는 데 극성을 부렸다. 루마니아 공산당 고위층들은 자신들에게 닥치는 위험을 곧바로 감지했다. 게오르기우 데즈가 죽는 순간부터 실비우 브루칸은 단명의 직책을 몇 번 맡기는 했지만 필요할 때마다 외국이나 순방하는 사절로 전락했다. 마우레르와 아포스톨도 1965년 이후 차우셰스쿠가 우상화를 조작하는 것을 직감했다고 말했고, 1966년 7월 이후 엘레나가 차우셰스쿠를 동반할 때마다 그녀의 이름은 지상에 자연스럽게 떠올랐다.

후계자 승계와 관련된 또 다른 음흉한 이야기가 전해진다. 1965년 차우셰스쿠를 지지했던 공산당 간부 중 한 사람은 25년이 지난 다음 나에게 이런 이야기를 들려주었다.

"암이 발견되었을 때 데즈는 자기가 소련의 비밀경찰인 KGB의 희생물이 되었다고 이야기했지요. 암의 발병은 자기가 소련에 대해 부정적인 시각을 가지고 있는 데 대한 소련식 보복이라고 말하더군요. 차우셰스쿠에게도 들려주었지요. 대통령 궁에 방사선을 쏘면 그 방사선이 자기 방의 문고리를 뚫고 방안까지 들어온다고 얘기했어요."

이런 황당한 주장에 어느 정도의 진실이 숨어 있는지는 밝혀진 바가 없다. 다만 게오르기우 데즈가 소련의 정보기관이나 음모 등을 얼마나 두려워했는지를 단편적으로 잘 반영한 교훈적인 이야기로 들을 수는 있을 것이다. 말년에 들어 데즈의 공포감은 더욱 커져 친한 동료들까지도 의심하기에 이른다. 정치적인 암살이 반드시 소련의 전매특허가 아니었고, 공산주의 국가에만 국한되는 문제도 아니었다. 데즈는 포리슈, 퍼트러슈카누를 포함한 지도자들의 제거가 자기라고 해서 비껴가지는 않을 것이라는 생각까지도 하게 되었다. 공산주의자들이 지배하기 전의 루마니아 역사는 다른 나라보다 더욱 피로 얼룩져 있다. 게오르기우 데즈는 철의 동맹의 지도자였던 코드레아누가 탈출하다가 사살당한 사실을 잘 알고 있었고, 이어지는 철의 동맹의 보복도 기억에 생생했다. 나에게 이 야기를 전해 준 정보통은 차우셰스쿠도 데즈의 주장을 심각하게 받아들 였다고 한다. 차우셰스쿠가 선임자들로부터 배운 것은 자기 자신도 항 시 죽음의 위험 속에 놓여 있다는 냉엄한 현실이었다.

공산당의 사무총장이 되는 순간부터 그는 신변 보호에 큰 관심을 보 이게 되었고, 희극적으로까지 변해 갔다. 시도 때도 없이 차우셰스쿠가 농장이나 공장을 방문했기 때문에 이에 앞서 군중으로 동원된 농민이나 노동자들, 꽃다발을 선물하는 화동들의 몸수색과 무전기 소지 여부를 철저히 조사했다.

1965년부터 1969년에 걸쳐 차우셰스쿠는 외부 세계에 안도감을 주는 인상을 심었다. 1967년 루마니아는 서독과 외교관계를 맺은 첫 번째 바 르샤바 조약 가맹국이 되었다. 또 이스라엘이 나세르의 이집트와 '6일 전쟁'에 돌입했을 때는 이스라엘과 외교관계를 단절하지 않은 유일한 동유럽 국가가 되기도 했다. 국내에서는 「불꽃」의 독자들에게 관료들과 당 간부들의 권력 남용에 대해 기고하라고 권고하기도 했다. 루마니아 공산당의 과거 역사에 대해 자세한 기록을 남기라는 주문도 빠트리지 않았다. '루마니아 공산당 역사박물관'이 자화자찬의 장소가 아닌 믿을 만한 역사 기록관으로서의 역할을 부여받았다. 물론 지식인들이 기대했 던 만큼의 자유는 허용되지 않았다.

어두운 과거는 묻어둔 채 공산당원들의 철권 통치는 도를 더해갔다. 1965년에서부터 68년에 걸친 차우셰스쿠의 개혁 정책도 결국 자신의 힘을 키우는 데 국한되고 말았다. 어떤 지도자도 한 가지 이상의 직책을 가져서는 안 된다는 금지사항도 2년 뒤에는 유야무야 되었다. 전국적인 행정 개편으로 16개의 행정 구역이 40개로 재편되었으며, 이어지는 당료와 관료들의 이동은 차우셰스쿠에게 성장하는 세대들 가운데 자기 세력을 더 많이 부식시킬 수 있는 기회를 부여했다. 그 중 한 사람이 전에 공산주의 청년동맹의 지도자였던 이온 일리에스쿠로서 뛰어난 경력의 소유자였다. 그의 아버지와 삼촌은 젊었을 때 차우셰스쿠와 함께 오랫동안 공산주의 활동을 했었다.

1968년 4월 22일 중앙위원회 전체회의에서 예기치 못한 일이 일어났다. 주요 의제로 등장한 교육 제도, 외교 정책, 군비 증강에 대한 개혁안 내용을 봐서는 회의가 마녀사냥을 할 것이라고 아무도 예상할 수가 없었다. 다만 한 가지 의제의 제목이 '공산당 활동가들의 복권에 관한 중앙위원회의 보고'로 되어 있을 뿐이었다.

그러나 차우셰스쿠는 이 의제를 토론하는 과정에서 자기의 후견인이었던 게오르기우 데즈를 수차에 걸쳐 흐루시초프가 스탈린을 공격했던 식으로 매도하는 한편, 위상이 높았던 전임자들의 그림자를 차례차례 지워 갔다. 복권 대상이었던 사람은 퍼트러슈카누였으며 그에 대한 복권 추천보고서는 '국제사면위원회'의 미지근한 보고서를 비난하는 것으로 일관했다.

루마니아 공산당 역사 복원작업에 동원된 역사가들은 그들의 역할을 훌륭하게 해냈다. 중앙위원회의 조사에 근거하여 밝혀진 바는, 데즈의 주도 아래 정치국원들이 퍼트러슈카누를 체포한 후 반혁명분자라는 자백을 받기 위해 고문도 불사했으나 이를 입증할 만한 최소한의 증거도 찾아내지 못했다는 것이었다. 아나 파우커와 바실레 루카도 퍼트러슈카누의 몰락에 책임이 있었지만 그들 또한 숙청된 마당에 이제 드러기치가 테오하리 제오르제스쿠와 함께 "퍼트러슈카누가 영·미의 첩자였다"라는 증거를 찾아내야 하는 책임을 맡았다. 1954년 3월 18일 중앙위원회 정치국은 드러기치가 제출한 정보를 바탕으로 퍼트러슈카누가 이끌었던 그룹을 간첩혐의로 재판에 회부했었다. 기본적인 절차도 무시한 범법이었다.

이 발표가 함축하고 있던 의미는 심각했다. 드러기치는, 증거 조작으로 인해 정치국이 오류를 범하게 만들었다는 비난을 받았을 뿐만 아니라 정치국원들도 증거의 진위를 확인하기 위해 아무런 노력을 하지 않았다는 힐난을 받기는 마찬가지였다. 보고서는 슈테판 포리슈의 복권도 주장하고 있었다. 역사가들은 포리슈가 오류를 범하기는 했지만 변절자는 아니라고 썼다. 1938년에 스탈린에 의해 처형된 마르셀 파우커, 숙청되었지만 감옥에는 가지 않고 당시 생존해 있던 미론 콘스탄티네스쿠도 복권 대상이었다.

중앙위원회 전체회의가 끝난 다음 날 차우셰스쿠는 이 보고서를 잘 활용하는 기동성을 보였다. 그는 당원들에게 퍼트러슈카누의 죽음은 비열한 암살 행위나 다름없다고 말했다. 겉으로는 조사와 처형을 책임졌던 드러기치가 주공격 대상이었으나, 실제로는 퍼트러슈카누에게 원한을 가지고 있던 전임자 게오르기우 데즈를 겨냥하고 있었다. 그러나 차우셰스쿠를 화나게 만든 것은 드러기치가 중앙위원회 개최 중에 1944년까지 루마니아 공산주의자들이 핍박을 받을 때도 아주 유사한 방법들이 동원되었다고 반격함으로써 구 정권과 차우셰스쿠가 새롭게 탄생시킨 사회주의 국가 루마니아를 같은 반열 위에 올려놓았다는 점이었다. 차우셰스쿠는, 퍼트러슈카누가 박학다식하고 마르크스-레닌주의에 투철한 사람이었을 뿐 아니라 당의 빛나는 지도자였다고 이어갔다. 퍼트러슈카누 체포 직후 차우셰스쿠도 그를 비난했던 글을 썼다고 떠올릴 만큼 대담한 사람이 회의장에는 없었기 때문에 차우셰스쿠는 사회주의 준법성에 대한 주장만 거듭하고 있었다. 그는 일찍이 1956년에 드러기치가 사용했던 방법이 틀렸다고 지적했다는 말도 빠트리지 않았다. 그는 당시 정치국 회의에서 자기가 이런 말을 했다고 인용하기도 했다.

"드러기치 동지는 게오르기우 데즈와 관계를 내세워 아무것이나 다 할 수 있다고 생각하는 것 같다."

물론 이 말은 당시 정치국 회의 때의 회의록을 다시 볼 수 없기 때문에 차우셰스쿠가 드러기치를 공격한 말로밖에 볼 수 없다.

퍼트러슈카누의 사건은 드러기치의 경력에 치명상을 남겼다. 또 퍼트러슈카누가 체포되고 재판을 받았을 때 정치국원이었던 보드너라슈와 아포스톨과 같은 고위층들에게도 심각한 영향을 미쳤다. 마우레르는 예외였다. 그는 당시 정치국원이 아니었기 때문이다. 차우셰스쿠도 마찬가지로 정치국원이 아니었었다. 아포스톨은 이미 상당한 고통을 받고 있었다. 우연이라고 보기엔 미묘한 시기에 그의 자동차가 오토바이와 충돌하는 사고가 났다. 부인이 심한 골절상을 입었고, 운전사는 다리가 부러졌으며, 가정부는 현장에서 즉사했다. 1990년 루마니아 텔레비전에 나온 아포스톨은 이렇게 말했다.

"당 지도부가 내 목숨을 노렸었다."

1967년 그는 두 번째로 생명을 빼앗길 뻔했다고 고백한 적이 있다. 그리고 중앙위원회가 끝난 뒤에는 이렇게 말했다고 한다.

"이제 루마니아를 떠나 소련이나 여행하고 싶다."

여러 가지 협박이 있었음에도 아포스톨은 비밀경찰의 암살음모를 피하기 위해 브라질 대사로 루마니아 땅을 떠났다.

공산당 내의 이런 음험한 권력투쟁은 당시에 해외는 물론 국내에도 알려지지 않았다. 이제 과거에 범죄 행위를 저지른 사람들을 처리하는 문제에 대해 차우셰스쿠는 자기에게 구원의 등불을 비추고 있던 당내의 자유주의자들에게 호소하는 길을 찾고 있었다. 진실을 들추어내고, 모든 것이 제자리를 찾게 만들고, 도덕적인 원칙을 준수하며, 루마니아 공산당 역사의 객관성을 정립하기를 그들은 갈망하고 있었기 때문이다. 게오르기우 데즈가 사후에 입은 명예 훼손이 적지 않다는 것을 인식하고 있던 차우셰스쿠는 한 걸음 더 나아가 그가 생전에 섬기던 유일한 개인적인 우상이었으며 루마니아 공산당 내에서는 혼자만이 영웅적인 대접을 받았던 데즈의 명성까지 공격하기에 이르렀다. 스탈린 사후 흐루시초프가 그를 공격했던 것과 다를 바가 없었던 차우셰스쿠의 데즈 공격도 놀랄 만한 성과를 거두었다. 이 경우는 차우셰스쿠가 다른 사람들이 생각해낸 전략을 자기 목적에 맞게 이용한 한 가지 본보기에 불과하다.

당시 차우셰스쿠의 이런 아이디어 도용 전략을 아는 동료들은 거의 없었다. 그는 자기의 스타일을 차츰 바꾸어 갔다. 곧이어 '집단 지도체제'란 용어도 사라졌다. 차우셰스쿠의 초기 행운은 계속 되었다. 수백만 명의 루마니아 인민들과 수많은 세계 정치인들에게 차우셰스쿠는 영웅이 되어 갔다.

제 8 장

차우셰스쿠의 전성 시대

1968년 세계의 이목은 알렉산데르 두브체크Alexsander Dubček라는 지도자의 영도 아래 1945년 이후 스탈린주의자들이 뒤집어씌워 놓은 마르크스-레닌주의라는 외투를 서서히 벗어던지고 새로운 정치 스타일로 탈바꿈하던 체코슬로바키아에 쏠리고 있었다. 두브체크의 '인간의 얼굴을 가진 공산주의 실험'이 1968년 8월 브레즈네프의 체코 침공으로 좌절되지 않았다면 과연 어떤 일이 일어났을까를 연상해 보는 것은 대단히 흥미로운 일이 될 것이다. 공산주의의 미래는 어차피 그렇게 될 수밖에 없을 것이라는 전제에서 남의 아이디어를 빌려 쓰기 좋아했던 차우셰스쿠도 두브체크의 전철을 밟았을까? 차우셰스쿠는 남의 생각을 재빨리 도용하여 정책 방향을 결정했기 때문에 짧은 기간 동안에는 인민들을 속일 수가 있었을지 모르지만 시간이 지나면서 실체가 드러날 수밖에 없었다.

1968년은 차우셰스쿠가 변화를 추구하기에는 너무 늦은 시기였다.

당시 차우셰스쿠를 가까이서 관찰했던 루마니아 공산주의자 몇 사람은 그가 실제로 두브체크의 개혁안을 지지하지 않았다고 전하고 있다. 그들이 그렇게 주장하는 이유는, 1968년 차우셰스쿠가 겉으로는 두브체크를 지지하면서 소련의 체코 침공에 반대했으나 자기의 돌출 행동이 행여 소련의 루마니아 침공을 자극할 수도 있다는 데 생각이 미치자 곧바로 태도를 바꿔 버렸기 때문이다. 차우셰스쿠의 소련 비난은 거시적인 침략 명분보다는 미시적인 침략 방법에 국한되었다. 그가 소련의 체코슬로바키아 침공을 못마땅해 하는 척했지만 루마니아 비밀경찰은 여전히 공산당 내 비교적 자유로운 분위기에 젖어 있던 당원들의 뒷조사를 계속하고, 또 이런 현상이 공포감을 조성했기 때문에 차우셰스쿠 사후까지도 그가 왜 더 이상의 목소리를 내지 않았는지에 대해 이야기하는 사람들은 드물었다.

1968년 서방의 소련권 전문가들이 두브체크와 차우셰스쿠를 비슷한 반열에 올려놓았다는 것은 당시 상황과 두 사람의 개성에 대해 서방세계가 얼마나 무지했는지를 잘 나타내는 척도가 될 것이다. 두 사람의 동질성만 강조되었던 한편, 천성적인 차이점은 크게 무시되었다는 것은 되돌아보면 부끄럽기 짝이 없는 노릇이다. 앞에서도 말한 바와 같이 1968년 8월, 차우셰스쿠는 루마니아 공산당의 집단 지도체제의 잔재를 청소하고 나서 자기의 권위에 여전히 도전 의사를 가지고 있던 게오르기우 데즈 시대 때의 노老 당원들을 숙청하는 계획에 착수했다. 그러나 서방측은 두브체크와 차우셰스쿠 두 사람이 소련의 위성국에서 이탈하려는 조짐을 보이고 있다는 데만 관심을 두고 있었다.

소련으로부터의 독립성만 기준으로 봤을 때는 루마니아가 체코에 한발 앞서 있는 것처럼 보이기도 했었다. 왜냐하면 1968년 8월쯤에는 차우셰스쿠가 두브체크보다는 훨씬 뚜렷하게 소련과의 관계를 현실적으로 단절한 상태였기 때문이다. 1958년 이후 루마니아 땅에는 소련군이 주둔하지 않았다. 루마니아 군대는 바르샤바 동맹국의 군사 훈련에 참가하기를 거부했고, 바르샤바 조약기구 내에서는 루마니아가 떠돌이 신세였기 때문에 고위층 회담에서 제외되기도 했다. UN의 기록이 보여주는 바와 같이 루마니아는 국제 분쟁에 관해서 체코보다 더 확실하게 소련의 의사에 순응하지 않았던 한편, 소련과의 사이가 거북했던 중국과 정상관계를 유지함으로써 소련의 분노를 사는 과감함도 보였다. 최소한 표면상으로는 차우셰스쿠와 브레즈네프의 관계가 위기를 달리고 있었다. 두 사람 간에는 정책상의 차이점뿐만 아니라 개성의 차이도 뚜렷했다. 브레즈네프는, 차우셰스쿠가 1941년 스탈린이 합병시킨 베사라비아가 몰다비아 공화국으로 개명된 뒤 그곳에서 자기가 당 제1서기로 제2차 세계대전이 일어나기 전에 했던 행동들을 조사하라는 지시를 했다는 이야기를 들었다. 브레즈네프는 그곳에서 막강한 군주로 군림했었고, 루마니아 비밀경찰들 또한 그에 대한 갖은 비행 기록들을 수집해 놓고 있었다. 1968년 5월에 있었던 드골의 루마니아 방문과 차우셰스쿠의 유고슬라비아 티토 대통령 방문은 바르샤바 조약기구에 가입한 한 동맹국의 원수가 이제 자기 갈 길을 간다는 암시를 하고 있었다.

그러나 브레즈네프는 차우셰스쿠가 마르크스-레닌주의 자체는 멀리하지 않는다는 사실을 알고 오히려 두부체크를 더 경원시했다. 두브체크는 마르크스-레닌주의가 대표하는 모든 것을 위협했으나 루마니아는 내정에서 한 가지만을 제외하면 소련의 철저한 방식을 그대로 답습하고 있었다. 즉 차우셰스쿠는 체코슬로바키아의 '새로운 모습'을 지지한다는 태도를 보였다. 갈라치Galaţi에서 있었던 연설에서 그는 노동자들에게 루마니아 공산당은 체코슬로바키아 사태를 이상하게 생각하는 사람들의 견해를 지지하지 않는다고 천명했다.

차우셰스쿠는 또 두브체크와는 달리 자기는 소련의 군사개입에 무력으로 맞서겠다는 의사 표시를 여러 가지 통로를 통해서 전했다. 당 일꾼과 공산당 간부 후보생들에게는 분명한 어조로 이렇게 다짐하기도 했다.

"어떤 이유에서건 국제 문제를 해결한다는 명분하에 무력을 사용하는 것은 정당화될 수 없다. 설사 그것이 바르샤바 동맹국가라 할지라도 용납해서는 안 될 것이다."

이틀 후인 8월 16일 차우셰스쿠는 자기의 뜻을 더욱 분명하게 나타내기 위해 공로로 프라하에 가서 두브체크와 '우의·협력·상호지원에 관한 조약'을 체결하기도 했다. 하지만 당시 이 조약은 의문점을 남겼다.

"만약 체코가 무력 침공을 당한다면 루마니아가 자동적으로 체코의 편에 개입한다는 뜻이었을까?"

프라하에서 차우셰스쿠는 이 조약을 제국주의의 침략에 맞설 수 있는 공동 조치라고 말했으나, 여기에서 말하는 제국주의는 모든 사람들에게 서방세계를 뜻하고 있었다. 소련의 체코 침공이 감행되기 하루 전인 8월 21일 밤 루마니아에 돌아온 그는 자동차 공장 노동자들에게 체코에서 "사회주의를 위한 투쟁에서 우리는 훌륭한 친구를 가지게 되었다"고 선언한 것과는 다르게 "체코 사람들은 안전하다"라고 전했다. 다음 날 소련군은 불가리아, 폴란드, 동독, 헝가리 군과 함께 체코의 국경을 넘어 두브체크와 그의 동료들을 체포한 뒤 소련으로 데려가 버렸다. 공산주의 체제 안에서의 짧은 기간이나마 개혁조치를 위한 실험은 이렇게 끝이 났다.

차우셰스쿠는 틀림없이 그런 조치를 예상했을 것이다. 그러나 그는 단호한 태도를 유지했다. 8월 21일 대통령궁 앞의 대규모 군중집회에서 이렇게 외쳤다.

"소련의 침공은 큰 실책일 뿐만 아니라 유럽의 평화와 범세계적인 사회주의 운명에 큰 위험이 되고 있다. 또 혁명의 역사에 수치를 안기는 행위이기도 하다.”

그의 말이 이어졌다.

“형제 사회주의 국가의 문제에 무력을 동원한다는 것은 어떤 이유에서건 정당화될 수 없다.”

누구에게도 다른 사회주의 국가의 진로를 결정할 수 있는 권한이 없다는 말과 함께 ‘사회주의 국가 조국 루마니아’의 독립성을 방어하기 위해서라면 무력 동원도 주저하지 않을 것이라고 발표했다.

차우셰스쿠의 보좌관을 지냈던 사람들은 그가 연설을 하기 전 대통령 궁을 왔다 갔다 하면서 중요한 일이 있을 때마다 그랬던 것처럼 몹시 긴장된 태도에 땀까지 흘렸다고 회고했다. 마지못해 차우셰스쿠의 외교 보좌관이 된 마우레르는 후에 차우셰스쿠에게 두브체크와 같은 편에 섬은 물론 소련의 침공에 강력하게 맞서라고 주장한 사람은 자기였다고 전했다.

그러나 이러한 주장에도 불구하고 분명한 것은 소련의 체코 군사 개입에 차우셰스쿠가 확실하게 맞섬으로써 그는 하룻밤 사이에 루마니아 내의 영웅은 물론 국제적인 스타가 되었다는 사실이다. 반공산주의 활동 때문에 교도소에서 옥고를 치렀던 사람들이나 차우셰스쿠 정권 아래서 고통을 받았던 사람들까지도 깊은 감명을 받았다. 대통령 궁 앞에서는 눈물 속에 박수갈채가 터지고 전국적으로 차우셰스쿠는 ‘시대적 인물’로 각광을 받기에 이르렀다.

차우셰스쿠의 연설이 끝난 다음 루마니아 사람들이 받은 충격이 어떠했는지를 나는 직접 경험한 사람이다. 「뉴스위크」 특파원이었던 나는 소련의 체코 침공이 시작된 직후 프라하로 갔다. 현지 취재가 둘째 주로 접어들 즈음 편집자로부터 루마니아로 가라는 지시를 받고 기분이 개운

하지가 않았다. 그러나 곧 밝혀진 이유인즉 어떤 「뉴스위크」의 고위 간부가 CIA의 고급 간부로부터 첩보위성 사진의 판독 결과 소련군이 루마니아 국경으로 몰려가고 있다는 이야기를 들었다는 것이었다.

나는 루마니아와 소련의 국경선을 한 번 둘러보기로 결정했다. 침공이 있을 경우 최소한 '링 옆자리'를 차지하겠다는 생각이었다. 차를 몰고 가는 길에 나는 플로이에슈티, 클루지, 브라쇼브에 잠시 머물러 차우세스쿠의 저항 의지를 반영하는 루마니아 군 배치를 살펴봤다.

당시 나의 기사는 이렇게 되어 있다.

"엄청난 무력을 가진 이웃 국가의 침공에 직면할 수 있는 루마니아의 표정은 의외로 차분하다. 아무리 돌아다녀 봐도 무장한 사람이라고는 조그마한 탄약고 앞에 착검한 소총을 들고 서 있는 보초병 한 사람과 엽총을 등에 메고 자전거를 탄 채 토끼 사냥에서 돌아오는 쭈글쭈글한 노인 한 사람이 전부였다."

어디에서도 애국심으로 무장한 전사들의 모습은 볼 수 없었다. 내가 받은 루마니아의 첫 인상은 1939년 이보르 포터가 받았던 인상과 거의 다를 바 없었다. 현대와 고대의 문화가 사이좋게 공존하고 있었다. 수많은 교회와 황소가 끄는 마차가 함께 하고 있었으며, 공산주의 체제 아래에서도 시골 생활은 활기차게 보였다. 도시의 영화관 앞에는 오래된 서양 영화나 할리우드 영화 간판들이 걸려 있었고, 전쟁 전 유행했던 조니 와이즈뮬러Jonny Weissmüller의 〈타잔〉 영화를 보려는 관객들은 길게 줄까지 서 있었다. 서독 사람들이 압도적으로 많은 서양의 관광객 숫자도 놀랄 만했다. 식품 품귀 현상도 눈에 띄지 않았다. 밤늦은 시간 레스토랑에서는 서독 사람들이 루마니아 산 맥주를 옆에 수북하게 쌓아 놓은 채 돼지고기 스튜를 게걸스럽게 먹고 있었다.

그 중에서도 가장 놀라운 현상은 루마니아 사람들의 차우셰스쿠에 대한 태도였다. 나는 기자가 아닌 관광객 행세를 하면서 길거리에서 아무나 붙잡고 인터뷰를 했지만 그들의 대답은 하나같이 진실했고, 또 많은 정보를 내포하고 있었다. 수도원에 있는 친구를 만나러 가던 루마니아 정교의 한 성직자는 차우셰스쿠를 극찬하면서 자기 교회의 사정도 이렇게 좋은 적은 없었다고 말했다.

"우리 교회에 공산당원, 집단농장의 농부 그리고 젊은이들이 많이 옵니다. 비신자들이 이렇게 많이 온 적이 없지요."

플로이에슈티 유전에서 일하고 있던 노동자 한 사람의 대답도 같았다.

"요즈음의 생활 상태는 상당히 좋습니다. 더욱이 차츰 개선되고 있고요. 소련이 간섭만 안한다면 좋을 텐데."

또 50대로 보이던 한 십장은 이런 이야기도 들려주었다.

"옛날 식 공산주의는 어디서든 결딴이 나고 있습니다."

내가 만난 사람들이 품고 있던 의혹이나 불만은 차우셰스쿠에 대한 것이 아니라 신흥 특권 지배계층에 대한 것이었다. 학생들은 하나같이 서방세계에 여행을 하고 싶다면서 공산당과 관계를 가진 사람들만이 그렇게 할 수 있다고 설명했다. 다른 사람들은 공산당 지방당 간부들과 자기들의 생활수준을 비교하면서 그들의 호화스러운 생활 태도에 의문을 표시했다. 인민들에게는 엄격한 생활을 강조하면서 자기들은 큰 집에 벤츠 승용차를 타고 좋은 먹거리가 넘치는 풍요로운 생활을 만끽하고 있다는 불만이었다. 이런 이야기들을 듣고 나는 이상한 국가에서 특이한 제스처로 인기를 한 몸에 끌고 있는 지도자가 있다는 생각을 했다.

서방세계는 차우셰스쿠의 행동에 재빠르게 대응했다. 해럴드 윌슨Harold Wilson 수상의 영국 정부는 외무장관 마이클 스튜어트Michael Stewart를 소련의 체코 침공 직후 루마니아에 파견했다. 영국 외무성의 성명은 영국과 루마니아 간의 경제교류를 협의하기 위함이었다고 주장했지만, 이런 조치는 누가 보아도 차우셰스쿠의 독립적인 자세를 지원하고 격려하기 위한 배려였다.

차우셰스쿠가 본격적으로 세계적인 각광을 받게 된 것은 다음 해에 미국의 닉슨Richard Nixon 대통령이 공산주의 국가 중에서는 루마니아를 첫 방문지로 택했을 때였다. 닉슨은 대통령이 되기 전인 1967년 개인 자격으로 루마니아를 방문한 적이 있으며, 그때 국빈 자격으로 차우셰스쿠를 만나기도 했다. 대통령 닉슨의 방문은 또 다른 의미를 가지고 있었다. 1972년 닉슨의 방문 이후 중국이 각광을 받았던 것처럼 루마니아 또한 1968년 이후 가보고 싶은 나라로 떠올랐다. 차우셰스쿠는 공산당 사무총장이 된 직후부터 외국의 저명인사들의 루마니아 방문을 적극 추진했었다. 인물 선정에는 신중한 배려가 뒤따랐고, 그들이 머무르면서 인민들하고 접촉할 때면 여러 가지 기교가 동원되기도 했다.

차우셰스쿠는 시간이 흐른 뒤에는 외국의 모든 귀족들까지도 멀리하지 않았지만 초기에는 자기의 위상에 도움이 되는 닉슨이나 서독의 브란트 수상 같은 사람들만 환대했다. 기민한 행동이었다. 왜냐하면 이런 사람들은 반드시 유명한 언론인들을 대동하게 마련이었고, 언론인들 또한 당시 루마니아 상황에 대해 호의적인 감정을 가지고 있었기 때문이었다. 1968년 8월 체코 사태의 와중에서 그에 대한 호기심이 높아갈 때 차우셰스쿠의 외국 저명인사들에 대한 융숭한 대접은 해외에서 그의 지명도를 높였을 뿐만 아니라 루마니아 공산당 기관지에게도 그의 위상을 다시 한 번 각인시킬 수 있는 기회가 되었다. 루마니아 언론들은 브란트, 드골, 닉슨의 루마니아 방문을 대서특필했다.

차우셰스쿠의 유고슬라비아 티토 대통령 방문 때는 언론의 관심이 더욱 고조되었다. 1968년에는 차우셰스쿠의 위상이 티토에 견줄 바가 못되었다. 티토는 일찍이 1947년에 상당한 위험을 감수하면서도 소련의

닉슨 대통령이 루마니아를 공식 방문했을 때 차우셰스쿠와 함께 부쿠레슈티 오토페니 공항에서 환영객들에게 손을 흔들고 있다.

스탈린에게 과감하게 도전하여 반 소련 공산주의자로서의 명성을 날리고 있었기 때문이다. 제2차 세계대전 때의 빨치산 지도자로서의 명성, 자유분방한 생활 태도, 제3세계의 영도자라는 티토의 위상이 차우셰스쿠에게는 항시 부러움의 대상이었다. 유고 방문에 동행했던 사람의 회고에 의하면 차우셰스쿠는 티토의 소탈한 생활 태도에 큰 충격을 받았다는 것이다. 차우셰스쿠와 엘레나는 언제나 유명 인사들의 생활 태도를 모방하는 데만 급급했었기 때문이라고 했다. 1968년 이후 모든 건물을 장식한 휘황찬란한 샹들리에는 엘레나가 손수 프랑스의 베르사유 궁을 본떠서 만든 것들이다. 특히 루마니아 작가협회 사무실의 경우가 하나의 본보기가 될 것이다. 차우셰스쿠의 보좌관을 지냈던 어떤 사람은, 차우셰스쿠가 티토의 요트를 탈 때 입었던 두꺼운 옷과 무거운 구두에 불편을 느껴 티토가 입고 있던 얇은 셔츠와 굽이 낮은 구두를 쳐다보면서 자기의 무거운 듯한 옷에 상당한 신경을 썼다고 말하기도 했다. 엘레나의 남 따라하기 또한 완벽했다.

젊었을 때와 중년 초기까지만 해도 그녀의 모습은 초라했다. 그러나 삽시간에 루마니아 제1권력자의 부인답게 변모해 갔다. 값비싸고 산뜻한 의상과 귀중한 보석에 빠져들기 시작했다. 특히 금에 대한 그녀의 집착은 대단했다. 한때 호리호리했던 몸이 무게를 더해가자 그녀는 몸무게를 줄이기 위해 안간힘을 썼다. 그러나 친한 사람들조차 뒤에서 흉내를 내는 평발에, 볼품없는 안짱다리로 뒤뚱뒤뚱 걷는 모습은 좀처럼 고쳐지지 않았다.

영부인으로서 그녀의 갈망은 어처구니없는 경우까지 있었다. 전직 외교관이었던 미르체아 코드레아누의 말에 따르면, 1970년 10월 차우셰스쿠가 미국을 처음으로 방문했을 때 그녀는 그곳에 체류하는 동안 먹을 메뉴를 전부 프랑스 어로 표기해 달라고 했다고 한다. 자기는 물론 차우셰스쿠 또한 프랑스 어를 전혀 모르는데도 불구하고. 공직을 이용한 그녀의 약탈 근성 또한 파렴치한 경우까지 있었다. 코드레아누의 회고에 의하면 미국 방문시 디트로이트에 들르기로 한 일정이 마지막 순간에 취소될 뻔했다. 이유인즉 엘레나는 비싼 선물을 요구했으나 디트로이트에서 이들 부부를 초청했던 사람들은 비싼 선물 값은 지불할 수 없다고 맞섰기 때문이었다.

"엘레나의 보좌관들이 나에게 디트로이트에서 초청한 사람들이 무슨 선물을 줄 것이냐고 물었지요. 행운의 열쇠나 디트로이트 시의 자유상 같은 것이 될 것이라고 대답했어요. 보좌관은, 엘레나는 그런 것을 원하지 않는다고 하더군요. 금으로 만든 귀고리나 목걸이를 원한다고 했습니다. 먼저 디트로이트에 가 있던 사람들에게 대통령 전용기가 곧 출발

할 것이라고 알려주면서 선발대 책임자에게 그곳에서 금으로 만든 선물을 준비하고 있느냐고 물었습니다. 책임자는 그렇다고 했지요. 선발대로 나간 사람들도 엘레나가 금으로 만든 선물을 원한다는 것을 알고 그렇게 준비했던 것 같았어요. 옆에 있던 보좌관이 내가 전화하는 것을 보고 금으로 만든 선물 무게가 어느 정도 나가는지를 물어보라고 하더군요. 그렇게는 못하겠다고 말했지요. 그의 답이 더욱 한심하게 들렸습니다. ‘엘레나가 알고 싶어 하니 꼭 물어봐야 합니다.’ 그래서 나는 ‘그렇게 물어보면 선물 주는 사람이 어떻게 생각하겠느냐?’고 말하면서 피해 버렸습니다. 그랬더니 그 보좌관은 ‘기분 좋겠지, 뭐!’라고 말하더군요.”

외국에서 받은 선물들을 차우셰스쿠는 개인 박물관에 화려하게 진열했다고 확인한 코드레아누는 이런 말도 들려주었다.

“탐욕 이외에도 이들 부부는 다른 목적이 있었습니다. 선물의 크기와 화려함을 루마니아 인민들에게 공개함으로써 자신들이 외국으로부터 대단한 사랑과 존경을 받고 있다는 것을 알리고 싶었던 것이죠.”

차우셰스쿠는 또 제3세계에 대한 관심을 보이기 시작했다. 그는 제3세계의 지도자들에게 공산주의 이데올로기를 매도하는 한편, 자신도 마치 제3세계의 지도자나 되는 것처럼 행세했다. 그는, 루마니아가 저개발 상태에 있어 산업화가 절박하게 요구되기 때문에 동구권 어느 나라보다도 제3세계의 입장을 잘 이해한다는 논리를 전개하고 있었다. 차우셰스쿠는 이렇게 행동함으로써 제3세계 국가들이 소련의 영향권에 들어 있는 어느 동구권 나라보다도 루마니아와의 경제 교류를 원할 것이라고 생각했으며, 또 루마니아 전문가들이 제3세계에서 환영받을 것이라고 전망했다. 최소한 초기에는 이러한 접근이 성공을 거두었다.

국제무대에서 자신의 입장을 강화하기 위한 차우셰스쿠의 또 다른 관심은 중동에 있었다. 1967년 이후 공산주의 국가 중에서는 루마니아가 유일하게 이스라엘과 대사를 교환하고 있었다. 소련과 이스라엘 간의 조정자 역할을 하겠다는 차우셰스쿠의 야심에 찬 행동이었다. 처음에는 국제적인 위기가 발생했을 때 각국에 영향을 줄 수 있는 조정자로서의 흔적을 남기겠다는 자연스러운 바람으로 시작했으나 시간이 흐르면서 개인적인 야욕을 채우기 위한 수단으로 변질되어 버렸다. 노벨 평화상을 겨냥한 행동이었다. 이러한 목적을 위해 루마니아의 수많은 기관들은 오랜 기간에 걸쳐 오슬로에 있던 노벨상 위원회에 열심히 로비를 했고, 루마니아 사람들 또한 시도 때도 없이 차우셰스쿠가 노벨 평화상 수상 후보로 지명되었다고 떠들고 다녔다. 노벨 평화상에 관한 규정에 의하면 모든 입법기관은 후보자를 추천할 수 있고, 또 후보 자격을 얻는 것이 그렇게 어려운 일이 아니라는 것을 루마니아의 보통사람들서는 알 길이 없었다.

차우셰스쿠가 체코 사태에 대한 입장을 밝힌 이후 몇 년 동안 그는 서방세계에 대해 최소한 해를 끼치는 일은 하지 않았다. 차우셰스쿠가 '좋은 공산주의자'라는 농담은 다른 동구권 공산주의 국가들을 불쾌하게 만드는 말이었다. 그의 천성을 꿰뚫어보는 통찰력에 있어 서방의 지도자들은 루마니아 사람들에 훨씬 못 미쳤다. 차우셰스쿠가 지나치게 과장된 제스처를 외부 세계에 선보인 뒤 루마니아를 동구권에서 가장 지독한 전체주의 국가로 전락시켜 버렸던 1978년, 영국은 엘리자베스 여왕의 손님으로 차우셰스쿠를 버킹검 궁에 초청할 만한 가치가 있다고 생각했고, 레이건 행정부의 부통령이었던 조지 부시George Bush는 여전히 그를 '선량한 공산주의자'라고 불렀다. 미국의 견해가 이렇게 친 차우셰스쿠 쪽으로 지나치게 기울자 그는 1984년 미국 LA에서 개최된 올림픽 때 소련이 불참하기로 한 결정에 반기까지 들었다.

차우셰스쿠가 명실상부한 루마니아의 최고 권력자라는 확실한 증거는 닉슨 대통령이 떠난 3일 후에 나타났다. 1969년 8월 9일 제10차 루마니아 공산당 전당대회가 개최되었다. 차우셰스쿠는 규정을 개정했다. 사무총장의 선임권을 중앙위원회에서 보다 연약한 기구였던 전당대회 대의원들로 바꾸어 버렸다. 전당대회 개최 시기도 4년에서 5년으로 늘렸다. 1969년 8월의 전당대회는 게오르기우 데즈를 옹호하던 구세대들에게는 종말을 고하고 있었다. 아포스톨도, 스토이카도 중앙위원으로 선임되지 못했다.

차우셰스쿠가 자기만이 적임자라고 생각하고 있던 영웅 숭배 대상이 전당대회에서 처음으로 확인되었다. 수백 명의 대의원들이 마치 한 사람처럼 일어나 차우셰스쿠에게 수분 동안 박수갈채를 보내면서 간헐적으로 "서민 차우셰스쿠!"를 외쳤다. 그는 이때 여러 가지 직함에 공산당 일꾼들의 새로운 조직인 '사회주의 연합전선 국민협회 총재'라는 직책 하나를 더 얹었다. 1969년 3월 14일 그는 이미 국방위원회 위원장과 3군 최고 사령관이란 직책을 거머쥔 상태였다. 우상화 작업은 비슷한 전철을 밟게 마련이다. 「불꽃」은 차우셰스쿠가 말한 내용을 바탕으로 새로운 지도자의 삶을 이상화시켜 자세하게 기사화했다. 차우셰스쿠는 이런 글을 썼다.

"나는 지주들의 압제도 경험했고, 열한 살이 넘어서는 자본가들의 노동력 착취도 몸소 겪었다."

「불꽃」은 차우셰스쿠가 쓴 『정치 발전과 다양화에 관한 실천적, 이론적 논고』에 대한 칭송도 빼놓지 않았다. 그는 현실 세계에서 유리되기 시작한 1970년부터 주위의 아첨꾼들의 이야기만 믿기 시작했다. 1970년대 초 차우셰스쿠는 보건부 장관에게 이렇게 말하기도 했다.

"나 같은 지도자는 500년 만에 한 명씩 밖에 나오지 않는다."

차우셰스쿠 우상화 그림. 차우셰스쿠 통치법의 가장 큰 특징은 철저한 개인숭배정책이었다. 그의 생일
이 국경일이었으며 이것도 모자라 부인 엘레나의 생일도 국경일로 정했다.

　「불꽃」은 또 루마니아 경제가 세계의 이목을 집중시킬 만한 놀라운 성
장률로 발전했다고 떠들어댔다.

　분명 놀라운 숫자였고, 겉으로만 보면 현기증이 날 정도였다. 차우셰
스쿠가 장황한 연설에서 떠들어대는 이야기를 살펴보면 1950년 이후
산업 생산은 연 12.9퍼센트씩 성장했고, 산업 발전은 13퍼센트씩 향상
됐으며, 생산성 향상은 7퍼센트를 넘어선 반면, 산업 노동력 증가는 연
5퍼센트 정도였다는 것이었다. 투자 수익도 놀라운 수치를 나타내고 있
었다. 1955년에는 17.6퍼센트였으나 1971년에는 34.1퍼센트로 올라섰
으며, 1976년 이후부터는 36.3퍼센트를 기록했다고 자랑했다. 숫자와
도표만을 놓고 보았을 때는 루마니아가 한국이나 대만과 같이 높은 성
장률을 구가하고 있는 것처럼 보였으며, 경제 도약을 시작했다고 판단

할 수도 있었다. 서방세계의 은행가들은 차우셰스쿠의 용감한 처신에 대한 서방세계의 호의적인 여론과 여러 가지 그럴듯한 보도 자료를 믿고 대출을 못해 주어 안달을 했지만 경제 도약은 결코 일어나지 않았다. 1969년 이후 루마니아 인민들은 해가 거듭될수록 경제적인 어려움이 더해 가는 것을 경험했다. 원인은, 투자가 나쁜 목적에 이용되고 있었음은 물론, 차우셰스쿠가 해외 자본이 들어오면 루마니아 경제를 악화시킬 뿐 아니라 결국에는 파국으로 몰고 갈 것이라는 스탈린식 경제 원리에 집착했기 때문이다.

주변의 경제 현실을 파악하지 못했던 것은, 차우셰스쿠의 무지와 거의 문맹에 가까웠던 유년시절 교도소에서 어렵게 습득했던 스탈린주의자들의 경제 원리를 떨쳐 버리지 못한 데 기인한다. 1960년대와 70년대까지만 해도 루마니아 대학들이 수준 높은 경제학 전공 대학생들을 방출하고 있었고, 경제학과 역사학 분야에서는 서방세계와의 교류가 단절되지 않은 상태였기 때문에 경제 계획을 입안하기 위한 인재는 충분한 형편이었다. 그러나 차우셰스쿠는 허울 좋은 계획경제의 끝자락만 잡고 헤매다가 결국에는 손을 떼 버리곤 했다.

루마니아에서 가장 권위 있는 개혁파 경제학자인 알렉산드루 브를러데아누가 쫓겨나 버리자 합리적인 경제 정책에 대한 모든 꿈도 무산되었다. 그의 후임자들은, 자리를 보존하고 승진을 하기 위한 지름길은 차우셰스쿠의 명령을 묵묵히 수행하는 것이란 것을 잘 알고 있었다. 차우셰스쿠는 경제 문제에 관한 한 어쩔 수 없는 스탈린주의자여서 효율성에 불문하고 농업과 중공업 우선 정책을 골간으로 하는 강력한 계획경제를 굳게 믿고 있었다. 그가 경제 문제를 이해하는 데 보인 한계는 1974년 7월에 한 연설에서 드러났다.

"모든 개인에게 자기들 마음대로 돈을 쓸 수 있는 자유를 허용한다는 것은 불가능한 일이다. 우리는 계획경제를 추진하고 있다. 자유라는 기치가 개인들에게 자기 좋을 대로 돈을 사용하는 자유를 허용한다는 뜻은 아니다. 우리의 계획경제를 추진하는 데 어떤 제약도 있을 수 없다. 우리는 이 점을 명심해야 한다. 투자 성과는 반드시 5년 안에 나타나야 한다. 일상적으로 발생하는 사소한 문제는 연간 계획에 반영하면 된다. 어느 누구도 계획경제의 틀에 없는 일을 할 수 있는 권리는 없다."

다시 말해 개인의 경제 활동 영역은 없다는 뜻이었다. 계획경제를 추진하는 데 있어서 신축성이라는 것은 고작 교도소 안의 죄수가 자기 행동 반경을 결정할 정도의 자유에 지나지 않았다. 사람을 교도소에 가두어 둔 상태에서 식사 시간이나 작업 시간 정도를 조정한다고 해서 큰 의미가 있다고 볼 수는 없다. 차우셰스쿠는 이런 해괴한 발언을 수없이 많이 했고, 모든 독재자들이 다 그렇듯이 그러한 결정은 편의위주의 변덕스러움에 기초하고 있다. 차우셰스쿠는, 지방당 간부들이 군중들을 적당히 동원해서 비속한 말로 아첨을 하고, 곰 사냥을 재미있게 마무리하면 대규모 예산이 들어가는 큰 사업도 서슴지 않고 승인했다. 시간이 지나면서 지방당 간부들은, 차우셰스쿠의 호감을 얻는 지름길은 호화스러운 사냥 여행을 차질 없이 준비하는 한편, 엘레나의 마음도 편안하게 만드는 것이라고 확신하게 된다. 왜냐하면 엘레나가 나이를 먹어 가면서 동물을 싫어하는 기색이 역력해졌고 이러한 현상이 결코 나아지지 않았기 때문이다.

경제 문제에 대한 차우셰스쿠의 무지와 아첨꾼 이외의 이야기에는 귀를 기울이지 않았던 그의 태도가 경제 파탄의 원인이 되었다. 또 소련에 대한 독립적인 자세와 1970년대의 석유파동이 루마니아 경제 위기에 큰 짐을 지웠다. 중화학 공업의 추진 과정이 혼란에 빠지면서 아무도 에너지 경비에 대한 관심을 기울이지 않았기 때문에 루마니아 공장들의 에너지 비용은 서방세계 동종 업계에 비하여 2~4배까지 높았다. 석유 시장에서 유가가 높지 않고, 루마니아의 석유 생산이 국내 소비를 충당시킬 수 있었을 때는 이러한 문제가 그렇게 중요하지는 않았다. 그러나 1975년 이후 유가가 급등하자 루마니아 중화학 공업은 생산성을 잃어버렸다. 소련 또한 루마니아의 독자적인 노선에 대한 반감으로 저가의 소련 석유 공급을 중단하는 보복에 나서자 국제 시장에서 비싼 가격을 주고 석유를 사오는 방법밖에 없었다. 1976년에 들어서자 루마니아는 더 이상 석유를 자급자족할 수가 없게 되었고, 건설 중이던 대규모 정제 공장은 기계 한 번 돌려보지 못했다.

제3세계 국가들에 대한 루마니아의 입장도 흔들거리기는 마찬가지였다. 루마니아가 아프리카 국가들하고 합작한 공장들을 지원하기 위해 보조하는 경비가 루마니아 전체 외화 수입을 초과했다. 또 제3세계에서 체면을 유지하기 위해 루마니아는 현지에 있던 대부분의 합작 공장 운영 책임을 맡고 있었기 때문에 결과적으로 개발 도상국가들의 지원 규모는 소련에 다음가는 위치로까지 뛰어올랐다. 루마니아가 감당할 수 없는 사치였으나 차우셰스쿠 개인을 위해서는 필요한 경비였다. 문제는 현실이 아니었고, 경비의 많고 적음을 따지지 않은 차우셰스쿠 개인의 위신이었다. 차우셰스쿠는 현실에 대한 감각이 마비된 채 상상의 세계로 빠져 들어갔다. 1977년 지진 때 타계한 반체제 작가 알렉산드루 이바시우크Alexandru Ivasiuc는 당시의 루마니아를 이렇게 묘사했다.

"한 미치광이의 공상 속에 2천만 명의 사람들이 사는 나라."

카를 마르크스Karl Marx가 묘사했던 프랑스의 독재자 루시앙 보나파르트(Lucien Bonaparte: 나폴레옹 3세)와 같이 차우셰스쿠도 세계 역사를 코

미디 소재로 이용하지 못하고, 세상 사람들에게 자신을 코미디 소재로
선사하는 어릿광대가 되어 갔다.

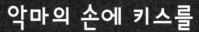

제 9 장

악마의 손에 키스를

"황제께서는 지방 여행을 즐겨했다. 평민들의 어려운 이야기를 들은 다음 그럴듯한 약속으로 위로를 했다. 시키는 대로 열심히 일하는 사람들에게는 칭찬을 아끼지 않았으나 게으르고 복종하지 않은 사람들은 엄히 다스렸다."

— 리스자드 카푸친스키의 『황제』에서

1978년 차우셰스쿠의 60회 생일 때 664페이지에 달하는 호화판 장식용 책 『경의를 표합니다Omagiu』가 출판되자 루마니아 내의 모든 공산주의자들은 이 책을 사려고 몰려들었다.

정상적인 사회에서는 웃음거리에 불과한 유치하기 그지없는 찬사로 차우셰스쿠의 업적을 설명한 책이었다. 다정다감한 가장, 영도력 있는 지도자, 창조적인 사상가로 차우셰스쿠를 묘사한 다음 그의 천재성에 대한 부끄럽기 짝이 없는 상투적인 헌사가 이어졌다. 차우셰스쿠가 직접 방문한 40개의 행정 구역이 책의 주무대였고, 그가 어렸을 때부터 살았던 집들이 책에는 사진과 함께 성역처럼 그려졌다. 대통령 궁에서 근무했던 두미트루 포페스쿠Dumitru Popescu의 주도 아래 여러 사람들이 비밀리에 제작했던 차우셰스쿠의 생일 선물용인 이 책은 그를 우간다의 이디 아민 다다Idi Amin Dada, 북한의 김일성, 알바니아의 엔베르 호자, 문화혁명 기간 동안의 마오쩌둥과 같이 공산국가들의 비정상적인 지도자들과 같은 줄에 세웠다.

1983년 페르가몬 출판사에서 발간한 이 책의 영문판은 차우셰스쿠의 최근 활동까지도 구역질나는 어휘를 동원해서 미화시켰다. 책은 61개국에서 차우셰스쿠에게 수여한 훈장이나 외교적인 수사를 담고 있었으며, 그가 죽을 때까지 루마니아 역사박물관에 소중하게 보관되어 매일 질서정연한 각급 학교 학생들의 단체 견학코스가 되었다. 차우셰스쿠가 외국으로부터 받은 선물이나 장식품을 진열했던 방은 1989년 12월 22일 폐쇄된 후 다시는 속을 드러내지 못했다. 루마니아 공산당 역사박물관 또한 일반에게 얼굴을 내밀 수 없게 되었고, 그 박물관의 관장이었던 이온 아르델레아누 교수는 그 박물관을 '차우셰스쿠 사당'으로 개조하자는 무언의 압력에 과감하게 맞서기도 했다. 그가 죽은 지 몇 개월이 지난 다음 아르델레아누 관장이 밀폐된 공간 안으로 나를 친절하게 안내했을 때는 그곳에 걸려 있던 차우셰스쿠의 사진이 이미 사라진 뒤였다.

마오쩌둥, 엔베르 호자, 김일성의 사진과 마찬가지로 차우셰스쿠의 사진 어디에도 보통사람들의 얼굴에서 흔히 볼 수 있는 나이든 흔적을 찾아볼 수가 없다. 『경의를 표합니다』란 책에 나타난 그의 얼굴도 여전히 분홍색으로 영원한 젊음을 자랑하고 있었다.

비밀경찰의 의전 담당 책임자들은 차우셰스쿠가 텔레비전이나 뉴스

영화에 나타날 때면 사전 감시를 철저히 해 좋은 장면만 비추도록 했다. 20여 년 동안 이 일을 맡아 했던 영상 편집자는 나에게 "비밀경찰의 구미에 맞을 때까지 몇 시간이고 사진 편집 작업을 했다"고 말해 주었다. 그녀는 또 이런 말도 전했다.

"차우셰스쿠의 어색한 자세, 머뭇거리는 태도, 말을 더듬거나 찡그린 표정은 모두 편집 대상이었습니다. 편집된 필름 찌꺼기는 비밀경찰들이 모두 수거해 갔지요."

차우셰스쿠가 종말을 맞기 전 몇 개월 동안 대중 앞에서 보인 심한 말더듬과 서투른 발음은 중압감에 심하게 시달리고 있다는 증거였다고 그녀는 증언했다. 그녀에게 내려진 변함없던 지시는 차우셰스쿠의 작은 키(165센티미터)가 절대로 화면에 나타나서는 안 된다는 것이었다. 루마니아를 방문한 국빈의 키가 차우셰스쿠의 키보다 큰 경우에는 여러 가지 방법을 동원하여 사진에 나타난 키 차이를 줄이는 작업도 불사했다. 장신인 드골de Gaulle이나 지스카르 데스탱Giscard d'Estaing 같은 국가 원수들이 차우셰스쿠 옆에 선 사진은 찾아볼 수가 없다. 다시 그녀의 이야기를 들어보자.

"차우셰스쿠를 찍는 사진 기사들의 키는 반드시 차우셰스쿠보다 작아야 했지요."

『경의를 표합니다』와 같이 차우셰스쿠에게 초점을 맞춘 책들이 1978년 이후 쏟아져 나오고, 외국어로까지 번역되자 외국의 저명인사들도 그의 비범함을 칭찬하는 데 머뭇거림이 없었다.

소련의 브레즈네프Leonid Brezhev는 "소련 인민들은 루마니아 인민들이 세운 업적을 높이 평가한다"라고 말했고, 그런 문제에 관해서는 대부代父와도 같았던 북한의 김일성은 한 술 더 떠 "루마니아 인민의 탁월한 지도자이자, 국제 공산주의와 노동자 운동에 혁혁한 공을 세운 차우셰스쿠 대통령 동지는 세계 평화의 기수로서 대단한 역할을 수행했다"라고 앞서 나갔으며, 1978년 6월 차우셰스쿠를 초청한 영국의 엘리자베스 여왕은 후에 그를 초청하자고 권유한 수상 제임스 캘러헌James Callaghan과 외무장관 데이비드 오언David Owen을 심히 질책했으나 차우셰스쿠에게 훈장을 수여하는 자리에서는 "오늘 우리 영국은 루마니아가 쟁취한 소련으로부터의 독립에 깊은 감명을 받았습니다. 루마니아는 세계무대에서 굳건한 위치를 확보했고 중요한 역할을 하고 있습니다. 대통령 각하, 귀하의 세계적인 명망과 경륜은 물론 영향력까지도 폭넓은 지지를 받고 있습니다"라고 말한 것으로 되어 있다. 마거릿 대처Margaret Thatcher도 "스스로의 발전에 심혈을 기울이는 한편, 외국과의 협력에도 정성을 다하는 루마니아의 지도자 차우셰스쿠 대통령에게 깊은 감명을 받았다"고 말한 것으로 전해진다. 닉슨 대통령도 빠지지 않았다.

"세계적인 현안 문제에 대한 폭넓은 이해를 바탕으로 차우셰스쿠 대통령은 각국이 처해 있는 시급한 문제들을 해결하는 데 크게 기여할 수 있을 것이다."

제럴드 포드Gerald Ford 대통령의 평도 재미있다.

"루마니아 지도자로서 차우셰스쿠 대통령은 국제무대에서 막강한 영향력을 가지고 있다."

소위 인권 대통령을 자처했던 지미 카터Jimmy Carter 대통령은 합창 대열에 이렇게 동참했다.

"차우셰스쿠 대통령의 명성은 이미 루마니아와 유럽의 경계선을 뛰어넘었다. 세계 각국이 차우셰스쿠 대통령을 존경할 뿐만 아니라 칭송하고 있다."

동독 공산당 서기장 에리히 호네커Erich Honecker와 프랑스 작가 피에르 파라프Pierre Paraf도 거들고 나섰다.

"차우셰스쿠 대통령은 프랑스의 여론에 잘 부응하고 있다. 명망도 높다. 그의 외교 정책은 평화를 지향하고 있으며 여러 나라와 협력 관계를 증진하려는 루마니아 국민들의 염원을 잘 담고 있다."

터무니없고 우스꽝스러웠던 합창소리는 이렇게 높았다.

1970년대 중반 이후 해외에 나가 있던 루마니아 대사들의 주요 임무 중 하나는 해외의 주요 인사, 학자, 기관들로부터 차우셰스쿠의 위대함을 칭송하는 글을 출판물 형태로 받아내는 것이었다. 차우셰스쿠 사망 직후 루마니아 텔레비전의 책임자였던 러즈반 테오도레스쿠는 이탈리아 시칠리 섬에 있던 '시라쿠사 학원'이 "차우셰스쿠는 세계의 저명한 지도자이자 훌륭한 사상가 중 한 사람이다"라고 극찬했다고 전한 뉴스를 떠올렸다. 호기심이 강한 테오도레스쿠는 몇 년 후 나폴리에 갈 기회가 생기자 시라쿠사 학원을 찾아 나섰다. 나폴리의 한 중산층 아파트 단지에서 나이 든 조그마한 여인이 사설 학원을 운영하면서 자신이 아이들을 직접 가르쳤는데, 그곳이 시라쿠사 학원이었다. 그 여인은, 어떤 루마니아 외교관이 찾아와 약간의 돈을 주면서 차우셰스쿠를 찬양하는 글을 써 달라고 부탁했었다고 확인해 주었다.

어떤 종류의 사람들이 이런 유치한 글을 읽을 것이며, 어떤 종류의 사람들이 이런 책을 출판하도록 허락했으며, 어떤 종류의 사람들이 이런 터무니없는 찬사를 도대체 믿었단 말인가?

차우셰스쿠 부부는 왜 자기들을 찬양하는 사람들의 얼굴에 흐르는 미소가 거짓이라는 것을 깨우치지 못하고 결국 루마니아 인들이 분노하여 '악마의 손에 키스하는' 대신 그 손을 물어뜯을 때까지 모르고 있었을까?

차우셰스쿠 부부는 루마니아의 보통사람들이 40와트짜리 백열등 앞에 옹기종기 모여 추위에 떨면서 텔레비전을 보는 동안 왜 매일 주요 시간대에 걸쳐 두 시간 넘게 자기들이 치른 행사만 끝없이 방송하도록 만들었을까?

차우셰스쿠 부부는, 한 달에 30리터로 석유 배급을 제한하는 한편, 민간 승용차에는 그것도 금지되었던 시기에 차우셰스쿠의 출퇴근에 맞추어 아홉 대의 승용차가 '봄의 궁전'에서 부쿠레슈티 중심부까지 아침저녁으로 왔다 갔다 할 때마다 하루에 30분씩 네 번이나 길거리에서 떨게 만들었던 인민들이 자기들을 어떻게 생각할 것인지에 대해 잠시나마 생각해 본 적이 있었을까?

무슨 불안감 때문에 차우셰스쿠 부부는, 인민들에게 그렇게 오랫동안 자기들만 존경하라고 강요했을까?

우상화 작업이란 원래 괴팍스럽기는 하다. 그러나 차우셰스쿠 부부의 경우는 특히 변태적인 경우에 해당될 것이다. 왜냐하면 루마니아 인민들은 인내하기 어려운 빈곤을 감내하면서도 경제 상황 악화에 대해 책임을 져야 할 당사자들을 강압에 못 이겨 칭송의 대상으로 삼아야 했기 때문이다.

차우셰스쿠 사후 여러 가지 형태의 심리·성격 분석까지 해봤으나 루마니아 인민들은 뚜렷한 해답을 얻지 못했다. 절대적인 권력은 물론, 상대적인 권력도 부패하기는 마찬가지이고, 심지어 민주사회에서도 일부 특권층이 일반 시민들은 생각지도 못하는 특권을 누리는 현상을 지도자란 사람들은 모르는 체하는 경향이 있다. 그러나 차우셰스쿠 부부는 너무 멀리 나갔다. 그들의 봉건 군주와 같은 행동은 루마니아가 독립되기 전에 그곳에 흩어져 살던 농민들을 무자비하게 다루던 그리스의 통치자들이 남긴 잔재였다.

카터 행정부 때인 1987년 10월 차우셰스쿠가 마지막으로 미국을 방

미국을 방문하여 카터 대통령과 함께 한 차우셰스쿠

문했을 당시 그를 수행하면서 가까운 거리에서 관찰했던 미 국무부의 한 중견 관리는 차우셰스쿠가 풍기는 분위기는 공산국가의 지도자라기보다는 남미의 군사 독재자 같았다고 말했다. 차우셰스쿠는 이미 예전에 가지고 있던 순간적인 재치도 잃어버려 뉴올리언스의 오찬 행사 때는 동행했던 추기경이 식사 전 기도를 주문하자 밖으로 뛰쳐나가 버리는 촌극이 벌어지기도 했다. 여론의 반감에도 불구하고 차우셰스쿠는 자기 자신만이 중요하다는 태도를 보였다. 차우셰스쿠의 미국 방문을 끝까지 수행했던 미 국무부 내의 대사급 서열인 윌리엄 루어스William H. Luers는 이런 말을 했다.

"차우셰스쿠는 대통령으로서 갖추어야 할 예의를 저버린 채 아둔하고 거만하게 자기 생각만을 주장했다."

또 뉴욕 시장 에드워드 코흐Edward Koch가, 일단의 헝가리 망명자들이 차우셰스쿠가 머물고 있던 호텔 앞에서 시위를 벌이고 난 다음 날 오후 호텔을 방문하여 약간 농담 섞인 말을 하자 엉뚱한 반응을 보였다. 코흐는 사과 대신 똑같이 대응했다.

"대통령 각하, 어젯밤 내 친구들이 모여 각하에 대한 농성을 벌였습니다. 그들은 귀하께서 루마니아의 트란실바니아 지역에 사는 헝가리 인들에게 종교의 자유와 문화의 특성을 인정하지 않는다고 말했습니다. 대통령 각하, 그들의 말이 맞습니까?"

그 자리에 있었던 루어스의 회고는 이렇다.

"차우셰스쿠의 얼굴이 창백해지더니 나에게 '국무부는 어떤 견해를 가지고 있습니까? 시장이 어떻게 감히 이런 말을 하지요?' 라고 말해서 내가 '예, 아시는 바와 같이 국무부는 국무부 나름대로의 견해를 가지고 있고, 시장은 지금 자기 생각을 전하는 것입니다'라고 대답했지요."

코흐 시장의 예의가 형편없다고 생각한 차우셰스쿠는 즉각 떠나자고 명령했으나 그렇게 할 수가 없었다. 엘레나가 세 시간 반 동안을 카르티에Cartier 매장에서 쇼핑 중이었기 때문이다.

차우셰스쿠 개인 우상화 현상은 과거에 그 뿌리를 두고 있다. 약 5세기에 걸친 터키와 그리스의 통치는 권력에의 맹목적 복종을 강요했다. 또 루마니아 언론들이 차우셰스쿠 앞에서 늘어놓은 찬사들도 1930년대와 1940년대 카롤 2세와 절대 권력자 안토네스쿠를 진부한 어휘를 동원해서 칭송했던 내용과 다를 바 없었다. 초기 단계에서는 당황했던 루마니아 관리들도 농민들에게 강하게 퍼져 있던 종교적 믿음과 지식인들의 이해 부족을 비판하면서 차우셰스쿠 우상화 작업을 강력하게 추진해 나가지 않을 수 없었다. 그러나 1970년에 들어서면서 재미있는 구호들이 등장했다.

'카르파티아 산맥(유럽 중부에 위치)이 배출한 천재', '우리들의 빛의 원천', '다뉴브 강과 같이 풍부한 사고를 가진 인물', '루마니아 천년 역사에 우뚝 선 위인', '신기원의 창시자', '지혜의 보고이자 카리스마의 화신' 등이 차우셰스쿠를 지칭하는 수식어들이었다.

　루마니아 역사도 차우셰스쿠의 우상화 작업에 동원되었다. 1857년 이후 루마니아의 정치 지도자들은 정당의 지도력뿐만 아니라 씨족에 대한 통솔력도 완전히 장악했기 때문에 브러티아누스와 같은 가문은 지지자들의 변함없는 충성을 만끽하기도 했다. 19세기 루마니아 정치 지도자들 대부분은 귀족들이어서 서방세계의 의회주의자들보다는 중세 봉건영주에 가까웠다. 군주에 대해 맹목적으로 복종하는 태도는 군주제도가 사라지고 공산주의가 태어난 후까지 관습처럼 남아 있었다. 루마니아 사람들은, 루마니아 어에 뿌리가 남아 있는 라틴 어의 미사여구와 같이 영웅 숭배 관행을 당연시하여 지나치게 아첨하는 표현에 대해서도 익숙하다. 심리학자이자 차우셰스쿠의 조카딸이었던 나디아 부조르 Nadia Bujor는 그가 죽고 난 몇 달 후 나에게 이렇게 말했다.

　"우리 루마니아 사람들은 언제나 강인한 아버지 같은 사람을 존경합니다."

　루마니아 지식층들이 개인의 우상화에 무감각했다는 사실을 잘 알고 있던 마이클 샤피르는 그 원인을 오토만 제국의 지배 때 보였던 무관심과 부정, 친척 등용, 뇌물 등과 같이 오래된 전통에서 찾았다. 레이몽 푸앵카레Raymond Poincaré는 루마니아 법정에서 변론을 하다가 재판부에 이렇게 물어본 적이 있다.

　"무엇을 원하십니까?"

　"무엇이든 원하는 대로 하십시오!"라는 뜻이었을 것이다.

　파울 고마와 같이 용기 있는 몇몇 작가들의 경우처럼 예외는 있었지만 차우셰스쿠 시대 때 루마니아 지식인 사회를 특징지은 현상은 존경, 무관심, 아니면 무언의 수긍이었다. 1987년 미국으로 망명한 전직 비밀경찰 간부였던 리비우 투르쿠Liviu Turcu는 이런 말을 했다.

"나는 지금 현재까지도 왜 수많은 학자, 언론인, 지식인들이 서로 앞다투어 차우셰스쿠를 즐겁게 만들기 위해 그럴듯한 단어들을 찾으려고 사전을 뒤적이면서 아귀다툼을 벌였는지 그 이유를 설명할 수가 없습니다."

루마니아의 가장 저명한 학자들까지도 차우셰스쿠 우상화 망령에 사로잡혀 있었다. 저항할 능력과 의지가 없어서 타협을 한 것이다. 유명한 역사가인 단 베린데이Dan Berindei는 이렇게 수긍했다.

"나 또한 내 책을 출판하기 위해서 차우셰스쿠의 어록을 인용하는 입장이었습니다. 적당히 인용할 수 있는 방법은 여러 가지가 있었지요. 사람들은 차우셰스쿠가 말한 내용 중 이런 것들을 주로 인용했어요. '역사를 무시하는 행위는 자기를 키워 준 부모를 무시하는 것과 같다' 또는 '구미에 맞지 않는다 해도 진실은 존경을 받을 수밖에 없다'와 같은 경구성 내용이었습니다. 마오쩌둥 어록과 마찬가지로 실질적으로 인용하기에 적절한 문구들이 있었습니다."

다른 역사가인 미네아 게오르기우Mihnea Gheorghiu도 "차우셰스쿠 어록을 인용하는 것이 큰 유행이었습니다"라고 확인해 주었다. 중앙위원회가 출판 대기 상태에 있던 책의 내용을 사전 심사했는데 차우셰스쿠 어록이 일정량 포함되어 있지 않으면 출판 허가를 얻을 수가 없었다. 「1938~40년, 영국의 대 루마니아 정책」이란 논문으로 박사학위를 받았던 부쿠레슈티 주재 미국 대사 데이비드 펀더버크David B. Funderburk는 임기가 가까워 왔을 때 자기 논문을 루마니아 어로 번역해서 출판할 계획이었다. 이때 논문에 차우셰스쿠 어록을 인용하고 차우셰스쿠의 위대함도 함께 기술하라는 압력을 받았으나 거부했다.

'동남유럽 국제문제연구소'의 사무총장이었던 비르질 큰데아Virgil

Cândea는 나에게 국가에서 운영하던 루마니아 출판업계의 주요 과제는 차우셰스쿠의 어록 작성과 남이 써준 엘레나의 화학 연구 보고서의 출판이었다고 확인해 주었다. 이런 이유로 1975년 이후 출판된 책의 종류는 현격하게 줄어들었다. 그것마저도 드라마틱한 내용은 없고 단순히 젊은 혁명전사 차우셰스쿠의 영웅담을 담거나 그의 업적에 대한 너저분한 이야기만 늘어놓은 소설책이 출판의 주 대상이 되었다. 그러나 이러한 책이라도 내고 싶은 작가들은 먼저 「불꽃」이나 다른 신문에 차우셰스쿠를 칭송하는 기고를 해야만 되었다.

큰데아의 말은 더욱 흥미롭다.

"차우셰스쿠의 이름을 거론하지 않고는 전람회 개최에 대한 허가도 받기가 어려웠지요. 그래서 하는 수 없이 차우셰스쿠가 전람회가 열리는 중세 수도원을 방문한다는 포스터를 찍기도 했습니다."

지식인이든 당원이든 체제에 순응한 자만이 살아남을 수 있었다. 체제에 도전하는 사람은 거의 찾아볼 수가 없었다. 이름 있던 작가이자 반체제 문인협회 회원이었던 가브리엘라 아다이네슈테아누Gabriela Adaineșteanu는 이런 설명을 해주었다.

"명문화된 검열제도는 없었습니다. 작가의 명성이나 출판업자의 용기가 많이 좌우했지요. 대중에게 많이 알려진 작가일수록 관계 당국자들의 자세는 부드러웠습니다."

말년에 접어들수록 차우셰스쿠는 루마니아에는 사전 검열제도가 없다고 강력하게 주장했다. 그러나 문화부에 소속되어 있던 문화위원회는 출판 우선순위를 미리 정했고, 작가 자신이 알아서 먼저 손질하는 것이 시대에 역행하지 않은 일이었을 뿐이다. 사진 예술에 관한 책을 쓴 작가 에우젠 이아로비치Eugen Iarovici는, 이온 일리에스쿠가 사진이 선전과 이미지 구축에 필수적으로 동원된다는 자기 책 원고를 삭제했다면서 "삭제에 반대할 정도로 어리석지는 않았다"고 당시를 회고했다.

순종적일 수밖에 없었던 출판업자들의 처지와 수많은 루마니아 저명 인사들이 차우셰스쿠의 우상화 때문에 한두 번씩 겪었던 고달픔 때문에 루마니아 지식인 사회는 산산조각이 났고, 이로 인한 갈등은 생존해 있던 원로 공산주의자들이 겪었던 고통과 다를 바 없었다.

차우셰스쿠 자신과 신화 조작자들은 경쟁자들 간의 라이벌 의식과 시기심을 촉발시켜 예술의 가치쯤은 간단히 포기할 수 있는 분위기를 조성해 갔다. 이렇게 해서 루마니아 지식인 사회에는 출세를 위해서는 비굴한 행동도 불사해야 한다는 바람이 일었고, 또 루마니아 전역에는 서로를 감시하는 이웃, 동료, 경쟁자들만이 남게 되었다.

사람들은, 1989년 12월 25일 이후 차우셰스쿠의 비난에 앞장섰던 큰데아가 전에 감시자의 역할을 했다는 소문을 듣고 결국 비밀경찰과 밀접한 관계를 맺고 있었다고 믿게 되었다. 하지만 파울 고마는 다른 이야기를 전하고 있다. 그가 1971년 독일과 프랑스에서 자기의 반 자전적인 소설 『오스티나토Ostinato』를 출판한 후 루마니아에서의 출판이 지연되고 있을 때, 큰데아는 프랑스 TV와 인터뷰에서 "루마니아에는 검열제도 자체가 없다"고 말한 적이 있을 뿐이다. 식자공들 스스로 그 책을 인쇄하지 않기로 결정했던 것이다. 1990년 6월 일리에스쿠 대통령 때 똑같은 방법으로 식자공들이 루마니아에서 가장 확실한 비판지였던 「자유 루마니아」 인쇄를 거부했다.

비밀경찰에 죽도록 두들겨 맞거나 체제에 순응하는 대신 감옥을 선택했던 지독한 반체제 인사들 사이의 결속력도 느슨하기는 마찬가지였다. 그래서 한때는 체제를 비판했다는 이유로 교도소까지 갔던 작가 알렉산드루 이바시우크도 정보원이 되는 데 주저함이 없었다고 그의 친구였던 파울 고마는 전했다. 이바시우크의 이런 전향이 많은 사람들에게 비밀경찰의 감시와 스스로의 위치 선정에 대한 압박감이 어떠했는지를 잘 보여 줬다.

당시의 어려움을 직접 체험했던 파울 고마의 회고를 들어보자.

"1957~58년 동안 나와 이바시우크는 교도소 친구였지요. 두 사람간의 우정이 평생토록 지속될 줄 알았습니다. 그러나 출감 후 우리 두 사람은 제 갈 길로 갈라졌습니다. 5년 동안 감시 속에 살았던 나는 시골 마을의 도서관 사서직을 원했지만 거부당했습니다. 정치범으로 수감 생활을 했던 사람들에게는 아무리 보잘것없는 직책이라 하더라도 이데올로기와 관련된 자리는 줄 수 없다는 이유에서였습니다. 결국 브라쇼브에 있던 조그만 공장의 노동자가 되었지요. 이바시우크는 놀랍게 변해 갔습니다. 출감 후 두 달간 삼엄한 감시 속에서 살았던 그는 부쿠레슈티로 옮겨가도 좋다는 허락을 받았지요. 그곳에서 비상을 한 것입니다. 공장에서 잠깐 일한 그는 곧이어 특권층의 대열에 합류했습니다. 부쿠레슈티에 있던 미국 대사관의 번역사로 고용이 된 다음 풀브라이트 장학금을 받았고, 결국 작가협회 서기와 출판사 사장직에까지 올라갔습니다. 내가 쓴 소설 『열쇠』의 원고를 그에게 직접 제출했더니 엘레나와 다른 당국자들의 사진이 선명치 못하다는 이유로 관계 당국에 나를 비판했지요."

고마와 동료들에게 이바시우크가 미 대사관에 취업을 했다는 것은 그가 차우셰스쿠와 협력한다는 암시이기도 했다. 미국인 친구들에 대한 정보 보고서를 제출하지 않고는 루마니아 국적을 가진 사람들이 미 대사관에 취업을 한다는 것은 상상하기 어려운 일이었기 때문이다. 이바시우크 사건이 특이한 경우는 아니었다. 대사관 내에서 번역을 하는 사람들은 관광청 소속이었고, 통상 문제를 처리하는 자리에 있던 사람들도 비밀경찰과 밀접한 관계를 맺고 있었다. 1950년대 이후 체제비판으로 수감 생활을 했던 사람들을 포함해서 이름 있던 지식인들에게 이런 자리를 미끼로 차우셰스쿠 체제와 협력하라는 유혹이 그치지 않았다. 책을 팔아서 생계를 유지할 수 있는 사람은 극소수였기 때문이다. 해외 여행, 돈 많이 받는 일자리, 고급 아파트 제공 등을 뿌리치기는 쉽지 않았다. 파울 고마는 또 이런 이야기도 들려주었다.

"가끔 루마니아를 찾는 외국인들이 루마니아에서 실제 어떤 일들이 벌어지고 있는지를 알아내기는 쉽지 않았지요. 만약 내가 풀브라이트 장학금을 받았더라면 그 순간부터 나에게는 비밀경찰의 앞잡이라는 딱지가 붙었을 겁니다."

창당 이후부터 루마니아 공산당 내에 팽배했던 상호 불신과 감시 체제가 차우셰스쿠 시대 때는 지식인 사회에까지 급속하게 번졌다. 체코슬로바키아에서는 다른 양상이 벌어졌다. 바츨라프 하벨Václav Havel은 외롭지 않게 지식인들의 폭넓은 저항을 이끌었고, 그런 저항운동으로 그는 1977년 핀란드의 헬싱키에서 있었던 세계 정상회담 이후 세계 인권 상황을 감시하는 '77헌장Charter 77'의 중심인물이 되었다. 그러나 루마니아에서는 그런 현상을 전혀 찾아볼 수가 없었다. 반체제 인사들의 포럼을 구성하려고 노력했던 파울 고마는 참가 인사들의 서명을 받으려 하자 동료들부터 거부하고 나섰다고 회고했다. 자신이 고립되어 있다는 점에 관심을 끌어들이기 위한 마지막 수단으로 고마는 차우셰스쿠에게 루마니아 식 '77헌장'에 서명해 달라는 편지를 썼다. 루마니아에서 비밀 경찰을 두려워하지 않는 사람은 단 두 사람밖에 없다는 것을 보이기 위함이었다.

"각하와 저밖에 없습니다. 만약 각하께서 '77헌장'을 지지한다는 서한을 저에게 보내 주신다면 루마니아 인민들은 틀림없이 각하의 뜻에 따르리라고 확신합니다."

파울 고마는 후에 파리에 있는 그의 집에서 당시의 상황을 이렇게 회고했다.

"나는 차우셰스쿠에게 보낸 편지에서 내 아내가 공동 발의자로 서명을 했다고 말했지요. 엘레나도 서명을 하지 않을까 해서였습니다. 그렇게 되면 발의문에 대조를 이루는 두 부부가 나타날 수 있었으니까요."

고마의 이런 용기 있던 행동은 차우셰스쿠를 극도로 분노케 만들었다. 고마의 회고가 이어졌다.

"두 달 동안을 기다렸지만 아무런 소식이 없었습니다."

결국 고마는 실컷 두들겨 맞고 감옥에 가든지, 아니면 나라 밖으로 나가라는 명령을 받았다. 그는 파리를 택했다. 몇 년이 지난 다음 그는 루마니아의 망명 지식인 중 한 사람이었던 비르질 터나세와 함께 자신들을 암살 대상으로 삼았던 차우셰스쿠와 루마니아 비밀경찰을 동시에 웃음거리로 만들어 버렸다.

이 기간 동안에 있었던 일들을 들여다보면 차우셰스쿠에게 도전했던 소수의 지식인, 작가들과 차우셰스쿠에게 협력하는 길을 택했던 다수와의 관계를 알 수 있다. 단 베린데이 교수의 지적에 의하면 1989년 12월 25일까지는 차우셰스쿠의 어록이 포함되지 않은 책의 출판을 허락 받기는, 1989년 12월 25일 이후 차우셰스쿠의 어록이 포함된 책의 출판을 허가받는 것과 마찬가지로 불가능한 일이었다고 한다. 베린데이 교수 자신은 많은 루마니아 인들에게 석연치 않은 인물로 비쳐지고 있었으나, 파울 고마는 단연코 그를 '기회주의적 협조자'로 규정해 버렸다. 차우셰스쿠의 시대가 끝나자 루마니아 지식인들 사이에서는 서로 상대방의 등을 물어뜯는 행동이 다반사로 일어났다.

루마니아 태생으로 1978년 루마니아를 떠날 때까지 루마니아 텔레비전에서 일했던 영국 영화감독 크리스 타우Chris Thau에게 내가 루마니아 텔레비전 방송국 책임자들이 어떻게 해서 매일 차우셰스쿠 부부의 동정을 주요 시간대 두 시간에 걸쳐 방송할 만한 가치가 있다고 결정했는지를 물었다. 크리스는 처음부터 그렇지는 않았다고 답했다. 처음에 방송국 직원 한 명이 매일 차우셰스쿠 부부의 동정을 약 10분간 보도하자고 제안했다고 한다. 상관의 눈에 들고 싶었던 다른 직원 한 명이 그 일을 자기가 맡겠다고 나서면서부터 방영 시간이 30분으로 늘어났다. 방송국 내의 아첨꾼들이 차우셰스쿠 부부에 대한 충성심을 보이기 위해 경쟁에 경쟁을 거듭한 끝에 결국 방영 시간은 두 시간으로까지 늘어나게 되었다. 크리스는, 이런 일이 비단 방송국 내에서만 일어났던 것이 아니라 국가 조직 전체에 독버섯처럼 번졌다고 증언했다. 차우셰스쿠 정권에서 충성심을 보이기 위한 비굴한 행동이나 불합리한 행태에는 한계가 없어 결국 파국으로 끝이 났다.

단 페트레스쿠Dan Petrescu가 전하는 이야기는 흥미롭기까지 하다.

"어느 늦여름 차우셰스쿠가 이아시를 방문했지요. 행사를 준비하는 요원들이 차우셰스쿠가 시내로 들어오는 길가에 나무를 심었어요. 차우셰스쿠가 도착하기도 전에 여름의 열기를 이겨내지 못한 나무들이 말라 죽어 버렸습니다. 곧바로 노동자들이 동원되어 나뭇잎에 푸른 페인트를 칠했지요."

1968년부터 1989년까지 대부분의 유명한 작가들이 교도소에 가거나, 아니면 수공업 작업장에 배치되었던 체코슬로바키아와는 다르게 루마니아에서는 반체제 활동을 했던 사람들을 포함해서 시인이나 작가들을 정부가 적극적으로 회유했다. 성공을 보장받는 경우도 있었다. 1960년대에 루마니아에서 가장 젊은 천재 시인으로 평가받았던 아드리안 퍼우네스쿠Adrian Păunescu는, 농민들이 차우셰스쿠를 칭송하는 거대한 연극 「소리와 빛」을 성공리에 공연하여 차우셰스쿠의 신뢰를 톡톡히 받은 다음 『경의를 표합니다』에 차우셰스쿠의 천재성을 극찬하는 글까지 썼다.

이런 수치스러운 타협들에 대한 기억이 아직도 생생해서 루마니아 사람들이 서로가 서로를 믿지 못하는 원인이 되기도 한다.

이런 행동을 '먹고살기 위한 몸부림'이었다고 변명하고 있지만, 그렇다면 '진실의 끝자락'을 붙잡고 끝까지 차우셰스쿠와 타협하지 않았던 사람들은 편안한 생활을 영위했단 말인가?

과욕은 무리를 낳는 법이다. 유머 감각이라고는 찾아볼 수 없었던 차우셰스쿠는 농담도 할 줄 몰랐다. 엘레나는 수치심이 없어 남의 작업 결과를 도용했으며, 명예학위를 얻기 위해서는 해적질도 불사할 정도였다. 심리학자들은 이런 행동을 여러 사람으로부터 인정받고 싶어 하는 병리적인 현상이라고 설명했다.

불화와 증오가 그치지 않았으나 모든 루마니아 사람들이 한 가지에는 동의했다. '엘레나가 차우셰스쿠의 악의 원천'이란 점이었다. 엘레나의 개인 비서였던 사람들은 생물체 중 그녀가 진정으로 사랑했던 것은 래브라도Labradors 종 애완견 코르부와 샤루나 밖에 없었다고 입을 모았다. 그녀의 잔소리는 끝이 없었다. 헬리콥터 조종사였던 말루찬 대령의 말을 들어보자.

"기분 나쁜 일이 일어나면 모두 우리들의 잘못이었지요. 헬리콥터 안의 카펫에 보푸라기가 일어나거나 날씨가 나빠 카펫이 들뜨기라도 하면 그것도 우리들 잘못이었으니까요. 그녀는 아무도 믿지 않고, 모두를 증오했습니다."

최소한 대중 앞에서는 남편에게 가장 충실한 사람이었으며 확실한 지지자였으나, 사석에서는 사람들을 증오하는 태도가 남편이라고 해서 예외로 여기지 않았다. 이온 아르델레아누도 이렇게 확인했다.

"차우셰스쿠도 엘레나를 두려워했습니다. 식사 시간이나 그녀와의 약속 시간에 늦기라도 하면 차우셰스쿠는 안절부절못하고 연신 시계를 들여다보았습니다. 긴장하면 항상 그랬듯이 말 더듬는 버릇이 곧바로 튀어나왔고 땀까지 흘렸지요."

전에 차우셰스쿠를 옆에서 보좌했던 어떤 사람은 이런 말을 전했다.

"엘레나는 잔소리하는 마누라들이 전가의 보도처럼 사용하는 두 가지 무기를 활용했지요. 하나는, '당신은 나 없으면 아무것도 아니야'라는 말이었고, 다른 하나는, '당신이 믿을 수 있는 사람은 나 밖에 없어'였다."

엘레나는 1968년 이후 루마니아 공산당 부쿠레슈티 지방위원회 소속 당원이었으나 1972년에 들어 중앙위원회 위원이 되었고, 1년 후에는 집행위원으로 올라섰다. 1979년에는 '국민경제 과학위원회'의 의장 자격으로 무임소 장관이 되었으며, 1980년에는 제1부수상이 되어 루마니아 내에서 차우셰스쿠에 이어 두 번째 가는 실력자로 부상했다. 이런 여러 가지 직책보다 더 중요했던 것은 1979년 1월 엘레나가 중앙위원회의 '당정분과위원회 위원장'이 됨으로써 당과 정부 내의 모든 직책에 대한 임명권을 장악했다는 점이다. 당과 정부에서 일하는 부하 직원들에 대한 엘레나의 태도 또한 화학연구소에서처럼 불만투성이였다. 보건부 장관을 지냈던 에우젠 프로카의 이야기를 들어보자.

"그녀는 잔소리꾼이었을 뿐만 아니라 항시 부정적이었지요. 모든 것을 자기 마음대로 했습니다. 차우셰스쿠의 악마였지요. 정서적으로 워낙 불안정했기 때문에 사람들은 그녀의 주위만 맴돌았지요. 그래도 차우셰스쿠에게는 인간의 냄새가 좀 남아 있었지만 엘레나는 철저한 악마였습니다. 필리핀의 이멜다 마르코스Imelda Marcos, 아르헨티나의 에비타 페론Evita Perón, 그리고 중국의 장칭을 섞어 놓은 것 같았지요. 그렇다면 여러분들은 이 두 사람이 어떻게 해서 그렇게 높은 자리에까지 올라갈 수 있었느냐고 묻겠지요. 그들은 스태미나와 강력한 힘을 가지고 있었습니다. 사람을 선발하고, 체제를 운영하는 방법을 잘 알고 있었지요."

엘레나의 잔소리는 직위에 상관없이 만나는 사람 모두에게 터져 나왔다. 전에 사진사였던 사람은 그녀의 사진을 찍으라는 임무가 부여될 때마다 너무 힘들었다고 말했다. 그녀는 한 번도 만족한 적이 없었고, 항상 그 사진사를 호되게 나무랐기 때문이다. 엘레나는 언제나 이렇게 야단쳤다고 한다.

"왜 내 코가 이렇게 높게 나오게 만들었지? 당신에게 이렇게 값비싼 장비들을 사 주었는데 당신이 찍은 사진은 엉망진창이잖아!"

그녀의 경멸하는 태도는 사람을 가리지 않았다. 우연찮게 그녀의 분노라도 사면 블랙리스트에 올라 언론기관에서 일하는 것을 포기해야만 되었다. 전에 그녀의 수석 수행비서를 했던 사람은 그녀의 인색함이 상상하기 어려웠다는 이야기를 들려주었다. 그녀는 주방을 손수 점검하기도 했고, 직원들이 좀도둑질을 하지 않나 의심해서 숙소를 직접 돌아보기도 했다. 의심이 많은 나머지 시비우에 있던 아들 니쿠에게 특별히 만든 요구르트를 보낼 때면 항시 남이 훔쳐 먹거나 독을 넣지 못하게 하기 위해 항아리에 열쇠를 채우기도 했다. 수석 수행비서의 이야기를 좀 더 들어보자.

"한 번은 엘레나가 그리스에서 돌아오는 길에 터키 과자 열 조각이 들어 있는 조그마한 상자 하나를 나에게 주었습니다. 주위 사람들로부터 영광스럽게 생각하라는 이야기를 들었지요. 도저히 먹을 수가 없었어요. 신성한 기념품으로 보관해야 됐으니까요."

엘레나가 차우셰스쿠 집안사람들하고는 멀리하고 싶다는 뜻이 1970년 10월 차우셰스쿠 부부가 미국을 방문했을 때 워싱턴 대사관에 있던 미르체아 코드레아누에게 전달되었다. 코드레아누의 이야기가 이어진다.

"그녀가 처음에는 맨해튼에 있는 모피상으로 가자고 하더니 다음에는 유명한 보석상들을 호텔로 오게 해서 보석을 보여 달라고도 했지요. 차우셰스쿠 부부와 미국에 함께 왔던 차우셰스쿠의 여동생 중 한 명인 엘레나 버르불레스쿠Elena Bărbulescu를 수행해서 맨해튼에 간 적이 있습니다. 품위 있고 우아한 여자였습니다. 그녀가 싼 금반지 하나만을 사기에 내가 좀 비싼 것은 왜 안 사느냐고 물었지요. 그녀의 대답은 '엘레나가 조금 좋게 보이는 것은 일체 못 걸치게 하고 있어요'였습니다."

국제적으로 인정을 받고, 해외의 명성을 얻기 위한 그녀의 욕망은 차우셰스쿠를 훨씬 능가했다. 해서 차우셰스쿠의 해외 방문에 앞서 먼저 착수해야 했던 일은 명망 있는 과학자로서 그녀의 연구 업적에 대한 외국 대학의 명예학위 수여 가능성의 타진이었다. 간첩 혐의로 사형선고를 받고 차우셰스쿠 사후에야 풀려났던 코드레아누는 "일체의 교육을 받지 못해 무식했고, 교양 있고 세련된 모습이라고는 찾아볼 수 없었던 엘레나는 자기 이름 뒤에 박사학위 같은 직함만 넣으면 자기의 이미지가 바뀔 것으로 생각했다"는 말을 들려주었다.

캘러헌 정부의 초청으로 차우셰스쿠가 버킹검 궁을 방문하기 전날 밤 루마니아의 선발대는 엘레나가 '영국 왕립 학사원Fellow of the Royal Society'으로부터 명예회원 자격을 얻기 위한 로비에 들어갔다. 런던 대학과 옥스퍼드에 있던 대학들도 이러한 의사 타진을 받았지만 일언지하에 거절해 버렸다. 결국 그녀는 '왕립 화학연구소'의 명예회원 자격과 '런던 중앙이학원Central London Polytechnic'의 명예학위를 받게 되었다. 학위 수여식장에서 런던 대학 부총장이었던 필립 노먼 경Sir Philip Norman은 그녀의 합성수지 분야에서의 공헌에 칭찬을 아끼지 않았다. 엘레나와 함께 화학연구소에서 일하면서 실제로 이 연구를 주도했던 과학자 미르체아 코르치오베이는 이렇게 말했다.

"우리에게는 이런 지시가 있었지요. 엘레나의 이름이 표면에 나타나지 않은 논문을 써서는 안 되며, 출판은 더욱 안 된다는 것이었습니다. 토론은 물론, 그녀를 본 적도 없어요. 연구가 끝난 다음에도 그녀로부터 아무런 연락이 없었습니다. 우리의 존재까지도 인정하지 않았지요. 이런 속사정을 알고 있던 우리는 그저 묵묵히 논문만 썼습니다."

외국으로부터 엘레나에게 주어지는 명예직, 서방 정치인들의 차우셰스쿠에 대한 찬사는 때를 놓치지 않고 루마니아 언론 매체를 장식해서 루마니아 인들의 떨어진 사기에 한 번 더 찬물을 끼얹었으며, 지식인들을 의기소침하게 만들었다. 베린데이는 "엘레나에게 새로운 명예 학위나 직함이 주어질 때마다 사람들의 사기는 더욱 떨어졌지요"라고 당시의 상황을 설명했다. 차우셰스쿠 사후 루마니아에서는 차우셰스쿠 부부 우상화 작업에 동참했던 서방세계의 정치인들과 지식인들을 비난했던 사람들 대부분이 비판적인 사람들이라고 무시하던 풍조가 사라졌다. 이런 와중에서도 루마니아 학술원은 특이한 예에 속한다. 엘레나가 지배하려는 태도를 보이자 학술원은 끝까지 지연작전으로 맞섰다. 1974년 이후 학술원 회원이었던 엘레나는 원장이 되려는 계획을 세웠다. 그러나 회원들의 완강한 반대를 뚫지 못하고 꿈을 접어야 했다. 보복에 나선 엘레나는 전문 분야를 연구하는 여러 개의 연구소를 새로 세워 충성심을 보이는 연구진으로 채움으로써 학술원의 위상을 약화시켰다.

엘레나와 차우셰스쿠 사이에는 분명한 차이가 있었다. 게오르기우 교수는 이렇게 말했다.

"차우셰스쿠는 그래도 인민들과 함께 하면서 다독거렸습니다. 이렇게 말하곤 했지요. '당신이 훌륭한 외과의사일지는 몰라도 지도력에 대해서는 잘 모를 거야.' 또 애버럴 해리먼 같은 외국의 저명인사들이 방문했을 때는 해리먼이 좋아하는 지식인들을 앞세웠지요."

전 보건부 장관 프로카는 "사람들이 무슨 일을 추진하고 싶으면 그저 차우셰스쿠가 낸 아이디어라고 말해 싶게 동의를 받아 내곤 했지요"라고 전하기도 했다.

그러나 엘레나와는 도대체 대화가 불가능했다. 그녀는 사람들을 협박하고 위협해서 무엇이든지 자기가 마음먹은 대로 했다.

종교의 기도문처럼 엘레나에 대한 찬사가 전국 방방곡곡으로 번져 나가자 새로운 지평에 다가서기 위한 유명 시인들의 각축이 볼 만했다. 어떤 유명한 루마니아 시인이 엘레나의 60회 생일에 바친 헌시는 이렇게 되어 있다.

"이 나라의 영부인은 모든 인민의 존경을 한 몸에 받고 있다. 하늘에 떠 있는 별처럼 위대한 지도자 옆에 선 영부인은 루마니아가 나아갈 영광의 길을 굽어 살피신다."

언론 매체들이 엘레나를 동지, 학자, 박사, 기술자 외에 루마니아의 과학, 교육, 문화의 중요성을 강력하게 추진하는 선봉에 서 있다고 보도하는 자세는 습관이 되어 버렸다.

이런 쓰레기 같은 보도 태도에 지쳐 버린 루마니아 사람들은 해안가의 일기가 청명할 때면 위험스럽기 짝이 없는 비유로 마음을 달래기도 했다.

"차우셰스쿠의 루마니아는 차우슈비츠(Ceauschwitz: 아우슈비츠 수용소를 빗댄 말), 차우시마(Ceaushima: 폐허가 되어 버린 히로시마를 빗댄 말), 파라노폴리스(Paranopolis: 광포한 정치체제)가 되어 버렸네."

차우셰스쿠의 우상화 작업이 급진전하자 중상급 지도 계층에도 변화의 바람이 불었다. 1968년부터 1971년에 걸쳐 자존심 강한 루마니아 사람들도 차우셰스쿠에 대한 칭찬을 하면 반드시 혜택이 뒤따른다는 것을 알게 되었다. 1971년 이후 비굴한 태도가 싫어서 사임한 후 정권과의 접촉을 일체 끊어 버린 사람들의 숫자는 많지 않다. 이온 일리에스쿠의 경력을 들여다보면 하나의 전형을 발견할 수 있다. 초기에 차우셰스쿠를 후원했던 그는 청년 공산주의자 동맹의 지도자로서 학원 숙청을 수행한 대가로 고속 승진을 했으며, 1971년 가을 차우셰스쿠의 문화정책을 비판하는 대담성을 보일 때까지 '총애 받는 그룹'에 속해 있었다. 당시 일리에스쿠는 중앙위원회에서 문화 업무를 담당하는 중책을 맡고 있었다. 그러나 1971년 이후 그는 '곁가지'로 전락하여 티미쇼아라와 같은 지방의 서기직을 맡거나 별로 중요치도 않은 수자원 관리 각료직을 맡는 데 만족해야만 되었다. 1989년 12월에는 과학서적 출판사 중에서 가장 큰 에디투라 테니카의 대표가 된다. 발레리우의 설명이 재미있다.

"반체제 인사들에 대한 차우셰스쿠의 접근 방법은 참 묘했다. 우리들 사이에는 이런 이야기가 떠돌았다. '모두를 어항 속에 집어넣고 관리하는 거야.'"

물고기들은 어항 속을 배회하면서 눈치를 살폈으나, '총애 그룹'은 역시 친척들과 아첨꾼들의 전유물이 되어 버렸다. 이런 현상을 루마니아 사람들은 '가족 사회주의'라고 불렀다. 엘레나는 그렇다 치고라도 동서인 일리에 베르데츠Ilie Verdeț와 마네아 머네스쿠 그리고 조카인 코르넬리우 부르티커Corneliu Burtică도 중요한 직책을 맡았다. 일찍이 바보 명청이 취급을 당했던 엘레나의 오빠 게오르가 페트레스쿠는 부수상까지 올라갔으며, 차우셰스쿠의 형님들인 일리에 차우셰스쿠는 국방부 차관이, 니콜라에 안드루차는 육군 중장이 되어 내무부의 중책을 맡았다. 다른 친척들도 각료직에 앉거나 중앙위원회의 요직을 차지했다. 천둥벌거숭이 같던 아들 니쿠도 처음에는 중앙위원회 위원으로서 청년 공산주자 동맹의 지도자가 되었다가 다음에는 시비우 지역의 서기를 거쳐 가장 막강한 집행위원회 예비후보에까지 올라갔다.

족벌정치라고 주장하면 물론 심한 비난을 받았다. 차우셰스쿠 찬양에 앞장섰던 익명의 위인전 작가는 이렇게 썼다.

"차우셰스쿠 친척들의 약력을 잘 살펴보면 아무런 거짓이 없다는 것을 곧바로 이해할 수 있을 것이다. 사람은 누구나 자기의 자질, 기술, 전문 지식에 따라 삶의 길을 찾아가게 마련이다. 언론인들은, 중책에 새로 임명된 사람들이 차우셰스쿠의 친척이지만 충분한 자질을 갖추고 있다는 점을 잘 알고 있다."

외국 언론인이 차우셰스쿠에게 이렇게 물었다.

"마담 엘레나가 귀하의 부인이라는 사실 이외에 정치적인 기능을 가지고 있는지 묻고 싶습니다."

페르가몬 출판사에서 익명으로 출판된 차우셰스쿠의 전기에서 인용한 그의 답변은 간단한 질문에도 순간적인 위선과 끝없는 거짓말을 동원하지 않고는 대답할 수 없음을 잘 보여 준다.

"사회주의 정부의 조직체계에 대한 일반적인 설명으로 당신의 질문에 대답하겠습니다. 루마니아 사회주의 공화국에서는 집단 지도체제의 원칙이 적용되고 있습니다. 여러 가지 심의기구의 의사 결정에 노동자들과 함께 여러 계층의 사람들이 참여하고 있지요. 루마니아 사회주의 공화국의 특징 중 하나입니다. 노동자를 포함해서 여러 사람들이 활동하는 기업이나 경제적, 사회적 조직에는 이런 심의기구들이 많이 있습니다. 참여자들은 집단적인 행동 양식을 가지고 있을 뿐더러 모든 문제에 대해 집단적인 의사결정을 하지요. 정부 또한 집단적인 지도체제로 구성되어 있으며, 의회의 역할을 대신하는 당에서는 중앙위원회와 집행위원회가 국가 발전과 외교 정책에 관한 문제들을 결정합니다. 이러한 구조 속에서 정부의 다른 구성원들과 마찬가지로 엘레나도 사회 발전에 관한 숙제를 풀기 위해 노력하는 사람들 중 한 사람입니다."

엄격한 통제, 수많은 정보원 그리고 주기적으로 전달되는 '차우셰스쿠 사상'에도 불구하고 루마니아 사람들은 차우셰스쿠 가족들의 행태를 속속들이 알고 있었다. 루머를 통해서 발렌틴의 부모와의 갈등, 조이아 사건, 니쿠의 음주 운전, 중매결혼 실패, 나이트클럽 여급과의 추문 등 모르는 것이 없었다. 언론 자유나 정보의 소통이 없었기 때문에 오히려 니쿠의 악행이나 조이아가 관련된 수많은 사건들은 부풀려진 면도 없지 않다. 차우셰스쿠의 자식 세 명은 체제의 수혜자였음과 동시에 피해자이기도 했다. 개인 우상화 작업은 차우셰스쿠 가족들에 대해서도 끊임없는 이야기 거리를 제공했다. 『경의를 표합니다』에는 이런 이야기도 들어 있다.

"우리는 차우셰스쿠 가정의 조화를 존경과 경의의 눈으로 바라봅니다. 전직 방직공장 근로자, 청년 공산주의자 동맹 전사, 불법이 판을 내린 이후 공산당 입당, 사회주의 노동의 영웅, 과학자, 루마니아 공산당 중앙위원회 위원이란 경력을 가진 엘레나의 평생 동지로서 차우셰스쿠의 일생이 두 공산주의자의 이미지를 충분히 설명했다는 사실에 우리는 특별한 의미를 부여코자 한다. 부모의 본보기를 따라 자식 세 명도 루마니아에 사회주의 혁명의 꽃을 피우기 위해 우리와 똑같이 일하고 있다. 이런 점을 감안해 봤을 때 차우셰스쿠 집안에서는 좋은 선례를 남기고 열심히 일하는 것이 일종의 의무처럼 되어 있는 듯하다."

이런 글을 읽은 루마니아 사람들은 사정을 잘 알고 있었기 때문에 두 가지 감정——분노와 허탈한 웃음——에 휩싸였다. 차우셰스쿠에 대한 우상화 현상이 점차 강화되던 루마니아에서도 차우셰스쿠 부부와 자식들 간의 관계가 속속들이 알려지기 시작했다. 한 가지 예를 들어 큰아들 발렌틴의 아내 이오르다나 보릴러는 반半 유대인이었기 때문에 차우셰스쿠 가족들로부터 냉대를 받아 특권층의 권리를 인정받지 못한 채 방 두 개짜리 조그마한 아파트에서 살고 있다는 이야기는 상식이 되어 있었다. 차우셰스쿠 사후 헌법에 의해 설립된 구국전선의 행동대들에게 자진해서 투항했던 발렌틴은, 당시 이오르다나와 이혼한 후 중앙위원회의 위원이 되어 있었다. 발렌틴은 체포되었으나 재판을 받을 것 같지는 않았다. 구국전선, 그 중에서도 핵심인물이었던 이온 일리에스쿠와 페트레 로만Petre Roman은 차우셰스쿠 생전에 자기들이 받은 특혜가 대단했다는 것을 잘 알고 있었기 때문이다. 만약 재판이 벌어진다면 발렌틴은 부모인 차우셰스쿠 부부의 반대편에 섰다는 정당성과 어머니 엘레나를 증오했다는 사실을 내세워 맞설 작정이었다. 한편 차우셰스쿠 사후, 발렌틴이 런던 대학에서 박사학위를 받은 뒤 일했던 '원자 핵 물리연구소'도 그를 지원하고 나섰다.

조이아의 경우도 비슷하다. 수학을 전공하는 학생이었을 때 그녀는 정권의 실체를 알고 역겨워 했다. 1974년 그녀가 가출하자 비밀경찰이 그녀를 찾기 위해 총동원됐다. 당시 이름이 나디아 버르불레스쿠였으나 후에 나디아 부조르로 바꾼 차우셰스쿠의 조카(여동생의 딸)가 조이아와 친하다는 이유로 불려갔다. 나디아 버르불레스쿠는 그렇게 호출을 당한 뒤부터는 너무 겁에 질렸던 나머지 조이아가 가족의 품으로 돌아온 후 그녀에게 다시는 서로 만나지 말자고 이야기했다. 버르불레스쿠의 회고가 이어진다.

1978년 1월 26일 차우셰스쿠의 60회 생일 때 딸 조이아와 부인 엘레나와 함께 한 사진. 가족과 정부의 각료들을 초대해 축하연을 벌였다.

"젊은 여성으로서 조이아의 생활은 악몽과 같았습니다. 그녀는 어디론가 탈출하고 싶었지만 함정에 빠져 있다는 것을 잘 알고 있었지요. 아무리 멀리 도망친다 해도 결국 비밀경찰의 손에 걸려들게 되어 있었으니까요. 그녀는 나에게 이렇게 묻곤 했습니다. '도대체 내가 어떻게 해야 되지?'"

차우셰스쿠와 엘레나는 버르불레스쿠가 조이아에게 역심을 고취시켰다고 믿었다. 버르불레스쿠가 부쿠레슈티 대학 심리학과 학생이었기 때문에, 차우셰스쿠는 그녀가 조이아를 심리 분석 대상으로 삼았다고 비난했다.

조이아 사건의 충격이 루마니아 학계에 미친 영향은 가히 공포에 가까웠다. 조이아는 명성이 높았던 루마니아 '수학연구소'의 연구원이었다. 화가 난 차우셰스쿠는 그 연구소 연구원들이 조이아에게 보헤미아 기질을 주입시켰다는 이유를 들어 연구소를 해산시켜 버린 다음 연구원들을 다른 연구소로 분산시켰다. 전 교육부 장관 미르체아 말리차는 이 사건을 이렇게 회고했다.

"결국 200명이 넘는 능력 있던 수학자들이 루마니아를 떠나 미국으로 갔습니다. 유럽의 어떤 나라에도 이런 일은 없었습니다."

　조이아는 인맥을 동원해서 수학연구소의 연구원들에게 출국 비자를 얻어 주었다. 이것 또한 차우셰스쿠 부부를 화나게 만들었다. 1977년에는 부쿠레슈티 대학의 심리학과도 폐쇄해 버렸다. 차우셰스쿠 부부가 죽자마자 조이아도 체포되었으나 8개월 후 풀려났다.

　차우셰스쿠의 자식들 중 오직 니쿠만이 부모에 대한 불만이 덜해 보였다. 그도 물론 비밀경찰의 보호 하에 있었으나 공개적으로 비판은 하지 않았기 때문에 차우셰스쿠 부부도 그의 술버릇과 방탕한 여성 관계를 너그럽게 보아 넘겼다. 1989년 12월의 혁명이 있기 몇 년 전 니쿠가 시비우 지역 당 제1서기로 있을 때 그는 여러 가지 책임감 있는 조치를 취했다고 알려졌다. 1990년 개최된 재판에서도 많은 증인들은 니쿠가 시비우 주민들의 식량부족 사태 해결을 위해 많이 노력했다고 증언했다. 니쿠가 강간을 일삼고, 난잡한 성관계를 예사로이 했으며, 학대행위를 즐겼다는 루머는 루마니아의 경제상황과 사기가 급전직하하자 흉흉한 민심 속에서 터져 나온 소문일 뿐이다. 심지어 세계 올림픽에서 여자 체조 부문의 스타로 떠올랐던 나디아 코마네치Nadia Comăneci에게 구애를 했다가 그녀가 거절하자 그녀의 손톱을 뽑아 버렸다는 이야기까지 떠돌았으나 거짓으로 판명되었다. 루마니아 인민들은 구두 한 켤레를 구하기 위해 여러 곳의 가게를 다녀야 할 정도로 경제 사정이 어려웠는데도 불구하고 차우셰스쿠는 낭비를 일삼았다는 점을 강조하기 위해 매일 새 와이셔츠를 한 번 입고 나서 버렸다는 작위적인 소문도 흘러 다녔고, 1990년 차우셰스쿠의 양복 재단사는, 차우셰스쿠 사후 흡혈귀 드라큘라의 전설을 연상시키기 위해 차우셰스쿠가 생전에 주기적으로 건강한 어린이들의 피를 수혈 받았다는 이야기도 급속도로 퍼져 나갔다고 확인해 주었다.

1968년 차우셰스쿠의 아버지와 엘레나의 어머니가 함께 한 사진.

차우셰스쿠 부부가 부쿠레슈티에 있을 때마다 자주 머물렀던 섬뜩하게 장식된 '봄의 궁전' 내부에는 아이들 세 명이 지낼 수 있도록 아파트 세 채가 준비되어 있었으나 단 하룻밤도 지낸 적이 없으며, 이곳에 초청받은 사람 또한 아무도 없었다고 관리를 맡았던 사람이 전해 주었다. 그 관리인은 아이들이 궁에 들어오는 것을 본 적이 없었다고 했다. 그러나 아이들은 정문 왼편 독립가옥에서 살고 있던 할머니를 찾아보기 위해서 몰래 살짝 들르곤 했다. 1989년 12월 22일 102살이었던 차우셰스쿠의 노모는 정신을 잃은 채 잠옷을 입고 궁 안의 뜰을 방황하고 있었다. 병원으로 옮겼으나 차우셰스쿠의 죽음도 모른 채 며칠 후 저세상으로 갔다. 관리인은 이런 이야기를 들려주었다.

"가끔 선전용으로 루마니아 언론에는 엘레나와 그의 어머니, 차우셰스쿠와 그의 아버지가 함께 찍은 사진들이 실렸지만 차우셰스쿠의 어머니는 말년에 차우셰스쿠나 엘레나를 만나본 적이 없었어요. 노모는 자기가 왜 궁에 죄수와 같이 갇혀 있는지, 그리고 손자들은 왜 더 이상 안 찾아오는지를 이해하지 못했습니다."

제 1 ○ 장

몰락의 그림자

"나는 이런 이야기를 하고 싶다 : 왕은 나쁜 신하들을 원한다. 그래야만 자기가 돋보이기 때문이다. 만약 유능한 신하들과 비교된다면 사람들은 큰 혼란에 빠질 것이다."

— 리스자드 카푸친스키의 『황제』에서

첫 번째 미국 방문을 하고 일 년이 지난 1971년 6월 차우셰스쿠 부부는 중국, 북한, 북 베트남의 방문길에 나섰다. 루마니아에 미친 영향은 대단했다. 항시 외부세계에서 일어났던 일에 민감하게 반응했던 차우셰스쿠 부부는 중국 문화혁명의 교훈을 액면 그대로 받아들였다. 이때쯤 외부세계는 중국 문화혁명의 잔학성이나 엄청난 비용에 눈을 뜨기 시작했으나, 내면에 숨어 있던 음모나 긴장감에 어두웠던 사람들은 외면적으로 드러난 역동성만 보고 사회 개혁에 대한 놀랄 만한 실험으로 받아들였다.

이들 부부는 평양에서 인상적인 환대를 받았다. 바둑판같이 구획 정
리된 거리, 끝없이 이어지는 고만고만한 집들, 질서 정연하게 환호하는
인민들, 위대한 수령 김일성이 초청한 귀빈인 이들에 대한 열광, 티 하
나 없이 깨끗하게 청소된 공장에서 국기를 물결처럼 흔들어 대는 노동
자들, 벌떼처럼 집단행동을 보였던 산업단지의 근로자들, 여기에서 차
우셰스쿠 부부는 스탈린주의자로서 오래 꿈꾸어 왔던 이상이 살아 숨쉬
는 장면을 목격했다. 카를 마르크스가 쓴 『공산당 선언』이 현실로 나타
난 것이었다.

차우셰스쿠는, 전문가들을 동원한 루마니아 공산당의 숙청, 잠재적인
정적들의 제거, 루마니아가 서방세계에 개화된 공산주의 국가로 보이게
만드는 조작술에는 능했으나 여러 가지 면에서 여전히 단순한 사람에
지나지 않았다. 루마니아의 보통사람들과 마찬가지로 그도 야외 이벤트
나 행진, 군중집회를 대단히 좋아했으나 문화적인 측면에서는 유치한
수준에 머물러 있었다. 1960년부터 1970년대 중반까지 차우셰스쿠의
보좌관이었던 마우레르는 이렇게 말했다.

"단 한 번도 현안이 된 문제 이외에는 그와 이야기해 본 적이 없어요.
예술이나 문학에 대해서 그가 언급한 것을 들어 본 적도 없습니다. 차우
셰스쿠의 내면에는 이런 것들이 잠재해 있지 않았습니다."

동료들을 대하는 차우셰스쿠의 태도는 편집증에 가까울 정도의 의심
과 경멸로 가득 차 있었다. 그는 또 끝까지 자기를 지지하는 군중집회를
자기와 인민들 사이의 의사소통으로 이해했으며, 인민들의 자기에 대한
복종으로 생각했다. 1970년대 초반 이후 차우셰스쿠는 현실과의 접촉
을 단절하기 시작했다. 이어 나이가 들어가고 당내에서도 토론이 시들
해지자 인민과의 대화 통로로 군중집회를 선호하기에 이르렀다. 강제

동원된 사람들이 계속된 집회에 식상했을 때도 그런 태도는 마찬가지였다. 이런 마음가짐 때문에 중국이나 북한에서 있었던 환영 군중집회를 민감하게 받아들였다. 차우셰스쿠의 아시아 순방 때 동행했던 이온 일리에스쿠는 심각하게 생각했지만, 차우셰스쿠 자신은 중국과 북한이라는 나라가 속을 준비가 되어 있는 외국 손님들에게 눈가리개를 씌우는 가련한 사람들의 거대한 집단이라는 현실을 깨우치지 못하고 있었다.

또 다른 이유에서 중국 방문은 중요한 의미를 가지고 있었다. 마오쩌둥의 무자비했던 아내 장칭은 엘레나에게는 '하나의 불빛'이었다. 두 사람의 성장 배경은 매우 다르다. 장칭은, 권력에의 길을 그녀의 조그마한 매력에 빠져들었던 상해의 수많은 영화 제작자들하고 잠자리도 불사했던 품행이 난잡한 초년 배우 시절부터 시작했다. 그런 행동도 자기의 이름을 알리는 데 도움이 되지 않자 장칭은 방향을 돌렸다. 마오쩌둥을 성적, 감상적으로 유혹하여 연안延安 시절 그에게 없어서는 안 될 존재로까지 부각시켰다. 성장 배경이 달랐음에도 불구하고 두 여인은 잔인하고 교육받지 못한 사람으로서 공통적으로 지식인들을 미워했으며, 추상적인 토론을 배제하고 재빨리 결론에 도달하는 간단한 공식을 쉽게 익히게 되었다. 두 여인은 또 최고 권력자의 없어서는 안 될 배우자이기도 했다. 왜곡된 전체주의적 사고에 젖어 있던 장칭이 여권의 선봉에 서서 중국이라는 남성 우월주의 사회에서도 크게 성공을 했기 때문에 엘레나에게는 각성제 역할을 했다. 엘레나도 장칭을 따라 정치적으로 적극적인 자세를 취하게 된다.

중국의 문화혁명이 겉으로 내세운 성과인 '혁명전사의 재편성'과 개인주의와 과거 문화유산의 청산은 차우셰스쿠 부부에게 깊은 인상을 남겼다. 이런 어처구니없는 장면을 그저 비웃을 수도 있고, 혁명을 위장한 가면극에 설익은 스탈린주의자 부부가 빠져 들어간 현상으로 이해할 수도 있다. 그러나 이런 표면적인 이해는 중국의 문화혁명에 매료당한 사람들이 차우셰스쿠 부부만이 아니란 것을 모르고 하는 말이다. 1971년 중국 문화혁명의 정당성을 열렬하게 찬양했던 사람들은 이루 헤아릴 수 없이 많았다. 서방세계의 학생들, 예술가들, 지식인들, 세계적으로 명성을 날리던 중국학자들, 심지어 하버드 대학의 학자들까지 그 대열에 참가했다.

차우셰스쿠가 중국에서 보았던 현실은 마르크스-레닌주의의 강화와 차우셰스쿠 사상의 주입이라는 그의 편견이 옳았다는 것을 확인시켜 주었던 한편, 마르크스-레닌주의와 강력한 민족주의가 손에 손을 잡고 전진해야 한다는 차우셰스쿠의 확신을 지원하는 밑거름이 되었다. 중국을 보고 난 차우셰스쿠는 보다 엄격한 통제와 자급자족에 대한 필요성을 절감했고, 수십 년 공산주의를 실시했음에도 토론 문화와 개인주의가 여전했던 라틴 국가인 루마니아에 철저한 규율을 더욱 확고히 해야겠다는 생각에 이르게 되었다. 중국과 북한에서 보았던 사회 동원체제가 차우셰스쿠의 말년 터무니없는 행동을 설명할 수 있는 근거이다. 차우셰스쿠는, 『공산당 선언』에서 묘사하고 있는 진정한 혁명을 달성하기 위해 비용의 적고 많음을 무시한 채 다시 한 번 남의 흉내 내기에 나섰다. 차우셰스쿠가 후에 시도했던 도시와 국가 전체의 표준화 작업은 1971년 아시아 방문 때 보고 배운 것이다. 아무런 특징이 없고 심미적으로 볼 때 소름 끼치는 '농업사회'의 틀 속에 도시와 국가를 집어넣겠다는 생각과 철저히 좌우 대칭을 이루면서 생동감을 전혀 느낄 수 없는 인공 도시 평양을 이상으로 삼아 부쿠레슈티를 그렇게 만들겠다는 노력이 표준화 작업의 골간이었다. 차우셰스쿠는 1964년 에밀 보드너라슈와 함께 무기 구매차 중국과 북한을 방문한 적이 있다. 1971년 북한 방문 때 차우셰스쿠는 동행했던 사람들에게 1964년 당시 믿을 수 없는 큰 변화를 이미 목격했었다고 말했다. 투입되는 물자와 인력 규모의 비효율성에도 불문하고 겉으로는 진지하게 받아들일 수밖에 없는 사회동원 체제의 모형을 보았다는 뜻이었다.

귀국하자마자 그는 확신에 찬 어조로 두브체크식 개혁방법으로부터의 변화를 지시했다. 7월에 시작된 일련의 당 간부회의에서 차우셰스쿠는, 공산당 이론가들이 '작은 문화혁명'으로 묘사했던 조치를 소개했다. 이 조치들은 문화, 교육, 언론 문제에 대한 강력한 중앙 통제를 함축하고 있었다. 군중 선동의 필요성이 더 한층 강조되었고, 배타적 민족주의를 주제로 하는 문화 행사와 포크 댄스를 가미한 야외극을 공연하라는 지시가 내려졌다. 서양의 책, 영화와 함께 퇴폐주의를 상징하는 록 페스티벌이나 디스코 댄스 등은 엄격한 규제를 받았다. 외국의 침략자들을 물리치고 소생한 국가, 루마니아의 독특한 역사에 대한 인식 강화도 한층 강조되었다.

언론에 대한 통제는 갈수록 심해졌다. 문화계에 엄격한 멍에를 씌웠던 결과 중앙위원회에서 문화 업무를 담당하고 있던 일리에스쿠가 강하게 반발하고 나섬에 따라 그의 좌천이 뒤따랐다. 또 우연의 일치라고는 볼 수 없는 일이 일어났다. 「불꽃」에 등장한 엘레나의 사진 옆에는 처음으로 차우셰스쿠의 부인이 아닌 '국립 화학연구소 소장 이학박사 엘레나 차우셰스쿠'라는 명칭이 붙어 있었다.

몇 개월 후 중앙위원회 산하에 새로 설립된 '사회주의 문화 · 교육협의회'는 언론과 출판계의 당 예속화 작업을 완료했다. 중국을 방문하기 전에도 차우셰스쿠는 이미 문화의 대중화에 심취해 있었으며, 과학적인 사회주의를 갈망하는 국가에서는 어떤 예술이나, 어떤 문학도 밀실에서 멋대로 행동해서는 안 된다는 말을 강조했다. 극동에서 돌아온 후 차우셰스쿠는 모든 영화 회사와 출판 회사들에게 간판에 반드시 '노동자와 농민 조직을 대표하는'이라는 말을 써넣으라고 명령했다. 전위 예술이나 차우셰스쿠의 비난을 일체 허용치 않겠다는 뜻이 담겨 있었다. 폴란드나 동독과 다르게 루마니아에는 풍자극을 상영하는 영화관이나 카바레 등이 없었고, 혹시 있다 하더라도 비밀경찰의 검속을 피할 방법이 없었다.

적절한 방법을 동원한 압박의 강도는 더해 갔다. 1980년대 초반 타이프라이터를 소유한 사람들은 모두 경찰에 신고하여 허가증을 받아야만 되었다. 그렇지 않으면 아무런 설명도 없이 타이프라이터를 압수해 가버렸다. 복사기를 가지고 있던 국영기업들에게는 풍자만화의 복사를 금지하라는 명령이 내려지기도 했다. 대부분의 동유럽 국가들과는 달리 루마니아에서는 지하 출판물을 찾는 사람들도 없었다. 문방구에서 종이를 대량으로 사는 사람들은 문방구 주인이 경찰에 정기적으로 보고하는 위험을 감수해야만 되었고, 조사까지 받았다. 비밀경찰의 위협과 협박 때문에 사람들은 순종적인 자세를 취하면서 10년 넘게 시키는 대로 살았다. 루마니아에는 소련의 사하로프 같은 사람도 없었고, 체코의 하벨 같은 사람도 없었으며, 또 암흑시대였던 1960년대와 70년대에 폴란드, 헝가리, 체코슬로바키아, 소련에서처럼 문화와 자유의 횃불을 높이 치켜든 무명의 반체제 투사들도 찾아보기가 힘들었다. 루마니아 사람들의 특이한 기질에 넘쳐나는 정보원, 상호 불신의 분위기, 차우셰스쿠 정권의 독특한 면까지 곁들여지자 저항 기미의 싹은 뿌리를 내리지 못했다. 사회적 불만 억제에 모든 역량이 동원됐고, 지식인들의 활동에 관한 한 최소한의 노력으로도 그런 성과는 쉽사리 거둘 수 있었다. 루마니아 지식인들과 민초들 사이의 역사적으로 오래된 상호 불신은 비밀경찰의 역할을 수월하게 만들었다. 베이징과 평양 방문에서 돌아온 차우셰스쿠는 자기의 '문화혁명' 정책에 반기를 드는 사람들에게는 마오쩌둥이나 김일성보다 훨씬 교묘한 방법으로 대응했다. 차우셰스쿠의 '작은 문화혁명'이 소수 지식인들의 분노를 자아냈으나 그는 저항의 물결을, 최소한 초기 국면에서는, 달래기도 하는 점잖은 태도로 대처했다. 파울 고마의 회고에 따르면, 작가들이 느꼈던 분노는 차우셰스쿠의 새로운 정책을 수행하는 주구 두미트루 포페스쿠, 두미트루 기세Dumitru Ghiṣe, 바실레 리콜레스쿠Vasile Ricolescu에 대한 공격으로 나타났다고 한다. 그의 이야기가 이어진다.

"어린애들처럼 우리들은 장애물을 만나지 않고 어디까지 갈 수 있는지를 실험해 보기로 했죠. 작가협회 내에서의 회의는 분노로 들끓었고, 풍자 또한 자유로웠지요. 차우셰스쿠 앞잡이들에 대한 비난이 쏟아지는 한편, 그들을 살인자, 문화 파괴자들이라고 불렀습니다. 그러나 당사자들은 부드럽게 다른 뺨을 내밀었습니다. 회의가 말다툼으로 끝난 다음 작가협회 사무실을 떠나면서 두리트루 기세에게 '비밀경찰에 우리들을 데려가라고 전화했어?' 라고 물었던 기억이 납니다. 그의 대답은 이랬습니다. '동지, 그렇지 않아. 당신들이 그렇게 말하는 것도 일리는 있지. 그러나 그런 이야기는 작가협회 사무실 안에서만 해야 돼. 밖에서까지 그런 이야기를 하면 상황은 아주 달라진다는 것을 알아야 해.'"

당내에서도 반감을 가지고 있던 사람들에게는 그런 방법이 적용되었다. 중앙위원회와 그 산하의 소위원회에도 면책특권이 존재하고 있었다. 일리에스쿠도 좌천을 당했지만 체포되거나, 심문을 받거나, 형을 받는 일은 없었다. 차우셰스쿠는 본능적으로 루마니아 사람들의 기질상 보이지 않는 기술적 통제에 잘 적응하리라는 것을 꿰뚫어보고 있었다. 해가 거듭될수록 차우셰스쿠는 심히 흔들리는 모습을 보여 주었던 한편, 병적인 과대망상증과 편집증 현상까지 나타냈으나 동물적인 감각은 여전했다.

1977년 용기를 내어 차우셰스쿠에게 건방진 편지를 보냈던 파울 고마는 어떤 형태로든 보복조치가 있을 것으로 생각했다. 그러나 비밀경찰이 비교적 온건한 태도를 보였던 이유를 파울 고마는 차우셰스쿠가 인권을 최우선시 했던 미국의 카터 대통령과 좋은 관계를 맺고 있었기 때문에 그의 입장을 곤란하게 만들지 않겠다는 배려였던 것으로 생각했다. 1989년 12월 혁명이 일어날 때까지 여러 가지 형태의 압력과 구타, 저항하는 광부와 노조원들의 집단 유배가 이어졌다. 국제사면위원회의 자료에도 기록되어 있는 이런 야만적인 행동은 극히 선별적으로 이루어졌다. 인민들의 마음속에 '원숭이를 겁주려면 닭을 먼저 죽여라'라는 공포심을 심어 주기 위한 조치였다. 정권의 잔학성은 더해 갔지만, 차우셰스쿠를 변명하는 사람들은 유고슬라비아보다 정치범의 숫자가 훨씬 적다고 주장했다. 1989년 12월 혁명이 끝난 다음 지식인들은 "게오르기우 데즈가 야만적인 수단을 더 많이 동원했지만 지능적인 면에서는 차우셰스쿠가 한 수 위였다"고 입을 모았다.

1971년 6월 말 루마니아에 돌아온 뒤 차우셰스쿠가 선보인 또 다른 조치는 지방 정부와 당 행정에 관련된 변화였다. 1971년 중반 이후 지방 당 간부들의 보직이 계속해서 바뀌어 갔다. 예측 불가능하게 너무 빨리 바뀌어 갔기 때문에 한 자리에 단 몇 달도 남아 있던 사람이 없었다. 지방당과 중앙당 중견 간부들은 '의자 뺏기 게임'을 하고 있는 듯했다. 차우셰스쿠의 채찍 소리는 높아만 갔고, 1979년 이후에는 그 채찍을 엘레나가 이어받았다. 1971년 7월 이후에 선보인 이상한 당 간부 임명제도에는 음흉한 흉계가 숨어 있었다. 차우셰스쿠는, 지방당 간부들이 한 자리에 오래 눌러앉아 막강한 영향력을 가지게 되면 자기의 명령보다는 지방 주민들의 요구 사항을 우선적으로 수용할 것이라는 두려움을 가지고 있었다. 그러나 예상치 못한 결과가 나타났다. 경제 상황이 악화되어 가자 지방당 간부들의 권력 남용과 부패가 정도를 더해 갔다. 간부들의 짧은 재임 기간이 탐욕만 키워 갔던 것이다.

이념적인 분야에서만 통제의 사슬이 시퍼랬던 것은 아니다. 1972년 7월 당 회의에서 차우셰스쿠는 농업과 산업 생산량의 목표를 비현실적으로 높게 책정하기 시작했다. 더욱 놀라웠던 것은 재정이나 투자재원이 없는 상태에서 기존 자원을 이용하여 목표 달성 속도를 지키라는 것이었다. 처음부터 '채찍과 홍당무' 유인책이 견디기 어려웠던 것은 아니다. 경제가 급전직하하고 노동자들의 생활수준이 악화되면서부터였다. 부재 농민과 태만한 자세를 근절하고, 근면한 노동자들을 보상하는 취지로 도입됐던 성과급 제도도 중세 봉건제도 하의 불합리한 '이익 분배' 제도로 변질되는 바람에 공장 근로자들로부터 비난만 받았다. 노동자들은 처음 배정받은 공장에서 5년간 근무하게 되어 있었고, 그 5년 동안 공장의 손익계산서에 근로자의 몫으로 계상된 이익금의 절반은 사용이 금지되었다. 노동자가 자기의 뜻에 따라 이직을 하는 경우에는 유보된 보상을 받을 수가 없었다. 그러나 정부는 마음대로 노동자들을 다른 공장으로 가라고 명령할 수가 있었다. 정부의 명령에 따른 전직에도 아무런 보상이 뒤따르지 않았다. 한마디로 노동자들을 골탕 먹이는 이름뿐인 성과급 제도였다.

차우셰스쿠의 스탈린식 경제원칙에 대한 굳건한 믿음과 특유의 정책은 루마니아를 파멸의 길로 내몰았다. 놀라운 것은 이런 실패가 오랜 기간에 걸쳐 준비되었다는 점이다. 만약 차우셰스쿠의 체제를 지원했던 두 개의 기둥인, 국제 금융기관의 협조 융자와 1976년까지 이어졌던 이란 팔레비 왕의 금융지원이 없었더라면 1989년 12월 혁명은 훨씬 앞당겨졌을 것이다. 국제 금융기관들은 소련에 과감하게 도전했던 조그마하고 이상한 나라 루마니아에 계속해서 대출하는 것을 특권으로 생각했고, 이란의 팔레비 왕은 차우셰스쿠에게 상상을 초월한 큰 선물을 주었다. 이란산 석유를 고정가격으로 루마니아 농산물이나 공산품과 물물교환 했던 것이다. 그러나 서방 금융기관들의 대출금은 서방국가가 거들떠보지도 않은 제품을 생산하는 공장을 짓는 데 낭비되었고, 1978년 팔레비 왕의 몰락으로 루마니아는 이란산 석유를 더 이상 싼 가격으로 못쓰게 되었다. 설상가상으로 1978년 이후부터는 이란산뿐만 아니라 소련산 석유도 모두 현금을 주어야만 살 수 있었던 반면, 은행 대출금으로 지은 공장들은 기름을 잡아먹는 귀신이 되어 버렸다. 슬러티나에 있던 알루미늄 공장 하나가 사용했던 전력이 부쿠레슈티 전역에서 사용하던 전력과 맞먹었다.

루마니아 원유 정제능력 확대를 위한 차우셰스쿠의 결단도 화근이 되었음은 다를 바 없었다. 1979년 거대한 자본이 투여된 정제공장의 가동률은 10퍼센트를 넘지 못했다. 또 다른 경제정책 실패 사례들도 무수히 많다. 그 중 하나가 골칫거리로 변해 버린 '다뉴브 강–흑해 운하'이며, 다른 하나는 고속도로 건설이었다. 어마어마한 자재가 투입되었으나 1980년대 석유 부족 사태가 심각해서 개인 승용차의 사용이 몇 개월씩 금지되고 석유 배급제도가 실시되는 바람에 고속도로의 기능을 해보지도 못한 채 끝이 났다.

1939년에는 올리비아 매닝이, 그리고 1944년에는 이보르 포터가 루마니아의 풍요로웠던 식품시장과 품질 좋고 가격 싼 야채들에 관해 언급한 적이 있다. 그러나 개인 농장에서 재배하는 농작물의 생산량을 제한하고 최고 가격을 묶는 스탈린식 경제정책으로 인하여 루마니아 농산물의 수확량은 차츰 줄어만 갔다. 사정이 악화되어 가자 1981년에는 제2차 세계대전 이후 처음으로 식빵의 배급제도가 도입되었고, 식품의 매점매석은 중범죄로 간주하였다. 시골 지역에서 출퇴근하는 공장 노동자들은 공장이 있는 도시 지역에서 식료품을 사는 것이 금지되었다.

식품 부족현상이 갈수록 악화되자 간단한 기초 생필품을 사는 데도 몇 시간씩 줄을 서야 했기 때문에 결근사태가 흔한 일이 되어 버렸다. 루마니아 사람들을 더욱 짜증나게 했던 일은, 루마니아 사람들은 너무 많이 먹기 때문에 다이어트를 해야 한다는 차우셰스쿠의 거듭된 주장이었다. 지상을 통해서 보면 아무런 잘못을 발견할 수가 없었다. 통계 숫자상으로는 모든 식품의 생산량이 꾸준하게 증가하고 있었다. 1970년대 이후 품질 좋은 식품들은 루마니아의 악성 외채를 갚기 위해 모두 수출되었기 때문에 소비량이 아닌 생산량을 기준으로 한 공식 통계는 국민 식생활과 아무런 관련이 없었다. 식료품 통계는 루마니아 전역에서 팔렸다는 차우셰스쿠가 쓴 책의 판매 부수만큼이나 신뢰성이 없었다. 전에 후마니타스 출판사 사장과 문화 정책의 감시인 역할을 했던 두미트루 기세는 차우셰스쿠의 사후 나에게 정색을 하고 이런 이야기를 들려주었다.

"차우셰스쿠가 쓴 책은 서점에 배포되자마자 팔리게끔 되어 있었어요. 당원, 공장, 기관에게 강제 할당되었습니다. 일종의 인두세였지요. 1989년 12월 그가 죽을 때까지 차우셰스쿠의 책 판매 부수는 늘어갔습니다."

차우셰스쿠는, 1985년 루마니아 사람들은 이상적이며 과학적인 다이어트를 해야 한다고 선언함으로써 다시 한 번 인민들을 분노케 만들었다. 신문 보도에 따르면 루마니아 인 한 사람이 매년 배급받는 식료품은 고기 54.88킬로그램, 계란 114개, 과일 20킬로그램, 감자 45.3킬로그램, 밀가루 114.5킬로그램, 설탕 14.8킬로그램, 식용유 9.6킬로그램, 마가린 1.1킬로그램이었다. 그러나 현실은 사뭇 달랐고, 루마니아 사람들은 차우셰스쿠와 엘레나가 생일잔치를 벌이면서 큰 테이블 위에 산더미

같이 음식을 쌓아놓은 채 찍은 사진을 보면 울화가 치밀었다.

차우셰스쿠는 1970년대에 이미 칼로리 많은 음식을 피했다. 몸무게가 늘어나는 것을 깨달은 엘레나가 70년대 초반 다이어트를 시작하자 그도 따랐다. 차우셰스쿠가 즐겨 먹던 음식은 아주 간단했다. 토마토 스낵, 염소 치즈, 파 등 농민들이 즐겨 먹던 음식을 주로 찾았다. 차우셰스쿠 부부가 먹던 음식의 재료는 국영농장에서 공급했고, 식사 때마다 영양사와 감별사가 배석하였다. 해외여행 때도 차우셰스쿠는 자기가 먹을 음식을 가지고 다녔다. 차우셰스쿠가 먹을 음식은 소량이 먼저 연구실로 보내져 검사를 거친 다음 24시간 동안 별도로 보관됐다. 이 부부가 언제나 함께 했던 점심에는 다른 사람들이 초청되는 경우가 드물었다. 식탁에서 엘레나가 늘어놓은 잔소리는 진절머리가 날 정도였다. 전에 엘레나의 수석 수행비서를 했던 사람은 엘레나가 단 한 번도 제공된 음식에 만족해하지 않았다고 말했다.

"그녀는 이렇게 말했지요. '내가 차우셰스쿠를 위해 손수 요리한 시금치가 훨씬 맛있었어.' 그러면 차우셰스쿠는 손으로 엘레나를 어루만지면서 '여보, 그만해. 그만해'라고 말했습니다."

전국 각지에 흩어져 있던 차우셰스쿠 부부의 별장과 주택을 관리하던 사람들을 대하던 엘레나의 거만하고 짜증스러워 하는 태도는 놀랄 만했다. 차우셰스쿠가 새로 방 열다섯 개를 증축하고도 엘레나가 새로 칠한 페인트 냄새가 싫어 한 번도 자지 않은 커다란 빌라 포리쇼르에서 엘레나는 관리인들이 카펫을 철저하게 청소하는지를 확인해 보기 위해 카펫 아래와 귀퉁이에 일부러 머리핀을 떨어뜨려 놓기도 했다. 차우셰스쿠도 관리인들의 긴장감을 충분히 이해했을 것이다. 투도르 지프코프Tudor Zhivkov의 초청을 받고 불가리아에 갔던 차우셰스쿠 부부와 나에게 여러 가지 이야기를 전해 주었던 수석 수행비서관은 지프코프의 딸이 매우

상스러운 말로 따르던 직원을 호되게 꾸짖는 장면을 목격했다. 드문 경우였으나 우연히 그 비서관의 옆에 선 차우셰스쿠는 그에게 이렇게 말했다.

"어때, 우리가 훨씬 낫지!"

아첨꾼 게오르게 이오르다케Gherghe Iordache와 철저한 반유대주의 시인 코르넬리우 바딤 투도르Corneliu Vadim Tudor는 의식적인 찬사에서 차우셰스쿠 집권 시기를 '서광이 비치던 시대'라고 극찬했다. 에너지를 절약하기 위해 전기와 온수 공급이 중단되고, 아파트에도 한 겨울에만 조금씩 난방을 넣어 주었으며, 냉장고와 진공청소기의 사용금지는 물론 전구도 40와트짜리만 판매했던 시기에 이런 찬사는 좋은 농담거리가 되었다. '한 집 한 등 켜기 규정'이 잘 지켜지는지도 철저하게 감시했다.

루마니아 사람들이 이런 상황을 극복하고 살아가기는 매우 힘겨운 일이었다. 갑자기 정전이 되는 경우 탄광에서 일하던 광부들은 긴 사다리를 타고 막장을 벗어나야 했고, 수술을 하던 의사들은 환자를 끝까지 보살피지 못하고 수술을 그만두어야 했다. 어린 환자에게 씌워 놓았던 산소 호흡기가 정전으로 갑자기 멈추어 버리거나 환자의 인공으로 만든 장기가 움직임을 멈춰 버린 경우, 또 공장 여성 노동자들의 낙태를 억제하기 위해서 수시로 수치스런 방법까지 동원하여 임신 여부를 확인했던 사례들은 더욱 가혹한 시련으로 꼽을 수 있을 것이다. 물론 당이나 비밀경찰과 관련이 있던 사람들은 다른 대우를 받았다. 이러한 차별대우를 루마니아 사람들은 숙명으로 받아들였으며, 차우셰스쿠의 조카딸이었던 나디아 부조르는 넋두리로 대신했다.

"어떤 말로도 우리의 여건을 표현할 수가 없었지요. 운명 지워진 대로의 삶이었고, 생활 또한 현실을 따라갈 수밖에 없었어요."

루마니아 태생의 작가 리차드 바그너Richard Wagner는 『출구Exit』라는 책에 이렇게 썼다.

"언어를 통제하는 정권 아래서는 어느 누구도 의사를 표현할 수가 없다."

루마니아 공산당이 '도당'으로 전락했던 일이 1979년 당대회에서 발생했다. 대회 마지막 날 전당대회 의장이 차우셰수쿠를 만장일치로 사무총장에 재추대하자는 제안을 했다. 이때 연약하게 생긴 한 노인이 일어섰다. 이름은 콘스탄틴 프르불레스쿠Constantin Pîrvulescu라고 했다. 평생을 공산주의자로 살아온 84세의 이 노인은 회의 기간 내내 발언권을 요청했으나 묵살당했다고 소리를 질렀다. 의장은 회의가 끝났다고 발언권을 주지 않았으나 차우셰스쿠가 '들어보자'면서 발언권을 주었다.

프르불레스쿠는 단상으로 걸어 나가 이렇게 말했다.

"어제 바보 같은 퍼우네스쿠는 발언권을 얻어 이 강단에서 장황한 이야기를 늘어놓았다. 내가 퍼우네스쿠만큼 중요하지 않다는 말이냐? 나는 차우셰스쿠의 재신임에 반대표를 던질 것이다. 이 회의의 진행과정을 보면 놀라움을 금할 수가 없다. 회의는 차우셰스쿠의 재신임에만 신경을 쓸 뿐 나라의 중요한 문제에 대해서는 일언반구 말이 없다."

이 순간 엘레나로부터 지시가 떨어지자 전 참석자들이 일제히 일어나 회의가 끝날 때까지 몇 분 동안 박수를 쳤다. 몇 사람은 "나는 차우셰스쿠를 지지하지 않는다!"라고 외치는 프르불레스쿠에게 갖은 욕을 퍼부었다. 루마니아 텔레비전의 카메라맨들이 이 장면을 담았지만 방영되지는 않았다. 회의의 의사록에도 이 사건에 대한 기록은 없다. 프르불레스쿠의 전력에 관심을 가지고 있던 당내의 몇몇 개혁주의자들은 그의 용기 있는 행동을 조용히 지켜보았다. 아르델레아누 교수의 말에 의하면 따르면 프르불레스쿠는 평생 동안 소련식 공산주의에서 벗어나 본 적이 없는 사람이었다. 1917년부터 1920년까지는 자원병으로서 소련의 적군에 가담했고, 1924년부터 1928년까지는 소련의 혁명학교를 다녔으며, 1958년 게오르기우 데즈가 흐루시초프에게 소련군의 루마니아 철수를 요청하고 나섰을 때는 중앙위원회에서 유일하게 반대하고 나섬으로써 친 소련 자세가 돋보였던 인물이다.

후에 프르불레스쿠에게 일어났던 일을 살펴보면 차우셰스쿠의 보복이 어떤 것인지를 알 수 있다. 크고 안락한 아파트에서 시골 마을의 형편없는 아파트로 쫓겨난 그는 곧이어 가택연금 상태에 놓이게 되었다. 서독의 텔레비전 뉴스가 단신으로 중앙위원회 위원들의 점잖지 못했던 행동을 방영하자 차우셰스쿠의 분노가 끓어올랐다. 테이프를 루마니아 밖으로 빼냈다고 의심받았던 카메라맨들은 즉시 해고되는 한편, 비밀경찰의 관찰 대상이 되었다. 불굴의 프르불레스쿠는 결국 소생했다. 차우셰스쿠의 사망 직후 루마니아 텔레비전에 나온 프르불레스쿠는 1979년 당대회에서 당했던 수모를 회고하면서 당시 소련 대표단과는 힘찬 악수를 나누었다는 후일담을 들려주었다.

프르불레스쿠의 사건에서 보여 준 차우셰스쿠의 조치는 그가 점차 비판에 민감하게 대응했고 숙청하겠다는 협박을 서슴지 않았다는 증거가 될 것이다. 겁에 질린 루마니아 당국자들은 하룻밤 사이에 프르불레스쿠를 하층민으로 전락시켰고, 비밀경찰은 고의적으로 프르불레스쿠가 숙청됐다는 루머를 퍼뜨렸다. 하지만 이 사건은 국제적인 관심을 끌어들이지 못한 채 프랑스의 「르몽드」를 위시해서 몇 개의 신문만이 내막을 타전했다. 오히려 인접 위성국에서의 파장이 더 컸다. 루마니아에서 사람 취급도 받지 못한 프르불레스쿠가 체코슬로바키아와 동독에서는 상징적인 인물로 부각된 것이다.

특권층과 전문가 그룹의 무관심은 질식할 정도였다. 1989년 12월 22일까지 수상을 지내다가 지금은 종신형을 살고 있는 에밀 보부가 들려준 이야기는 이렇다.

"차우셰스쿠 부부는 모든 문제를 집행위원회 위원들과 사전 상의도 하지 않은 채 스스로 결정했습니다. 두 사람은 이렇게 말했지요. '꼭 그렇게 해야 합니다. 이론의 여지가 없어요.' 가족 이외의 사람이 차우셰스쿠에게 영향을 미친다는 것은 상상할 수 없는 일이었습니다."

그러나 실제로 가족 중 일부도 이들 부부와의 대화가 불가능했다. 1990년 감옥에서 풀려난 딸 조이아 차우셰스쿠는 이렇게 말했다.

"우리 부모의 의견에 감히 반대 의사를 표현할 수 있는 사람은 나와 내 남동생 니쿠 밖에 없었습니다. 나는 부모님들에게 식료품을 사려고 몇 시간씩 줄을 서 있는 사람들의 어려운 사정을 이해시키려고 노력했지요. 그러나 부모님들은 내 말에 전혀 귀를 기울이지 않았습니다."

데이비드와 셰일러 로스먼David and Sheila Rothman도 비슷한 논조로 「뉴욕 서평The New York Review of Books」에 이렇게 썼다.

"우리가 루마니아 의료계의 지도자들에게 낙태 여부를 확인하기 위한 산부인과 검사에 강하게 맞서본 적이 있는가와 차우셰스쿠의 야만적인 의료정책과 사회정책을 비판해 본 적이 있는가를 물었을 때 아무도 대답하는 사람이 없었다."

차우셰스쿠의 우상화 작업과 함께 공산당이나 권력과 밀접한 관련을 유지했던 사람들의 야비한 행동은 오랫동안 비호를 받으면서 가히 놀라운 지경에 이르렀던 반면, 행정부의 기능은 철저히 무시되었다. 서방세계의 정치가, 기업가, 작가, 언론인들은 물론 평판이 좋았던 사람들까지도 차우셰스쿠를 위한 변명에 앞장섰다. 루마니아에 막대한 이권을 가지고 있던 사람들이 차우셰스쿠의 비위를 맞추기에 여념이 없었던 것은 어찌 보면 당연한 일이었는지도 모른다. 하지만 내면의 세계를 들여다보면 이 사람들이 무역을 통한 이익을 얻기 위해 쌓아올렸던 친교의 정도에 놀라움을 금할 길이 없다. 루마니아에서 큰 사업을 하고 있던 영국의 린달번 주식회사Rindalbourne Ltd와 깊이 연관돼 있던 전 수상 해럴드 윌슨 경은 차우셰스쿠의 생일이면 역겨운 내용의 축전을 빠짐없이 보냈다. 1987년 윌슨 경은 이런 축전을 전달했다.

"국가 운영을 책임졌던 경험이 있는 사람들만이 귀하의 업적을 평가할 수 있을 것입니다. 귀하는 루마니아가 세계에서 중요한 역할을 할 수 있도록 기반을 다졌습니다."

차우셰스쿠의 평판이 극악한 상태였던 1988년 윌슨 경은 또 이런 내용을 전했다.

"우리들의 우정이 더욱 공고해지기를 바랍니다."

1989년 루마니아에 혁명이 났을 때 카메라맨을 대동하고 차우셰스쿠의 사무실에 처음으로 들어갔던 영국 BBC 방송의 국제부 고참 기자 존 심슨John Simpson은 영국 노동당이 차우셰스쿠에게 전했던 선물인 고급 몽블랑 만년필을 기념품으로 받았다. 영국 노동당은 이런 사실을 당연히 부인했지만, 심슨 기자는 믿지 않았다. 포장된 케이스 속에는 만년필과 함께 노동당 이름의 기증사가 들어 있었기 때문이다.

차우셰스쿠를 옹호했던 언론인과 작가들은 넘쳐났다. 1983년 루마니아에 기근이 맹위를 떨칠 때 루마니아의 재정적 지원을 받은 익명의 저자가 영어로 『차우셰스쿠 : 유럽의 단결과 평화를 위한 인물』이란 책을 출판했다. 여기에는 이렇게 적혀 있었다.

"양질의 생필품을 적기에 공급하고, 유통구조를 개선하며, 가격 안정은 물론 공공 서비스 현장을 확인하기 위해 차우셰스쿠는 상가나 물건거래가 활발한 시장을 자주 찾는다. 이럴 때마다 차우셰스쿠는 사람들의 이야기에 귀를 기울이고 필요한 대책을 착안해 낸다. 때에 따라서는 현장에서 긴급조치를 내리기도 한다. 정직한 마음을 가지고 있는 사람들은, 이러한 현상으로부터 차우셰스쿠의 의지에 따라 루마니아에 새로운 사회를 건설해야 하는 이유를 발견하게 될 것이다."

무엇 때문에 보수적인 「피가로Figaro」의 기자 미셸 피에르 아멜레 Michel-Pierre Hamelet는 차우셰스쿠를 극찬하는 전기를 썼으며, 더욱이 1983년에는 프랑스 상원의장인 알랭 포에르Alain Poher의 서문과 루마니아 정부가 발표한 통계 숫자까지 액면 그대로 담은 책『차우셰스쿠의 새로운 루마니아』를 출판했을까?

이 책에서 저자는 노동자와 정부 간의 조화로운 관계를 부각시키고 있다.

또 1988년 로버트 고벤더Robert Govender가 쓴 차우셰스쿠의 전기에는 이런 대목까지 등장한다.

"루마니아는 국내외적으로 눈에 띄는 발전을 했다. 우리 시대가 달성한 가장 위대한 업적 중 하나일 것이다. 차우셰스쿠는 국방 예산을 절감하여 어린이 복지를 강화시켰다."

사실 어린이 복지는 유럽에서 루마니아가 아마 알바니아 다음으로 열악한 상태였을 것이다. 여러 명의 보건부 장관들이, 비록 성공을 거두지는 못했지만, 차우셰스쿠의 관심을 사회복지 문제로 돌리기 위해 많은 노력을 했다. 프로카는 산후 휴가를 3개월에서 6개월로 연장하려 했지만 차우셰스쿠가 반대했었다. 루마니아 의사들은 환자들을 돕기 위해 해당 규정을 융통성 있게 적용했으나, 차우셰스쿠는 프로카에게 병원에서 임산부들을 일부러 위태롭게 만든 다음 낙태를 권유하는 음모가 벌어지고 있다는 비난을 했다. 프로카의 말을 들어보자.

"의사들은 최선을 다 했습니다. 그러나 차우셰스쿠 부부는 의심이 대단했지요. 모든 사람들이 자기들을 속이려 한다고 생각했어요."

고벤더는 얼굴이 화끈거리는 아첨을 이렇게까지 늘어놓았다.

"루마니아 사람들은, 아이를 낳고, 양육하고, 병이 들면 의료 혜택을 받을 수 있는 권리는 물론 나이가 들면 국가의 보살핌을 받는다. 이런 것들은 모든 루마니아 인들이 가지고 있는 태생적인 권리이다. 책임감 있고 위대한 정치가를 20세기에서 찾아보기란 쉽지 않다. 그러나 다행스럽게도 안전한 여건 속에서 행복을 추구하고, 우정과 번영을 도모하는 것이 인류의 변하지 않는 소망이라는 사실을 잊지 않고 있는 몇 안 되는 정치가들이 있다. 이렇게 훌륭한 정치인으로 인정받는 그룹의 맨 앞에 차우셰스쿠의 이름이 떠오른다는 점에 이론을 제기하는 사람들은 많지 않다."

차우셰스쿠가 새로운 루마니아에 맞는다고 생각하는 인간상을 "높은 사기를 유지한 채 고매한 정신세계를 지향하는 한편, 국가 전체의 이익을 위해 항시 창의적인 일에 힘을 쏟는 자세"라고 묘사한 고벤더는, 루마니아 언론의 역할을 국민들이 추구하는 대의명분과 국익에 봉사하는 태도라고 설명했다. 그는 또 "세상사 잡담들이 뉴스로 변질되고, 세 살 먹은 어린이에게 아녀자들이 가슴을 열어놓고 젖을 먹이는 점잖지 못한 행태를 보이는 우리 시대에 루마니아는 남이 따라 하기 어려운 좋은 본보기를 이룩했다"는 칭찬도 빠트리지 않았다. 페르가몬 출판사가 익명으로 발간한 차우셰스쿠 전기의 마지막 부분에서 로버트 맥스웰은 이런 주장도 서슴지 않았다.

"존경하는 차우셰스쿠 대통령 각하!

귀하께서는 18년에 걸쳐 대단한 국정 장악 능력과 빛나는 정치적 위상을 유지하고 있습니다. 그 사실 하나만으로도 우리는 진심에서 우러나오는 축하를 드리지 않을 수 없습니다. 귀하께서는 무엇 때문에 루마니아 사람들로부터 인기를 그렇게 한 몸에 받고 있다고 생각하십니까?"

더욱 현란한 언사는 차우셰스쿠가 영국을 방문하기 전 지금은 고인이 되었으나 당시 사우스워크 지역의 추기경이었던 머빈 스톡우드Mervyn Stocwood가 「타임스Times」에 공개한 편지에 나타난다.

"우리가 공산주의 경제를 좋아하든 안하든 간에 차우셰스쿠가 집권한 이후 루마니아에 획기적인 생활수준의 향상이 이루어진 것은 부인할 수 없는 사실이다. 주택 문제, 교육, 사회복지 분야에서 현저한 발전이 있었다. 물론 서방세계의 수준에 다가가기 위해서는 오랜 시간이 걸릴 것이다. 하지만 나는 매년 루마니아의 생활수준이 급격하게 개선되고 있는 현실을 잘 보고 있다."

차우셰스쿠를 소련의 체코슬로바키아 침공에 과감하게 맞선 용기 있는 사람으로 치켜세운 머빈 스톡우드 추기경은 루마니아 내의 미묘한 인권이나 종교 문제에 대해서 몇 가지 문제점들을 지적했지만 결국 성직자답지 못한 태도를 보였다.

"첫째로 인권 문제를 살펴보자. 루마니아에는 자유의 전통이 길지 않다. 루마니아의 현 공산정권이 우리 영국 사람들이 싫어하는 방법을 사용하는 첫 번째 정권은 아니다. 영국에서는 이미 오래 전에 루마니아 공산정권이 사용한 정책들을 활용했었다. 우리가 가장 강렬하게 원하는 자유는 여행할 수 있는 자유로움인데 루마니아 사람들은 서방세계로 나가기 위한 비자를 쉽게 얻을 수가 없다. 루마니아 공무원들과 이 문제에 대해 토론한 결과 나는 다음과 같은 해답을 들었다. '당신네들 영국에서는 의사 한 명을 교육시키기 위해 수천 파운드를 투자하지만 그들은 더 많은 월급을 받기 위해서 결국 미국으로 갑니다. 우리는 미국이 아닌 우리 조국 루마니아에 봉사하도록 기술자를 양성하는 데 더 많은 돈과 힘을 쏟고 있을 뿐입니다.' 그런 점을 인정한다 해도 루마니아에는 분명 엄격한 제한들이 있다. 루마니아에 친구를 가진 사람들이 루마니아를 자유롭게 방문하여 그들과 함께 지낼 수 있어야 한다. 반대의 경우도 마찬가지다.

집단주의나 폭력에 대해서도 '우리 인민들에게 안락한 생활 여건을 만들어 주기 위해 노력하고 있다. 반 사회주의적인 요소들이 우리의 이러한 정책에 방해가 되는 것을 원치 않는다'고 말하지만, 다수를 위한다는 명분으로 강경한 조치들이 함부로 사용된다면 인권은 어떻게 보호를 받겠는가? 물론 해결의 방법을 간단하게 제시할 수는 없다.

종교 문제를 살펴보면 마르크스주의를 신봉하는 루마니아는 종교와 관련이 깊은 나라이다. 전체 인구의 약 50퍼센트가 일요일이면 교회를 간다고 한다. 대부분이 동방정교회 신도로 알려져 있다. 교회가 활성화되는 것은 물론, 신학 대학에도 신도들의 관심이 높다고 전해진다. 그러나 정부의 종교에 대한 태도는 양면성이 있다. 루마니아 정부가 무신론을 내세우는 것이 종교나 신학교의 교리에는 어긋날지 모르지만 영국의 기준으로 봤을 때 교회나 신앙심을 가진 사람들에 대한 가혹한 행위로는 볼 수 없다. 왜냐하면 정부가 성직자들의 급여를 보조했고, 또 새로 교회를 짓는데도 도움을 주었기 때문이다.

내가 추측하건대 차우셰스쿠는 애국심을 손상시키고 친구를 적으로 돌리는 불필요한 싸움을 피하고 새로운 루마니아와 함께 전진할 마음의 각오를 다지고 있는 듯하다. 교회를 박해했던 소련의 점령도 이제 끝났고, 신앙심이 수백만 루마니아 인들에게 영감을 전달하고 교화를 담당하는 현실에 많은 사람들은 고마워하고 있다. 우리 영국 또한 루마니아의 이러한 현실에 부러움을 느낀다."

루마니아에서는 크리스마스도 공휴일이 아니고, 루마니아 외무부 장관이 부쿠레슈티에 있는 외국인 거주자들에게 크리스마스 카드와 연하장을 루마니아 친구들에게 보내지 말라고 권유했던 한편, 차우셰스쿠를 비난한다는 오해를 받을 수 있으므로 현지인을 만나지도 말라고 암시했던 사실을 스톡우드 추기경도 들었을 것이다. 옳지 못한 기준과 정확하지 못한 평가에 더불어 스톡우드 추기경은 소련의 철수 후에 루마니아 가톨릭에 가해진 박해와 루마니아 동방정교회가 차우셰스쿠와 가깝게 지내면서 누렸던 특혜를 구분하는 데도 실패했다. 모든 종교의 지도자들은 전국인민대회에 무임소 대의원 자격으로 참석했다. 루마니아 동방정교회의 부흥과 재정 지원을 맡고 있던 내무부 장관은 말 잘 듣는 성직자들을 주요 직책에 앉힌 다음 이들을 앞세워 미국이나 캐나다에 거주하던 루마니아 사람들을 차우셰스쿠 지원 세력으로 유인하는 책략도 구사했다. 이곳에 망명했던 동방정교회의 성직자들은 철저한 반공주의자였으며 한때는 철의 동맹의 열렬한 지지자들이기도 했지만 철의 동맹 회원이었던 성직자들이 방문하여 차우셰스쿠를 '민족주의자이자 우리와 같이 평범한 사람'이라고 치켜세우면 아무런 거부감 없이 받아들였다. 루마니아 해외정보국 책임자로서 차우셰스쿠의 신뢰를 받다가 1978년 망명한 이온 파체파는 이런 방법으로 비밀경찰이 해외의 루마니아인 사회에 침투했다고 증언했다.

전쟁 전 루마니아 사회를 지탱했던 지주 중 하나는 막강한 비밀경찰이었다. 게오르기우 데즈는 이 비밀경찰을 확대했으며 지식인, 중견 공산주의자들을 비밀경찰의 간부직에 앉혔다. 사회 양상이 점차 복잡해져 가자 차우셰스쿠는 사회 통제의 첨병으로서뿐만 아니라 여러 가지 기금을 조성하는 역할까지 비밀경찰에 의존했다. 스스로의 성장 배경을 잘 알고 있던 차우셰스쿠는, 역사는 음모에 의해 이루어진다는 것을 확신하게 되었고, 비밀경찰은 그의 이런 위험스러운 생각에 불을 당겼다. 루마니아의 보통사람들은 비밀경찰을 여러 개의 촉수를 가지고 자기들의 일거수일투족을 감시하는 공룡으로 인식했다. 그러나 차우셰스쿠 정책에 일관성이 없었던 점을 비밀경찰의 탓으로만 돌려서는 안 될 것이다. 차우셰스쿠가 해외의 명망가들로부터 평가를 얻기 위해서는 심혈을 기울였지만 국내 문제에 관해서는 소홀하기 그지없었기 때문이다.

　차우셰스쿠는 망상을 가지고 있었고, 모든 사람을 경멸하는 태도에도 흔들림이 없었으며, 스탈린주의자로서의 신조도 확고했었다. 그는 루마니아를 기이한 공산주의 국가로 만들어 갔던 한편, 여러 가지 간계를 이용하여 아랍과 이스라엘에 대한 중립적인 태도 유지, 자본가들과 제3세계 지도자들에 대한 비위 맞추기도 게을리 하지 않았다. 그러나 소련이 긴 잠에서 깨어나자 차우셰스쿠는 설 땅을 잃어갔다.

"국제적으로 활동한다는 것은 환상적인 일이다. 해외여행을 돌이켜 보는 것조차도 벅찬 일이다. 공항, 환대, 꽃다발, 포옹, 오케스트라, 화려한 의전 절차로 이어지는 매 순간들, 리무진, 파티, 축배, 축제, 빛나는 순간들, 칭찬, 비밀스런 대화, 세계적인 화제, 에티켓, 장엄함, 선물, 단정한 복장 그리고 마지막에는 지친다. 바쁜 하루를 지내다 보면 지치게 마련이지만 세련되고 위엄이 있으며, 명예와 안락함이 함께 하는 국제적인 활동을 한다는 것은 생각만 해도 가슴을 뛰게 하는 일이다."

— 리스자드 카푸친스키의 『황제』에서

1978년 차우셰스쿠가 영국을 방문하기 직전 이온 파체파 장군이 미국으로 망명했다. 1989년 12월 22일 차우셰스쿠가 치욕적인 다툼을 벌이다가 체포되기 이전에 발생했던 사건 중에서 가장 충격적인 일이었다.

영국의 해외정보국인 'M16'에 해당되는 루마니아 '해외정보국DIE: Departmentul de Informatii Externe'의 책임자였던 파체파는 아무런 제한 없이 언제든지 차우셰스쿠를 만날 수 있었던 인물이다. 비밀경찰과 경쟁 관계에 있던 해외정보국은 정보원들을 끌어 모아 해외에서 발생하는 여러 가지 문제를 분석하는 업무를 하고 있었다. 미국의 CIA나 영국의 M16과 마찬가지로 루마니아 해외정보국도 국내문제에는 전혀 개입하지 않고 국내외에서 정보원들을 뽑아 해외에 있던 루마니아 사람들의 움직임을 살폈다. 파체파는 상당한 지력을 겸비한 정보 분석가였기 때문에 그의 망명은 차우셰스쿠에게 이루 말할 수 없는 충격을 던졌다. 하룻밤 사이에 조직이 붕괴되어 버렸다. 구금을 당하거나 수색을 당하는 정보원도 있었고, 해고당하는 정보원도 부지기수였다. 그들의 자리는 해당 국가의 언어도 제대로 구사하지 못하는 저급의 비밀경찰들이 차지했다.

파체파는 미국에서 루마니아 해외정보국에 관한 수많은 정보를 털어놓은 후, 1978년에 차우셰스쿠의 사생활과 여러 가지 기행을 담은 책 『붉은 지평선』을 출판하여 독자들의 지대한 관심을 끌어모았으나 미국의 정보 전문가들은 큰 흥미를 보이지 않았다. 파체파는 1978년 3월 망명하기 직전까지 자기가 경험했던 세세한 이야기들을 때로는 숨가쁘게, 때로는 회고조로 그려냈다. 파체파가 내면에서 본 한 가정의 변덕스럽고, 음탕한 이야기를 노골적으로 묘사했기 때문에 차우셰스쿠 부부는 인간이 아닌 제임스 본드 영화에서나 볼 수 있는 악한의 모습을 드러냈다.

엘레나는, 차우셰스쿠를 끝없이 침실로 끌고 가는 탐욕스런 성적 포식자, 고위직에 있던 사람들이 자기 부인이나 다른 여자들과 가졌던 성행위를 몰래 카메라에 담아 즐기는 호색한, 캐비아와 샴페인만 게걸스럽게 먹는 한편, 밍크코트와 명예학위를 모으는 이외에는 아무런 관심이 없는 천박한 사람으로 그려졌다. 차우셰스쿠도 외교관들의 성적 비행을 미끼삼아 협박하거나 외화를 받고 소련에 팔아야 할 고급 기술에 관한 정보도 훔쳐내 자기 것으로 만드는 갖은 비열한 짓을 일삼는 성미 급한 협잡꾼으로 그렸다.

그러나 감시와 물건의 약탈이 차우셰스쿠 시대를 풍미했던 현상이었음에도 파체파는 이러한 현상을 대수롭지 않게 여겼기 때문에 파체파 자신에 대한 의문이 제기되었다.

『붉은 지평선』의 내용은 CIA가 가지고 있던 정보를 일부러 흘린 것은 아니었을까? 책이 차우셰스쿠 부부를 너무 희화적으로 그리고 있기 때문에 액면 그대로 받아들이기는 어렵다. 이 책의 내용이 부적절하다고 믿는 이유 중 하나는 차우셰스쿠 부부와 그 하수인들이 쓰는 용어가 너무 고상하다는 점이다. 마치 워터게이트 사건 테이프에 담겨 있는 닉슨 대통령의 이야기를 듣는 듯하다. 이 책의 결점으로 지적될 수 있는 또 다른 내용은 파체파가 차우셰스쿠를 혼자 만났던 이야기만 쓰고 있기 때문에 자기의 전공 분야인 첩보나 음흉한 계략에 관해서는 일체의 언급이 없다는 점이다. 차우셰스쿠가 다른 문제에 몰두했기 때문에 구체적으로 개입하지 않았을 수도 있으나 하여튼 『붉은 지평선』에는 첩보나 계략에 대해 아무런 암시가 없다. 파체파는, 차우셰스쿠에 대해 아는 모든 것을 털어놓고 싶었는지 모르지만 아무튼 자기 자신에 대해서는 솔직하지 못했던 것 같다. 헌신적인 노력과 신뢰감을 쌓지 않고는 차우셰스쿠같이 의심 많고 악랄한 지도자 밑에서 최고 정보 책임자가 된다는 것은 상상하기 어려운 일이다. 그러나 파체파는 이 책에서 자기의 과거에 대한 이야기는 극히 신중한 자세를 보이고 있다.

『붉은 지평선』이 사소한 것까지 다 밝혀냈지만 차우셰스쿠는 외부 세계에는 여전히 대단한 존재로 알려졌고, 유럽 공산주의 세계에서는 흐루시초프와 브레즈네프에 다음가는 제3인자로 부각되어 심지어는 유고슬라비아의 티토까지 빛을 잃게 만들었다. 1969년 닉슨 대통령이 부쿠레슈티로 차우셰스쿠를 방문했을 때 그는 바르샤바 조약 국가를 방문하는 첫 번째 미국 대통령이 되었다. 차우셰스쿠는 미국을 세 번 방문했다. 1970년, 포드 대통령이 루마니아를 방문했던 1975년, 그리고 1978년이었다. 어떤 공산주의 국가의 수반도 차우셰스쿠의 해외 방문 기록을 따르지 못한다. 서방 국가가 되었건 아니면 제3세계 국가가 되었건 간에. 1965년 이후 루마니아는 차우셰스쿠가 원맨쇼를 벌이는 독무대였고 외교 문제를 개인적인 위상을 높이는 수단으로 생각했기 때문에 해외여행은 그치질 않았다. 차우셰스쿠가 루마니아 인민들에게 자기가 최고 지도자로서 충분한 자격이 있다는 점을 부각시키기 위해 외국의 지도자들로부터의 격려를 목말라 했던 것처럼 엘레나 또한 국제 사회로부터 인정받는 데 끝없이 매달렸다.

1970년대 초반 이후 이들 부부를 만났던 각 국의 지도자들은 그들의 변해 가던 모습에 주목했다. 1967년 차우셰스쿠가 처음으로 파리를 방문했을 때의 모습을 지스카르 데스탱 전 대통령은 '나쁜 사람'이라는 인상보다는 평범하다는 느낌이 들었다고 회고했다. 1978년에 다시 프랑스를 방문했을 때 대통령이었던 지스카르 데스탱 대통령은 차우셰스쿠의 거만하고, 모든 것을 자기 혼자만이 알고 있다는 태도가 역겨웠다고 말했다. 1979년 지스카르 데스탱 대통령이 루마니아를 답방 했을 때 차우셰스쿠에 대한 좋지 못했던 인상은 더욱 깊은 골을 팠다.

"그는 자기가 부패하고 바보 같은 사람들을 대하고 있다는 인상을 풍겼지요."

루마니아를 방문했던 지스카르 데스탱 대통령 부부에게 웃지 못할 일이 생겼다. 이들 부부가 부쿠레슈티에 있는 국빈 숙소에 들었을 때 몇 명 안 되는 사람들이 기다리고 있다가 환영 인사와 함께 "만세!"를 불렀다. 다음에 시비우를 방문하여 그곳에 있던 옛날 왕궁에 머물렀을 때, 또 몇 명 안 되는 환영객들이 왕궁 문 앞에서 "만세!"를 불렀다. 지스카르 데스탱 부부는 이 환영인파가 부쿠레슈티에서 버스를 타고 자기들을 따라 이동했다는 것을 알았다.

스탈린주의자로서의 거친 언행과 지식의 부족에도 불구하고 차우셰스쿠는 외부세계에 대해서는 항상 신경을 썼으며 드골이나 닉슨 같은 지도자로 하여금 자신이 그렇게 행동하고 있다는 것을 믿게 만들었다. 남의 생각에 의존했던 차우셰스쿠는 민족주의 이론을 내세워 약 20여 년 동안 루마니아가 국력에 걸맞지 않은 역할을 짊어지게 만들었다. 일찍이 1966년 그는 나토와 바르샤바 조약의 동시 폐기를 들고 나오기도 했고, 발칸 반도를 핵 자유 지역으로 만들자는 청사진에는 그리스의 수상 안드레아스 파판드레우Andreas Papandreou가 지지를 보내기도 했다. 그의 중동에 관한 관심은 극히 이기적인 이유에 바탕하고 있었지만 하여튼 아랍, 이스라엘, 서방 정치인들 모두가 그의 견해에 귀를 기울였다. 1979년 소련이 아프가니스탄을 침공했을 때 UN의 표결에 기권함으로써 승인도 부인도 하지 않았던 태도는 간교한 술책으로 중립적인 자세를 유지하겠다는 의도였으나, 소련의 불참의사에 동조하지 않은 채 1984년 LA 올림픽에 루마니아 선수단을 파견한 것은 새로운 이정표로 평가받았다. 전 대사 펀더버크는 당시를 이렇게 회고했다.

"차우셰스쿠가 반인권적이며 반종교적인 강경조치를 취하고 있을 때 루마니아의 LA 올림픽 참가 통보는 분명 낭보였습니다. 그러나 나를 화나게 만들었던 것은 파체파와 루마니아 내에 있던 정보망이 전해 오는 소식이었지요. 겉으로는 차우셰스쿠가 소련에 도전해서 올림픽 참가를 결정한 것처럼 위선으로 가장했지만 실제로는 소련의 승인을 받았다는 것이었습니다. 세계에 루마니아는 소련의 간섭을 받지 않은 독립적인 공산주의 국가라는 것을 보여 주기 위한 소련의 계략이라는 내용이었지요."

차우셰스쿠의 아라파트Arafat와 소련 관계에 대해 파체파는 누차 정도를 벗어난 일이라고 설명했지만, 루마니아의 중재를 통해 중동에 평화를 안착시킴으로서 역사에 족적을 남기고 동시에 국제적인 인정을 받고 싶어 하는 한 인간의 야심을 억제할 수가 없었다. 아라파트가 망명 팔레스타인 정부를 세워야 한다는 차우셰스쿠의 줄기찬 주장 자체가 틀린 말은 아니었다. 차우셰스쿠가 지미 카터를 대신해서 중동 평화의 중재자가 되겠다는 각오는 애처롭기까지 했다. 차우셰스쿠는 아라파트를 일찍이 발굴한 사람 중 한 명이었으며 1970년 그를 부쿠레슈티에 초청했었다.

서방세계는 차우셰스쿠의 어두운 면을 잘 몰랐기 때문에 힘들어 했고, 공산주의 국가들의 내부에서는 암살의 위험과 정보 단속 때문에 아무것도 모르는 체 침묵했다. 그는 버킹검 궁이나 미국의 블레어 하우스를 방문할 때도 음식 감별사와 요리사들을 대동했음은 물론, 자신의 잠자리까지 직접 챙겼다. 또 간단한 대화를 구사할 능력조차 없어 공식 행사 때는 굳은 자세로 일관했기 때문에 언제나 당사국 사람들을 당황스럽게 만들었다. 지스카르 데스탱은 이런 말을 남겼다.

"대부분의 국가 원수들에게 차우셰스쿠의 방문은 피할 수 없는 재난 같았다."

지스카르는 그런 지긋지긋한 경우를 두 번 경험했다. 첫 번째는 1978년 차우셰스쿠가 프랑스를 방문했을 때였다. 대통령 집무실에서 국빈 방문 업무를 책임지고 있던 관리들은 차우셰스쿠 일행이 떠난 뒤에 흥측한 현장을 목격했던 것이다. 차우셰스쿠가 머물렀던 엘리제 궁 건너편 영빈관Marigny 내의 모든 전깃줄과 전화선이 까뒤집어져 있었다. 아마 차우셰스쿠의 경호원들이 도청장치를 검색했던 것으로 보인다. 더불어 그들 일행은 영빈관에서 간단히 가져갈 수 있는 시계, 재떨이, 공예품 등을 모조리 훔쳐갔다. 차우셰스쿠가 그 해 6월 버킹검 궁을 방문한다는 것을 알고 있던 지스카르 대통령은 엘리자베스 여왕에게 차우셰스쿠 일행의 도벽을 귀띔해 주었고, 방문 일정이 잡혀 있던 스페인의 후안 카를로스Juan Carlos 국왕에게도 알려주었다. 엘리자베스 여왕은 버킹검 궁의 관리인들에게 루마니아 사람들의 이런 행동을 잘 감시하라는 주의를 주어 좀도둑질의 피해를 최소화시켰다. 여왕은 그런 경고를 고마워했으나, 차우셰스쿠 일행이 버킹검 궁에도 도청장치가 있을 것으로 지레 짐작할 것이라는 이야기에는 아연실색했다. 사석에서는 차우셰스쿠를 '저 지독하게 작은 사람'이라고 불렀던 여왕은, 그가 도청장치를 두려워한 나머지 버킹검 궁 안의 잔디밭에서 아침 일찍 수행원들과 회의를 하는 모습을 고소를 금치 못한 채 지켜보았다. 차우셰스쿠가 앞서 거만한 자세로 걷자 수행원들은 미운 오리새끼처럼 그 뒤를 졸졸 따랐다.

엘리자베스 여왕은 마지못해 차우셰스쿠 부부의 영접을 맡았다. 여왕이 차우셰스쿠 부부의 영국 방문 전제조건을 수락할 수밖에 없었던 것은 영국이 루마니아에 무기와 비행기를 팔아야 하기 때문에 불가피하다는 캘러헌 정부의 설득 때문이었다. 비슷한 경우로 프랑스도 컴퓨터 회사인 불Bull과 자동차 회사인 르노Renault의 무역 거래 때문에 지스카르 대통령도 앞장설 수밖에 없었다.

엘리자베스 여왕은, 당시 영국 외무성이 내놓은 차우셰스쿠의 우상화 작업이 극성을 부림과 동시에 과대망상증이 초기 증상을 보이고 있다는 보고서를 숙지하고 있었다. 그러나 여왕이 차우셰스쿠 부부의 영접을 싫어했던 데는 다른 이유가 있었다. 여왕은 차우셰스쿠가, 여왕의 먼 친척이 되는 미하이 1세가 1947년 런던에서 있었던 자기와 필립 공의 결혼식에 참석한 뒤 루마니아로 돌아가자 그를 축출하고 추종자들을 처형했던 루마니아 공산당 지도자라는 사실을 잘 알고 있었다. 더욱이 루마니아 공산당은 1944년 8월 23일 미하이 1세가 주도했던 반 나치 쿠데타의 공도 가로챘던 것이다.

영국의 왕실은 예의범절을 지키는 데 철저했기 때문에 차우셰스쿠 부부를 영접해야 한다는 부담감이 크나큰 도전으로 다가섰다. 여왕 부부와 함께 찍은 사진에서 차우셰스쿠 부부는 만족한 듯 마음껏 웃고 있었다. 차우셰스쿠의 수행원이었던 사람은 파체파의 망명 이후 차우셰스쿠가 그렇게 활짝 웃는 모습은 처음이었다고 말했다.

차우셰스쿠 부부가 버킹검 궁을 방문했을 당시 루마니아는 지진 피해로 인해 전례 없던 국제기구의 도움을 필요로 했다. 1977년 3월 루마니아에 지진이 났을 때 차우셰스쿠는 나이지리아의 라고스를 방문하고 있었다. 그는 소식을 듣자마자 돌아와 구호 작업을 진두지휘했다. 피해 상황이 엄청난 것을 확인한 차우셰스쿠는 이 기회에 도시와 국가 전체의 형태를 바꾸어 볼 속셈이었다. 자연 재해로 인한 도시의 상징적인 건물들과 역사적인 유적들이 무참하게 파괴됨에 따라 차우셰스쿠는 자기의 이미지를 획기적으로 바꿀 수 있는 인공적인 도시 재건을 꿈꾸게 되었다. 1977년 전까지만 해도 차우셰스쿠는 소련에 도전해서 조그만 자율권을 획득한 발칸반도에 위치해 있는 소국의 공산주의 지도자에 불과했다. 그러나 1977년 이후부터 '불도저를 타고 날뛰는 드라큘라'처럼 도시화에 넋을 잃고 있었다. 마크 아몬드Mark Almond가 『낭떠러지 없는 내리막 길Decline without Fall』이란 책에서 지적한 내용은 이렇다.

"차우셰스쿠는 서방세계에서 아무리 강력한 통치권자나 부패한 개발

업자라고 하더라도 상상할 수 없는 도시 재건축을 꿈꾸었다. 이러한 현실을 확인해 보려면 평면경을 통해서 루마니아에서 벌어지고 있는 일을 모두 들여다보아야 할 것이다.”

이 말은 진실이다. 그러나 비잔틴식 교회와 18세기식 주택의 대량 파괴를 보도하기 시작했던 특파원들은 오히려 1966년부터 실시되어 별 관심을 끌지 못했던 반 낙태법, 반 이혼법 등 주변문제로 초점을 옮겨갔다. 비밀경찰은 이런 법률적 제한을 자기들의 목적에 맞게 이용했다. 자기 가족들은 낙태도 쉽게 할 수 있고, 이혼도 가능하다는 약속을 받아냈다.

단 베린데이 교수는 1977년의 지진이 기폭제였다고 말했다. 1971년 6월 아시아 여행에서 돌아온 차우셰스쿠는 바둑판처럼 펼쳐진 거리, 천편일률적으로 몇 킬로미터에 걸쳐 지어 놓은 아파트 군락의 ‘평양 영상’을 머리에서 지울 수가 없었다. 그러나 도시는 살아 숨쉬어야 할 뿐만 아니라 문화의 냄새도 풍겨야 한다고 생각하는 사람들에게 평양 같은 인공 도시는 혐오감만 줄 뿐이다. 도시 개발적 차원에서 보았을 때 옛 바르셀로나의 뒷골목은 분명 빈민가다. 하지만 이 뒷골목을 허물어 쓰레기더미로 만들어 버린다는 것은 예술의 실종일 뿐만 아니라 문화적으로도 큰 비극일 것이다.

차우셰스쿠에게는 그런 심미적인 안목이 없었기 때문에 외국 방문 때 리무진을 타고 거리를 지나가면서 거대한 인공 건조물에 부러운 눈길을 주었을 뿐이다. 문화적, 심미적으로 문맹에 가까운 사람이 무미건조한 마르크스-레닌주의에 젖어 있고, 거기에 더하여 본능적으로 웅장한 것까지 좋아한다면 이것은 곧 문화의 ‘황폐화’를 의미한다.

트론드 길베르Trond Gilberg 교수는, 산업혁명의 산물이었던 카를 마르크스는 전원생활을 강력히 비판한 확신에 찬 도시생활 주창자였다고 갈파한 바 있다. 카를 마르크스는, 공산주의 아래에서 도시생활과 시골생활의 구분은 결국 유명무실해질 것이라고 예언했다.

공산주의에 대한 얄팍한 지식 때문에 차우셰스쿠 또한 마르크스 이론과 스탈린의 산업주의에 거친 태도로 적응해 갔다. 자신의 이런 태도를 도농都農 간의 차이를 과감하게 없애는 혁명적인 조치라고 표현했다. 심미적이거나 역사적인 고려는 전혀 문제가 안 되었다. 오래 전부터 차우셰스쿠는 사유재산의 형태로 뿌리를 깊게 내리고 있는 부르주아 문화의 토대를 허물어 버리기 위해 '조직화 · 현대화 · 문명화'라는 슬로건을 내걸었다. 그리고 실제로 지진이 일어났던 1977년 이전에도 이런 방향성을 가진 몇 가지 조치들이 취해졌다. 전후 바르샤바에 모였던 공산주의자들은 나치가 파괴해 버린 구 시가지들을 복원하기로 결정했으나, 차우셰스쿠만은 유서 깊은 마을들을 전부 없애 버리고, 주민들은 날림으로 지은 교외의 빈민가로 이주시키는 한편, 부쿠레슈티 유적지 일부도 흔적을 없애기로 결정한 후 도시 재개발 사업을 진행시키다가 다행히 그의 사후 막을 내렸다.

시골 마을 주민들은 불도저가 집을 밀어 버리자 부엌, 화장실, 세면대도 잘 갖추어져 있지 않은 콘크리트 박스 같은 간이 주거지로 옮길 수밖에 없었다. 약 500개의 마을들이 이런 식으로 황폐화되었고, 수천 채의 가옥도 똑같은 운명에 처해 있었다. 농민과 공장 근로자의 차이를 없애고, 인공 마을을 건설하는 것이 목표라고 했다. 대규모 아파트 군락이 생기자 전에 독립가옥에서 떨어져 살 때보다 주민들간의 상호 감시가 한결 쉬워졌다. 생산은 감소하고, 물자와 예산은 턱없이 부족한 상태에서 부패까지 극성을 부린 결과 거대한 인공 마을은 상하수도와 하수관도 제대로 갖추지 못한 상태로 전락했다. 차우셰스쿠가 새운 복합 주거단지 내에서는 육류 부족의 버팀목 역할을 했던 토끼, 닭, 오리, 거위조차 기를 수가 없게 되었다.

도시에서는 조직화·현대화가 다른 모습을 드러냈다. 1977년 이후 몇 개의 교회를 허물자 보수층, 신도, 건축공학을 공부하던 학생들이 피켓을 들고 현장에서 데모를 벌이는 바람에 무장한 경비원들이 동원되었다. 그러나 부쿠레슈티 시가지 전체를 없애 버리고 새로운 도시로 탈바꿈시키는 계획이 1978년 본격적으로 입안되었다.

차우셰스쿠는 공산당 사무총장이 된 이후 줄곧 루마니아의 모든 정당과 정부 기관들을 한 지붕 아래 모을 수 있는 대 건축물의 설계를 꿈꾸어 왔다. 1978년 차우셰스쿠는 이러한 목적에 부합되는 '인민궁전'의 설계 공모를 추진했다. 건축학교를 갓 졸업한 25세의 별로 알려지지도 않은 안카 페트레스쿠Anca Petrescu라는 여자가 자기도 부쿠레슈티의 건축물들에 대한 역사를 속속들이 안다고 주장하면서 기성 건축가들을 비판해 차우셰스쿠의 관심을 끌어냈다. 당시 루마니아에는 페트레스쿠라는 성씨가 흔했기 때문에 안카가 엘레나의 친척이라는 소문이 있었으나 사실은 그렇지 않다. 안카는 어마어마한 규모의 지형紙型 설계도를 제시하여 '인민궁전' 설계자로 선발되었다.

안카 페트레스쿠가 차우셰스쿠의 보좌관들에게 고단위의 로비 활동을 집요하게 했기 때문에 다른 건축가들은 경쟁 상대가 되지 못했다. 그러나 안카의 설계도가 선택된 결정적 이유는, 차우셰스쿠 사후 '공화국전당'으로 이름이 바뀌어 버린 '인민궁전'이 사회주의 승리를 상징적으로 거대하게 표현해야 한다고 차우셰스쿠가 고집스러울 정도로 강력하게 주장한 것과 맞아떨어진 데 있었다. 이런 연유로 인민의 전당은 프랑스의 엘리제 궁보다 더 장엄하고 크게 설계가 되었으며, 우라누스 지역에 있던 건물 전체도 재개발한다는 명분으로 허물어 버리고 대신 평양을 모방하여 아무런 문화적 가치가 없는 고만고만한 아파트 집단촌으로 대체시킨다는 착상에 들어갔다.

'인민궁전' 착공식은 1984년까지 지연되고 있었으나 우라누스 지역의 재개발은 1978년에 이미 첫 삽을 들었다. 인민궁전은 지하에 대규모 대피소와 차우셰스쿠 전용의 2인승 협궤열차까지 갖추어야 했기 때문에 예산 규모가 엄청났다. 한편에서는 건설에 필요한 예산이 눈덩이처럼 불어났으나, 다른 한편에서는 보건부 장관이었던 프로카가 유럽에서 최하위를 맴돌았던 산모 복지예산을 증액시키기 위해 차우셰스쿠를 집중적으로 설득하고 나섰다. 그러나 산후 휴가 기간을 3개월에서 6개월로 연장하자는 제안이 거절당하자 그는 사임해 버렸다. 건설예산 또한 5억 레이 정도면 적당했을 것인데도 60억 레이로까지 부풀려졌다.

차우셰스쿠의 기대는 대단했으나 루마니아에 '새로운 지도자'의 탄생은 예상만큼 쉽지 않았고, 스탈린식 동원경제체제 또한 예상치 못한 복병들을 만났다. 루마니아 경제가 흔들거리자 차우셰스쿠가 꿈꾸었던 중공업, 정유산업, 농공업의 발전계획도 물거품이 되어갔다. 1970년대 초반의 행복 증후군이 사라지자 차우셰스쿠의 사업계획 장악력 또한 전혀 힘을 받지 못했다. 통계 숫자의 조작은 습관이 되어 갔고, 차우셰스쿠 부부의 관료들에 대한 비난 목소리도 톤을 높여 나갔다. 하지만 차우셰스쿠와 엘레나는 인민궁전 건축 계획에 대해서는 철저한 통제력을 발휘했다. 안카 페트레스쿠의 설계팀도 루마니아에 세계 최대의 영원불멸의 빌딩을 남겨 놓겠다는 이들 부부의 꿈속으로 빠져 들어갔다. 결과적으로 부쿠레슈티 시가지의 4분의 1이 파괴되어 버렸으나 정부 기관들은 안전한 건물에 들어 있었기 때문에 행정 기능상의 마비는 없었으며, 차우셰스쿠도 아무런 반응을 보이지 않았다.

어렸을 때 우라누스 지역에 살던 음악 선생을 자주 방문해서 그 지역을 잘 알고 있던 건축 설계사 마리엘라 첼락Mariela Celac은 우라누스 지역의 재개발을 '폭력 그 자체'였다고 비하했다. 그녀의 말을 들어보자.

"그곳에는 근사한 정원을 가진 아름다운 집들이 많이 있었지요. 잣나무가 서 있던 수도원, 학교, 전찻길, 조그마한 가게와 교회들도 많았어요. 차우셰스쿠의 머릿속에 도대체 무엇이 들어 있는지 여러 가지로 상상해 보았습니다."

잘 짜여진 인간관계를 통해 설계도 응모에는 당선되었으나 차우셰스쿠와 엘레나의 우유부단하고 특이하게 까다로운 지원 때문에 안카 페트레스쿠는 큰 시련을 겪게 되었다. 웅장하고 거대한 것의 옹호론자였던 알베르트 스피어Albert Speer로 하여금 실무를 진두지휘하게 만들었던 히틀러와 달리 차우셰스쿠 부부는 그들이 국내 정치에서 보여 주었던 지나친 의심과 감시의 눈초리를 설계에서부터 건축 현장의 곳곳에 이르기까지 빠트리는 데가 없었다. 안카 페트레스쿠는 차우셰스쿠 부부가 결코 든든한 후원자가 아니었다고 회고했다. 매주 토요일 아침 이들 부부는 현장에 나와 두 시간씩 감독을 했다. 부쿠레슈티에는 다른 건설공사 현장도 많기 때문에 매주 짜여진 현장 확인 스케줄의 일부분이었다. 페트레스쿠의 회고가 이어진다.

"차우셰스쿠는 다른 사람을 칭찬하는 경우가 없었습니다. 건축가보다는 근로자를 더 가까이 했고, 기술자와 십장들하고는 악수를 하거나 사담을 나눌 때도 있었습니다. 사람을 대하는 데 큰 벽이 있는 것 같지는 않았어요."

마르크스-레닌주의자들의 필수 요건이라고 할 수 있는 무자비하고 무력을 수반한 행동만이 변화를 가져온다는 신념에 대해서는 확고부동한 자세를 취했던 차우셰스쿠였지만 의사결정을 내리고 정책 지원을 하는 문제에 대해서는 극히 우유부단했다. 안카 페트레스쿠의 회고가 이어졌다.

"차우셰스쿠는 설계 도면에 나타난 문 하나, 장식 하나도 이해할 수 없었기 때문에 우리는 소품들에 대해 실제 크기만큼의 지형 설계도를 제작했지요. 그러나 그는 여전히 결정을 내릴 능력이 없었습니다."

기둥을 처음에는 '도리아식'으로 결정했다가, 다시 '이오니아식'으로 변경한 다음 또다시 '도리아식'으로 바꿨다. 지붕도 처음에는 평면으로 설계되었으나, 차우셰스쿠가 주장하는 바람에 '돔식'으로 고쳤다. 차우셰스쿠는 또 사무실 용도로 2개 층을 추가하라고 지시했다. 창과 문의 윗부분도 처음에는 달걀 모양으로 둥글게 디자인했으나 차우셰스쿠가 고집을 부려 직사각형으로 고쳤다. 옥상에 쇠막대기를 꽂아 직접 디자인한 흉측하기 이를 데 없는 커다란 국기 게양대도 설치했다. 이 게양대는 차우셰스쿠 사후 바로 철거됐다. 그는 결코 전체적인 규모와 전망을 조정할 능력을 가지고 있는 사람이 아니었다. 건축 규모가 설계 도면보다 커지자 주변의 공간은 따라서 커지기 시작했다. 당시의 상황을 안카 페트레스쿠는 이렇게 전했다.

"전당이 주변의 공간에 비해 작게 보이자 차우셰스쿠는 건물의 규모를 키우자고 했지요. 또 주변의 아첨꾼들은 차우셰스쿠가 말하는 것이면 무엇이든 쌍수를 들어 환영했고, 그의 이어지는 요구사항과 심경의 변화까지도 자제시키는 사람이 없었습니다."

'인민궁전'은 규모에 있어서는 분명 세계 제일이지만 미관상으로는 가장 추한 건물에 해당될 것이다. 건축가 페트레스쿠의 잘못만은 아니다. 차우셰스쿠가 바꾸어 버린 여러 가지 설계와 디자인은 역겨울 정도였다. 비용은 엄청나게 들어갔으나 전체적으로 주는 느낌은 겉만 번지르르했다. 외국과의 조약에 서명할 때 사용하기 위해 만들어진 커다란 홀의 샹들리에는 세계 최대를 자랑했다. 그러나 옆으로 나 있는 콘크리트 발코니는 볼썽사납기 그지없었다. 계속되는 설계 변경으로 전체적인 균형의 파괴도 정도를 넘어섰다. 경비 부족 때문에 석재 재료는 콘크리

단일 건물로는 미국의 펜타곤에 이어 세계 두번째 규모로 기네스북에 올라 있는 차우셰스쿠 궁전의 모습. 이 궁전은 차우셰스쿠가 북한의 인민문화궁전을 구경하고 돌아와 1983년부터 짓기 시작한 건물이다.

트 벽돌로 대체되었고, 형형색색의 돌이 대리석을 대신했다. 그럼에도 최소한의 대리석은 필요했기 때문에 몇 년 동안 루마니아 공동묘지에 비석 및 상석으로 사용될 대리석이 자취를 감추기도 했다. 건물의 전면에는 금이 가기 시작했고, 또 차우셰스쿠가 라디에이터와 같은 난방기구의 설치는 미관을 해친다고 해서 겨울에는 실내온도의 유지가 불가능했다.

만약 엘레나 단독으로 인민궁전 건축을 담당했더라면 진행 속도가 훨씬 빨랐을 것이라는 이야기가 전해진다. 1986년 엘레나가 고향 페트레슈티를 방문하여 리무진 승용차에 앉아 있을 때의 광경을 마을 주민이었던 파운 파운은 이렇게 회고했다.

"그녀가 차안에서 오래된 건물들을 하나하나 손짓으로 가리키는 것을 보았습니다. 다음 날 작업하는 사람들이 오더니 엘레나가 가리켰던 건물 전체를 불도저로 밀어 버렸지요."

엘레나는 독특한 방법으로 자기 고향 마을에까지 조직화·현대화·

문명화의 바람을 불러일으켰다.

　페트레슈티에 새 건물들을 지어 전시용 마을로 바꾸겠다는 생각은 참으로 고약한 취미였다. 차우셰스쿠 또한 벼락부자나 소시민들의 흉내를 내고 있었기 때문에 각 지방에는 차우셰스쿠의 별장과 사냥터가 세워지기도 했다. 부쿠레슈티의 일반인 출입금지 구역에 세워진 '봄의 궁전'은 사우디아라비아, 프랑스의 르네상스, 스코틀랜드의 귀족풍 양식에 크렘린의 냄새까지 섞어 버린 혼성물의 극치였다. 모든 방에는 긴 식탁과 여러 가지 장식을 했으나 불편하기 짝이 없는 팔걸이의자만 가득했고, 금으로 만든 욕실까지 갖춘 차우셰스쿠의 방에는 수많은 장식물들이 널려 있었으나 침대는 널빤지처럼 딱딱했다. 엘레나 침실에는 여기저기 저속한 기념품들이 가득했으며, 거울은 금, 은, 값진 돌들이 둘레를 장식하고 있었다. 내가 '봄의 궁전'을 방문했을 때 가구와 장식품들을 정리 중이었다. 한 번도 방문하지 않았지만 조이아, 발렌틴, 니쿠를 위해 비워 두었던 방에는 엘레나가 모아 두었던 꽃병, 도자기, 거울, 값싼 보석 등 잡동사니들이 박물관을 방불케 했다. 전체적으로 화려한 거리에 있는 목로주점 같은 느낌을 받았다. 엘레나의 욕실에는 체중계 세 개가 놓여 있었는데 하나는 추로 무게를 재는 구식이었고, 다른 두 개는 숫자가 문자판에 나타나는 개량 체중계였으나 고장이 나 있었다.

　차우셰스쿠와 엘레나의 방에는 대형 세면실도 갖추어져 있었으며, 야한 벽화가 그려진 대형 실내 수영장도 붙어 있었다. 다른 궁전에서 볼 수 있는 영화관도 빠트리지 않았으나 책은 찾아볼 수가 없었고, 건물 전체에서 풍겨나는 분위기는 사람이 살지 않는 듯한 괴이한 느낌이었다. 관리를 맡고 있던 사람은 "봄의 궁전에서 손님을 맞이한 적은 한 번도 없었다"는 이야기를 들려주었다. 커다란 정원의 울타리는 의외로 낮았다. 인근 전체를 비밀경찰들이 삼엄하게 경비하고 있었기 때문에 차우셰스쿠는 안전을 위해서 철조망을 두르거나 전기 울타리를 세울 필요가 전혀 없었다.

차우셰스쿠 부부가 여행을 할 때면 언제나 제 각각의 수행원들이 동행했다. 수행원, 요리사, 경호원들은 하루도 쉬지를 못했고, 경호원 중에는 영화 필름을 전문으로 만지는 기사가 포함되어 있었다. 수석 수행원의 회고에 따르면 차우셰스쿠 부부는 코작Kojak 시리즈를 특히 좋아했고, 프랑스 혁명 전 한 아름다운 여성의 모험담을 그린 미셸 메르시에 주연의 저속한 영화 「니울 숲의 속삭임La Marquise des Anges」도 즐겨봤다. 그들이 자주 보았던 영화 중에는 「다락방Room at the Top」, 「위대한 갯츠비」, 그리고 프랑수아 사강의 소설을 영화화한 「브람스를 좋아하세요Aimez-vous Brahms」가 있었다. 수행원들은 영사실에서만 볼 수 있었다. 차우셰스쿠 부부는 가벼운 포르노 영화도 싫어하지 않았다.

티토나 브레즈네프 같은 공산주의 지도자들도 과거 황제들의 시늉을 내 호화판 사냥을 즐겨 했지만 차우셰스쿠는 한 술 더 떴다. 루마니아 공산당 지방당 간부들의 주 관심사는 차우셰스쿠 부부가 지방 여행을 할 때 농민들의 환영식이 끝난 뒤 차우셰스쿠에게 훌륭한 사냥터를 제공하는 일이었다. 1970년대 이후 대규모 토지가 차우셰스쿠 개인 전용으로 제한되었고, 그가 죽을 때 즈음해서는 그의 개인 사냥터가 아마 세계에서 제일 컸을 것이다. 티미쇼아라 지역에서만 250만 헥타르가 그런 용도로 쓰였다. 전국에 걸쳐 23개의 사냥터와 봄의 궁전 흉내를 낸 15개의 별장이 자리 잡고 있었다. 별장 내부는 트로피와 짐승의 박제로 그득했다.

시나이아와 브라쇼브 사이의 아주가 지역에만 세 개의 사냥터가 있었고, 차우셰스쿠 부부가 좋아했던 스위스식 커다란 통나무 오두막집에는 비밀경찰들의 감시가 삼엄했다. 차우셰스쿠 부부와 초청받은 손님을 제외하고는 아무도 내부로 들어갈 수가 없었다. 딸 조이아가 한 번은 주변을 구경하고 난 다음 물 한 컵을 마시려고 그 통나무집으로 갔다가 문 앞에서 거절당한 일도 있었다.

이 통나무집 관리인도 차우셰스쿠의 뻔뻔스러운 충복이었으나 다른 사람들과 마찬가지로 엘레나는 무척 싫어했다. 관리인 여자는 나에게 이렇게 말해 주었다.

"차우셰스쿠는 정말 친절한 사람이었지요. 한 번은 비밀경찰견이 차우셰스쿠의 애견 코르부를 물어 버렸어요. 불경스러운 짓을 한 개를 비밀경찰들이 쏴 죽여 버리자 차우셰스쿠는 몹시 화를 냈습니다. 또 한 번은 거실 벽난로에서 새어나온 연기가 거실을 꽉 채운 일이 있었습니다. 엘레나가 갑자기 소리를 지르더니 동지에게 독약을 먹이려 한다고 나를 꾸짖더군요. 그녀는 나를 비밀경찰에게 넘기겠다고 협박했습니다. 차우셰스쿠가 나서더니 '여보, 그렇게 떠들지 말아요. 훈제 고기는 오래간다고 하지 않소'라고 말렸습니다."

차우셰스쿠 부부의 사냥과 사격 비용은 엄청났다. 사냥 대상이 되는 야생동물들을 부분적으로는 수입하기도 하고, 또 일부분은 고기와 사료를 먹여 사육했다. 사냥터 관리인이 들려준 이야기에 따르면 부족했던 사료와 고기를 야생 멧돼지와 곰에게 주어 버리자 수많은 어린 양들이 영양실조로 떼죽음을 당한 일도 있었다는 것이다. 그의 말이 이어졌다.

"차우셰스쿠는 포악한 사냥꾼이었지요. 영국 귀족들이 좋아하는 네덜란드제 엽총으로 짧은 시간 안에 수많은 동물들을 죽였습니다."

그 관리인은 차우셰스쿠가 희귀종이며 보호 동물인 검은 산양 66마리를 죽였던 때를 기억하고 있었다. 시나이아 근처에서는 고지대의 야생동물을 잡기 위해 스키 리프트를 타기도 했다. 차우셰스쿠 별장에 전속으로 배치되었던 전문 사냥꾼들은 차우셰스쿠에게 재미있는 사냥놀이를 끝없이 제공해야 할 의무가 있었다. 산양은 오스트레일리아에서, 곰은 알래스카에서 수입했다. 르우소르 지역의 아르제슈 마을에는 야생동물들을 살피고 치즈, 생선, 고기, 당근, 사과 등을 수시로 주는 수의사도 배치되어 있었다. 'ISCAS'라는 연구기관에서는 북극곰이 루마니아의 산악지대에서도 살 수 있는지를 조사하기 위해 5개년 계획에 착수하기까지 했다. 그러나 시험용으로 풀어놨던 곰들은 다 죽어 버렸다. 대규모 인원을 동원한 차우셰스쿠 사냥팀은 너무 힘든 작업량 때문에 이틀을 넘긴 경우가 드물었다. 전문 사냥꾼의 이야기에 의하면, 1983년 차우셰스쿠와 그가 초청한 손님들을 위한 사냥에 비행기 두 대, 헬리콥터 네 대, 산악용 지프차 여섯 대가 동원된 일까지 있었다고 한다. 차우셰스쿠를 사냥터에서 명사수로 만들기 위해 사냥감이 언제나 목표지점을 배회하게 만들었다. 차우셰스쿠가 좋아했던 사냥감인 곰을 동물원에서 굶긴 다음 사냥터로 내몰면 좋은 과녁이 되었다. 이런 각본 아래에서 사냥으로 잡은 동물들은 언제나 야생동물이었고, 차우셰스쿠의 사냥꾼으로서의 솜씨는 나무랄 데가 없었다.

인민궁전의 건축 과정을 살펴봤을 때, 차우셰스쿠가 마지막 10년간 사냥에 미쳐 있었던 것은 헤어 나오지 못하는 일상으로부터의 탈출이었다고 보아야 할 것이다. 줄지어 죽어 있는 야생동물들을 자기 주변을 둘러싸고 있는 여러 가지 미해결 문제에 대한 해답으로 보았을 수도 있다. 차우셰스쿠의 헬리콥터 조종사였던 말루찬은, 차우셰스쿠의 사냥 여행은 자기는 물론 동행한 다른 조종사들에게도 마찬가지로 악몽이었다고 회고했다. 차우셰스쿠가 몇 시간이고 사냥에 열중하면 밥조차 먹을 수가 없었고, 또 그가 사냥터에서 밤을 지새면 조종사들은 헬리콥터 안에서 추위에 떨 수밖에 없었다고 말했다. 충복들에게까지 인색했던 차우셰스쿠 부부는 해외여행에 수행한 언론인들에게도 마찬가지였다. 미국 방문에 수행했던 언론인들에게 식비로 지급했던 금액은 하루에 8달러였다.

엘레나가 명예학위에 열중이었던 것처럼 차우셰스쿠도 사냥해서 잡은 야생동물들을 박제로 만드는 데 열을 올렸다. 같은 취미를 확인한 불가리아 공산당 지도자 투도르 지프코프와는 호형호제呼兄呼弟하는 사이가 되었다. 1989년 12월까지 차우셰스쿠는 244마리의 사슴 박제, 385마리의 곰 박제를 모았다. 사냥할 때마다 수행을 맡았던 사람은 차우셰스쿠가 매년 수천 마리의 야생동물을 죽였다고 확인했다. 차우셰스쿠는 언제나 영국의 엘리자베스 여왕이 선물한 망원경이 장착된 장총을 즐겨 사용했다. 그 장총은 차우셰스쿠의 전성기를 의미하고 있었기 때문이다.

제12장

비밀경찰

"치안 유지를 관장하는 힘을 확대해야겠다는 절대 권력자의 관심 때문에 경찰의 숫자는 지난 몇 년 동안 기하급수적으로 늘어났다. 모든 곳에 귀가 붙었다. 땅속에도, 벽속에도, 사무실에도, 군중 속에도. 시장의 장사꾼들 속까지 파고들었다. 홍수를 이룬 정보원들로부터 스스로를 보호하기 위해 학교 문턱에도 가보지 못한 사람들까지 새로운 언어를 터득하게 되었고, 불학무식한 사람들도 두 가지 언어를 능수능란하게 사용하는 이상한 국가로 탈바꿈했다. 공식적으로 하는 말이 달랐고, 비공식적으로 자기들끼리 하는 말이 달랐다. 겉으로 하는 말은 달콤하고 공손했으나, 속으로 하는 말은 욕지거리에 거칠기가 그지없었다."

— 리스자드 카푸친스키의 『황제』에서

공산주의가 막을 내리기 전 철저한 경찰국가였던 동유럽 위성국가에서의 생활을 체험했던 모든 사람들은 상호 감시체제의 실상을 잘 이해하고 있을 것이다. 동독, 체코슬로바키아, 불가리아, 1986년 이전의 헝가리에서는 고르바초프 이전에 소련을 지배했던 전체주의가 맹위를 떨쳐 자국민은 물론 호텔, 대사관, 외국인들에게까지 지대한 영향을 미쳤다. 그러나 반체제 인사들을 접촉하기 위해 신분을 위장하지 않는 한 여행객들에게는 아무런 문제가 없었다.

세계 어느 곳에서도, 심지어 소련 내부에서조차 차우셰스쿠 시대의 루마니아처럼 강압체제가 횡행했던 곳은 없다. 루마니아 비밀경찰은 루마니아의 모든 것을 지배했다. 그들은 차우셰스쿠 자신보다도 더 무서운 존재였으며, 소련의 KGB를 능가하는 음흉한 분위기를 풍겼다. 루마니아 공산당과의 협조체제는 물론 소련의 KGB보다 훨씬 다양한 기능을 가지고 정부 기관에 침투해 있었기 때문이다. 한 가지 예를 들어, 루마니아 해외 통상부는 단순히 비밀경찰 정보원들의 온상이 아니라 비밀경찰 본부나 다름이 없었다. 비밀경찰은 자체 조직으로서 무역회사, 해외 지주회사, 심지어 은행까지 운영했고, 공산당 내부의 정보망을 활용하기도 했다.

비밀경찰의 존재는 생활화가 되어 있어서 모든 루마니아 인들의 마음 속에 공포의 대상으로 자리 잡고 있었다. 반체제 주요 인사였던 마리엘라 첼락은 1980년대 강제로 공장 견학에 동원된 바람에 비밀경찰들이 어떻게 효과적으로 공장 근로자들을 감시하는가를 목격할 수 있는 기회가 있었다. 외부에서 공장으로 걸려오는 전화나 공장에서 밖으로 나가는 통화 내용 전부가 녹음되고 있었다. 6432번이라고 명명된 녹음 테이프를 보여 주었다. 첼락의 말을 들어보자.

"이상한 것은 통화 내용을 전부 녹음은 했지만 아무도 분석하거나 다시 들어보지 않았습니다. 다만 근로자를 겁주기 위한 조치였습니다. 사람들의 공포심을 이용하자는 계획이었지요."

그녀는 비웃으면서 서방세계가 루마니아 비밀경찰의 활동 상황을 잘못 인식했던 점을 비판했다. 또 이런 말을 덧붙였다.

"서방세계 사람들은 루마니아 비밀경찰에 대해 약간 낭만적인 생각을 했다고 생각합니다."

그녀가 직접 당했던 이야기는 더욱 흥미롭다.

"당 고위층이나 비밀경찰 간부로부터의 전화가 해고를 뜻하는지를 몰랐습니다. 고용주가 조건 반사적으로 나를 해고하더군요."

비밀경찰의 고위 간부를 지내다가 1987년에 망명한 리비우 투르쿠의 이야기는 으스스한 장면을 연상시킨다.

"국내에서 갖은 역정보와 공포감을 조성하고, 평범한 이야기도 차우셰스쿠에 대한 비판으로 받아들여 사라질지 모른다는 분위기를 자아내는 거대한 기구가 있다고 생각해 보십시오. 루마니아 사람들을 마비시키는 심리적인 테러입니다. 루마니아인 네 명 중 한 사람은 정보원이라는 이야기는 비밀경찰이 고의적으로 퍼뜨린 역정보였습니다."

1978년 이후 루마니아는 차우셰스쿠가 스탈린식 경제원칙에서 빠져나옴과 동시에 일인 통치를 종식시키지 않으면 해결의 방법을 찾을 수 없는 고질적인 경제위기에 신음하고 있었다. 1972년 9월 '지울 계곡'에서 작업 일정과 줄어든 보수를 놓고 논쟁을 벌인 끝에 처음으로 광부들의 파업이 일어났다. 1977년 8월에는 3만 5,000명의 광부들이 참여한 큰 규모의 파업이 발생하였는데 광부들의 편에 섰던 두 명의 기술자들이 '사고'를 당해 죽었다고 발표했다. 자유노조를 설립하려는 취지에서 시작된 파업은 노조 지도자들이 비밀경찰에 의해 정신병원에 수용됨으로써 끝이 났고, 다른 참여자들은 사회주의를 위협했다는 혐의로 재판정에 섰다. 1981년 10월 지울에서 또 다른 파업이 있었다. 비밀경찰은 폭동 진압 병력을 동원해서 파업에 동참했던 사람들을 가혹하게 다스렸다. 수많은 광부와 그들의 가족들이 다른 지역으로 옮겨간 이후 지울 지역에는 새로운 노동자 집단이 들어섰다. 전역한 군과 비밀경찰의 정보원들은 지울 지역의 광부나 십장으로 재취업한 뒤 1990년 6월 일리에스쿠의 지시에 따라 부쿠레슈티에서 데모하던 학생과 반체제 인사들을 진압하는 데 다시 앞장섰다.

그러나 마리엘라 첼락을 비롯한 대부분의 반체제 인사들은 지식인들의 독자적인 반체제 활동보다는 조직적인 반체제 활동에 대한 강경조치가 훨씬 가혹했다고 전했다. 육체적인 고통 못지않게 심리적인 공포감도 컸다. 첼락은 여러 차례에 걸쳐 일정 장소에 나와 대기하고 있다가 자기의 활동을 잘 알고 있는 사람으로부터 심문을 받으라는 통보를 받았다. 심문이 끝나면 곧바로 돌아가도 좋다고 했다. 이아시의 유명한 두 명의 반체제 인사 중 한 사람이었던 단 페트레스쿠도 비슷한 대우를 받았으며, 심문이 끝나면 비밀경찰 간부들과 대화를 나누기도 했으나 때에 따라서는 몹시 당황케 하는 비밀을 공개하면서 희롱하는 경우도 있었다.

1988년 미국으로 망명해 텍사스 대학에 잠시 머물다 부쿠레슈티 대학으로 다시 돌아온 유명한 역사학자 디누 지우러스쿠Dinu Giurăscu 교수는, 자기를 담당하고 있던 비밀경찰에게 외국 대사관에서 만나자고 통보한 후 그들 앞에서 외국 대사관 직원들과 그럴듯한 이야기를 함으로써 황당한 경우나 가택연금을 피할 수 있었다고 설명했다. 그의 회고는 이러했다.

"대사관 직원들과 대화를 하는 도중 이야기의 초점을 어떻게 하면 루마니아 대학생들이 해외 장학금을 보다 많이 탈 수 있을까에 맞추었지요. 또 현재와 같이 학원이 고립되어 있으면 학원의 발전에 해가 될 수 있다는 뜻도 전했지요.”

대사관 직원들은 교수의 긴장감을 곧바로 눈치 채고 정보원들 앞에서 스스럼없이 농담도 나누었다. 나이 든 비밀경찰 담당자는 모든 것이 귀찮다는 듯 교수의 이야기를 그대로 상부에 보고했다. 교수의 이야기가 이어졌다.

“나 혼자 그렇게 대처할 때는 아무런 문제가 없었습니다. 그런데 그렇게 대처하는 사람이 많아지면서 문제가 생겼지요. 서로 시샘을 하다보면 비밀경찰에게 고자질을 할 수도 있었고, 또 비밀경찰의 끄나불이 섞여 있을 수도 있었으니까요.”

1980년이 되자 루마니아는 더 이상 차우셰스쿠의 지시를 따르지 않았다. 이런 상황을 감지해서인지 차우셰스쿠의 연설도 지루한 통계 숫자만을 나열하고 있었다. 1982년 차우셰스쿠는 부쿠레슈티 시장에서 현장점검을 하던 중 루마니아 주부들에게 적절치 못한 식료품을 공급했다는 이유를 들어 농림부 장관을 현장에서 파면 조치해 버렸다. 그런 괴팍스러운 조치가 선전효과는 있었을지 모르지만, 다른 한편에서 보면 식료품 부족현상에 대해서 차우셰스쿠는 극적인 행동 외에 근본적인 아무런 해결책을 가지고 있지 않다는 사실을 증명했을 뿐이다.

차우셰스쿠의 장악력이 떨어지자 그 빈자리를 비밀경찰이 채웠다. 스탈린식 계획경제가 내포하고 있던 고질적인 문제에 대한 치유책은 제시도 못한 채 비밀경찰은 복종만 강요했다. 주구 노릇을 하고 있던 비밀경찰은 차우셰스쿠에게 측근들이 배신할 수도 있다는 경고까지 하고 나섰다. 차우셰스쿠도 상황이 악화되면 공산당 사무총장이라는 자리는 매우 취약하다는 것을 과거의 경험으로 잘 알고 있었다. 자기 스스로가 슈테판 포리슈, 퍼트러슈카누, 아나 파우커, 드러기치, 아포스톨과 같은 수많은 선배들과 동료들의 숙청에 앞장서거나 목격했던 사실을 잊지 않고 있었으며, 또 전임자인 게오르기우 데즈의 사후 그의 명성에 서슴없이 흠집을 냈던 사실도 잘 기억하고 있었다.

비밀경찰 감시의 눈은 자유스러운 분위기에 젖어 있던 해외주재 대사들에게까지 미쳤다. 루마니아에서 가장 영리했던 외교관 중 한 사람이자 주 UN 대사를 거쳐 외무장관을 지냈던 코르넬리우 머네스쿠는 1990년 1월 TV 인터뷰에서 이렇게 확인했다.

"결국 해외 대사관 모두가 비밀경찰의 관할 영역이 되어 버렸습니다. 내무부와 외무부 간에 진짜 외교관의 숫자와 비밀경찰의 숫자를 사전에 조율한 것으로 알고 있습니다. 1970년대 중반에 들어 비밀경찰의 숫자가 급격하게 늘어났지요. 그들은 외교관들을 감시하는 데 능수능란했습니다. 그러나 외교관 행세를 하기에는 너무 서툴렀지요."

워싱턴 대사를 지냈던 미르체아 말리차Mircea Malitza는 나에게 이런 말을 전해 주었다.

"내가 미국 사람들하고 접촉을 하는 것을 막기 위해 비밀경찰들이 조직적으로 사교모임을 위한 공식적인 경비를 삭감해 버렸습니다. 하는 수 없이 다른 쪽의 경비를 줄여 충당했지요. 대상도 미국 언론인들로 제한하고, 워싱턴에 있던 특파원들이 익숙한 조찬 모임으로 방향을 바꿨지요. 이런 사정을 늦게 안 비밀경찰들이 화를 내더군요."

비밀경찰들이 사용한 경비는 그 규모가 어마어마해서 가끔 차우셰스쿠도 돈의 용처에 대해 놀라움을 금치 못했다. 실비우 브루칸은 이렇게 말했다.

"직접 계산을 한 번 해보았습니다. 나와 나의 집을 감시하는 데 필요한 직원, 자동차, 시간외 수당 등을 감안했을 때 한 달에 약 20만 레이가 필요했지요."

비밀경찰들이 즐겨 사용하던 수법 중 하나는 루마니아 사람이 아닌 제3국인을 내세워 반체제 인사들을 해외에서 못살게 구는 것이었다. 1981년에는 망명 중이던 루마니아의 유명한 반체제 작가 비르질 터나세와 파울 고마를 제거하기 위해 서투르기 그지없는 웃지 못할 방법까지 동원했다. 프랑스 현지에서 제3국인 살인 청부업자를 고용하라고 파견한 하이두쿠가 프랑스 정보기관에 자수해 버린 사건이 발생했다. 두 명의 반체제 작가는 프랑스 정보기관의 보호를 받았으나 차우셰스쿠는 최소한 한 명은 암살되었으리라 믿고 있었다. 하이두쿠가 프랑스 정보기관에 모든 것을 다 털어놨다는 소식을 듣고, 차우셰스쿠는 경악을 금치 못했다. 이 사건은 결국 1982년으로 잡혀 있던 프랑수아 미테랑François Mitterand 대통령의 루마니아 방문 계획을 취소하는 빌미가 되었다.

차우셰스쿠는 비밀경찰이 고위직 공산당원들의 생활 행태에 관해 올리는 보고서를 가장 즐겨 읽었다. 엘레나 사후, '봄의 궁전'에 있던 그녀의 금고가 개방되었는데 그 속에는 보석과 함께 여러 개의 밀봉된 봉투에 엘레나가 자주 만났던 공산당 고위 간부들의 동향을 자세하게 기록한 비밀경찰의 보고서가 들어 있었다. 비밀경찰이 가장 큰 비중을 두었던 업무 중 하나가 차우셰스쿠의 자식 세 명에 대한 감시였다. 이들에 대한 감시는 때때로 지나친 면까지 있었다.

스위스에 있는 집에서 미하이 1세는 내게 이런 이야기를 들려주었다.
"내가 일체의 정치적인 행동을 자제했는데도 불구하고 루마니아의 비밀경찰은 내 아내와 딸들의 행동을 철저히 감시했습니다."
비밀경찰 내부에서 비열한 공작 업무를 맡고 있던 하급 정보원들은 미하이 1세와 가족들에게 살인, 납치하겠다는 익명의 협박 편지를 보내곤 했다. 미하이 1세의 말이 이어졌다.

"전에 철의 동맹 회원이었던 사람들이 이런 편지를 보낸 것으로 짐작했지요. 편지에 씌어진 마르크스주의자들의 용어나 공산주의를 칭찬하는 내용으로 봐서 그들이 무엇을 원하는지도 알 수 있었습니다."

그러나 미하이 1세의 생활 태도는 전혀 변하지 않았다. 다만 소포와 화환 등 주문하지 않은 물건이 배달되었을 때는 자기들이 살고 있던 제네바 근처의 베르수아Versoix 경찰서에 사전 검열을 해 달라고 부탁했다. "다른 사람들에게 주소나 전화번호를 알려주는 데 그렇게 민감하지 않았으나, 시내에 들어갈 때는 가끔 차를 평소에 다니던 길과 다른 길로 몰았지요"라고 미하이 1세는 자기의 신중함을 들려주었다. 스위스 경찰도 미하이 1세의 주택을 패트롤카로 순찰하는 등 주변 감시를 게을리 하지 않았다.

부쿠레슈티를 떠나라는 압력을 받았던 순간부터 1989년 12월 혁명이 일어났을 때까지 미하이 1세는 루마니아로부터 아무런 전화나 편지도 받지를 못했으나 혁명 직후 호감을 표현하는 전보, 전화, 편지에 파묻혔다. 차우셰스쿠 사후 1년 동안 그가 받은 팬레터의 숫자는 놀랄 만한 것이었다. 미하이 1세는, 차우셰스쿠가 자기를 식물인간으로 만들려고 시도했음에도 불구하고 1944년 8월 쿠데타를 잊지 못하는 사람들이 많았던 모양이라는 말을 하면서 쓴웃음을 지었다. 차우셰스쿠 사후 많은 젊은이들을 포함해서 방문객들이 줄을 이었다. 미하이 1세는 이런 말을 들려주었다.

"방문객들은 루마니아의 과거에 대해 아무것도 모르고 있었지요. 그러나 그들은 진실이 무엇인지를 알고 싶어 했습니다."(영국 왕실의 친척으로서 미하이 1세와 그 가족들에게는 엘리자베스 여왕의 요청에 따라 영국 여권이 발급되었다. 1990년 말 그는 루마니아를 몇 시간 동안 방문했다가 추방당한 적이 있다.

일리에스쿠 정권은 미하이 1세에게 결코 비자를 발급해 주지 않았다. 1990년 4월 일리에스쿠는 비자 발급을 거부하면서 1954년에 유효기간이 만료된 미하이 1세의 여권을 들먹였다. 전력을 감안할 때 여권을 갱신해 줄 수 없다는 이야기였다.)

소피Sopie와 마가리타Magarita 공주는 루마니아 유적 복원, 공해 방지, 국민 건강 향상을 위한 재단 설립을 목적으로 1990년 1월과 9월에 루마니아를 방문했다. 두 공주는 네 명의 루마니아 각료들로부터 열렬한 환영을 받았으나, 그들이 머물렀던 집의 전화는 나흘 동안 불통이었다. 비밀경찰로부터 호된 시련을 겪었던 루마니아의 원로 공산주의자 한 사람은 이런 말을 했다.

"오래된 습관은 쉽사리 없어지지 않는가 보군요."

실비우 브루칸은 비밀경찰의 공작을 철저히 경험했던 사람이다. 혁명 뒤 그는 비밀경찰이 차우셰스쿠에게 올린 자기에 대한 보고서 사본을 입수했다. 자기에 대한 기록이 영화 대본과 같은 형태로 잘 꾸며져 있는 것을 보았다. '극비', '복사는 한 부에 한함'이라는 표시와 함께 글씨가 크게 씌어진 것으로 봐서 차우셰스쿠에게 전달된 사본임에 틀림없었다. 왜냐하면 차우셰스쿠는 근시였음에도 불구하고 사석에서도 안경 끼는 것을 싫어했기 때문에 보통 글자의 세 배 정도로 크게 썼었기 때문이다. 차우셰스쿠 사후 비밀경찰의 문서를 불살라 버리는 작업에 동원된 어떤 루마니아 작가 한 사람이 우연히 보관하게 되었다. 브루칸 자신도 잊어버리고 있던 과거의 일들까지 상세하게 기록되어 있었다.

100여 페이지에 달하는 보고서에는 몇십 년 동안 브루칸을 감시했던 기록들과 비밀경찰 스스로는 도저히 파악할 수 없는, 가까운 사람들만이 알 수 있는 내용들이 포함되어 있었다. 짧은 보고서에 브루칸의 손길이 미쳤다. 차우셰스쿠의 흥미를 돋울 수 있게 비밀경찰이 가죽으로 장정한 책자였다. 이 책자에는 1988년 브루칸이 영국의 BBC방송 기자와 인터뷰한 내용도 들어 있었다. 비밀경찰이 고용한 전문 필경사가 정성을 들여 썼기 때문에 브루칸이 나에게 처음으로 보여 주었을 때 나는 너무 깨끗하고 반듯해서 인쇄한 것이 아닌가 하는 의심을 했었다. 뒷면에 배어 있는 잉크의 흔적을 보고서야 손으로 썼다는 것을 믿을 정도였다.

1990년 3월 불살라 버린 여러 트럭 분의 일회용 보고서에는 루마니아 공산당 지도자들에 관한 사항들도 수없이 많았다. 스탈린과 마찬가지로 차우셰스쿠도 적은 물론, 잠재적인 경쟁자와 동료들에 대해서도 첩보활동을 게을리 하지 않았다. 각료, 지방당 서기, 군 고급 장교, 정부 관리들에 대한 전자감시는 통상적인 일이었다. 호텔의 모든 층이 도청의 대상이었고, 관광 업무를 취급하는 모든 일자리는 비밀경찰의 끄나풀이었다. 1989년 12월 이후까지도 부쿠레슈티에 있는 인터콘티넨탈 호텔의 종업원들이 전혀 바뀌지 않았다는 사실이 이런 연관성을 뒷받침한다.

비밀경찰 정보원과 협조자들까지 포함하면 비밀경찰 인력은 아마 전체 루마니아 국민 네 명 중 한 명 꼴은 되었을 것이다. 비밀경찰이 가장 신경을 썼던 역정보 흘리기 작전은, 루마니아의 모든 전화에는 도청장치가 설치돼 있고 약 천만 대의 대화 내용을 동시에 다 들을 수 있는 용량이라는 소문을 고의적으로 퍼뜨리는 것이었다. 단 베린데이 교수가 길거리에서 제자를 만났던 이야기를 들려주었다. 제자는 정보 계통에서 일하고 있다면서 갑자기 "이웃에 사는 포페스쿠 씨 집안에서 하는 이야기를 들어 보시겠습니까?"라고 물었다. 그 제자는 포페스쿠 씨 가족들이 아파트 안에서 하는 이야기를 도청할 수 있는 기구를 보여 주면서 작동하는 법까지 시범을 보였다.

모든 루마니아 사람들은 교육 수준이 높았던 사람 또는 자기를 잘 아는 사람들로부터 비밀경찰과 관계를 가지라는 권유를 한 번쯤은 다 받았다. 공식적인 의미의 정보원 역할이 아니라도 협력할 것이 많다는 뜻이었다. 그런 제안을 받은 어떤 지도급 건축설계 기술자는 제안을 한 사람에게 자기가 도대체 무엇을 기여할 수 있는지 모르겠다고 물었다. 그러자 제안했던 사람은 이런 이야기를 했다.

"당신이 잘 모르는 분야에서도 기여할 것은 충분히 있습니다."

비밀경찰은 병원, 학교, 대학, 출판사, 은행, 극장, 영화사 등에서 일반인들이 어떤 태도를 보이는가를 전문성이 없는 정보원들이 확인하여 보고하는 것을 목표로 하고 있었다. 이런 형국을 빗대서 파울 고마는 다음과 같이 썼다.

"루마니아 사람들은 가장 무자비한 비밀경찰의 통치 아래서 살았다."

파체파의 『붉은 지평선』을 보면 차우세스쿠가 전자 감시체제에 지대한 관심을 가졌다는 여러 가지 증거가 있을 뿐만 아니라 때로는 전국을 도청대상으로 삼았다는 것도 알 수 있다. 그러나 실제로는 그렇게 할 필요가 없었다. 모든 루마니아 사람들이 전화나 침실에서 대화하는 것도 도청당한다고 확신했을 뿐더러 곳곳에 도청장치가 설치되어 있어서 누구도 도청으로부터 자유로울 수 없다고 생각했기 때문이다.

다른 전체주의 국가의 비밀경찰과 루마니아의 비밀경찰이 달랐던 점은 첫째 정보원의 숫자가 많았고, 둘째 고급 정보원들을 썼다는 점이다. 물론 당에서 지명한 '거리의 감시꾼'들도 비밀경찰에게 정보를 제공했다. 또 비밀경찰의 정보원 노릇을 하던 의사, 영화감독, 작가들이 너무 많았기 때문에 루마니아 사람들의 관심은 '누가 누구하고 잤다'는 등 흥밋거리의 가십보다는 누가 비밀경찰의 정보원인지에 더 쏠려 있었다. 프랑스의 시인 앙리 미쇼Henry Michaux의 작품 번역자이자 확실한 반체제 작가로 알려진 사샤 이바시우크Sasha Ivasiuc 등 유명한 지식인들도 모두 정보원의 범주에 들어 있었다. 일시적이나마 비밀경찰에 협조했던 사람들의 숫자가 너무 많았었기 때문에 차우셰스쿠 사후 구국전선 내부에서 경쟁자들을 제거하기 위한 중요한 수단은 과거 비밀경찰과의 관련 여부였다.

차우셰스쿠가 죽은 지 몇 주일 후 이런 일이 일어났다. 1989년 12월 22일 이후 루마니아를 실질적으로 통치했던 구국전선의 지도자 중 한 사람으로 전에 UN에 파견되었던 법률 전문가인 두미트루 마질루Dumitru Mazilu는 1988년 차우셰스쿠의 대 UN 정책을 비난했다는 이유로 가택 연금 상태에 있었다. 차우셰스쿠의 재판과 처형에 대해 사전에 아무런 이야기를 듣지 못한 데 화가 난 마질루는 일리에스쿠와 크게 다투었으며, 그 결과 구국전선에 대한 국민들의 불신이 팽배해졌다. 1990년 1월 12일 마질루는 '반 구국전선'을 외치는 가두 데모에 참가했다. 데모 참가자들의 요구 사항은 차우셰스쿠 사후 구국전선이 폐지해 버린 사형제도의 복원이었으나, 마질루의 의도는 구국전선이 정당으로 전환하는 것을 막는 데 있었다. 마질루는 곧바로 구국전선으로부터 추방당했다. 곧이어 「자유 루마니아」에 그의 비밀경찰 연루 기사가 실렸다. 실비우 브루칸이 "마질루가 비밀경찰 대령이었던 것을 나는 알고 있다"고 언론에 공개한 것이다. 「자유 루마니아」는 마질루가 비밀경찰 간부학교의 교장이었다고 썼다. 마질루는 1970년대 초 내무부의 간부 대학에서 몇 개월간 법을 가르쳤을 뿐 대령이라는 직급을 가지지는 않았다고 말했다.

이 일화는 관 속에 들어 있는 망령이 어떻게 다시 뛰쳐나오는지를 잘 보여 준다. 루마니아의 새로운 집권자들은 차우셰스쿠의 사후에도 비밀경찰의 기록이 전부 파기된 것은 아니었기 때문에 이 기록으로부터 자기를 보호하는 것이 급선무였다. 비밀경찰은 혁명을 아무 탈 없이 견디어냈다. 곧바로 '루마니아 정보부SIR: Romanian Intelligence Service'라고 이름을 바꿔 일리에스쿠에게 충성했다. 갈 곳이 없던 사람들이었기 때문에 새로운 실력자에게 충성을 맹서한 것은 오히려 당연한 일이었는지도 모른다.

비밀경찰은, 시류에 영합했던 사람들은 물론, 기회주의자, 공무원들을 장악하고 있었기 때문에 권력자에게 대단한 힘을 실어 주었다. 대부분의 비밀경찰 조직원들은 대학 교육까지 받았던 사람들이었으며, 전직 교사였다가 이아시의 반체제 인사가 되었던 단 페트레스쿠는 매우 총명한 아이들까지도 절망감 속에 비밀경찰이 되기를 원했다고 전했다. 고문과 협박을 보조 수단으로 사용했던 비밀경찰은 복잡한 지휘체계를 가지고 있었다. 차우셰스쿠는 필요한 경우에는 루마니아 인이 아닌 팔레스타인 정치깡패들을 동원하여 고문, 협박, 암살 등 갖은 잔악 행위도 불사했다. 이런 이유로 인하여 1989년 12월 22일부터 25일까지 부쿠레슈티 시가지를 휩쓸었던 폭력단과 암살단들이 '아랍 특공대'라는 소문도 있었다.

1980년 중반 비밀경찰의 중견 간부들은 사태가 차우셰스쿠에게 극히 불리하게 전개된다는 것을 잘 알고 있었다. 1989년에는 소련에서 정치 개혁이 맹위를 떨치자 많은 사람들이 차우셰스쿠의 운명도 다한 것으로 짐작했다. 비밀경찰은 차우셰스쿠 부부에게 루마니아 인민들의 마음이 돌아섰다고 보고하는 것을 이미 포기한 상태였다. 로마의 미치광이 황제에게 간사한 신하들이 그럴듯한 정보만 말했던 것처럼 항시 단정한 사복차림이었던 책임자 이울리안 블라드 장군도 차우셰스쿠 부부에게 중요한 정보는 전하지 않았다. 아첨꾼들과 스스로 어려운 입장은 되지 않겠다는 생각 때문에 차우셰스쿠 말년 몇 년 동안 비밀경찰은 차우셰스쿠 부부가 듣기 좋아하는 이야기만 전했다. 엘레나는 한 발 더 나아갔다. 차우셰스쿠 대통령에게 보고되는 모든 정보를 미리 걸렀다. 적절하지 않다고 생각되는 정보를 다 빼버렸다. 결국 비밀경찰의 정보는 뱀 허물과 다를 바 없었다.

블라드 장군도 티미쇼아라에 위기가 닥쳤을 때 초기 단계에서는 종족적인 문제와 외국의 개입 가능성만 강조했던 한편, 국내의 다른 지방에 영향을 미치는 것이 두려워 별로 중요치 않은 것처럼 행동했으며, 차우셰스쿠 부부에게는 보고조차 하지 않았다.

트란실바니아에 있는 아름다운 소도시 티미쇼아라에서 1989년 11월 17일 조그마한 문제가 발생했다. 신앙심이 깊은 사람들이, 대단한 인기를 끌었던 칼뱅교 지역책임자 라슬로 퇴케시László Tökes의 집 밖에 모였다. 헝가리 어를 사용하는 민족주의자였던 퇴케시가 지방에서 오랫동안 차우셰스쿠 정권을 비난해 왔기 때문에 위험인물로 간주했던 비밀경찰은, 그가 강력한 종교적인 신념 때문에 한적한 시골 교구로 이동하는 것으로 알고 다행으로 여겼다. 이때 퇴케시가 형무소 아니면 다른 지방으로 유배를 떠난다는 근거 없는 소문이 돌았다. 유럽의 어떤 신문보다도 루마니아에 대한 생생한 정보를 전했던 파리의 일간지 「리베라시옹」은 퇴케시가 국외 추방에 직면해 있다고까지 보도했다. 이 보도를 접한 티미쇼아라 사람들은 '퇴케시 사건'을 과장되게 이야기했고, 이런 소문은 발에 바퀴를 달고 전국을 달렸다.

사실은 전혀 달랐다. 실제로 차우셰스쿠는 퇴케시 사건과 전혀 관계가 없었을 뿐만 아니라 아무런 잘못도 저지르지 않았다. 퇴케시를 이동하라고 명령한 것은 루마니아 정부도, 비밀경찰도 아닌 해당 교구장이었기 때문이다. 티미쇼아라를 떠나라는 교구장의 명령을 퇴케시가 거부하자 교구장은 티미쇼아라 경찰에 요청하여 그를 교구 소유인 관사에서 추방해 달라고 부탁했던 것이다. 교구에서 새로운 주거지를 알려준 이상 그 관사에 머물러 있는 것은 불법체류라는 주장이었다. 이러한 요청을 경찰은 내켜하지 않았지만 하는 수 없이 퇴케시의 축출에 나섰고, 11월 17일 첫 번째 데모의 도화선이 되었다.

퇴케시 사건은 차우셰스쿠가 과거 종교를 어떻게 통제했는가를 보여주는 좋은 사례에 해당된다. 공산당이 정권을 장악하자 예비내각을 구성하여 야당의 태도를 견지했던 폴란드의 가톨릭과는 다르게 루마니아의 종교 지도자들은 차우셰스쿠와 은밀한 관계를 유지하면서 전국 인민회의의 무임소위원 자리까지 차지했다. 파울 고마의 지적에 의하면, 루마니아에서 정교나 신교를 불문하고 종교인들을 반체제 운동에 끌어들이려고 했던 시도는 위험천만하기 그지없는 행동이었다는 것이다. 그런 권유를 받은 종교인들은 그들을 곧바로 차우셰스쿠나 비밀경찰에 밀고해 버렸기 때문이다. 루마니아 정교의 부활절 예배에 참석했던 미국 대사 펀더버크는 집전을 담당했던 성직자가 차우셰스쿠의 이름을 예수 그리스도의 이름과 똑같이 호칭하자 교회에서 나와 버리기도 했다.

11월 내내 퇴케시의 집 앞에서 피켓을 든 데모 군중들이 그치지 않았다. 11월 27일, 제14차 루마니아 공산당 전당대회가 부쿠레슈티에서 열리고 있었다. 이 전당대회에서 차우셰스쿠 부부에 대한 불만이 터져 나올 것이라고 예상했던 외국인 참관인들의 전망은 빗나갔다. 며칠 전에 베를린 장벽이 무너졌지만 당 지도부는 동유럽 공산주의 국가들의 와해에 관해서는 간단하고 완곡한 표현으로 대신했고, 참석자들의 현실 도피적인 자세만 주시했다. 참석자들은 영명한 지도자인 차우셰스쿠가 과학적 사회주의의 성과와 국정 전반에 대해 열정적으로 연설하는 동안 줄곧 듣고만 있었다. 티미쇼아라에 있는 퇴케시의 집 앞에서는 피켓을 든 데모가 그치지 않았지만 어느 누구도 이 문제에 대해 언급하는 사람이 없었기 때문에 차우셰스쿠의 그치지 않는 연설에 박수만 치고 있었다. 아첨꾼들의 줄 이은 연설에서도 이웃 공산주의 국가들의 자본주의적 가치와 행동으로의 정책 전환에 대한 이야기는 전혀 없었다. 이때쯤 차우셰스쿠는 직접 언급하지는 않았지만 서방국가와 마찬가지로 소련도 자기의 축출에 나섰다는 것을 감지할 수 있었다.

전당대회에서 차우셰스쿠가 행한 소련에 대한 도전은 그런 의미에서 약간 돈키호테적인 태도로 보였다. 두 번에 걸친 연설에서 차우셰스쿠는, 1940년 스탈린이 베사라비아를 합병시킨 배경이 되었던 1939년의 독-소 불가침조약의 위선적인 면을 비난하고 나섰다. 차우셰스쿠의 소련에 대한 이런 도전적인 태도는 일찍이 루마니아 공산당은 물론 서방세계로부터도 박수갈채를 받은 바 있었지만, 이제 그런 발언이 더 이상 세인의 관심을 끌어들이지 못한다는 것을 모를 만큼 그는 현실세계에서 유리된 상태였다. 소련의 개혁, 개방정책이 동구권의 위성국가 전체에 직접적인 영향을 미침에 따라 서방세계의 루마니아와 같이 작은 나라에 대한 관심이 희박해졌다는 사실을 차우셰스쿠는 이해하지 못하고 있었다. 경제적인 시련이 극에 달한 동구권 소국의 스탈린주의자가 반 고르바초프를 부르짖는다고 해서 눈길을 주는 사람은 아무도 없었다. 지금까지 루마니아에 관심을 표명했던 것처럼 서방세계는 여전히 동구권 전체의 변화된 정치 상황을 지켜보면서 '차우셰스쿠가 얼마나 버틸 것이냐? 또 언제 어떻게 종말을 고할 것이냐?'에만 관심을 두고 있었다.

전당대회에 참석했던 사람들이 그런 기류를 설사 감지했다 하더라도 아마 아무런 표현을 못 했을 것이다. 한 명의 결원도 없이 전원이 참석한 가운데 3,308명의 대의원들은 차우셰스쿠의 재선출을 만장일치로 찬성했다. 잠시 후 옛 왕궁 앞의 광장에 대규모 군중이 모였다. 오래된 전통으로서 차우셰스쿠가 발코니에 모습을 나타내자 군중들의 환호가 뒤따랐다. 차우셰스쿠의 사기를 부양하고 차우셰스쿠의 정책에 반대하는 사람들은 모두 외국의 첩자라는 뜻으로 세 개의 구호가 동시 다발적으로 터져 나왔다.

"차우셰스쿠와 인민은 언제나 함께 한다!"

"독자적인 사회주의를 사수하자!"

"우리는 우리의 길을 간다!"

그러나 해외에서는 올림픽 경기에서 요정으로 통했던 금메달리스트 나디아 코마네치가 11월 26일 미국으로 망명을 요청해서 12월 1일 뉴욕에 도착했다는 뉴스가 루마니아 공산당 제14차 전당대회에 관한 뉴스를 압도했다. 또 한편에서는 11월과 12월 둘째 주까지 들끓고 있던 퇴케시 사건이 마지막 불꽃을 터뜨리기 시작했다.

1989년 12월 16일, 부녀자와 아이들까지 참여한 대규모 군중들이 퇴케시의 추방을 막기 위해 그의 집 앞에 모여들었다. 그날 밤, 수많은 젊은이들이 모여들어 일부는 퇴케시의 관사 앞에서 피켓을 들고 농성을 벌인 후 티미쇼아라 시가지를 향해 행진을 했다. 그들은 처음에는 친 퇴케시 구호를 외치다가 곧이어 "차우셰스쿠를 타도하자!", "공산주의를 타도하자!", "민주주의를 원한다!"로 바꿔 버렸다. 기마경찰과 총을 든 폭동 진압대원들이 데모 군중들에게 다가섰으나 시가지 전체는 순식간에 분노의 물결에 휩싸였다. 혼란의 와중에서 흥분한 일단의 데모대들은 시청과 공산당 지방당 본부로 쳐들어가 서류를 찢어 버리고, 차우셰스쿠 초상화와 공산당 서적을 창문 밖으로 집어 던진 다음 불을 질렀다. 경찰과 무장차가 발포하여 열대여섯 명이 죽었다. 비밀경찰이 시체를 수거해가 버리자 성난 군중들은 "시신을 돌려달라!"고 아우성쳤다.

12월 16일 밤 티미쇼아라에서 일어났던 이 사건 소식이 들불처럼 번졌다. 사망자 수도 구전을 통하는 동안 기하급수적으로 늘어났다. 이웃 동구권 국가들이 몰락해가자 루마니아 사람들도 변화의 소식을 듣기 위해 라디오의 주파수를 헝가리와 동베를린에 맞추고 있던 참이었다. 소문이 소문의 꼬리를 물고, 헝가리, 유고슬라비아, 동독의 뉴스가 거꾸로 흘러들어오면서 티미쇼아라 사망자 숫자는 400명, 6,000명, 종국에 가서는 4만 명으로까지 늘어났다. 12월 22일부터는 텔레비전이 비밀경찰의 고문에 의해 죽었다는 시신까지 비추기 시작했다. 실제로 이 시체들은 티미쇼아라 극빈자 공동묘지에서 파낸 것 일부와 병원 영안실에서 훔쳐온 것들이었다. 그러나 루마니아 인들의 심리에 미친 영향은 이루 말할 수 없었다. 사망자 숫자가 부풀려지긴 했지만 같은 날 밤 트란실바니아 지역의 아라드에서도 반 차우셰스쿠 폭동이 일어났다. 차우셰스쿠는 처음으로 티미쇼아라에서 자기를 반대하는 대규모 폭동이 일어났을 뿐만 아니라 다른 지역에서도 비슷한 군중 데모가 들끓고 있으며 군대가 효과적인 진압을 못하고 있다는 것을 알았다.

그러나 차우셰스쿠는 다음 날로 예정된 이란 방문 계획을 고집하고 있었다. 그는 12월 17일 밤 떠나기 직전 당 고급 간부들과 티미쇼아라 사태에 대한 사후 대책회의를 하면서 격노했다. 녹음된 회의의 내용을 들어보면 여러 가지 이유에서 놀라움을 준다. 티미쇼아라 사태를 차우셰스쿠가 잘못 해석했기 때문만은 아니었다. 차우셰스쿠는 이렇게 시작했다.

"폭동의 빌미는 다른 곳으로 옮겨가라는 교구의 명령을 거부한 지역 책임자로부터 발생했다. 관사를 비워 주지 않자 교구장이 법원에 의뢰했고, 그래서 우리가 그를 밀어내려고 했다."

여기까지는 차우셰스쿠의 말이 맞다. 그러나 그는 티미쇼아라 사태는 겉으로 나타난 징후에 불과할 뿐 배후에는 자기에 대한 불만이 폭발한 것이라는 사실을 파악할 능력이 없었다. 그의 말이 이어졌다.

"헝가리의 부다페스트에서부터 시작한 외국인 스파이들의 개입이 틀림없어요. 동쪽 모스크바와 서양의 모든 사람들이 루마니아가 곧 변할

차우셰스쿠 공산독재의 종식을 외치며 시위를 벌이고 있는 루마니아 국민들의 모습.

것이라고 말한다고 합니다. 동쪽과 서쪽 모두가 우리를 변화시키려고 결정했어요. 그들은 가능한 방법을 모두 동원할 것입니다."

그리고 나서 차우셰스쿠는 데모가 폭동으로 변하도록 방치했던 모든 사람들을 공격하고 나섰다. 특히 국방장관 바실레 밀레아 장군을 심하게 힐난했다.

"국방부와 내무부가 패배주의에 젖어 있어요. 어젯밤에 내가 분명히 탱크를 동원해서라도 무력을 과시하라고 명령했습니다. 그런데 병사들은 퍼레이드를 준비한 것입니다. 시가지 중심부에 기갑부대를 배치해야 했어요. 무력의 과시가 도대체 무엇을 뜻합니까? 내가 명령한 무력의 과시가 있었습니까? 내무부 산하의 병력도 마찬가지였어요. 그들은 무장조차 하지 않았다고 들었어요."

내무장관 투도르 포스텔니쿠가 그렇다고 확인했다. 차우셰스쿠의 화가 폭발했다.

"왜 안 했습니까? 내가 분명 무장하라고 말하지 않았습니까? 누가 무장하지 말라고 했지요? 깡패들이 지방당 본부에 쳐들어가 장교와 사병을 공격했다고 들었는데 내무부 병사들은 아무것도 한 것이 없습니다. 밀레아 장관, 장교들은 무엇을 했어요? 왜 발포를 안했지요? 발포를 해서 진압을 했어야지. 경고를 한 다음 발을 향해 발포를 했어야지. 폭도들은 설교로 진압할 수 없어요. 불태워 버려야 해요. 사회주의는 거짓말이나 헌신적인 노력에 의해 건설된 것이 아니라 투쟁에 의해 건설되었습니다. 지금 유럽에서는 사회주의를 몰아내기 위해 자본주의자들과 평화 협상을 하거나 조약을 체결하기도 합니다."

차우셰스쿠는 비밀경찰의 책임자인 블라드 장군에게도 회의에 참석하라는 지시를 내렸다. 몇 분 후 나타난 그를 기다리고 있는 것은 성난 차우셰스쿠의 얼굴이었다. 차우셰스쿠가 블라드 장군에게 "왜 비밀경찰은 무장하지 않았는가?"라고 물었다. 블라드 장군은 "필요 없을 것 같아 무장하지 않았습니다"라고 답했다. "왜 그런 사항을 보고도 하지 않고, 이야기도 하지 않았는가?"라고 차우셰스쿠가 소리를 질렀다. 그러고 나서 이렇게 발표했다.

"내가 밤새도록 분명히 당신에게 이야기했지. 지금 집행위원회가 동의해 준다면 곧바로 내무장관, 국방장관, 비밀경찰 책임자를 해고할 것이다. 지금 이 순간부터 내가 군 통수권을 직접 장악하겠다. 필요한 사항이 있으면 준비하라. 이렇게 갈 수는 없다. 밤새도록 내가 자세하게 말했는데도 명령한 것 중 어느 것 하나 지켜진 것이 없다."

블라드 장군이 나갔다 몇 분 후 다시 들어오자 혹독한 꾸중이 이어졌다. 차우셰스쿠가 "당신은 국가 비상사태가 무엇인지 아는가?"라고 물었다. 그가 "예, 동지. 명령을 내렸습니다"라고 대답했다. 차우셰스쿠가 "당신은 지금도 거짓말을 하고 있어. 누구 한 사람만이라도 발포를 했더라면 데모 군중은 새떼처럼 도망갔을 거야"라고 말했다. 엘레나가 끼어

들었다.

"발포를 했어야지. 쓰러진 데모 군중은 다 묻어 버렸어야 했고. 그런 명령을 못 들었어요? 데모 군중이 한 명도 빠져나가서는 안 되는데."

비참하게도 참석자 모두는 적절하지 못하게 대처했던 점을 사과했다. 차우세스쿠는 그들로부터 곧바로 단호한 조치를 취하겠다는 다짐을 받아냈다. 내무장관 포스텔니쿠가 말을 이었다.

"사무총장 동지, 이런 일이 다시는 일어나지 않도록 만들겠습니다. 믿어 주십시오. 꼭 그렇게 하겠습니다."

밀레아가 나섰다.

"처음부터 우리가 위험을 감지하지 못했습니다. 죄송합니다."

블라드도 차우세스쿠를 안심시켰다.

"말씀하신 뜻을 다시 새겨 안심하실 수 있도록 일을 처리하겠습니다."

마지못해 참는다는 듯 차우세스쿠는 전원을 해고시키겠다는 의사를 거두었다. 그러면서 이렇게 말했다.

"좋아, 동지들, 다시 한 번 해봐야겠지?"

회의는 그럭저럭 수습이 되었지만 차우세스쿠는 회의에 참석했던 주요 인물들이 이미 자기를 배신할 준비를 하고 있다는 것을 깨닫지 못했다. 밀레아 장군은 계속해서 산하 병력이 발포하는 것을 허락지 않았고, 블라드 장군 또한 더 이상 차우세스쿠의 명령에 복종할 뜻이 없었을 뿐 아니라 차우세스쿠의 운명이 불투명한 길로 들어섰다는 것을 확신하고 있었다. 차우세스쿠가 말한 대로 강경조치를 해서 데모를 진압한다 해도 짧은 기간의 여유에 불과할 뿐 그에 대한 증오는 커져만 갈 것이 분명해 보였다. 블라드 장군은 차우세스쿠가 참아서 그날은 넘어갔지만 다음번에는 그날 말했던 것처럼 틀림없이 전원을 해고시키리라는 것을 잘 알고 있었다. 그는 또 외국인의 개입이 없었다는 것도 잘 알고 있었다. 전국에 퍼져 있는 비밀경찰의 안테나를 통해서 루마니아 인민들의 불만이 어느 정도인지를 철저히 파악한 상태였다. 회의에서 그는 간신히 숙청과 체포를 면했을 뿐이다.

간부회의에서 여러 사람들이 차우셰스쿠에게 자기들의 과오를 인정하고 복종을 맹서했던 것을 단순히 어려운 처지를 빠져나가는 순간적인 재치로만 해석하기는 어렵다. 또 밀레아 장관과 블라드 장군이 12월 17일 회의 이후 차우셰스쿠를 배신했다는 흔적 또한 뚜렷하지 않다. 그러나 4일 후 밀레아 장관이 자살을 하고, 블라드 장군이 차우셰스쿠가 죽기 하루 전인 12월 24일까지 국방부, 중앙위원회, 텔레비전 방송국에 냉정한 표정으로 나타났다는 것은 그와 비밀경찰의 주요 간부들이 부쿠레슈티에 폭동이 일어나기 시작했을 때는 이미 구국전선과 깊이 내통하고 있었으며, 여러 곳에서 데모가 발생하기 이전부터 음모에도 참여했다는 것을 의미한다. 중요한 문제는 이 음모가 얼마나 오랫동안 준비되었으며, 차우셰스쿠 부부를 증오하는 인민의 데모가 실제로 이 음모와 어떻게 연결되어 있느냐는 데 있다.

제13장

음모

"우리의 통치자가 말년에 들어 작은 성공과 많은 실패를 저질렀다는 점을 인정하자."

— 리스자드 카푸친스키의 『황제』에서

1989년 12월 전 세계의 텔레비전을 통해서 알려진 루마니아 인민들의 항쟁과 이어지는 차우셰스쿠 부부의 줄행랑, 처형 등은 신비로운 면이 있다. 12월 22일부터 12월 26일까지 텔레비전 화면에 비친 영상은 1968년 구정공세 때 남 베트남의 경찰국장인 로안 장군이 베트콩 한 명을 사이공 거리에서 권총으로 즉결처분했던 장면과 같은 강렬함으로 우리의 마음속에 남아 있다. 마르크스–레닌주의에 입각한 전체주의적 독재가 폴란드, 체코슬로바키아, 동독에서 신음을 하고 있을 때 마지막 스탈린 신봉자였던 차우셰스쿠의 몰락은 세계의 폭넓은 관심을 끌어들였고, 뒤이어 터질 것 같은 환호를 선사했다. 그러나 혁명 과정에서 발생한 피해자가 당초 주장했던 숫자보다 훨씬 적었고, 혁명 자체가 단순히 우발적으로 발생하지 않았다는 점이 분명해졌을 때 여기저기서 들리는 환호성은 귀에 거슬렸다.

새롭게 밝혀진 정보는 확실하지는 않지만 두 가지 의문점을 제기한다. 첫 번째 의문은 AFP 통신의 특파원이었던 미셸 카스텍Michel Castex이 쓴 책을 바탕으로 프랑스 언론이 처음으로 들추어낸 소련의 개입설이다. 소련이 차우셰스쿠의 몰락을 겨냥해서 우호적인 헝가리와 동독의 뉴스 통신을 이용했다는 것이다. 사망자 수를 조작하고 갖은 역정보를 퍼뜨려 배후에서 루마니아 혁명을 조정했다는 주장이다. 두 번째 의문점은 민중봉기가 단순히 우발적인 것이 아니고 수많은 민간인과 고급 장교들이 치밀하게 준비한 결과라는 것이다.

물론 소수의 민간인들이 오래 전부터 차우셰스쿠 정권의 전복을 꿈꾸어 왔다. 그러나 루마니아 혁명이 처음부터 끝까지 각본에 의한 행동이었다는 과장된 주장은 앞뒤가 맞지 않는 이야기다. 티미쇼아라에서 시작된 데모가 부쿠레슈티로 번지고 12월 21일에는 과거 5년 동안 이런 때만을 기다리고 있던 소수의 반체제 인사들이 신속하게 민간인들에게 소문을 퍼뜨려 다른 주요 도시로까지 파급되게 만들었다는 설명은 틀림없다.

1989년 12월에 일어났던 일들을 살펴본 다음, 차우셰스쿠 부부의 도피가 왜 미리 철저하게 준비되어 있었는가를 이해하기 위해서는 1977년 부쿠레슈티가 심각한 지진 피해에 시달렸을 때까지 거슬러 올라가야 한다. 1977년 지진 당시 차우셰스쿠 부부는 아프리카 순방 중이었다. 부쿠레슈티에 있었던 참모들은 지진 피해 수습 대신 차우셰스쿠에게 보낼 전신문의 내용에 더 신경을 쓰고 있었다. 피해를 최소화시키고 자기들이 최선을 다해 복구 작업에 힘을 쏟고 있다는 것을 보이기 위해 문장 하나하나에 그리고 문장이 풍기는 뉘앙스는 물론, 모든 형용사를 다듬는 데 귀중한 시간을 다 소비했다. 이 사건은 1970년대 중반 이후 차우셰스쿠가 루마니아를 파멸의 길로 몰고 있다는 확신을 가졌던 이오니차와 밀리타루 장군같이 불만투성이인 전직 권력자들에게 좋은 교훈을 남겼다. 차우셰스쿠가 외국에 나가 버리면 아무런 결정을 내릴 수 없다는 암시를 준 것이다. 만약 혁명을 생각한다면 그 시기는 차우셰스쿠가 외국에 나가 있을 때가 적기라고 본 것이다.

비밀경찰은 숙청된 지도급 인사에 대해서도 특별 감시를 게을리 하지 않았으나, 반체제 인사들은 가끔 다른 사람들의 눈에 띄지 않게 만날 수가 있었다. 심지어 비밀경찰 내부에도 인민들 사이의 폭넓은 불만을 못들은 체하는 태도에 반감을 가지고 있던 소수세력이 있었다. 비록 몇몇은 안 되었지만 비밀경찰 정보원들 중에 반 차우셰스쿠 음모에 가담하여 심부름을 하거나 중요한 역할을 담당하는 것을 진지하게 고려한 사람들까지 있었다. 1971년 이후 실제로 몇 가지 음모가 있었다. 민중봉기를 이용해서 수년간 수동적인 자세를 취했던 지도부를 축출하자는 마지막 음모를 제외하면 모두 생각했던 차원에서 그쳤던 수준이었지만.

1970~71년 그리고 다시 1975~76년, 당시 국방부 장관이었던 이온 이오니차 장군을 포함해서 세 명의 장성이 비밀리에 쿠데타 가능성을 검토했으나 성공의 가능성이 전혀 없다는 결론을 내렸다. 1980년대 초반, 민간인과 군인들을 포함한 전직 간부 몇 사람이 다시 모여 상상하기 어려운 일을 조심스럽게 상의했다. 물론 처음 있는 일은 아니지만 차우셰스쿠를 제거하는 일이었다. 1983~84년에 차우셰스쿠의 절친한 친구 중 한 사람이었던 이온 이오니차를 중심으로 군 최고 간부 몇 사람이 쿠데타의 가능성을 다시 검토했다. 1976년 차우셰스쿠는 자기의 습관대

로 아무런 잘못이 없던 이오니차에게 정부의 실정 책임을 물어 예편시켰기 때문에 이오니차로서는 불만을 가질 수밖에 없었다. 그는 차우셰스쿠뿐만 아니라 주변에서 아첨을 하거나 차우셰스쿠를 현실에서 멀리 떨어지게 만든 참모들까지 가차없이 제거해 버려야겠다고 단단히 벼르고 있었다. 이오니차와 뜻을 같이했던 사람은 고급 장교들 사이에서 평판이 좋았던 전직 육군 참모총장 니콜라에 밀리타루Nicolae Militaru 장군이었다. 차우셰스쿠를 반드시 권좌에서 밀어내야 한다고 마음먹었던 사람이 한 명 더 있다. 1930년대 청년 공산주의자로서 차우셰스쿠와 같이 교도소 생활을 했던 소장 출신 슈테판 코스티알이었다. 코스티알은 이 그룹에 속해 있던 사람들 중에서는 유일하게 차우셰스쿠로부터 육체적인 고문을 당했던 사람이다. 러시아 여자와 결혼했다는 이유로 육군에서 예편을 하라는 압력을 받자 군부에 인상적인 이미지를 남겼던 강인한 헝가리 사람인 코스티알은, 1971년 무모하게도 군사위원회에 청문회를 요청하여 차우셰스쿠의 정책을 맹비난했다. 곧바로 보복이 이어졌다. 예편은 물론 연금도 사라졌고 시골로 유배를 당해 수년간 공장 노동자로 세월을 보냈다. 1971년 코스티알은 육군 동료들에게 한 연설에서 차우셰스쿠의 반 소련 정책을 비난했기 때문에 프르불레스쿠와 마찬가지로 소련의 첩자라는 누명을 둘러쓰고 초야에 묻혔었다.

민간인들 중에도 이오니차와 같이 쿠데타를 계획한 사람들이 있다. 게오르기우 데즈 통치 시대 때 「불꽃」의 편집장을 맡다가 1963년까지 주미 대사와 주 UN 대사를 지냈던 실비우 브루칸이 이들 민간인의 대표였다.

원로 공산주의자로서 브루칸은 공작에 일가견이 있었다. 스탈린주의자였던 그는 사실을 왜곡시키는 기술을 장기로 가지고 있었기 때문에 약간 애매한 평판을 듣고 있었다. 예를 들어 브루칸은 차우셰스쿠가 집권 초기부터 자기를 신뢰하지 않기 때문에 1965년 이후 그 밑에서 일하기를 거부했다고 말하지만 아르델레아누 교수와 같은 전문가나 말리차 같은 당 간부들은 브루칸이 1963년 은퇴하게 된 이유는 아나 파우커와의 돈독한 관계와 스탈린주의자로서 명성 때문이었다고 지적했다. 그는 또 소련의 아류로 볼 수 있는 오데사 그룹에 속해 있었다. 아무튼 브루칸은 나이가 들어가면서 부드러워졌다. 미국이나 유럽의 학자나 지식인들과의 접촉을 즐겨 했으며, 초기에 추방당하자 홧김에 개인적인 위험을 무릅쓰고 차우셰스쿠의 정책에 대해 비평을 서슴지 않았으나 뒤에 부쿠레슈티에 있던 외교관과 루마니아를 방문하는 언론인들과의 관계를 잘 유지했다.

민을 만한 심부름꾼을 통해서 브루칸, 이오니차, 밀리타루는 서로의 의견을 교환함과 동시에 쿠데타 계획을 추진해 나갔다. 모든 계획에는 차우셰스쿠 주변의 심복들인 일리에 차우셰스쿠, 보부, 포스텔니쿠 그리고 중앙위원회에서 법률, 비밀경찰, 군사문제를 담당하고 있던 이온 코만이 중립적인 태도를 지켜 주는 한편, 거사는 차우셰스쿠가 국외에 나가 있을 때 행한다는 전제가 깔려 있었다. 이런 이유로 음모에 참여했던 사람들은, 차우셰스쿠의 국내외 여행 계획이 철저하게 비밀에 가려져 있었기 때문에 차우셰스쿠 측근이나 공산당 집행위원회 위원들로부터 협조를 받을 필요가 있었다.

음모자들은 협조가 예상되는 육군 장교들의 명단을 작성하기 시작했다. 빅토르 스턴쿨레스쿠 장군도 그 명단에 들어 있었느냐는 질문을 받은 코스티알은 시큰둥한 표정을 지으며 "스턴쿨레스쿠에게 거사 계획을 알리는 것은 곧바로 거사의 실패를 뜻하는 것이었다"고 답하면서 이렇게 말했다.

"그는 차우셰스쿠의 형 일리에 차우셰스쿠의 절친한 친구였을 뿐 아니라 차우셰스쿠 집안의 눈과 귀 역할을 하고 있었지요."

코스티알은 이런 말도 들려주었다.

"공산당 집행위원회 내부에 차우셰스쿠의 여행 일정을 자세하게 알려주는 위원이 최소한 한 명은 있었으며, 여러 명의 장성들이 우리의 거사에 참여하는 것은 거부했지만 비밀은 지키기로 약속했다."

중요한 다른 가담자는 비밀경찰 고위직과 잘 통하는 비르질 머구레아누Virgil Măgureanu 대령이었다. 거사시 중요한 것은 텔레비전과 라디오 방송국의 점거였는데 전국적으로 자발적인 데모가 발생한 직후 실행해야 한다고 믿고 있었다. 그러나 음모자들은 위험의 소지를 감지하지 못하고 있었다. 차우셰스쿠의 편에는 비밀경찰과 정예부대로 구성된 약 2만 5,000명의 병력이 있었던 한편, 쿠데타 거사팀은 트르고비슈테의 탄약고와 병기고를 지키고 있던 부대의 협조만 받고 있었다.

1984년 거사 음모자들은 공산주의 정권 자체를 없애 버리는 대신 차우셰스쿠가 탈취한 정권을 원상회복시킬 계획이었다. 전통적으로 공산당 제1서기는 중앙위원회가 선출하는 것이 상식이었는데도 차우셰스쿠는 전국인민대회의 투표를 통해 종신 사무총장이라는 위치를 굳히고 있었다.

쿠데타를 꿈꾸던 사람들은 차우셰스쿠의 후계자로 '인간의 얼굴'을 한 공산주의와 당의 합법성을 회복할 적임자를 찾고 있었다. 수자원부장관과 티미쇼아라 지역의 당서기를 거쳐 에디투라 테니카라는 출판사 사장을 끝으로 1971년 말 재야 인사가 된 이온 일리에스쿠가 대다수의 지원을 받아 차우셰스쿠의 후계자로 부상했다. 중간 연락책이 이 소식을 전하자 일리에스쿠는 약간 어정쩡한 대답을 했다. 거사에서 중요한 역할을 책임질 생각은 없지만 쿠데타가 성공한 뒤 요청이 있으면 기꺼이 책임 있는 자리를 맡겠다는 뜻이었다. 코스티알은, 거사 담당자들에게 일리에스쿠의 '꿩 먹고, 알 먹는 식의 답변'을 혹독하게 비판했다.

1984년과 1985년에 걸쳐 준비했던 쿠데타는 모양을 갖추기도 전에 끝장이 나 버렸다. 너무 많은 사람들이 이 사실을 알고 있었기 때문이다. 브루칸에 따르면 두 명의 장성, 고모이우와 포파가 동료들을 비밀경찰에 밀고해 버렸다. 참여자들은 필요한 경우 기초적인 사항만 물어서 알아야 한다는 규칙을 잘 지켰고, 전반적인 계획은 코스티알, 밀리타루, 브루칸만 알고 있었으나 두 명의 밀고자는, 1985년 10월 차우셰스쿠가 동독을 방문할 때를 이용하여 부쿠레슈티에 주둔하고 있던 보병 1개 사단이 관련된 모의가 준비되고 있다는 사실을 알아내 차우셰스쿠에게 넌지시 통보했다. 동독의 본을 향해 떠나기 전에 차우셰스쿠는 부쿠레슈티에 주둔하고 있던 사단 장병들에게 농부들의 밀 수확을 돕기 위해 부쿠레슈티 외곽으로 나가라고 명령했다. 그는 또 사령관을 즉석에서 면직시켜 버렸다. 전체적인 준비 과정에서 뇌관이 빠져나가 버린 것이다.

하여튼 코스티알은 후에 비밀경찰이 자기를 심문하는 과정에서 질문한 내용들을 통해 이 음모에 직접 관련되지 않은 사람들은 알 수 없는 자세한 과정까지 알고 있다는 것을 발견했다. 코스티알은 지금까지도 배신자들은 밀리타루가 아무 생각 없이 이 음모에 끌어들인 소위 이름뿐인 반체제 비밀경찰, 민간인, 군인들이었다고 확신하고 있었다. 물론 밀리타루가 그들의 간교함을 몰랐다는 것도 인정했다. 비밀경찰들은 이 음모에 교묘하게 파고 들어가 준비과정 전모를 차우셰스쿠에게 속속들이 알려주었다. 1990년 10월 코스티알은 나에게 비밀경찰이 치밀한 역정보 작전을 폈다고 말해 주었다. 그의 말을 들어보자.

"차우셰스쿠는 처음부터 모든 것을 잘 알고 있었지요. 1983~85년 거사 계획을 추적했던 비밀경찰 간부 비르질 머구레아누가 바로 정보원이었습니다. 머구레아누와 겉으로 우리를 돕는 척했던 다른 비밀경찰들이 실제로 이중 플레이를 했던 거지요."

코스티알은 또 비밀경찰이 그렇게 행동했던 이유는 일리에스쿠를 '자유분방한 공산주의자'로 각색해 미래에 대비했었다고 믿고 있었다. 아이러니하게도 차우셰스쿠가 죽자마자 머구레아누가 비밀경찰을 대신한 '루마니아 정보국'의 책임자가 되어 가장 막강한 실력자로 부상했다.

믿을 수 없는 이야기지만 1985년 이후 코스티알은 비밀경찰의 탄압을 받았으나 브루칸과 이오니차는 서로 만나지 말라는 강력한 권고만 들었다. 정보원들이 코스티알의 조그마한 아파트로 들이닥쳐 외화 불법 소지 혐의로 체포했다. 아들이 어린 시절 취미로 모아두었던 2달러 가량의 동전 때문이었다. 차우셰스쿠는 줄곧 루마니아에는 정치범이 없다고 주장했으나 코스티알은 다시 한 번 추방을 당했다.

1989년 그는 부쿠레슈티에 다시 돌아왔으나 비밀경찰의 삼엄한 감시 속에 놓였다. 코스티알의 증언을 들어보자.

"비밀경찰이 내 아파트의 열쇠를 가지고 있었습니다. 자기들 마음대로 왔다 갔다 하면서 집에 있던 술까지 마셨어요."

1989년 2월 브루칸이 선동하여 여섯 사람이 서명한 편지를 차우셰스쿠에게 보냈다. 아포스톨, 브를러데아누, 머네스쿠, 프르불레스쿠, 러체아누가 차우셰스쿠를 비판한 내용이었다. 삼엄한 감시 속에서도 브루칸은 여전히 중간 인물을 내세워 밀리타루와 접촉할 수 있었다. 1989년의 상황은 많이 변했다. 이오니차 장군이 죽었을 뿐 아니라 특권층에 속하지 않은 대부분의 루마니아 사람들은 전깃불, 식품 및 다른 생필품도 없는 혹독한 시련을 겪고 있었다. 심지어 비밀경찰이나 공산당 간부들도 차우셰스쿠의 권위주의적인 조치와 인민들의 생활수준에 대한 무관심 때문에 고통을 당하긴 마찬가지였다. 루마니아 밖에서는 다른 바르샤바 조약 국가들이 공산주의와의 영원한 결별을 준비하고 있었다. 혁명을 준비하고 있던 사람들은 자기들이 도화선에 일단 불을 붙이면 군중 데모가 뒤를 이을 것이라고 생각했다.

밀리타루는 1989년 상반기 6개월 동안 끊임없는 감시 속에서도 중간 인물을 내세워 루마니아 공군과 해군 장성 20여 명과 고급 장교들을 접촉했다. 브루칸과도 연락의 길을 텄다. 그러나 코스티알의 행동은 많은 제약을 받았다. 전화는 도청을 당했고, 아파트 밖에는 24시간 동안 비밀경찰의 감시 자동차가 대기하고 있었다. 반면 행동이 자유롭지 못했던 브루칸은 루마니아 인민들에게 자기는 차우셰스쿠를 반대하는 인물이라는 점을 알리기 위해 기록을 남기기로 결정했다. 그는 처음에 프랑스 일간지 「리베라시옹」이나 독일 신문에 알리는 것을 목적으로 차우셰스쿠에 대한 공개서한을 작성하기 시작했다. 그러나 신문사와 접촉하는 것이 불가능해지자 브루칸은 편지를 다 끝맺지도 않은 채 책상 위에 놔두었다. 비밀경찰 정보원들이 반드시 읽어보고 사진까지 찍을 것이라는 것을 알고 있었기 때문이다. 이런 책략을 구사하게 된 데는 그럴만한 이유가 있었다. 자기 주변의 정보원들이 편지를 읽어보면 해외 언론을 통해 불평불만을 터뜨릴 것으로 보지, 쿠데타 같은 음모를 꾸밀 것으로는 상상하지 못할 것으로 짐작했기 때문이다. 브루칸과 밀리타루는 다시 일리에스쿠를 만났지만 이번에는 더욱 조심스러운 태도를 취하면서 피했다. 수차에 걸쳐 중간 연락책을 통해 코스티알은 브루칸과 밀리타루에게 일리에스쿠를 끌어들이라고 당부했다. 1989년 3월, 코스티알은 브루칸에게 보낸 메시지를 통해 "더 이상 무엇을 기다리는가?"라고 물으면서 "이제 시작합시다"라고 독촉했다. 코스티알은 당시 일리에스쿠가 때가 무르익지 않았다고 말한 것으로 기억하고 있었다. 그 해 4월 코스티알은 다시 한 번 독촉하고 나섰다. 밀리타루와 브루칸에게 "일리에스쿠가 원하지 않으면 우리끼리 합시다"라는 전갈을 보냈다. 밀리타루는 여전히 언질을 주지 않았다.

코스티알은 차우셰스쿠에게 보내는 편지를 계속해서 썼다. 1971년 추방당하기 전 군사위원회 청문회에서 주장했던 이야기들을 다시 상기시켰다. 눈치 빠른 군부 인사들이 이 편지와 당시의 주장에서 공통점을 찾아내 어떤 결론을 내릴 것이라고 생각했다. 그는 루마니아 군 장교들에게 차우셰스쿠에게 반기를 드는 것이 불가능한 일이 아니며 자기는 루마니아 경제 상황이 훨씬 나았던 20여 년 전에 이미 그런 일을 했다는 것을 주입시키고자 했다.

1989년 6월 2일 비밀경찰은 코스티알을 소환해서 몇 가지 질문을 했다. 이번에는 코스티알도 단단히 준비를 했다. 1984년 외화를 불법 소지했다는 날조된 주장에 대해 코스티알은 담당자에게 이렇게 대꾸했다.

"날 체포하고 싶으면 그럴듯한 이유를 대라. 차우셰스쿠에 대해서 말해 보자."

코스티알은 잠시 흥분하여 자기를 심문했던 사람에게 언젠가는 체포될지 모른다는 경고까지 했다. 코스티알에게는 국가 공무원 모욕죄가 추가되었다. 숨바꼭질이 계속됐다. 낮에는 라호바에 있던 비밀경찰 본부에서 지루하게 심문한 다음, 밤에는 집으로 돌려보냈다. 다음 날 아침에는 다시 불러들였다. 다람쥐 쳇바퀴 도는 듯한 심문이 2주일 동안 계속되었다. 그런 다음 코스티알은 라호바에 감금되었다. 비밀경찰의 질문에는 알맹이가 없었다. 심문 담당자들은 코스티알이 차우셰스쿠 정권 전복 음모의 중심에 서 있다는 생각은 전혀 못하고 있었으며, 그가 더 이상 반 차우셰스쿠 활동을 못하도록 사기를 꺾는 데 초점을 맞췄다. 심문자가 "그런 일을 해서 도대체 어쩌겠다는 말인가?"라고 묻자 코스티알은 "당신은 정말로 부다페스트에 쓸데없는 제한조치가 내려진 상태의 헝가리식 겉치레 자유를 원하는가?"라고 되물었다.

당시 소련에 체류하고 있던 코스티알의 아내가 부쿠레슈티로 돌아왔다. 코스티알은 그녀가 돌아오기 하루 전에 풀려났다. 비밀경찰이, 그녀가 소련 대사관과 접촉하여 코스티알의 심문에 관여해 줄 것을 요청하는 것이 두려웠던 나머지 미리 조치한 것처럼 보였다. 비밀경찰은 오래전부터 실제로 그런 접촉에 민감한 반응을 보였다. 아내가 돌아오자 코스티알은 매일 소련 대사관에 나갔다. 외교관들을 만나기 위함이 아니라 그저 신문이나 보고 도서실에서 소일하기 위함이었다. 비밀경찰에게 만약 자기가 실종되면 소련 대사관의 누군가가 추궁에 나설 것이라는 암시를 주는 조치였다. 코스티알의 설명이 이어졌다.

"일종의 자기 방어책이었죠. 브루칸도 미국과 영국 대사관 직원들이 정기적으로 자기를 찾게 만들었습니다. 함부로 대하지 말라는 뜻이었습니다. 만약 실종되면 그들이 찾아 나설 것이라는 것을 비밀경찰에게 보여 주는 제스처였지요."

10월이 되자 비밀경찰은 코스티알에게 부쿠레슈티를 떠나지 말고, 아무도 만나지 말라는 지시를 했다. 그는 라두 필리페스쿠Radu Filipescu와 슈퍼마켓에서 우연히 만나는 것처럼 시도하려고 노력했지만 실패했다. 가게에 들어선 코스티알은 정보원들이 여전히 졸졸 따라 다니는 것을 목격했다. 그들은 웃음 띤 얼굴로 놀랍다는 듯 이렇게 말했다.

"안녕하세요? 여기서 만나 뵙다니 놀랍습니다."

코스티알의 아내는 다시 모스크바로 돌아갔다.

개인적으로 코스티알은 다른 동지들의 소극적인 태도에 실망했다. 특히 일리에스쿠의 자세가 그랬다. 코스티알은 왜 아무 일이 일어나지 않는지 이해할 수가 없었다. 일리에스쿠에 대한 미련을 단념한 채 자기가 너무 적극적이고 극단적이기 때문에 다른 사람들이 무관심해진 것이 아닌가 하는 생각까지도 갖게 되었다. 부쿠레슈티를 몰래 빠져나가 아는 사람들이 많이 있던 티미쇼아라에서 일을 도모해 볼까 하는 생각도 했으나 곧바로 단념했다. 너무 위험하다는 판단에서였다.

시간이 흘러 티미쇼아라에서 폭동이 일어났지만 기대하고 있던 일들은 아직 폭넓게 확산되지 않은 상태였다. 12월 20일 코스티알의 아내가 전화로 다음 날 부쿠레슈티로 돌아가겠다는 연락을 해왔다. 12월 21일 코스티알은 아내를 맞기 위해 공항으로 달려갔다. 비밀경찰이 그의 뒤를 따랐다. 그녀는 비행기에 없었다. 그러나 코스티알은 공항에서 혁명이 임박했다는 것을 곧바로 깨달았다. 공항에 모여 있던 사람들이 하나같이 '혁명'을 말하고 있었던 것이다. 수많은 데모 군중 속에 파묻혀 코스티알도 거리로 달려 나갔다. 비밀경찰 미행차량도 어느덧 사라져 버렸다. 거리에서는 차우셰스쿠의 몰락을 재촉하고 있었다. 코스티알은 동료들의 전화를 기대했으나 전화기의 벨소리는 울리지 않았다.

다음 날 밖을 내다보니 항시 대기하고 있던 비밀경찰의 미행차량이 보이지 않았다. 아침 일찍 코스티알은 자기 아파트에서 500미터밖에 떨어져 있지 않던 중앙위원회 본부로 걸어 나갔다. 말루찬 중령이 차우셰스쿠 부부와 두 사람의 심복, 보부와 머네스쿠를 헬리콥터에 태우고 옥상을 막 떠나려던 순간 건물에 들어섰다. 군중 속에서 한 사람이 코스티알을 알아보고 이렇게 소리쳤다.

"저 사람이 차우셰스쿠의 반대에 앞장섰던 코스티알이다!"

하지만 코스티알은 이런 반응에 대해 이렇게 말했다.

"나의 관심은 그런 식의 군중들 반응이 아니라 일의 결과였습니다."

1984~85년에 계획했던 쿠데타 각본을 되새김한 코스티알은 거사 참가자들이 당연히 국방부에 모일 것으로 알았다. 그도 차를 몰고 국방부로 가 현관에서 당직 사령을 만나고자 했다. 현관에 있던 하사관이 "누구라고 말씀 드릴까요?"라고 물었다. "코스티알 장군이라고 전하라"고

대답했다. 다리 한쪽을 무릎에서부터 발목까지 깁스한 스턴쿨레스쿠 장군에게 안내했다. 마치 코스티알이 상관이나 되는 것처럼 스턴쿨레스쿠는 "사태는 조용해졌습니다. 병력도 모두 병영으로 돌아갔습니다"라고 보고했다. 코스티알은 곧바로 핵심 문제로 들어갔다. "일리에 차우셰스쿠 장군은 어디 있지?"라고 물었다. "자기 사무실에 계십니다"라고 스턴쿨레스쿠 장군이 대답했다. 코스티알은 후에 당시 이 말을 믿을 수 없었다고 회고했다. 하여튼 코스티알은 일리에 차우셰스쿠를 직접 만나려고 그의 사무실로 갔다. 일리에는 아무 일도 없었던 것처럼 자기 책상에 앉아 있었다. 스턴쿨레스쿠의 사무실로 돌아온 코스티알은 "그를 체포하시오"라고 명령했다. 스턴쿨레스쿠가 머뭇거리면서 "곧 체포하겠습니다"라고 말하자, 코스티알은 "아니야, 지금 당장 체포해. 그리고 차량을 보내 일리에스쿠, 밀리타루, 코르넬리우 머네스쿠를 이곳 국방부로 오도록 해"라고 채근했다. 스턴쿨레스쿠가 다시 머뭇거리면서 당장 보낼 차량이 없다고 말했지만 사실은 세 사람이 어디 살고 있는지를 몰랐다. 그는 다리 부상 때문에 자기 행동이 무척 제한되어 있다고 설명했다.

이때 코스티알은 스턴쿨레스쿠가 시간을 끌면서 어느 편이 우세한가를 점치고 있다는 것을 간파했다. 두 사람이 이야기를 나누던 도중에 장교 한 명이 들어와 스턴쿨레스쿠 장군에게 텔레비전을 켜 보라고 말했다. 밀리타루가 생방송을 하고 있다는 것이었다. 코스티알이 그 장교에게 방송국으로 전화를 하라고 명령했다.

"밀리타루 장군에게 코스티알 장군이 국방부에 있으니 곧바로 이쪽으로 와서 합류하라고 전하라."

스턴쿨레스쿠 장군은 발목이 부러져 조금만 움직여도 통증이 심하다는 불평을 늘어놓았다. 코스티알은 당시 스턴쿨레스쿠가 발목이 삔 것처럼 위장해서 깁스를 대고 있었다고 말했다. 스턴쿨레스쿠는 이미 차우셰스쿠의 명령을 충실히 받들어 티미쇼아라의 폭동을 진압한 인물이다. 차우셰스쿠로부터 사후에 폭동의 뿌리를 뽑지 못했다는 비난을 들었지만 티미쇼아라는 비밀 경찰의 반대에도 무릅쓰고 군 병력이 발포한 몇 안 되는 도시 중 하나이다. 스턴쿨레스쿠 장군은 국방장관인 밀레아가 자살한 후 부쿠레슈티로 돌아왔었다. 코스티알은 만약 차우셰스쿠가 도망가지 않았더라면 틀림없이

이온 일리에스쿠

스턴쿨레스쿠를 국방장관에 임명했을 것이라고 믿고 있었다. 한쪽 다리의 부상을 핑계 삼아 스턴쿨레스쿠는 자기 임무를 피했다. 증인들이 후에 확인해 준 바에 따르면 스턴쿨레스쿠는 22일 차우셰스쿠에게 헬리콥터로 도망가라고 권유한 사람들 중 한 사람이었을 뿐만 아니라 중앙위원회 건물 옥상에서 헬리콥터가 떠날 때까지 지켜보았다고 한다.

곧바로 일리에스쿠, 밀리타루, 이울리안 블라드 장군이 몇 사람을 거느리고 스턴쿨레스쿠의 사무실에 나타났다. 일리에스쿠를 따라왔던 두 사람을 코스티알은 전에 한 번도 본 적이 없었다. 해서 코스티알은 일리에스쿠에게 이렇게 말했다.

"경호원은 필요 없지 않은가? 두 사람을 밖으로 내보내게."

그러나 일리에스쿠는 "아니야, 이 두 사람은 나와 함께 일했던 사람들

일세"라고 말했다. 두 사람을 젤루 보이칸과 페트레 로만이라고 소개했다. 로만은 곧바로 수상이 되었지만, 보이칸은 12월 25일 차우셰스쿠의 재판에 관여한 인물로 정체가 확인되지 않은 사람이었다. 하여튼 코스티알은 두 사람을 전에 한 번도 본 적이 없었다.

그날 중앙위원회 건물에서 프랑스 언론에 전한 로만의 메시지는 전문가들의 눈길을 거의 끌지 못했으나, 텔레비전 방송본부에 같이 나타난 일리에스쿠와 로만은 밀월 관계를 즐기는 듯했다. 로만은 일리에스쿠가 대표로 있던 에디투라 테니카 출판사에서 책 몇 권을 낸 적이 있어 일리에스쿠의 사무실에서 그를 만나는 데 좋은 핑계 거리가 되었다. 스탈린을 신봉한 유명한 루마니아 공산주의자들의 아들이었던 두 사람은 많은 공통점을 가지고 있었다. 차우셰스쿠는 자기의 보잘것없는 과거 때문이었던지 모험적인 행동을 불사했던 페트레 로만의 아버지 발터 로만 Walter Roman같이 초기의 '국제 여단International Brigades' 활동에 참여했던 인물들을 존경하는 것으로 알려졌다. 아르델레아누 교수는 "차우셰스쿠는 발터 로만 같은 사람에 대해서는 아무런 거부감이 없었다"고 전했다. 그 결과 페트로 로만은 젊은 시절 차우셰스쿠의 조카들보다 훨씬 많은 특권을 누렸다. 차우셰스쿠의 조카였던 나디아 부조르의 말을 들어보자.

"페트레 로만같이 자기 마음대로 오고 가면서 프랑스에서 5년 동안을 살 수 있는 특권을 나는 누려 보지 못했습니다."

프랑스의 프랑수아 미테랑 대통령도 페트레 로만의 과거를 들추어내지 못한 채 그에게 알랑거리던 프랑스 언론에 대단한 실망감을 나타냈다. 미테랑 대통령은, 차우셰스쿠 같은 정권 아래에서 5년 동안이나 프랑스 생활을 할 수 있다는 것은 차우셰스쿠에 대한 철석같은 맹서 없이는 불가능한 것 아니냐는 비아냥을 보좌관들에게 자주 했다.

코스티알은, 혁명 초기부터 일리에스쿠는 자기를 원치 않았고, 1984~85년의 쿠데타 음모시의 주도적인 입장이었음에도 불구하고 자기에게는 관심을 두지 않은 채 로만이나 보이칸 같은 사람들과 다른 목표를 설정해 나갔다고 회고했다. 구국전선의 그들이 새로 세운 좌표였다. 국방부의 빈 사무실에서 열띤 토론이 벌어지는 동안 코스티알이 알지도 못한 사람들이 중앙위원회로부터 달려들었다. 루마니아 텔레비전에는 이 광경이 한 번도 방영된 적이 없었지만, 텔레비전 촬영기사까지 포함한 낯모르는 얼굴들이 몰려온 것이다.

우왕좌왕했던 과거의 태도와는 다르게 일리에스쿠는 모든 권한을 틀어쥐겠다는 단호한 결심을 하고 있었다. 일리에스쿠를 앞세워 루마니아 정국을 장악하는 새로운 조직의 이름이 화제로 떠올랐다. 코스티알이 '인민전선'을 제안했으나, 일리에스쿠가 반대하면서 '구국전선'을 대안으로 내놓았다. 코스티알은 당시 '자유 유럽 방송Radio Free Europe'으로부터 구국전선이란 이름을 많이 들었기 때문에 일리에스쿠가 이 방송에서 구국전선이란 이름을 떠올리게 된 것이 아닌가 하는 의구심을 가졌다.

일리에스쿠와 한 패가 되었던 사람들은 구국전선에서 일할 사람들을 선발하고 있었다. 육군 장군 부르카를 위시해서 여러 사람들의 이름이 거명되었다. 일리에스쿠는 부르카가 국방장관으로 적임이라고 천거했다. 코스티알은 부르카가 1984년 쿠데타를 계획할 때 배신은 하지 않았지만 참여를 거부했기 때문에 국방장관을 시킬 수 없다고 반대했다.

코스티알은 또 일리에스쿠와 루마니아 공산당의 미래를 놓고 격론을 벌였다. 일리에스쿠 일파는 루마니아 공산당을 해산시키자고 주장했다. 코스티알은 좀더 명예로운 길을 모색하자면서 1968년 체코의 두브체크가 당을 혁신시키기 위해 소집했던 것처럼 특별 전당대회의 개최를 제안했다. 이 안도 역시 거부되었다. 일리에스쿠 일파는 시가지 중심부에 있던 중앙위원회 건물로 돌아갈 예정이었다. 누구 한 사람 코스티알에게 같이 가자고 말하는 사람이 없었다. 밀리타루가 코스티알에게 이렇게 말했다.

"여기 남는 게 좋을 거야. 합류하고 싶으면 나중에 해."

스턴쿨레스쿠는 일리에스쿠 일파와 동행한 후 계속 그들과 같이 있었다. 그들과 같이 가던 스턴쿨레스쿠는 발의 깁스를 떼어내 벗어 던졌다. 왜냐하면 12월 23일인 그때와 이후에도 스턴쿨레스쿠의 다리에는 전혀 이상이 없었기 때문이다. 이런 방법으로 외면을 당한 코스티알은 깊은 상처를 받았다.

자존심을 버린 코스티알이 중앙위원회 건물에 그날 오후 늦게 나타났다. 경황없이 서두르고 있던 혁명방위군이 처음에는 코스티알의 건물 출입을 허락하지 않았다. 코스티알은 이에 아랑곳하지 않고 건물 내로 들어가 국방부에서 같이 있었던 일리에스쿠, 밀리타루와 구국전선의 핵심 요원들을 찾아 나섰다. 건물 내는 혼란 그 자체였다. 코스티알의 증언이 이어졌다.

"그들이 6층에 있다고 하더군요. 그러나 막상 가보니 아무도 없었습니다. 전쟁 상황을 방불케 했습니다. 젊은 병사들이 창가에서 아무데나 대고 총을 쏘아댔지요."

코스티알은 4층에서 팔에 완장을 두르고 작전본부를 경비하고 있던 경비병들을 보았다. 경비병들이 또 못 들어가게 했다. 하지만 결국 허락을 받았다. 그러나 내부에 일리에스쿠는 없었고, 블라드 장군, 전에 산업부 장관을 지냈던 아브람과 일리에스쿠의 보좌관인 디미트루만 있었다.

저격병들이 시내 곳곳에서 맹위를 떨치고 있었던 한편, 탱크와 무장 장갑차들은 이들에게 엄청난 탄약을 퍼부었다. 코스티알은 디미트루에게 창가에서 사격하는 병사들을 오히려 지하터널을 방어하는 데 돌리라고 말했다. 코스티알은 지하 터널 깊숙이 전화 교환실, 무전실, 식품과 탄약 저장고가 있다는 것을 알고 있었다. 또 비밀경찰 제5국 기동 타격대가 데모 군중들에게 반격을 준비할 수도 있는 문제였다. 코스티알은 블라드 장군의 태도가 당시 아주 모호했다고 나에게 말해 주었다.

"그는 마치 혁명군이나 되는 것처럼 행세했지만 내가 보기에는 혼란만 조장하고 있었지요."

블라드는 버네아사 공항 근처에서 방공포 부대를 이끌고 있던 무체아누 장군과 접촉하고 있었다. 그에게 전화를 걸어 배신자라고 심하게 욕을 하고 있었다. 코스티알은 블라드에게 "내가 무체아누를 잘 안다. 그는 심성이 고운 사람이다. 배신자가 아니다"라고 말했다.

부쿠레슈티에서는 할 일이 없다는 것을 깨달은 코스티알은 자진해서 버네아사로 가 그곳에 머물면서 무체아누를 도왔다. 모든 비행기는 이륙해서는 안 된다는 명령이 있었기 때문에 무체아누는 무척 바빴다. 그는 또 친 차우셰스쿠의 태도를 보이고 있던 비밀경찰 강경파의 위협도 받고 있었다. 코스티알은 차를 몰고 가 그곳에서 26일까지 머물면서 무체아누를 도왔다. 사흘 동안 버네아사에 있던 차우셰스쿠 충성파들에 대한 맹렬한 공격이 있자 비밀경찰들은 레이더를 방해하고 헬리콥터를 못 뜨게 만들기 위해 풍선을 날리는 등 일대 교란 작전을 펴 상황을 더욱 혼란스럽게 만들었다.

코스티알이 결국 아무도 찾지 못했던 12월 22일 오후 일리에스쿠와 구국전선 핵심 간부들은 중앙위원회 건물 내부의 은밀한 방에서 회의를 가졌다. 참석자들이 모르는 사이에 녹음된 테이프를 들어보면 회의 진행과정에 극심한 혼란이 있었다는 것을 알 수 있다. 일리에스쿠는 다른 방에서 차우셰스쿠의 재판을 준비 중이던 스턴쿨레스쿠와 통화를 시도

했으나 연결이 안 되었고, 로만은 건물 밖에서 시위하는 인민들에게 전혀 알려지지 않았던 구국전선을 너무 일찍 선포했다는 비판만 하고 있었다. 왁자지껄한 아우성 속에서 경비병이 문 틈새로 소리를 질렀다.

"아포스톨 씨가 여기 계십니다. 들여보내 달라고 합니다."

일리에스쿠의 목소리인 듯한 "오 맙소사!"라는 탄식에 이어 로만이 "절대 들여보내서는 안 돼"라고 소리쳤다. 밀리타루 장군이 구국전선에 대해 "이 조직은 6개월이나 되었어요. 혁명이 나기 6개월 전부터 존재했습니다"라고 말하는 소리도 들렸다. 또 자발적으로 혁명에 참여했던 참가자들과 미래의 지도자들이 떠드는 소리도 합창을 이루고 있었다. 시인 미르체아 디네스쿠, 일리에스쿠 밑에서 잠시 동안 부통령을 지냈던 유명한 배우 이온 카라미티루, 배후의 음모도 모른 채 육군의 지원을 알리기 위해 일찍이 12월 21일 군복 차림으로 중앙위원회에 나타났던 군 건축기사 루포이 소령의 목소리도 섞여 있었다.

테이프를 들어보면 이 단계에서 일리에스쿠는 로만 등 주변 사람들의 도움을 받아 권력구조를 장악하는 데만 관심이 있었던 것 같다. 외국에 대한 루마니아의 이미지 손상을 걱정하고 있던 원로 경제학자 브를러데아누도 참석했다. 그는 이렇게 말했다.

"외국과의 신의를 잘 지켜야 합니다. 절대로 변해서는 안 됩니다."

그는 혹시 고르바초프가, 루마니아가 공산주의 캠프에서 이탈하려 한다는 인상을 받을까봐 걱정했다. 그러자 일리에스쿠가 이렇게 답했다.

"이미 소련 사람들을 만나 현 상황에 대해서 자세하게 설명을 했으므로 모스크바 당국이 우리가 누구인지, 그리고 우리가 원하는 것이 무엇인지 잘 알고 있을 것입니다."

일리에스쿠는 확실히 소련 대사관은 언급했지만, 소련의 직접적인 개입은 부인했다. 티미쇼아라 폭동이 일어났을 때 소련 대사는 출장 중이었으므로 소련의 직접 개입 가능성은 물론 없었던 것으로 볼 수 있다. 하여튼 일리에스쿠가 소련의 외교관들과 미리 접촉했다는 증거가 드러난 셈이다. 예사로운 일이 아니었다. 원로였으나 소극적인 반체제 인사였던 일리에스쿠는 힘이 있는 외교관이라면 누구든지 눈길을 줄 수 있는, 그리고 반대편에서 보면 개발의 여지가 충분한 인물이었다. 로만 역시 시선을 끄는 데가 있었다. 누구든지 자기를 왜소하게 만들려는 사람들에게 로만은 이렇게 말대꾸했다.

"그렇게 보실 수도 있을 것입니다. 하지만 나는 TV에서 구국전선의 선언문을 낭독한 사람입니다. 헝가리 대사관 사람들도 잘 알고 있고요. 헝가리 국방장관과 직접 대화한 적도 있습니다."

일리에스쿠의 급선무는 사면을 발표하여 정치범들을 석방하는 일이었다. 구국전선의 간부회의가 많은 참석자들이 들끓는 가운데 열렸다. 쿠데타 주역 중의 한 사람이었던 브루칸, 학생들, 데모 군중들, 성공을 기원하는 사람들과 비판가들 모두가 참석했다. 떠드는 소리에 귀가 멍해질 지경이었다. 어떤 젊은이가 이렇게 외쳤다.

"새 정부의 주역은 혁명에 참여한 사람들이어야 한다."

그 젊은이의 목소리는 더 이상 들리지 않았고, 곧이어 방밖으로 끌려나갔다.

이때 참석자 중 한 사람이 건물 어디엔가 비밀경찰이 시한폭탄을 장치해 놨다는 이야기를 퍼뜨렸다. 로만이 큰소리로 "밖으로 나가자!"고 외쳤다. 회의장은 혼란에 휩싸였으며 루마니아 텔레비전 방송국으로 장소를 옮겼다. 중앙위원회 건물은 여전히 데모 군중으로 들끓고 있었다. 그러나 데모 군중들 가운데서 이런 해프닝을 아는 사람은 아무도 없었다.

브루칸의 주장에 따라 블라드 장군이 12월 24일 체포되었다. 부쿠레슈티의 아파트로 돌아온 지 한 달 만에 코스티알은 국방부로부터 공식적인 부름을 받았다. 다른 네 명의 예비역 장성들과 더불어 그도 예비역 소장으로 복권이 되었다는 통보와 함께 연금까지 받게 되었다. 퇴역 당시의 봉급을 기준으로 계산해서 월 4,500레이를 받게 된 것이다. 1989년 여름, 코스티알을 매일 심문했던 비밀경찰 소령은 강제로 퇴역당했다. 그는 현재 월 6,500레이의 연금을 받고 있다.

1990년 2월 밀리타루와 코스티알은 전화로 두 사람 간에 벌어졌던 간격을 좁혔다. 지금 코스티알은, 혁명 당시 밀리타루가 수에 밀려 자기를 구하지 못했다는 설명을 액면 그대로 받아들이고 있다. 밀리타루는 일리에스쿠가 자기도 제거하려 했다는 이야기도 들려주었다. 그러자 코스티알이 밀리타루에게 이렇게 말했다.

"무슨 말이야! 버텨. 당신을 차도록 가만 놔두지 않을 거야."

그러나 다음 날, 반 구국전선 폭동이 자주 발생하는 데 신경이 날카로워져 있던 일리에스쿠는 밀리타루를 소환해 폭동에 연루된 혐의가 있다고 주장하면서 사임을 요청했다. 코스티알의 설명이 이어졌다.

"밀리타루를 숙청시킨 배후인물은 스턴쿨레스쿠였지요. 평상시보다는 혁명이라는 극한 상황 속에서 인간의 나쁜 속성이 더 활개를 치게 마련인가 봐요."

제14장
권력자가 바뀌면
어리석은 사람들이 좋아한다

모든 혁명은, 혁명에 참여했던 사람들까지도 집어삼키는 것이 상례이지만 루마니아 혁명은 그 포악성에 있어서 유별났다. 투명하지 못했던 발원지와 추진 세력의 미지근한 태도 때문에 처음에는 많은 사람들이 빠져들어 갔으나 곧바로 추방당하는 초라한 신세가 되었다. 혁명 초기에 루마니아 사람들이 가졌던 안도와 희망은 견딜 수 없는 고통으로 변해 갔다.

　루마니아 사람들의 실망감은 충분히 이해할 수 있는 일이다. 그들은 오랫동안 심리적 공포와 테러를 무자비하게 활용했던 거대한 정보기관에 모든 것을 의존한 사악하기 그지없는 부부로부터 지긋지긋한 고통을 받았었다. 차우셰스쿠 부부도 결국 자신들이 만들어낸 체제의 희생물이 되어 버렸다는 것은 인생의 얄궂은 단면을 보여 준다. 비밀경찰은 인민들의 복종과 충성심을 조작해냈고, 인민들은 생존을 위해 위선적인 태도로 일관했을 뿐이다. 더욱 역설적인 장면으로 다가서는 것은, 차우셰스쿠 부부가 루마니아 전국에 대궐 같은 저택을 가지고 있었으나 몇 군데는 방문조차 하지 않았고, 인생의 종말을 내다보는 마지막 3일을 간이 침대와 가축 냄새가 진동하는 화장실만 겨우 갖춘 을씨년스럽기 짝이 없는 육군 장교 사무실에서 보냈다는 사실이다.

다른 동유럽 국가들은, 스탈린주의와 공산주의 관료체제에 대항해서 싸웠던 자신들의 용기에 대해 자부심을 가질 수 있을 것이다. 그러나 루마니아 사람들은 차우셰스쿠가 자유시대의 상징이라고 믿었던 것을 후회하고 있을 뿐만 아니라, 반 소련 민족주의가 자유민주주의와 동의어가 아니었으며, 차우셰스쿠가 모스크바 당국에 도전해서 얻은 독립성을 바탕으로 행한 전제 군주 체제는 오히려 소련의 지배자들보다 훨씬 못했다고 깨닫는 데는 기나긴 세월을 필요로 했다.

회상에 잠겨 있는 루마니아 사람들은 차우셰스쿠 체제에서 살았던 과거와 또 그런 체제를 그렇게 오랜 기간 동안 방치해 두었던 점에 수치심을 느끼고 있다. 종말이 다가왔을 때 차우셰스쿠는 시대에 뒤떨어진 인물이 아니라 악마 그 자체였다. 관 뚜껑을 차고 올라온 악마가 루마니아의 혼을 빼앗아 갔던 것이다. 차우셰스쿠가 죽기 4개월 전 서방세계 언론인으로서는 마지막으로 그와 인터뷰한 「뉴스위크 인터내셔널」의 편집장 케네스 오친클로스Kenneth Auchinscloss는 이런 말을 했다.

"조그마한 사람이 방안으로 걸어 들어왔다. 품위가 있는 것도, 그렇다고 풍채가 좋은 것도 아니었다. 언변이 좋은 것은 더더욱 아니었다. 연민의 정을 느끼게 할 뿐이었다. 루마니아 현실을 외면하고 꿈속에서 사는 사람처럼 느껴졌다."

차우셰스쿠는 오친클로스에게 루마니아에는 파업과 불만이 없다고 자신 있게 말했다. 그는 서방세계가 스탈린을 매우 싫어한다는 것을 잘 알고 있다면서 자기가 스탈린을 '질서를 구현한 사람'으로 칭찬한 사실은 보도하지 말아 달라고 부탁했다. 아마 이 대목이 차우셰스쿠가 현실 세계를 조금이나마 이해하고 있는 유일한 증거라고 볼 수 있다. 1968~70년의 화려했던 시절을 이야기할 때는 생기가 있어 보였다. 브라쇼브에 있는 정원으로 오친클로스와 함께 돌아온 차우셰스쿠는 이스라엘의 메나헴 베긴Menachem Begin 수상과의 회담을 끝없이 자랑했다. 정원에 있는 의자를 가리키면서 이렇게 말했다.

"우리가 '캠프데이비드 협정'을 끌어내는 작업을 하는 동안 메나헴 베긴이 이 의자에 이틀 동안 앉아 있었지요."

이스라엘과 이집트의 평화협정을 마치 자기가 중재자로서 성사시킨 것처럼 허풍을 떨고 있었다.

당시 아프리카와 중동 국가 일부만이 차우셰스쿠를 그런대로 평가하고 있었다. 1978년 카터 행정부 시절 차우셰스쿠는 미국을 마지막으로 방문했다. 당시 그는 미 국무부 관리들이 자기의 방문을 꺼려했고, 다시는 초청하지 않을 것이란 것도 짐작하고 있었을 것이다. 그는 또 죽음에 대한 협박도 감지하고 있었을 것이다. 차우셰스쿠가 죽은 주일에 비밀경찰은 1982년 이집트의 대통령 안와르 사다트Anwar Sadat의 암살 배경에 대한 보고서를 큰 글씨로 써 올렸다. 그의 침대 옆에서 팔라툴 프리마베리가 읽어 주었다.

되돌아보면 1980년대 중반 이후 루마니아의 보통 사람들이 극도의 혐오감을 나타냈는데도 불구하고 차우셰스쿠의 집권이 그렇게 장기간 지속되었다는 것은 놀라운 일이다. 비밀경찰도 대부분 등을 돌렸다. 마지막 몇 달은 물론, 그 훨씬 이전에도 차우셰스쿠가 대중선동과 군중집회의 기반으로 삼았던 공산주의 일꾼들과 일부 특권층에까지 증오심이 침투해 있었다. 종말이 다가오자 반체제 인사들을 감시했던 비밀경찰과 차우셰스쿠 부부를 보호했던 경호원들까지 다른 마음을 먹기 시작한 것이다. 주변을 지키던 사람들도 식료품을 구하려고 몇 시간씩 줄을 서는 데 지쳐 버린 아내들이 기다리는, 먹을 것이라고는 아무것도 없는 어두 컴컴한 아파트로 돌아가 버렸다. 그런데도 세상의 조소거리가 되어 버린 개인 우상화에 취해 있던 차우셰스쿠 부부는 과대망상증과 자기 만족에서 헤어 나오지 못하고 있었다. 1980년대 중반에 차우셰스쿠 부부가 결정적인 실수를 저질렀기 때문에 중앙위원회 위원들까지도 외국인들에게 열악한 작업 환경과 악화되는 생활수준에 대해 노골적으로 불평불만을 털어놓기 시작했다. 탐욕의 노예가 되어 버린 차우셰스쿠 부부는 무자비한 권력을 앞세워 전제정치를 한 결과 자신들이 지배했던 인민들의 경멸의 대상이 되었을 뿐이다.

1989년 12월 21~25일에 걸쳐 발생했던 사건들이 서방세계의 TV에 영상을 드러내자 걷잡을 수 없는 폭력과 증오심을 발견한 서방사람들은 차우셰스쿠를 로마의 네로나 카이사르에 버금가는 폭군이나 아니면 공포 영화에 나오는 흡혈귀쯤으로 생각했다. 그러나 차우셰스쿠는 그런 인물들과 비유될 수 없는 인간의 탈을 쓴 악마였을 뿐이다. 차우셰스쿠 독재정치의 가장 괴이한 면은 그 잔학성에 있는 것이 아니라 천박스러움에 있었다. 갖은 증오심을 다 유발시켰지만 결코 피를 부른 독재정권은 아니었다. 루마니아 전국에 공포가 안개처럼 자욱하게 깔려 있었을 뿐 거대한 수용소도, 무시무시한 고문도 그리고 스탈린 시대 때의 대규모 실종도 찾아보기가 어려웠다. 차우셰스쿠가 죽은 지 6개월 후인 6월 14~15일 이틀 동안 부쿠레슈티의 학생 데모를 광부들이 진압하는 과정에서 차우셰스쿠 집권 마지막 2년보다 훨씬 많은 사상자가 발생하고, 유혈사태가 벌어졌다.

육체적인 고통보다는 정신적인 좌절감에 젖어 있던 중년층은 차우셰스쿠의 초상화에 침을 뱉으면서 이렇게 말하곤 했다.

"운명의 1989년 12월 25일, 당신은 너무 편안하게 죽었다."

오랫동안 참아 왔던 잃어버린 세월에 대한 회한과 수치심이 분노로 표출된 것이다. 차우셰스쿠 시대가 남긴 가장 큰 불명예는 영혼을 파는 대가로 승진, 쾌적한 아파트, 상당한 급여가 주어지고, 물건이 풍부한 가게에 갈 수 있는 특권과 약간의 사회 복지가 뒤따랐다는 사실이다. 루마니아 사람들이 비밀경찰에 협조하면서 친구와 이웃을 배신한 대가로 얻은 것은 하찮은 보너스에 지나지 않는다.

많은 루마니아 사람들에게는 소련의 수용소 군도나 나치의 집단수용소에서 살아 나온 사람들의 쓰라린 기억만큼이나 잊혀지지 않은 아픔이 있다. 육체적인 고통보다 심리적인 압박감이었다. 물론 영양실조, 불법적이며 서투르기 짝이 없는 낙태수술, 나이를 핑계 삼아 수술이나 치료를 거부해서 죽은 수많은 노인들의 문제도 결코 무시해서는 안 될 것이다. 아마 차우셰스쿠는 이러한 통계를 잘 알고 있었을 것이다. 그러나 그는 고아원이나 정신병동에서 신음하는 아이들에게는 눈길 한 번 준 적이 없었다. 노동자의 천국이라고 외치는 차우셰스쿠의 이미지에 먹칠을 할 것이 두려운 나머지 의사들까지 이러한 사실을 숨기고 있었다.

노동자의 천국이라는 신화는 마르크스, 레닌, 스탈린이 대를 이어가며 외쳤던 메아리 없는 공허한 외침이었다. 차우셰스쿠가 말년에 자기를 비판했던 사람들에게 자기는 오직 전국인민대회와 노동자 대표들에게만 대답할 뿐이라고 말함으로써 종교를 경멸하고 근로자를 존경하는 태도를 끝까지 유지했다고 주장하지만, 이러한 반박도 추상적이며 상투적인 강변에 지나지 않는다. 실제 생활에 있어서 그는 잘 훈련된 근로자들을 극히 공식적으로 만났을 뿐 루마니아의 보통사람들을 만난 적이 없다. 스코르니체슈티의 차우셰스쿠 집 근처에서 살았던 큰조카 플로레아 차우셰스쿠는 "삼촌은 나를 달갑게 생각하지 않았습니다"라고 말했다. 그는 일생을 고향 마을에서 농부로, 마을 목수로, 양조장 일꾼으로 살았다. 차우셰스쿠가 칭찬의 대상으로 삼았던 전형적인 농민이었으며, 근면한 수공업 근로자였다. 그런 그가 이런 말을 들려주었다.

"제2차 세계대전이 끝난 다음 삼촌을 한 번도 만난 적이 없습니다."

차우셰스쿠는 죽기 전 모든 루마니아 인들이 자기를 증오한다는 묘한 기류를 어슴푸레나마 감지하고 있었다. 혁명 이후 가장 뛰어난 활동을 했던 시민단체인 '사회좌담회'의 회원 한 사람은 "어떤 루마니아 사람들도 차우셰스쿠 부부를 증오한다는 데는 이견을 보이지 않았습니다"라고 말했다. 또 루마니아에서 가장 잘 알려진 시인이자 철저한 반체제 인사였던 아나 블란디아나Ana Blandiana는 혁명 후의 혼미한 시국을 정확하게 보고 있는 듯했다. 이런 말을 들려주었다.

"이제 차우셰스쿠 부부를 제거했습니다. 그러나 무엇을 어떻게 해야 할지 모르고 있습니다. 서로가 서로를 헐뜯고 있을 뿐이지요. 1989년 12월 25일 이후에 일어났던 사태와 권력자들의 행동을 면밀히 살펴보았을 때 차우셰스쿠를 그렇게 가혹하게 처단했던 것이 과연 옳은 일이었는가 하는 회의가 들기도 합니다."

독재자 부부의 처단은 새로운 변화를 몰고 왔다. 민족주의 신문, 뉴 파시스트 신문, 「루마니아 메어」 같은 각양각색의 신문들이 모습을 드러냈다. 이 신문들의 편집을 맡았던 에우젠 바르부와 코르넬리우 바딤 투도르는 차우셰스쿠를 찬양하는 연설문의 대표적 작성자였다. 루마니아를 황폐화시켰던 발칸반도의 유령들이 루마니아에 공산주의가 맹위를 떨칠 때는 동면하고 있다가 갑자기 부활한 듯했다. 이런 현상에 대해 사회좌담회의 가브리엘라 아다이네슈테아누는 "차우셰스쿠가 죽은 다음 모든 것이 처음에는 순조롭게 바뀌는 듯했지요"라는 말만 했다. 그러나 차우셰스쿠가 남겨 놓은 강력한 체제와 차우셰스쿠를 제거한 방법이나 배경이 체코슬로바키아와 폴란드식 변화를 가로막는 장애물이 되었다. 지금은 프랑스 사람이 된 어느 루마니아 망명객은 루마니아에서 일어났던 사태를 프랑스에 대입시켜 보자면서 이런 비유를 했다.

"루마니아에서 일어났던 일이 나치가 드골이 없는 프랑스를 40년간 지배한 끝에 일어났다면 어떻게 되었을까요? 뒤에 들어선 정권도 나치의 협력자였던 피에르 라발의 추종자들로 구성되었다면 무슨 일이 일어났을까요?"

사실 차우셰스쿠 이후 루마니아에서는 경찰, 사법부, 공무원들에게 아무런 변화가 없었다. 잘못이 없었다는 이유에서였다. 가장 역설적인 대목이다. 증오의 대상이 더 이상 존재하지 않는다는 것도 우스운 이야기다. 새롭게 만들어진 '루마니아 국가정보원'에서는 차우셰스쿠에게 충성을 맹서했던 몇몇 사람들만이 숙청되었을 뿐 대부분의 정보원이나 간부들에게는 전혀 변화가 없었다.

그들은 새로운 권력자들에게 위협이었던 동시에 믿음을 주기도 했다. 모든 정치인들은 이 정보원들을 가장 무서워했다. 자기들의 과거를 어떻게 기억하고 있는지, 또 그들이 가지고 있는 자기들에 대한 기록은 어느 정도인지가 두려움의 대상이었다. 비밀경찰 전문가였던 리비우 투르쿠는 "이러한 정보의 공개는 당사자의 무덤과 같았지요"라는 말로 당시의 상황을 전했다. 투르크의 설명을 들어보자.

"각료, 중견 관료, 경찰과 법조계 인사, 공산당 자체가 비밀경찰의 회유와 선물공세로 부패의 늪에 빠졌지요. 마지막에 가서는 이런 식의 보상이 뒤따르지 않은 일에는 관심조차 보이지 않았습니다. 차우셰스쿠 이후 정권에 참여했던 사람들 가운데는 과거 비밀경찰이 협박, 이혼 지원, 여권 발급과 해외여행 승인 등을 통해서 던져 놓은 굴레를 피했던 사람들이 많지 않습니다. 루마니아 사람들이 도덕성을 회복하고 모든 질서가 제 자리를 잡기 위해서는 최소한 2~3세대가 흘러야 할 것으로 생각합니다. 현재 루마니아가 직면하고 있는 최대의 비극이라고 봅니다."

갈 곳 없는 비밀경찰들은 새로운 집권자들에게 충성을 맹서했다. 역사는 되풀이되는 것일까? 혁명 직후인 1990년 1월 반체제 인사들이 어떤 대우를 받는가와 더욱이 그 해 6월 석탄 광부들이 부쿠레슈티 거리에서 반정부 시위를 벌이던 학생들에게 어떤 만행을 저질렀는가를 살펴보면 비밀경찰의 건재를 확인할 수 있을 것이다. 비밀경찰은 새로운 권력자들의 충복이 됨으로써 부활했다. 물론 과거의 극단적인 조작이나 심리적 테러의 수준과 비교해 볼 때 많이 느슨해졌지만 이상한 소문을 퍼뜨리고 협박하는 수법만큼은 여전하다. 곧이어 정당으로의 탈바꿈은 하지 않겠다던 구국전선의 약속은 물거품이 되었고, 반체제 인사들에게는 비밀경찰이 새로 고안해낸 익명의 전화와 편지가 날아들었다. 반체제 인사들이 보내는 편지는 철저히 공개되는 한편, 해외에 보내는 편지 또한 압수되기 일쑤였으며 전화는 도청을 당하거나 며칠씩 불통되는 경우가 허다했다. 어떤 반체제 인사는 "비밀경찰은 어떻게 해서든 자기들의 존재를 과시하려 들었다"는 이야기를 들려주었고, 비밀경찰 출신들은 "구국전선에 반대하는 사람은 누구를 막론하고 적이다"라는 말을 앞장서서 퍼뜨렸다.

루마니아 텔레비전 방송국의 운영 체계를 독립적으로 전환시키겠다던 혁명 정부의 약속이 지켜지지 않자 루마니아 인민들의 환상은 다시한 번 깨졌다. 차우셰스쿠 시대 이후 루마니아 텔레비전은 우울한 장면만 방영하고 있었다. 해외에서는 어떤 중요한 변화가 일어나는지에 아랑곳하지 않고 주요 뉴스 시간의 첫머리 15~20분은 항상 일리에스쿠 대통령과 정부의 동정이 차지했다. 두브체크 이전의 체코 TV나 '자유

노조' 출현 전의 폴란드 TV를 보는 것과 같이 진부하기 이를 데 없었다. 가끔 반체제 인사들이 출연하는 경우가 있었으나 토론의 내용은 극히 제한적이었다. 1990년 9월 브라쇼브에서 있었던 반체제 인사들의 모임이 방영되는 동안 원로 공산주의자였다가 반체제 인사로 전향한 브루칸이 인터뷰를 했다. 이런 경우는 아주 드물었기 때문에 많은 참석자들에게 발언의 기회가 주어지기도 했다.

외교관을 지냈던 미르체아 코드레아누는, 만약 엘레나가 살아 있었더라면 아마 인민의 학살에 대한 책임에 앞서 교육과 문화의 파괴자로서 응징을 받았을 것이라고 주장했다. TV의 뉴스, 신문이나 잡지들의 편향성을 보면 인민들이 받은 마음의 상처와 정신적인 고통이 어떠했으리라는 것을 충분히 짐작할 수 있다. 차우셰스쿠 이후 새로 들어선 정권이 과거와 깨끗이 단절하기를 바라는 많은 사람들의 소망은 천진난만한 것이다. 새로운 권력자들이 자기들의 입장을 강화하기 위해서 동원한 수단은 과거 공산당이 모든 의사 결정을 자기들 뜻대로 하기 위해 사용한 수법과 전혀 다를 바 없다. 구국전선의 실세들도 나름대로의 은밀하고 독특한 방법을 가지고 있었다. 혁명 다음 날 코스티알이 발견했듯이 이미 방문을 걸어 잠그고 쑥덕공론이 벌어지고 있었던 것이다.

루마니아의 반체제 인사들은 환상을 재빨리 버렸다. 아나 블란디아나는 당시 협의기구로 알려졌던 구국전선의 부통령을 잠시 지냈다. 첫 번째 회의에서 그녀는 소수의 저명한 반체제 인사, 공산주의자였다가 반체제 인사로 전향한 사람들, 혁명 기간 중 거리에서 데모를 벌이면서 떠들고 다니던 학생들과 일반 시민들이 모여 있는 것을 보았다. 며칠 후 블란디아나는 부통령직을 사임했다. 40명이었던 위원이 1990년 1월 두 번째 회의가 개최되었을 때는 140명으로 불어나 있었고 학생들의 모습은 더 이상 보이지 않았다. 새로 충원된 인사들은 여러 부처와 지역에서 참여한 사람들이었다. 그러나 반체제 활동이 활발했던 아라드, 브라쇼브, 시비우, 티미쇼아라 같은 지역을 대표하는 사람은 아무도 없었으며, 구국전선의 지도부와 깊은 관련을 맺고 있던 과거 공산당 일꾼들이 대부분을 차지했다. 참석자들은 구국전선 지도부가 어떤 결정을 내리든 간에 아무런 불평 없이 잘 따랐다.

나는 피테슈티에서 기름을 넣으려고 길게 줄서 있는 자동차의 행렬을 보았다. 전력 공급의 중단으로 줄은 더욱 길어졌다. 운전사 한 명이 이렇게 외치고 있었다.

"차우셰스쿠 시대 때는 전기는 없었지만 기름은 있었다. 그러나 지금은 전기도 없고, 기름도 없다."

이 말에 웃는 사람은 아무도 없었고, 주유기 옆에 모여 있던 사람들은 얼굴을 돌려 버렸다. 차우셰스쿠가 죽은 지 많은 시간이 흘렀지만 전과 비교해서 달라진 것이 아무것도 없기 때문에 루마니아 사람들이 과거를 빗댄 농담을 하기란 쉽지 않다. 새로운 권력자들에게서 그 원인을 찾을 수 있다.

더욱 경악스러운 일은, 잘사는 루마니아 사람들의 뇌리에 차우셰스쿠 시대의 망령이 여전히 살아 숨쉬고 있다는 사실이다. 영국에서 교육을 받아 친영주의자라는 평판이 나 있던 유명한 의료 전문가 한 사람을 만나서 인터뷰를 하는 동안 나는, 진찰실 한 가운데서 분노에 찬 사람을 만나고 있다는 느낌이 들었다. 그는 내가 차우셰스쿠에 대해서 물어보는 것에 대답하는 대신 내가 차우셰스쿠를 폄하하는 태도를 훨씬 더 못마땅하게 생각하는 듯했다. 그는 또 내가 자신의 감정을 몹시 상하게 했다는 보고를 상부에 올리려고 생각하고 있었다. 그의 거친 태도를 보고 나는, 차우셰스쿠 시대 때는 그럼직도 했겠지만 1989년 12월 혁명에 의해 새로 들어선 정부가 이런 사람들에게 아무런 영향을 미치지 못했다는 점에 놀라움을 금할 길이 없었다. 나는 그에게 차우셰스쿠와 관련을 맺었던 사람들의 가슴속에는 차우셰스쿠가 여전히 살아 있는 것처럼 보인다고 말했다. 충격을 받은 듯 그는 잠시 주춤하더니 눈가에 이슬이 맺힌 채 완전히 다른 목소리로 이렇게 말했다.

"내가 무슨 생각 때문에 그렇게 말했는지 모르겠다. 그럴 이유가 없었는데 왜 그런 식으로 말했는지 모르겠다. 그러나 내 마음속에는 지워지지 않은 차우셰스쿠의 영상이 분명히 남아 있다."

나는 스코르니체슈티에 있는 공동묘지를 가 봤다. 그곳에는 차우셰스쿠의 아버지 묘가 있다. 아들 차우셰스쿠의 명령에 따라 십자가를 없애버린 유일한 묘지였다. 누군가가 신을 모독한 차우셰스쿠의 흔적을 없애 버리기 위해 그의 아버지 묘를 파헤쳐 버린 것을 발견했다. 나는 차우셰스쿠 부부가 몰래 도망쳤다가 죽은 뒤 묻혀 있는 부쿠레슈티 공동묘지 안의 아무런 표지 없는 평평한 묘도 가 보았다. 그들은 살아생전 자기들이 사회 혁신을 수행한 천부적인 개혁가들로 역사에 길이 기록될 것으로 믿었을지 모르지만 본인들이 사라진 현장에서는 다른 이야기들이 들려오고 있었다.

하지만 그들의 터무니없는 야망이 어느 정도 충족된 것도 부인할 수 없는 사실이다. 차우셰스쿠와 엘레나는, 죽은 후에까지 루마니아 사람들간의 증오심과 과민 반응을 유발했고, 분파 행동과 투쟁심을 야기했으며, 수치심과 죄의식에 사로잡혀 있는 사람들을 서로 의심하게 만든 과정 속에 살아 숨쉬고 있었다. 어느 정도의 기간이 흘러야 이런 불행한 유산이 종적을 감출 수 있을까? 사뭇 궁금할 뿐이다.

루마니아에는 분명 때묻지 않고 순박한 시민들이 있다. 여러 해에 걸친 숨막힐 것 같은 학교 생활에도 불구하고 루마니아의 신세대 학생들과 이야기를 나누다 보면 누구나 그들의 사고의 깊이, 용기, 언어, 마르크스-레닌주의로부터의 해방된 자세에 감명을 받는다. 학생, 지식인 그리고 이 때묻지 않은 시민들은 새로운 집권세력과 당분간 끝없는 충돌 과정을 이어갈 것이다.

　루마니아 사람들이 기억에서 지워 버리고 싶은 한 시대의 막을 내린 차우셰스쿠 부부의 죽음은 계속될 유혈 드라마의 1막에 지나지 않는다. 이들 부부는 눈에 띄지 않은 방법으로 자기들의 목적을 달성한 셈이다. 루마니아 역사에도 분명 족적을 남겼다. 차우셰스쿠와 엘레나의 유령은 새로운 루마니아에 아무 말 없이 어두운 그림자를 계속 드리울 것이다.

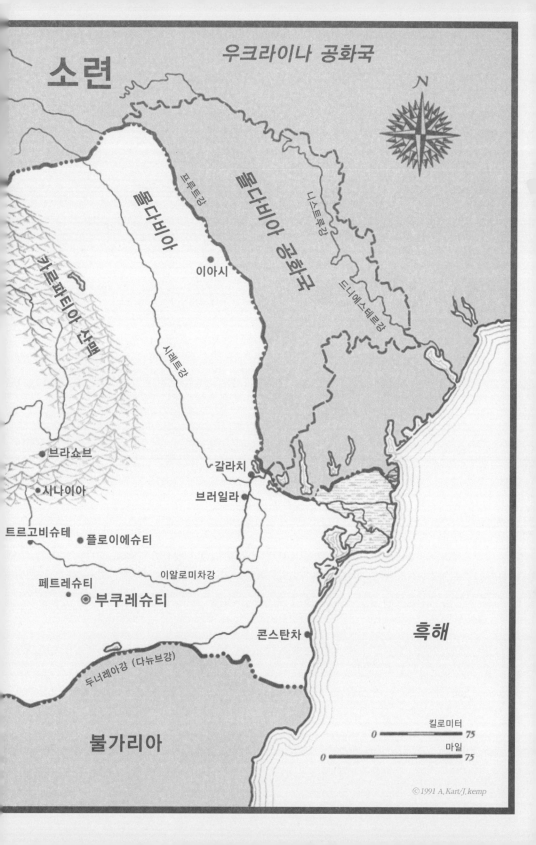